北京高等教育精品教材
金融学国家一流专业“双万计划”
金融学北京市一流专业
建设系列成果

21 世纪高等学校金融学系列教材

金融学

（第二版）

主编　冯瑞河　王德河

中国金融出版社

责任编辑：张怡姮
责任校对：潘　洁
责任印制：陈晓川

图书在版编目（CIP）数据

金融学（第二版）/ 冯瑞河，王德河主编 . —第二版 . —北京：中国金融出版社，2021.3
21 世纪高等学校金融学系列教材
ISBN 978 - 7 - 5220 - 0924 - 7

Ⅰ. ①金…　Ⅱ. ①冯… ②王…　Ⅲ. ①金融学—高等学校—教材　Ⅳ. ①F830

中国版本图书馆 CIP 数据核字（2020）第 252343 号

金融学（第二版）
JINRONGXUE（DI-ER-BAN）

出版
发行　中国金融出版社

社址　北京市丰台区益泽路 2 号
市场开发部　(010)66024766，63805472，63439533（传真）
网 上 书 店　www. cfph. cn
　　　　　　(010)66024766，63372837（传真）
读者服务部　(010)66070833，62568380
邮编　100071
经销　新华书店
印刷　北京市松源印刷有限公司
尺寸　185 毫米 × 260 毫米
印张　22. 75
字数　508 千
版次　2021 年 5 月第 2 版
印次　2021 年 5 月第 1 次印刷
定价　68. 00 元
ISBN 978 - 7 - 5220 - 0924 - 7

序　言

波澜壮阔的改革开放改变了中国，也影响了世界。在四十年改革开放的伟大历程中，金融作为实体经济的血脉，实现了从大一统的计划金融体制到现代金融体系的“凤凰涅槃”，初步建成了与国际先进标准接轨、与我国经济社会实际契合的中国特色社会主义金融发展路径。

经过四十年努力，我们不断改革完善金融服务实体经济的理论体系和实践路径。持续优化完善传统信贷市场，为服务实体企业改革发展持续注入金融活水；建立健全以股票、债券等金融工具为代表的资本市场，畅通实体企业直接融资渠道，增强其可持续发展能力；推动低效产能有序退出市场、临时困难但前景良好的企业平稳渡过难关、优质企业科学稳健发展，鼎力支撑我国企业从无到有、从小到大、从弱到强，逐步从低端加工制造向高附加值迈进。

经过四十年努力，我们基本构建了以人民为中心的居民家庭金融服务模式，不仅借鉴西方现代金融实践，支持家庭部门熨平收入波动，实现跨期消费效用最大化；而且充分利用我国银行业分支机构延伸到乡镇、互联网全面覆盖到村落等良好基础设施，逐步实现基础金融服务不出村，促使我国普惠金融走在了世界前列；同时，积极构建与精准扶贫相配套的金融服务体系，发挥金融在扶贫攻坚中优化资源配置的杠杆作用，为人民对美好生活的向往提供金融动力。

经过四十年努力，我们探索了从国民经济循环流转大局增强金融和财政合力的有效方式。在改革开放过程中，我们不断优化财政支持与金融服务的配套机制，运用金融工具缓解财政资金使用碎片化问题和解决财政资金跨期配置问题，增进财政政策促进经济结构调整和金融政策促进经济总量优化的协调性，持续提升国民经济宏观调控能力和水平，既避免金融抑制阻碍发展，又防止过度金融风险集聚。

2008年，美国次贷危机引发的全球金融海啸引发了人们对金融理论和金融实践的深刻反思。金融理论是否滞后于金融实践，缺乏对金融实践有效的指引？金融实践是否已过度复杂化，致使金融风险难以识别、度量和分散？近年来，随着互联网、大数据、人工智能、区块链等技术的出现，科技发展在极大提高金融业服务功效的同时，也对传统金融业带来了冲击。金融业态正在发生重大变化，金融风险出现新的特征。在新的背景下，如何处理金融改革、发展、创新与风险监管的关系，如何守住不发生系统性金融风险的底线，已经成为世界性重大课题。在以习近平同志为核心的党中央坚强领导下，我国进入了中国特色社会主义新时代。在这个伟大的时代，对上述方面进行理论创新和实践探索的任务非常艰巨，使命非常光荣。为完成这一伟大历史使命，需要建设好一流金融学科和金融专业，大规模培养高素质金融人才，形成能力素质和知识结构与时代要求相匹配的金融人才队伍。北京正在建设成为“政治中心、文化中心、国际交往中心、科技创新中心”，加强金融学科建设和金融人才培养正当其时。

欣闻首都经济贸易大学金融学专业成功入选北京市一流专业，正在组织出版“北京市一流专业建设系列成果”，这是为打造高素质金融人才培养基地迈出的重要步伐，将对我国金融学科和金融专业的建设起到积极的推动作用，为促进我国金融高质量发展并建成现代金融体系作出应有贡献，为实现伟大复兴中国梦提供有益助力。

尚福林

编写说明

进入20世纪以来，货币金融理论与实践得到了飞速的发展。

首先，早在20世纪初，货币金融理论以“货币银行学”的形式从经济学理论体系中脱离出来，形成了独立的内容体系和独特的研究视角、研究方法。虽然自有人类记录的历史以来便有了金融交易，尽管在古代先贤哲人那里就有了对货币金融问题的分析，但在经济学作为独立的学科诞生之前，其研究主要是与哲学、伦理学、政治学等学科融合在一起。从历史发展的角度看，货币金融理论成为相对独立的学科体系却是在20世纪初，它是伴随着经济学成为独立学科——古典经济学的兴起而产生的，1914年美国学者和银行家豪兹沃斯（J. H. Holdsworth）出版的著作《货币与银行》（*Money and Banking*）是其典型代表。

其次，大约20世纪六七十年代开始的金融自由化和由此引发的金融创新改变了世界金融运行的轨迹，它使一个曾经沉闷的学科成为显学，全球金融运行格局也因此发生了显著的变化，金融被赋予了新的含义：金融全球化，融资方式及资产的证券化，金融经营混业化、集团化，金融运行网络化，金融创新普遍化，金融研究微观化等。

面对货币金融理论与实践的发展，传统的货币银行学正面临着两个方面的严峻挑战。

一是原有的货币银行学体系已经不能适应当今的货币金融现实。顾名思义，传统的货币银行学所研究的主要是货币、银行和信用等三方面的内容。20世纪60年代以来的金融自由化和金融创新，使整个世界金融体系发生了一次彻底的革命，金融也被赋予了崭新的定义，金融活动日渐国际化、全球化和复杂化，传统的单一货币资产已经被更加纷繁复杂的金融资产所代替，金融体系也由原来的银行体系发展成为包括银行机构、非银行金融机构、金融市场、金融宏观调控与监管在内的更为复杂的体系。另外，随着金融活动的日益国际化和全球化，金融的宏观调控与监管具有了强烈的国际化含义。在这种情况下，传统货币银行学的内容已显陈旧和欠缺，无法尽显金融理论和实践发展的全貌，与经济金融发展现实的脱节现象较为严重。

二是货币银行学与后续课程的联系日渐脱节，其金融专业基础课的地位逐渐动摇。与金融活动国际化、全球化和复杂化相伴的是金融活动、金融研究和教学内容的微观化。公司金融、金融工程、证券投资、投资银行等已逐渐成为金融专业的主干课程，货币时间价值、现值与终值、金融资产的估值与定价、风险管理与投资组合、资本结构与融资决策等问题逐渐成为金融教学的重要内容。而传统的货币银行学是以宏观金融研究为背景的，涉及的主要是货币需求、货币供给、货币政策、国际宏观政策协调等方面的问题，在其框架体系中对上述微观金融问题几乎毫无涉猎，与后续课程的脱节现象日趋严重。这种状况最终使得货币银行学的金融专业基础课的地位逐渐丧失。

正是基于以上背景，我们编写了这本教材。本教材力图在以下方面体现出自己的特色。

（1）以金融体系作为课程内容的逻辑起点。金融活动即资金的融通活动，就是金融资源在不确定性条件下的跨期配置，而现代金融活动和交易是依托金融体系来完成的，金融体系给出了一套完美的机制以更加有效地促使储蓄向投资的顺利转化，从而实现有限资源的优化配置，正是从这个意义上说，金融体系是一切金融活动所依赖的机制和基础，是我们分析金融活动的起点。

（2）将课程内容的安排置于一个开放经济的背景下。在经济全球化这个波涛汹涌的大潮中，金融领域的跨国活动正在飞速发展，金融全球化已经成为世界经济发展的趋势。在这种背景下，诸如金融的安全、经济运行的内外均衡、国际金融新秩序的建立问题等应当纳入金融教学的视野。只有这样，才能使我国的经济金融运行能够顺应潮流，从而实现良性发展，尽享经济金融全球化带来的益处。

（3）适当加入微观金融的内容。如前所言，时至今日，整个世界金融活动及金融理论研究已呈现出了微观化的趋势，公司金融、金融工程、证券投资等微观金融课程已经成为金融专业的主干课程。基于这种现实，作为金融专业基础理论课的金融学应当为这些后续课程提供基础的概念、原理和分析方法，诸如货币时间价值、现值与终值、金融资产的估值与定价、风险管理与投资组合、资本结构与融资决策等方面的基础概念和原理应当成为金融学的内容，这样才能够体现出其基础理论课的真正基础地位，否则，金融学与后续课程之间的脱节便不可避免。

(4) 适当加入非银行金融中介（机构）的内容。随着金融市场的迅猛发展、金融自由化背景下各国金融管制的放松及一系列的金融创新，金融领域中滋生出了大量的新型非银行金融中介（机构），如基金、投资银行、财务公司、金融公司等，并且在整个金融活动中扮演着越来越重要的角色。传统的货币银行学在金融中介（机构）部分的内容安排上主要着重于对商业银行等的分析，而忽略了对上述新型非银行金融中介（机构）内容的介绍，与现实金融实践及理论的发展严重脱节，因此，为体现金融体系的完整性，有必要适当加入非银行金融中介（机构）方面的内容，以便对其性质及一般运行规律等进行简单描述。

本教材由导言、金融体系篇、宏观金融篇和微观金融篇组成。

由于高等教育类教材是本领域的既有及最新的研究成果的集中反映，因此，在编写过程中，我们不免会大量参阅国内外的相关文献和研究成果，其中有些已在书后参考文献中列出，有些在脚注中出现，但即便如此也难免挂一漏万，在此对这些文献的作者，包括提及的和未提及的一并深表谢意。

本教材主要适用于经济管理类专业金融教学之用，也可作为研究生课程的参考用书，同时也可以作为金融从业人员的学习材料和培训教材。

本教材是编者长期从事金融教学工作经验的结晶。当然，由于水平有限，难免存在纰漏，望专家及广大读者不吝指正。

冯瑞河　王德河

目 录

第二篇　宏观金融分析

第三篇　微观金融运行

导　言

第一节　货币金融理论的发展

一、货币金融理论在西方的发展

虽然自有人类记录的历史以来便有了金融交易①，尽管在古代先贤哲人那里就有了对货币金融问题的分析②，但在经济学作为独立的学科诞生之前，其研究主要是与哲学、伦理学、政治学等学科融合在一起。从历史发展的角度看，货币金融理论成为相对独立的学科体系却是在20世纪初，它是伴随着经济学成为独立学科——古典经济学的兴起而产生的。如果从1914年美国学者和银行家豪兹沃斯（J. H. Holdsworth）出版其著作《货币与银行》（*Money and Banking*）算起，西方货币金融理论的发展至今已历经近一个世纪，其间大致经历了从货币面纱论到货币经济论，再到金融经济论这样一个发展过程。

对于近一个世纪的西方货币金融理论的发展，理论界一般是以20世纪50年代美国经济学家哈里·马柯维茨（H. M. Markowitz）创建现代资产组合理论为标志③，将其划分为古典金融理论和现代金融理论两个阶段。

（一）古典金融理论

除了有关高利贷、货币的本质与职能以及汇率等方面的内容以外，古典金融理论时期的研究基本上是围绕着货币（政策）与经济增长的关系问题的争论而展开的。以20世纪30年代为界，我们可以将古典金融理论细分为古典货币理论和货币经济学两个子阶段。

1. 古典货币理论

在20世纪30年代以前的大部分时间里，人们普遍认为，市场机制可以自动地使就

① 大约在5000年前，在美索不达米亚平原就有了苏美尔人农业信用的记录；公元前1800年的《汉谟拉比法典》（*Hammurabi's code*）中有很多章节涉及了信用管制问题。

② 在古希腊思想家柏拉图、亚里士多德的著作都有对货币和高利贷等问题的专门论述。

③ Harry M. Markowitz. Portfolio Selection（1959），Basil Blackwell，Inc.

业和产出达到与经济中的资源充分利用相一致的水平，在西方货币金融领域中占据主流地位的是以传统的货币数量论和萨伊法则为基础，以“两分法”为主要研究思路的货币面纱论和货币中性论思想。货币面纱论认为，经济活动的实质是实物经济，是物物交换，货币只是便利商品交换的“润滑剂”，除此之外，世界上再也没有比货币更没用的东西了，它仅仅是罩在实物经济上的一层“面纱”，对真实经济活动，如储蓄、消费、投资等，进而对实际工资、实际收入和实际产出不会产生实质性的影响。在此基础上，货币中性论则属于价格水平学说，它对诸如就业水平和产出水平等问题很少注意，重点考察的是名义货币量变动与一般物价水平变动之间的关系问题，他们认为，名义货币供给量的变动只会引起一般物价水平的同比例变动，并由此得出结论，为防止货币供给量的剧烈波动对经济运行秩序和制衡机制的破坏，应尽量保持货币中性，以充分发挥市场机制的作用。

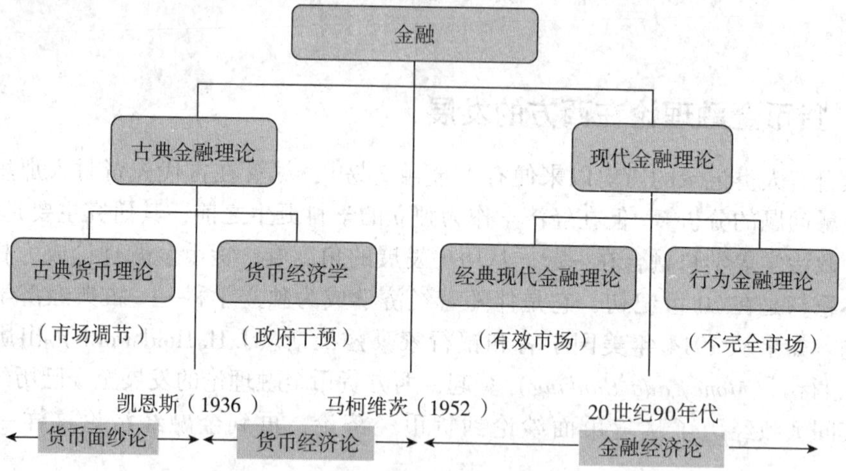

图0-1　西方货币金融理论的发展

首先对萨伊法则和货币数量论发难的是瑞典经济学家克努特·维克塞尔（K. Wicksell）。20世纪初，维克塞尔创立了著名的“累积过程理论”（The Theory of cumulative process），对萨伊法则及货币数量论提出了质疑。虽然维克塞尔并非一般性地否定货币中性，但他认为，名义货币供给量的变动首先影响的是相对价格体系，而后才会引起一般物价水平的变动，并最终对经济产生主动的和实质性的影响。与此同时，维克塞尔认为，名义货币供给量变动对经济的影响是借助于利率间接产生的，是货币利率和自然利率出现背离的直接结果。维克塞尔认为，所谓货币利率是指在用货币提供借贷时实际支付的利率，即市场利率，而自然利率有三层含义①：一是使物价水平保持稳定的利率；二是不用货币借贷而以自然形态的实物资本来进行借贷时所支付的利率；三是源于采取迂回生产时的实物资本之技术因素所带来的实物的边际增量，它的大小取决于实物资本的供给与需求相一致之点。在均衡状态下，自然利率等于资本边际生产率，或通常所谓

① 陈野华．西方货币金融学说的新发展［M］．成都：西南财经大学出版社，2011：39.

的投资的预期收益率。维克塞尔认为，如果货币利率和自然利率产生背离，那就会对价格体系，进而对经济产生影响：当贷款利率（货币利率）低于自然利率时，将引起投资增加，生产扩大，收入（工资、租金）提高进而需求增加，物价上涨的连锁反应。反之，当贷款利率高于自然利率时，必然发生价格向下运动的累积过程：抑制投资，收缩生产，减少对劳动和土地的需求，从而导致收入乃至需求减少，价格下跌，使企业家进一步遭受损失，由此形成减少投资和价格下跌的恶性循环。由此，维克塞尔认为，货币量的变动是决定经济均衡的重要因素。

2. 货币经济学

1936年，基于世界性经济危机的爆发，英国经济学家约翰·梅纳德·凯恩斯（J. M. Keynes）出版了其著名的著作《就业、利息与货币通论》，彻底结束了长期统治货币金融领域的“两分法”思想，展开了对货币面纱论和货币中性论的批判，并开始从社会总供求均衡角度来分析货币对经济运行的实质性影响，开始研究货币（政策）、利率及其与产量、就业和国民收入等宏观经济问题的关系，从而使维克塞尔所倡导的货币经济理论得到了最充分的表述，货币金融问题的研究也因此真正进入了货币经济论时代。

在凯恩斯看来，市场机制并非像古典学派所宣扬的那样完美，经济主体并非都具有充分的理性和预见性，经济运行过程中存在着大量的不确定性，在这种情况下，预期成为人们行为动机和抉择的重要依据，而货币量的变动则会引起利率的变化，利率的变化又会引起微观经济主体预期的改变，从而对微观经济主体的投资行为产生诱导作用，并最终影响到就业、产出和总收入。货币就是这样借助于对经济主体预期行为的影响，来对经济体系的总供求均衡发挥作用的。因此，在排除流动性陷阱和古典区域所代表的产业周期特殊阶段的情况后，金融当局可以通过实行扩张性的货币政策来调节利率，进而对宏观经济运行进行调控。与此同时，凯恩斯还提出了货币需求利率弹性理论，强调了货币在金融领域高度的“替代效应”和作为一种资产而存在的“财富效应”，从而为现代资产组合理论、财富调整理论提供了理论准备，也为金融经济学的发展准备了重要的理论依据。①

凯恩斯的政府干预主义思想提出了一个全新的理论分析框架，并为西方国家走出经济危机提供了极具建设性的政策建议，并带动了学术界对货币金融问题的深入研究，储蓄、投资与经济增长之间的关系问题、货币政策问题、利率决定问题等成为该时期货币金融研究的重点。凯恩斯主义的经济思想使西方国家在20世纪50—60年代经历了经济发展的黄金期。

（二）现代金融理论

在政府干预主义经济学占据经济学主流地位的这段时间里，货币金融理论的宏观结构日渐清晰，而微观结构则处于长期停滞的状态之中。20世纪50—60年代世界经济的发展带来了金融市场的发展与繁荣，金融市场实践的发展推动了以市场主体微观行为及

---

① 陈野华．西方货币金融学说的新发展［M］．成都：西南财经大学出版社，2011：3.

决策为核心的现代微观金融研究，货币金融理论的研究由此进入现代金融阶段。此时的理论研究主要着重于对金融市场上微观投资者的行为及决策的分析。

大致以 20 世纪 90 年代为界，我们还可以将现代金融理论的发展分为经典现代金融理论和行为金融学两个阶段。

1. 经典现代金融理论

理论界一般认为，1952 年美国经济学家哈里·马柯维茨在《金融杂志》上发表的博士论文《资产组合选择》（*Portfolio Selection*）在货币金融发展史上具有划时代的意义，它使人们开始重新认识和解释金融，建立了著名的现代资产组合理论（Modern Portfolio Theory，MPT），并标志着货币金融理论研究开始进入实证科学（Positive Science）领域，标志着现代金融理论的产生。

在这篇论文中，马柯维茨进行了金融研究上的新思维，他首次系统地用数理统计语言构造出了均值—方差模型（也称为全协方差模型），对证券投资预期回报率和风险水平的确定提供了易于理解的方法和思路，用于指导金融市场上投资者的行为决策，由此创立了著名的现代资产组合理论。马柯维茨认为，为了能够使资金在不同的可选择资产中得到优化配置，具有风险厌恶特征的投资者必须对纳入资产配置范围的各证券的回报率、方差以及各证券间的协方差进行估计，计算出有效投资组合的集合，只有这样，才能实现投资组合的合理目标，即在给定的风险程度下使预期回报率最大化，或在给定的预期回报率上使风险最小化。

正是因为投资者（经理）为了选择最佳资产组合必须要计算纳入资产配置范围的各证券的回报率、方差以及各证券间的协方差，因此，马柯维茨模型一般适用于总体数目相对较小的投资组合，而对于总体数目较大的投资组合的确定，往往会存在计算过于复杂的问题。为了能够解决这些问题，后来在马柯维茨模型基础上，又产生了指数模型（Index Models），具体包括单指数模型（Single - Index Model）和多指数模型（Multiple - Factors Model）。

首先是马柯维茨的学生威廉·夏普（W. F. Sharpe），1963 年他在马柯维茨均值—方差模型的基础上提出的单指数模型，认为证券的价格或收益是随着市场指数的变化而同步变化的，即证券回报率仅与市场指数这一个因素有关，并据此在 1965 年尤金·法玛（E. Fama）提出的有效市场假说（Efficient Market Hypothesis，EMH）的基础上建立了资本资产定价模型（Capital Asset Pricing Models，CAPM），运用均衡的方法，为金融市场的资产定价提供了理论依据，明确指出证券的预期回报率，从而该证券的价格取决于该证券与市场组合收益率协方差的大小。

资本资产定价模型一经提出便受到了质疑和批评，因为它将问题过于简单化了。现实是，影响证券回报率的因素有多个，而不像单因素模型所描述的那样只有唯一的一个决定因素。由此，多指数模型便应运而生了，1976 年斯蒂芬·罗斯（S. Ross）创建的套利定价理论（Arbitrage Pricing Theory，APT）就是从多指数模型角度出发所导出的证券价格均衡模型的典型代表。与资本资产定价理论不同，套利定价理论认为，证券回报率不是和一个而是和一组指数线性相关，它由形成证券回报率的一些基本因素共同决定。

在经典现代金融理论发展过程中不得不提到的另外一个思想创新便是“MM 定理”。1958 年弗兰克·莫迪利安尼（F. Modigliani）和默顿·H. 米勒（M. H. Miller）在《美国经济评论》上共同发表了他们的不朽之作《资本成本、公司财务和投资理论》（*The Cost of Capital, Corporation Finance, and the Theory of Investment*）一文，得出了 MM 定理，创立了现代资本结构理论。他们的研究不但为公司理财奠定了基础，并且首次明确提出了无套利假设。从此，现代金融理论的研究便开始以无套利假设作为出发点。其中，布莱克（Fischer. Black）—斯科尔斯（Myron. Scholes）的期权定价理论（Option Pricing Theory，OPT）可谓是运用无套利假设来为金融资产定价的一个典范。

2. 行为金融学

经典现代金融理论的核心基础是有效市场假定和完全理性假定，有效市场假说、资本资产定价理论、套利理论、期权定价理论和 MM 定理共同构成了经典现代金融理论的重要内容，这些理论共同使经典现代金融理论成为该阶段上的主流思想。

然而，20 世纪 80 年代，基于资本市场上出现的越来越多的“异常现象”（Anomaly）和“谜团”（Puzzle），经典现代金融理论开始受到质疑和严峻的挑战。1977 年，理查德·罗尔（R. Roll）发现，统计数据与模型的冲突表明作为经典现代金融理论基石的 CAPM 可能是无法验证的。之后，有效市场假说（EMH）也被指出了许多统计异常现象。同时，经典现代金融理论的另一个关键概念 β 系数，也显示出其与股票投资收益仅存在不明显的联系。1992 年，作为资本资产定价模型的奠基人之一的法玛甚至撤回了对 CAPM 的支持。所有这一切，都无疑把经典现代金融理论推到了一个尴尬的境地①，在这种情况下，便产生出了一种新的现代金融理论——行为金融学（Behavioral Finance）。

通过研究行为金融理论发现，在现实的金融市场交易中，投资者通常并不是按照经典数理模型进行投资决策，为此，行为金融理论认为，要把握投资者的实际决策行为及金融市场的运行状况，就必须将心理分析等方法引入到分析框架中来。

如果说经典现代金融理论试图回答微观投资者的问题是“应该如何决策才是最优的?”那么，行为金融学则是基于心理学实验来研究投资者各种心理特征，并以此来研究投资者的决策、行为，以及对资产定价等的影响，回答的是“现实中投资者到底是如何决策”的问题。

尽管行为金融学至今尚未形成完整的理论体系，但是它通过引入心理与决策行为等因素，已经较为成功地对证券市场的异象及谜团进行了解释。尤为重要的是，它的出现和成熟有可能正在谱写着经济学大变革的序曲。

应当注意的是，①上述有关货币金融理论在西方的发展的描述仅是概览性的，这并不意味着忽视汇率决定、商业银行经营管理等方面的存在。②古典金融理论和现代金融理论在西方都在各自发展着，并由此形成了所谓的“经济学院模式”和“商学院模式”，因此，我们对这两种模式不可偏废，更不能陷入“傲慢与偏见”，“非此即彼”的思维方

① 饶育蕾，张轮．行为金融学（第二版）［M］．上海：复旦大学出版社，2005：4.

式是狭隘的。现实是，在人们称之为带有宏观色彩的“经济学院模式”的发展演变中逐渐开始正视微观金融活动的状况，努力在实现宏观金融与微观金融的融合，与此相对，被人们叫作微观金融的“商学院模式”则几乎完全排斥了宏观金融的意义。这种反差同样较为严重地体现在作为金融学母体的经济学的发展演变中：政府干预主义在强调政府作用的同时，并不否认市场配置资源的功能，只是认为市场存在缺陷，而自由主义则在美化市场机制的时候完全无视政府宏观调控的作用，这应当引起我们的注意。③虽然国内学界有人认为西方货币金融理论正在由宏观分析走向微观分析，由定性描述走向定量分析，但从科学角度来看，宏观分析与微观分析、定性分析与定量分析兼而有之的选择才能够避免从一个极端走向另一个极端，克服片面性。实际上，在所谓微观金融理论占主导的20世纪50年代后，仍有许多著名金融学家在从事着诸如金融发展、金融安全与金融监管、金融危机、货币政策等方面问题的研究，并在对这些问题进行宏观定性描绘的同时，使用了定量分析方法。

二、货币金融理论在我国的发展

由于种种原因，货币金融理论在我国的发展时间还不长，也正因为如此，相对于西方货币金融理论的发展而言，货币金融理论在我国的发展要简单得多。

（一）起步晚

我国开始认识到金融的重要性并开始对货币金融问题的系统化研究大体是在经济体制改革以后。具体来说，是肇始于20世纪70年代末的经济体制改革，使人们逐渐认识到了金融在经济发展中的重要性。20世纪90年代之前主要表现为金融机构的恢复与建立，20世纪90年代以后理论界才着力开展对货币金融问题的系统化研究，之所以会形成这种状况主要是和长期以来实行的计划经济条件下的财政主导型的融资制度有关。

在我国经济体制改革以前的大部分时间里，我们实行的是“统收统支”的财政主导型的融资制度，在这种制度安排下，当时国营企业生产获取的剩余几乎全额上缴国家财政，而生产所需资金则由政府财政全额无偿拨付。在这里，主导资源分配的机制是财政而不是金融，金融在此没有用武之地，学界及整个社会自然不会将其纳入视野。

20世纪80年代的“拨改贷”凸显出了金融的重要性，由此也带动了我国融资制度由财政主导型向金融主导型转变，如何安排和构建金融体系，顺利地使储蓄转化为投资，从而提高资源的配置效率，成为亟待研究和解决的问题。对货币金融问题的研究也顺理成章地成为理论界研究的热点之一。

（二）发展快

经济体制改革以来，尤其是从20世纪90年代开始，我国理论界对货币金融问题的研究取得了长足的进步。随着大量译著的出版和原版资料的引进，以及人才的“引进来，送出去”，增进了东西方在货币金融领域的交流，极大地缩短了我们同西方的差距，时至今日，我们几乎是在用“同一种语言”同西方对话，即便是西方理论界正在研究的前沿问题，在我们这里似乎也同样能够找到它的影子。

（三）层次浅

从目前的情况来看，我们对金融市场效率、金融资产的定价以及风险和收益等金融理论前沿课题的研究尚处于起步阶段，处于对西方货币金融理论体系的介绍、描述和评介的“拿来主义”时期，相比而言，在理论体系的深入研究、现实运用、创新以及与中国金融体制改革的结合等方面还少有建树。就高等学校金融教学来说，虽然当前许多高校的金融院系也开设有反映现代金融发展的前沿性的课程，但“能紧紧抓住当前金融学前沿理论深入讲授金融市场学、公司金融等课程的老师很少。”① “很难从最基本的层面解释现实的金融景象，从而无法履行金融学作为一种致用之学的职能。”②

第二节　金融学的研究对象与框架内容

一、金融学的研究对象

对于一门学科来说，首先必须明确的，就是它的研究对象问题，界定一门学科的研究对象，不仅有助于我们了解该学科的研究重心，而且是保证该学科存在和发展的非常重要的问题。

作为与现实金融实践密切相关的一门课程，金融学的研究对象必须是开放性的、动态的，它应该伴随世界经济和金融活动的巨大变化而适时变化，并不断丰富自己、发展自己。

金融学之所以成其为一门独立的经济学科而存在，主要在于其研究对象的特殊性。那么，金融学的研究对象是什么呢？总体来说，金融学的研究对象应当是现实金融活动的核心体现，应该能够反映金融活动的全貌。具体而言，金融学是以开放性的金融体系为研究对象，以揭示金融资产的发展与运行规律、金融体系的安排与演进及其与实体经济增长之间的互动关系和政策选择的一门科学。

二、金融学的框架内容

金融学是金融专业的基础课，是非金融财经类专业的学科基础课，它是我们了解金融的开始，从内容上看，金融学的内容几乎涉及了金融活动的方方面面，因此，我们对金融学的内容应当站在“金融”的高度来看待。

按照国内理论界的一般解释，所谓金融，是“资金融通”的简称，指的是资金在盈

---

①　厦门大学课题组．21 世纪中国金融学专业教育教学改革与发展战略研究，载王广谦等：金融学科建设与发展战略研究［M］．北京：高等教育出版社，2002：15.

②　张杰．中国金融学面临双重挑战：进入主流与本土化，载王广谦等：金融学科建设与发展战略研究［M］．北京：高等教育出版社，2002：244.

余部门和赤字部门之间的配置问题。①

与“资金融通”相关联，有几个范畴是需要说明的。

首先是融通的对象。顾名思义，“资金融通”的对象是货币资金。

其次是融通的方式。如何实现资金在盈余部门和赤字部门之间的融通，并提高融通效率，在不同的制度条件下有着不同的安排，市场经济条件下的资金融通是通过信用方式来实现的。

最后是融通的机制。资金融通机制是指由相互联系、相互制约的特定部分所构成的资金融通体系，这既包括体系本身，又包括体系的运行机理及运作方式，是资金融通赖以顺利进行的一切方法、手段、措施和环节的总和。在现代金融体系中，资金的融通主要是借助于金融中介机制和金融市场机制来完成。

与资金融通相关联的这些范畴便构成了金融学研究的主要内容（如图0－2所示）。

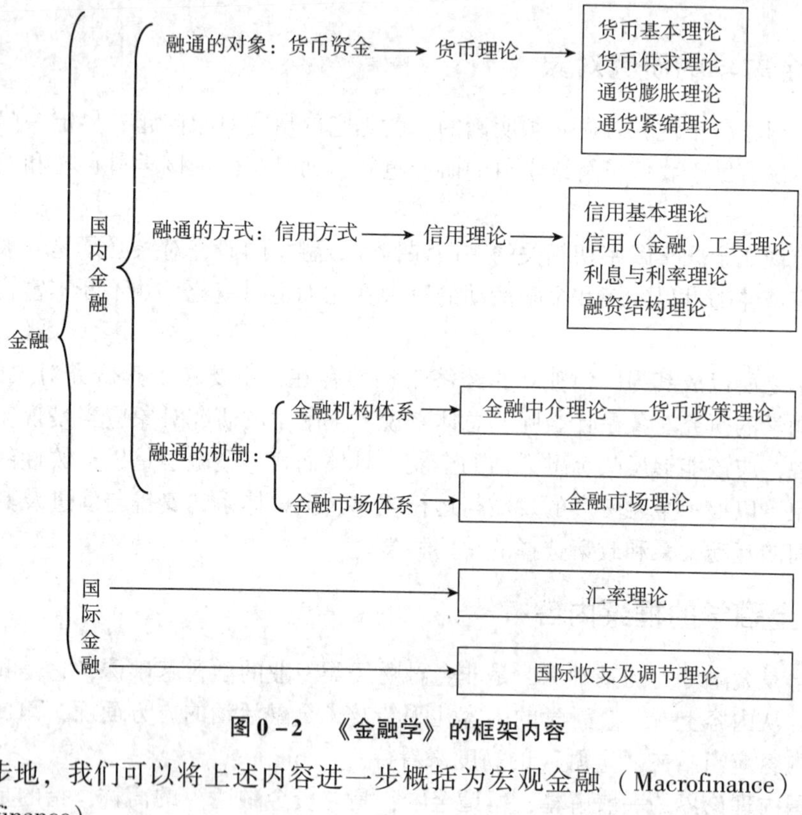

图0－2　《金融学》的框架内容

进一步地，我们可以将上述内容进一步概括为宏观金融（Macrofinance）和微观金融（Microfinance）。

① 目前，理论界一般认为，西方有关金融的权威解释来自罗伯特·默顿，他认为金融研究的是不确定性条件下的资金跨期配置问题。我们认为，这同国内学者对金融的描述相比，只是更进一步说明了资金融通的性质，即在资金融通过程中存在着不确定性，并且有一个跨期的问题。二者的相同之处恰好就是都认为金融是“资金融通”，二者的区别在于我国理论界对金融活动，即资金融通活动的研究侧重于对资金融通过程和资金融通体系的构造等方面的描述，而西方学者则更加着重于资金融通内在特性的研究。

宏观金融以整个金融体系为研究对象，主要探讨金融体系的构成、运行规律、创新与发展，以及宏观调控等方面的问题。

微观金融以微观金融市场为研究对象，主要探讨微观金融市场中的金融资产定价以及市场活动主体的行为及决策等方面的问题。

第一篇　金融体系

高等学校金融学系列教材
货币银行学子系列

第一章

金融体系概述

本章重要术语

金融体系　内源融资　外源融资　间接融资　直接融资　金融异化　以市场为基础的金融体系　以银行为基础的金融体系

第一节　金融体系的概念与功能

一、金融体系的形成及概念

（一）金融体系的形成

金融体系（Financial System）是基于金融交易而产生的。

在现实的经济活动中，初始禀赋的不同、收支模式的不一、消费与投资的偏好各异决定了资源在时间和空间分配上的不均衡性是一种常态。对于部门来说，有的部门可能是收大于支，从而成为资金盈余部门（Surplus Units），有些部门可能是收不抵支，从而成为资金赤字部门（Deficit Units）。再比如居民家庭消费，也会在即期消费和延迟消费（储蓄）的选择上存在不同的时间偏好，也会产生相应的盈余部门和赤字部门。盈余部门和赤字部门的存在最终形成了以资金余缺调剂为目的的金融交易，赤字部门因此而获得了资金，盈余部门则因供给资金而得到了一定的投资回报。由此可见，所谓金融交易就是指人们借助于一定的金融工具，如存款合约、贷款合约、股票、债券等，实现资源在资金盈余部门和资金赤字部门之间的跨时空配置。

在金融交易过程中，受信息非对称、人的有限理性、投机行为倾向以及外在经济环境的不确定性等因素的影响，金融交易费用是普遍存在的。从一个简单但却完整的金融交易过程来看，所产生的费用大体包括：（1）搜寻费用，即在一个不存在金融体系的初始经济中，金融交易双方彼此寻找交易对象过程中所产生的费用；（2）信息收集和处理费用，在找寻到交易对象以后，出于安全的考虑，自然要对交易对象的信誉状况、财务、金融状况和偿债能力等方面的信息进行收集和处理，并且要对与投资回报有关的方面进行分析，所有这一切都需要花费一定的费用；（3）谈判费用，即交易双方进行交易，订立合约的过程中为解决双方在资金数量、借贷期限、利率水平等方面的分歧，进行讨价还价所花费的费用；（4）履约费用，即为保证合约得以顺利履行过程中产生的费用；（5）风险防范费用，即为了防范因外在经济环境的不确定性所花费的费用。

金融交易过程中上述交易费用的存在，增加了市场的摩擦，这意味着仅靠自由市场机制不可能实现帕累托最优的金融资源配置状态，如何有效界定交易双方的权利与义务、规范交易双方的行为、减少摩擦、降低交易费用、提高资源配置效率是交易双方共同的意愿和诉求，在这种背景下，旨在降低金融交易费用和改善金融运行效率的各种"组织、工具、规则"和交易管理机制便应运而生了。

（二）金融体系的含义及构成

如前所言，金融体系是金融学的研究对象。那么什么是金融体系呢？从一般性意义上看，金融体系是指构成一个经济体中资金流动和配置的基本制度框架，是为了保证金融功能的更好发挥，实现储蓄向投资的顺利转化而进行的相应制度安排，"是市场及其他用于订立金融合约和交换资产及风险的机构的集合。"①

时至今日，金融体系已经发展成为一个纷繁复杂但有秩序的网络构造，它由一系列的子体系构成，这包括金融资产体系、金融中介体系、金融市场体系和金融制度体系等，它们共同构成了金融体系的结构（见图1－1）。

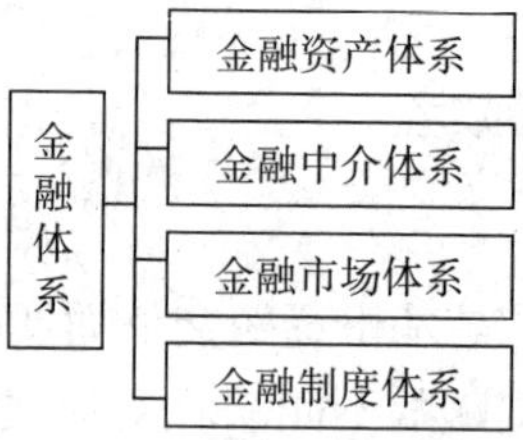

图1－1　金融体系构成图

二、金融体系的功能

传统观点对金融体系功能的描述大多是从金融机构的角度入手，主要注重的是银行体系所具有的信用创造功能以及由此产生的强大的资源配置能力。

1993年，美国麻省理工学院斯隆管理学院教授、著名金融学家罗伯特·默顿（R. Merton）和兹维·博迪（Z. Bodie）提出了基于功能观点的金融体系改革理论②，并于1995年成立了专门的研究小组对该问题进行研究，并最终将其研究成果集中到了《全球金融体系：功能观点》一书中③，对金融体系的功能提出了独到的见解，为我们考察金融体系的功能提供了一个全新的现代视角。

默顿与博迪认为，金融体系最基本的功能就是为了实现经济资源在不确定的环境中的跨时空、跨行业分配。具体地说，金融体系主要能够发挥以下六种功能：

① 【美】兹维·博迪，罗伯特·C. 默顿. 金融学［M］. 北京：中国人民大学出版社，2000：4.

② Robert Merton，Zvi Bodie（1993）：A Functional Perspective of Financial Intermediation，Financial Management.

③ Dwight B. Crane，Robert C. Merton，Kenneth A. Froot，and Zvi Bodie（1995）：The global financial system：A Functional perspective. Harvard Business Press.

1. 清算和支付结算功能。即金融体系能够为完成商品、服务和资产的交易提供一个良好的支付系统，从而为经济运行生产清算和结算服务。不仅是传统的支付体系可以提供这种服务，各种金融创新，包括一些衍生工具同样具有清算、支付和结算的功能。

2. 聚集和分配资源的功能。即金融体系通过供给具有不同风险收益特征的多样化金融资产和创造多样化的融资渠道，为从事大规模的、技术上不可分的企业以及居民家庭聚集或筹集资金的功能。

3. 跨时空、跨行业转移资源功能。通过金融体系，我们可以实现即期消费和延迟消费（储蓄）的安排，放弃即期消费进行储蓄，以获取未来的更大现金流，同样，我们也可以借助于金融体系来安排我们的退休养老计划。金融体系除了能够实现资源的这种跨期配置之外，还可以为解决金融资源在不同空间及不同行业之间分配的不平衡性，实现资金在不同空间和行业间的转移提供便利。

4. 管理风险的功能。即金融体系为管理金融交易过程中的不确定性和控制风险创造出了相应的机制和手段。除跨期之外，不确定性是金融决策的另外一个主要特征。未来结果的不确定性就是风险。人们在从事金融交易过程中会面临许多风险。默顿等人认为，金融体系的存在与不断创新，为转移和分散这些风险提供了方法，从而可以使企业与居民家庭能够选择他们愿意承担的风险，回避他们不愿承担的风险。金融体系的分散投资战略、金融衍生工具的保值、保险制度等都是进行风险管理的非常好的机制。

5. 提供信息的功能。现代经济是信息经济，信息的获取已成为各经济主体在现代经济活动中进行合理决策的重要条件，而金融体系恰恰就是一个重要的信息生产源。它们每天都在生产着大量的来自金融市场、政府和企业（尤其是上市公司）的大量信息，我们几乎可以每天借助于媒体等各种渠道获取这些有关证券价格和利率、政府的重大决策等方面的信息，这些信息对于指导居民家庭的消费储蓄决策，企业投资项目及融资方式的选择具有重要的参考意义。例如，银行的住房按揭贷款者可以根据贷款利率的变动来修正自己的还款策略，企业可以根据其他企业股票价格的变动和市场利率的变化来决定自己的股利分配政策，等等。

6. 解决激励问题的功能。即金融体系能够为解决信息非对称条件下因道德风险、逆向选择和委托—代理关系中所造成的激励问题提供方法。

所谓信息非对称是指信息在交易双方之间分布上的不一致性。信息非对称意味着从事交易的一方掌握着较完备的信息，而另一方则只拥有少量和不完备的信息。在这种情况下很容易滋生交易前的逆向选择和交易后的道德风险。例如 100 个人打算共同投资 100 万元于某个企业的项目。在这里，企业往往对自己经营项目未来前景、风险及回报率状况比较了解，而出资人则缺乏这方面的确切信息，在这种情况下，就可能产生企业隐瞒事实，欺骗出资人的逆向选择现象。另外，企业在取得这笔资金以后，也有可能利用自己的信息优势，违背出资人的意愿来使用这笔资金，从而滋生出道德风险。

逆向选择和道德风险的存在产生出了监督和激励问题，监督和激励的目的就是防止这种道德风险和逆向选择现象的发生，避免交易双方的目标冲突，维护信息不完备者的利益。那么，谁来监督，谁来激励呢？

假如出资人中有一个人出面对企业实行了监督和激励，并且很好地解决了这个问题，他因此从中获得了收益，但他也为此支付了监督和激励的成本，问题是另外 99 人也因此获得了收益但并没有为此付出代价，这就出现了经济学上常说的“搭便车”问题。“搭便车”问题的存在使得 100 个出资人谁都不会去对企业进行监督和激励。不监督、不激励的结果只能是促使企业违约，出资人受损。

按照默顿等人的说法，金融体系可以通过精心的设计，如贷款抵押、衍生金融工具（股票期权）等，来克服这些激励问题。

几乎与默顿等人同时，着力研究金融发展问题的经济学家罗斯·莱文（R. Levine）等人对金融体系的功能也做出了相类似的描述，他们将金融体系的功能界定为以下几个方面：①

1. 改变资产流动性、实现投资风险的转移与分散；
2. 信息揭示；
3. 加强投资者的公司治理与控制能力；
4. 实现资本积聚和储蓄资金转移；
5. 促进技术创新与技术进步。

第二节 现代金融体系下的资金融通方式与金融异化

一、现代金融体系下的资金融通方式

金融资源在不同部门之间出现分配上的不均衡是现实经济运行过程中的一种常态。在这种情况下，自然产生了金融资源在这两类部门间进行余缺调剂的必要。因此，经济运行过程中资金盈余部门和赤字部门的存在是资金融通的基础。而金融对实体经济的重要贡献是它为实体经济运行提供出了一套精巧的机制安排，即金融体系，帮助资金在盈余部门和赤字部门之间的余缺调剂，从而实现储蓄向投资的顺利转化，提高资源配置的效率。

从广义角度讲，盈余部门与赤字部门之间的资金余缺调剂主要是借助于内源融资（Internal Finance）和外源融资（External Finance）两种方式来实现的。所谓内源融资是指资金赤字部门通过内部积累来解决资金短缺的融资方式，例如企业可以通过内部留利、固定资产折旧等方式来解决自身资金短缺问题；作为居民家庭，则可以利用积蓄来满足自己开支的需要。外源融资是指资金赤字部门借助现代金融体系，通过一定的方式向资金盈余部门筹借资金来解决资金短缺的融资方式，例如，企业可以通过向金融中介直接借款、到金融市场上发行股票或债券来筹集资金；居民家庭也可以通过向金融中介申请贷款的方式购买高档耐用消费品和不动产等。

① 易宪容等．现代金融理论前沿［M］．北京：中国金融出版社，2005：3－9.

以内源融资和外源融资这两种融资方式来说，金融（学）更加关注的是外源融资。相对广义融资方式而言，我们将外源融资称为狭义融资方式。

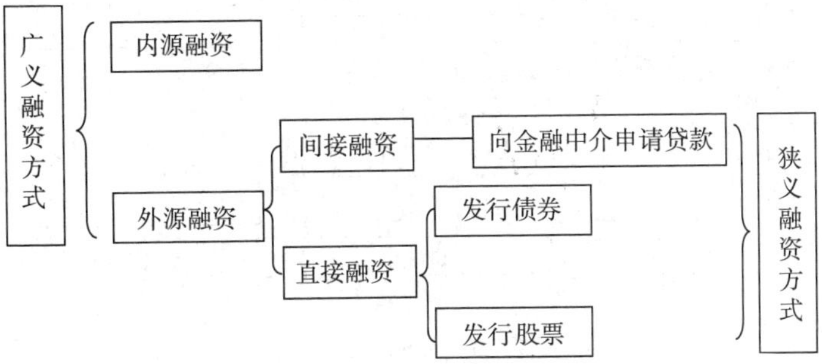

图 1－2　赤字部门的融资方式

外源融资又由间接融资和直接融资这两种具体的方式构成。

（一）间接融资

间接融资是通过金融中介体系来完成的。具体表现为金融中介机构首先通过发行间接证券（Indirect Security）的方式集中资金盈余部门手中的闲置货币，然后再通过发行初级证券（Primary Security）的方式向资金赤字部门提供资金，以满足这些资金最终需求者的需要。

（二）直接融资

与间接融资不同，直接融资一般是借助于金融市场体系来完成的。直接融资的过程表现为资金赤字部门直接在金融市场上发行股票、债券等金融工具给资金盈余部门以获取资金。资金盈余单位凭这些金融工具对资金赤字部门的未来收入或资产拥有要求权。

无论是间接融资还是直接融资都是不确定条件下金融资源的跨时空配置，其间充满着大量的风险。对此，经济学家们通常认为，为了防范风险，保证金融中介体系和金融市场体系的运行效率，优化金融资源的配置，来自政府部门的外部监管及调控是必不可少的，政府的监管和宏观调控，始终会影响微观经济主体的行为，从而左右金融成长的进程。

当然，金融体系并不是对这些子体系的简单加总，而是由各部分之间的相互协调与适应所形成的一个综合体系，从这个意义上说，世界各国金融体系之间的区别，不仅是其构成部分之间存在差异，更在于各组成部分之间相互关系的不同。并且，间接融资和直接融资也不是截然分开的，而是相互联系的。

现代金融体系的运行可见图 1－3。

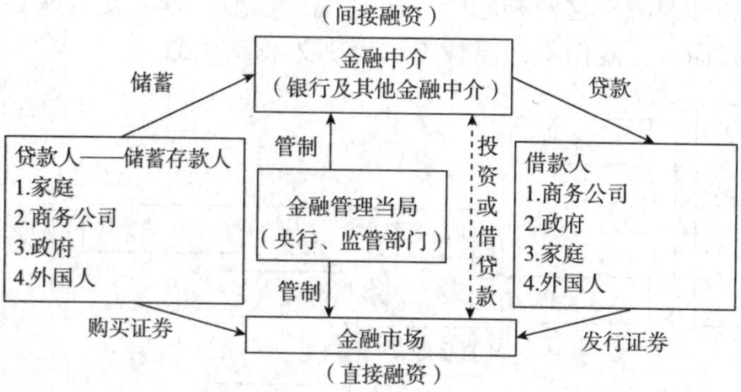

图1－3　金融体系运行

二、金融独立性与金融异化

金融与经济的分化是社会分工的结果，是金融自我发展的必然选择，有些学者将这种趋势称为“金融独立性”。所谓金融独立性是指金融业与金融活动在其发展过程中逐渐脱离生产过程，进而成为一个相对独立的领域，从而产生一系列的特殊的规律和运作方式。①

如前所言，金融从经济中分离出来后对实体经济的贡献在于为储蓄向投资的顺利转化提供了一套精巧的机制，从而服务于实体经济的运行。但随着金融的不断发展演变，却出现了金融异化现象。

所谓金融的异化现象是指金融业和金融活动背离为经济活动服务，而有自我膨胀的畸形发展现象。②

其实早在20世纪末的一次世界高峰经济会议上，法国前总统雅克·勒内·希拉克（Jacques René Chirac）就曾预言世界金融市场上存在一个庞大的投机泡沫。希拉克警告世界经济面临危险，说这是“金融癌症”，它是由金融体系的不健康状况造成的。另据国际货币基金组织的统计，目前活跃在金融市场上的游资有7.2万亿美元，其规模相当于全球国民生产总值的20%，每天有1.2万亿美元以上的资金在全球外汇市场上游动，相当于实物交易的近百倍。这种货币流通与商品交易在时空上的脱节为金融危机的爆发埋下了隐患。美国经济学家林顿·拉鲁什（L. H. LaRouche）在1994年6月24日发表了一篇题为《即将到来的金融市场的解体》[The Coming Disintegration of Financial Markets，德国EIR（Executive Intelligence Review）杂志]的文章中认为，根据他对经济和金融过程的分析：“近期内现行世界金融和货币体系即将解体。崩溃可能发生在今春，或者明年，或者可能在下几年；几乎可以肯定在克林顿任期，这不久就会发生。”（The presently existing global financial and monetary system will disintegrate during the near term. The collapse might occur this spring，or summer，or next autumn；it could come next year，it will al-

① 姜旭朝，胡斌．关于金融独立性分析：强化与异化［J］．金融研究，2000（12）．
② 同上。

most certainly occur during President William Clinton's first term in office; it will occur soon.)①整个世界金融体系是一座“摇摇欲坠的金融倒金字塔”，并预言近期内现行世界金融和货币体系即将解体，世界性的金融危机在几年内将会爆发，全球金融体系和机构面临着总崩溃的可能。1987 年诺贝尔经济学奖获得者、法国经济学家莫里斯·阿莱（M. Allais）在 1994 年法国《世界报》的连载文章中认为，世界金融体系的发展趋势是“发疯”，世界经济已经成为一个大赌场，在这个赌场中，每日金融交易与实际物品贸易有关的不足 2%。美国《芝加哥论坛报》（*Chicago Tribune*）资深国外财经记者、杰出专栏作家理查德·隆沃思（Richard C. Longworth）在几年前的专著《全球经济自由化的危机》一书里也曾忧心忡忡地写道：“全球资金市场两个星期的交易量，就超过全世界每年贸易和投资之所需。另外 50 个星期的交易活动，全是投机。”“投机性的经济活动，规模是真正经济活动的 12 倍。”② 这意味着，资本市场上的多数资金，都在进行一场豪赌。

三、金融体系的类型及其发展演变

（一）金融体系的类型

为了解决金融交易过程中的交易费用和信息非对称问题，迄今为止，世界上绝大多数的国家和地区都建立起了自己的金融体系。但大量的研究表明，由于各国和地区经济规模、技术以及政治、文化习俗、历史背景上的差异等方面的原因即使是在发达国家之间，金融体系的安排仍然存在着较大的差异，而发达国家和落后国家的金融体系则有着更大的差别。

表 1－1　金融体系概览

	美国	英国	日本	法国	德国
金融市场	最重要	最重要	发达	相对不重要	不重要
银行集中度	由低到高 →				

资料来源：Franklin Allen & Douglas Gale，《比较金融系统》，中国人民大学出版社，2002 年版。

近年来，经济学家们对金融体系在不同国家或地区的差异问题进行了广泛的研究，并试图对其进行规律性的描述。综合各方面的观点，我们发现，虽然存在着一定的争论，但大多数经济学家通常是从两个角度对世界各国建立的金融体系进行划分，一是按照金融市场和银行在金融体系中占比的不同，将世界各国或地区的金融体系划分为以市场为基础（Market－Based）的金融体系和以银行为基础（Bank－Based）的金融体系；二是依据世界各国从法律角度对不同金融机构规定的经营范围，把世界各国或地区的金融体系划分为分业经营（Separate Operation）的金融体系和混业经营（Mixed Operation）的金融体系。

① http://www.larouchepac.com/news/2008/01/08/coming－disintegration－financial－markets.html.
② ［美］理查德·隆沃思：《全球经济自由化的危机》，应小瑞译，生活·读书·新知三联出版社 2002 年版。

1. 以市场为基础与以银行为基础的金融体系

（1）以市场为基础的金融体系。以市场为基础的金融体系也称为萨克森模式（Anglo－Saxon Model），采用这一模式的国家主要有英国和美国，因此，这一模式也被称为英美模式。

在以市场为基础的金融体系中，相对于银行体系来说，资本市场更加发达、完善和成熟，它在整个金融体系中居于核心的地位，非金融部门更多依靠的是内部融资，其外部融资主要是通过在资本市场上发行股票和债券等证券来取得，资本市场在分散风险、转移风险和资产流动性的提供等方面发挥着更加重要的作用，但和以银行为基础的金融体系相比，金融体系与实际部门之间的联系比较弱。

（2）以银行为基础的金融体系。以银行为基础的金融体系主要流行于日本、德国、法国、西班牙等国家，其中德国和日本是这种金融体系的典型代表，正因为如此，这种模式的金融体系也经常被称为日德模式。

在以银行为基础的金融体系中，相对于资本市场而在整个金融体系中发挥更加重要作用的是全能型的银行体系，银行体系不仅为非金融部门提供着诸如融资、支付结算等方面的金融服务，并且与非金融部门之间通过相互持股、相互借贷和人员交流等建立起了长期密切的联系，尤其是在动员储蓄、信息揭示、公司治理和储蓄流动等方面起着非常关键的作用。

表1－2　美国与德国的金融体系比较

	美国	德国
银行体系		
商业银行	提供短期工商企业贷款、住宅贷款、农业贷款，以及对同业贷款。《格拉斯—斯蒂格尔法案》禁止商业银行从事投资银行业务，但是自1999年11月后放松。	主要包括三大全能银行：德意志银行、德累斯顿银行、商业银行，从事存贷款、生命保险、有价证券承销和投资多种业务。
储贷机构	传统上提供抵押和其他消费信贷。很多是互助性质的，即存户同时是股东。	兼顾公共利益，不以营利最大为目标；共有三级：地方、州和中央储蓄银行。
保险	生命保险公司提供税收比较优惠的储蓄手段；财产保险公司主要目的是提供保险，投资工具只是副产品；很多公司是互助性质的。	全能银行与保险公司均能提供保险。但是与银行不同，保险公司受到严格监管。
养老保险		
公共	涵盖所有员工；保费与平均收入相联系；替代率较低。	涵盖所有员工；保费与工作期间平均收入相联系；替代率较高。
私营	主要包括根据最终收入决定的固定受益人；通常不采用指数化；固定认缴计划日趋重要。	

续表

	美国	德国
金融市场	三大主要交易所为：NYSE，AMEX，NASDAQ；它们是经由初次发行（IPO）筹集资金的主要渠道。	以法兰克福为中心的7个区域性交易所；上市公司数量较少。
股票市场	各级政府以及企业重要的资金来源。	各级政府与银行重要的资金来源。对非金融企业不重要。
债券市场		
衍生市场	商品期货市场始于19世纪晚期。金融期权与期货市场始于20世纪70年代早期；互换和其他衍生工具柜台交易量很大。	金融期权与期货市场始于1990年，交易量很小。

资料来源：Franklin Allen & Douglas Gale，《比较金融系统》，中国人民大学出版社，2002年版。

2. 分业经营与混业经营的金融体系。一个国家的金融体系究竟属于是分业经营的金融体系，还是混业经营的金融体系，关键是看该国是否从法律角度对从事金融活动的各种金融主体的业务边界进行了严格的界定。

（1）分业经营的金融体系。分业经营是指一个国家从法律角度对从事金融活动的各金融主体的业务边界进行严格界定，“分门别类、各有专司”，即银行、保险、证券、期货、信托等机构的业务都被限定在各自业务领域内，不得违反规定超越既定业务范围，进入其他业务领域。

分业经营最早源于英国的亚当·斯密，但确立金融业分业经营模式形成的主要标志是1933年美国的《格拉斯—斯蒂格尔法案》（*Glass - Steagall Act*）。

按照既有相关法律规定，我国的金融经营模式是“分业经营，分业管理”。例如，2015年《商业银行法》规定：“商业银行在中华人民共和国境内不得从事信托投资和证券经营业务，不得向非自用不动产投资或者向非银行金融机构和企业投资，但国家另有规定的除外。”再如，2014年《证券法》第六条也明确规定：“证券业和银行业、信托业、保险业实行分业经营、分业管理。证券公司与银行、信托、保险业务机构分别设立。国家另有规定的除外”。

（2）混业经营的金融体系。与分业经营的金融体系相对，混业经营是指一国从金融法律上对从事金融活动的各主体的业务边界几乎不做任何规定，允许各金融主体进入其他金融主体业务领域进行交叉经营。

在20世纪末以前世界各国普遍采取分业经营的金融体系时，在德国、瑞士、荷兰等少数一些欧洲大陆国家则实行的是混业经营模式。20世纪70—80年代，金融自由化浪潮推动有些国家放弃分业经营的金融体系，改行金融混业经营。

1999年11月12日，时任美国总统克林顿签署了美国国会通过的《金融服务现代化法案》（*Financial Services Modernization Act*，亦称 *Gramm - Leach - Bliley Act*《格雷姆 - 里奇—比利雷法案》），这被认为是在美国实行了66年的分业经营模式正式退出历史舞台，金融混业经营合法化，从此，世界大多数国家的金融体系开始由分业经营模式转向混业经营模式。

另外，也有学者认为，对金融体系的划分应当是先把世界各国的金融体系分为发达的体系和落后的体系，在此基础之上，再按照银行体系和市场体系的不同作用，将金融体系进一步划分为发达的银行主导型体系、落后的银行主导型体系、发达的市场主导型体系和落后的市场主导型体系。

（二）金融体系的发展演变

进入20世纪70年代，为更加有效地发挥金融体系的功能，世界各国先后开始了金融体系的改革，有关金融体系的发展与安排问题也自然成为近年来经济学家们研究的一个热点，之所以如此，是因为金融体系的结构安排会最终影响金融体系的运行效率和经济的发展状况以及经济活动主体的决策。尽管金融学家们对这方面的理论分析还不是特别多，但在不断研究和争论过程中也形成了一些具有开创性的观点。

1. 至于以市场为基础的金融体系与以银行为基础的金融体系何者更优、更加有利于经济增长，在理论上仍存在争议，正是这种争议，最终碰撞出了思想的火花。有研究表明，不同模式的金融体系之间不是替代的关系，而是互补的关系。

2. 经济学家一般认为，引起金融体系发展演变的最基本动因是人们对金融体系功能发挥方式的创新，而金融体系发展演变的根本目的在于提高金融资源的配置效率和使用效率。按照默顿和博迪的观点，（1）相对于金融机构来说，金融体系的功能更具稳定性。即虽然各国在金融机构的形式及种类上各异，但金融体系的功能大体是一致的，它一般不会因国家的不同而不同，也不会随时间的变化而变化；（2）金融体系的制度安排（结构）随着功能的变化而变化。也就是说，金融创新、金融体系发生变化的重要动力是金融机构通过创新和竞争，不断地发现和寻求新的更有效率的功能实现方式，不断地追求金融体系更强的功能和更高的效率。

3. 金融体系的发展演变呈现阶段性。例如，约翰·G. 格利（J. G. Gurley）和爱德华·S. 肖（E. S. Shaw）认为，在经济发展的起始阶段，企业的资金完全来自自身的积蓄；当经济发展到一定阶段，专业化的融资机构如银行才能出现并为一些企业融资；只有当经济进一步发展和社会财富进一步累积到一定程度以后，证券的交易才能出现。杰瑞米·格林伍德（J. Greenwood）和鲍彦·伊万诺维奇（B. Jovanovic）在其建立的金融发展模型中也认为，在经济发展的早期，金融市场不存在或只能缓慢发展；当经济发展的周期进入中间阶段时，金融“上层结构”才开始产生并形成；随着经济逐步成熟，广泛的金融中介机构得以形成。[①] 与此同时，拉格赫拉姆·G. 拉詹（R. G. Rajan）和瑞吉·津加莱斯（L. Zingales）的分析也显示，在经济发展早期，由于法律体系不健全，产权和股东的权益缺乏保障，因此更适合银行体系作用的发挥；当经济发展到一定程度以后，随着法制体系逐步健全，股票市场的作用才会渐渐得到强化。[②]

① 转引自易宪容等（2005）：《现代金融理论前沿》。第17－18页，中国金融出版社。
② 转引自易宪容等（2005）：《现代金融理论前沿》。第19－20页，中国金融出版社。

4. 金融体系的演变趋势。从世界金融体系的现实演变中我们可以看到，在美国，伴随着传统管制壁垒的逐步瓦解，商业银行业务与投资银行业务正在日渐融合，一个超级全能银行时代正在美国悄悄到来；而在德国，虽然进展不算顺利，但政策制定者的确已经着手进行旨在推动股票和债券市场发展的金融改革。

然而，至于全球金融体系的演变最终会走向何方，理论界至今并没有形成一个统一而明确的答案。虽然国内有人倾向于将英美实行的以市场为基础的模式看作一种优越的资源配置模式，但更多的经济学家认为，以市场为基础的金融体系与以银行为基础的金融体系各有利弊，不能将二者对立起来。更可行的策略似乎应当是逐步消除各个系统之间的壁垒，在各个系统之间建立起沟通的桥梁，并且，金融体系最终演变的结果不应该是人们事先设计的或强权意志的产物，而是市场各方力量不断博弈的结果。对于转轨国家的金融体系模式选择来说，大多数的经济学家认为应该选择以银行为基础的日德模式，而不是像英美那样的以市场为基础的模式。

本章小结

金融体系是基于金融交易产生的。金融体系是指构成一个经济体中资金流动和配置的基本制度框架，是为了保证金融功能的更好发挥，实现储蓄向投资的顺利转化而进行的相应制度安排，是市场及其他用于订立金融合约和交换资产及风险的机构的集合。

金融体系包括金融工具体系、金融中介体系、金融市场体系和金融制度体系等，它们共同构成了金融体系的结构。

金融体系具有清算和支付结算、聚集和分配资源、跨时空、跨行业转移资源、管理风险、提供信息和解决激励问题六个方面的功能。

现代金融体系下的资金融通是通过内源融资和外源融资两种方式来实现的，其中外源融资又可分为间接融资和直接融资。

进入 20 世纪七八十年代以后，出现金融异化现象。所谓金融异化现象是指金融业和金融活动背离为经济活动服务，而有自我膨胀的畸形发展现象。

由于各国和地区经济规模、技术以及政治、文化习俗、历史背景差异等方面的原因，即使是在发达国家之间，金融体系的安排仍然存在着较大的差异，而发达国家和落后国家的金融体系则有着更大的差别。理论界通常是按照金融市场和银行在金融体系中占比的不同，将世界各国或地区的金融体系划分为以市场为基础的金融体系和以银行为基础的金融体系。也有学者将金融体系进一步划分为发达的银行主导型体系、落后的银行主导型体系、发达的市场主导型体系和落后的市场主导型体系。

随着经济金融活动的变化，金融体系也在经历着一个发展演变。

本章复习思考题

1. 什么是金融体系？结合你的生活感触，谈谈金融体系是由哪些子体系构成的？

2. 金融体系具有什么功能？

3. 现代金融体系下的资金融通是如何实现的？何谓内源融资、外源融资、间接融资、直接融资？

4. 什么是金融异化？你如何看待金融异化现象？

5. 以市场为基础的金融体系和以银行为基础的金融体系有什么区别？

6. 描述金融体系的发展演变。

第二章

金融资产

本章重要术语

信用工具　金融工具　金融资产　（金融资产）流动性　短期金融资产
长期金融资产　间接金融资产　直接金融资产　原生性金融资产　衍生性金融资产
控制意义上的货币　信用货币　准货币　信用　商业信用　银行信用　政府信用
消费信用　票据　汇票　本票　支票　信用证　债券　大额可转让定期存单　股票
回购协议　外汇　金融远期　金融期货　金融期权　金融互换

第一节　金融资产概述

一、信用工具、金融工具与金融资产

（一）信用工具的含义

各种信用活动中所形成的债权债务关系是借助于一定的方式予以证明的。在早期的信用活动中，人们通常是通过口头协议或记账方式来证明相互间的债权债务关系，但因缺乏相应的法律保障，极易在债权人和债务人之间引起争议和纠纷，因此不能适应现代经济发展的需要。在现代信用活动中，人们对债权债务关系的证明更多是通过信用工具来实现的。

所谓信用工具（Credit Instrument）是指在信用活动中产生的，具有一定格式，用来证明债权债务关系的合法的书面凭证。

（二）信用工具与金融工具

在国内货币金融理论界一般认为，信用工具就是金融工具（Financial Instrument），二者是同一个概念，正因为如此，我们发现在有些货币银行学教材中已经没有了信用工具这部分内容，而只是在金融市场理论中讨论金融工具问题。但从现实来看，信用工具和金融工具之间虽然存在着密切的联系，但二者之间的区别也是不可忽视的，信用工具和金融工具是既相互联系又有区别的一对概念，理解这一点有助于了解金融的发展演变。

首先，信用工具和金融工具之间存在着密切的联系。二者的联系突出表现在金融工具，包括金融衍生工具都是基于信用工具而产生的，我们从现实就可看出，某些金融工具也就是通常意义上的信用工具，如票据、股票和债券等。

其次，信用工具和金融工具之间存在着一定的区别。金融工具产生于信用工具，但金融工具又是对信用工具的发展和延伸，在我们将其称作信用工具和称作金融工具时的侧重点是存在区别的，例如，当我们将其称作信用工具时，更加强调的是其证明债权债务关系这层功能，其背后往往存在着一个现实的信用活动，如商业信用、银行信用、政府信用等；而当我们称其为金融工具时，虽然不能否认其能够证明债权债务关系这一功能，但更加强调的是其在金融市场上的筹资投资功能，而到了金融衍生工具阶段如金融期货合约、金融期权合约，其背后已经没有现实的信用关系的存在，证明债权债务关系这一功能也已日渐弱化，更加突出的是其风险管理的功能及投机功能。

（三）金融工具与金融资产

对金融工具与金融资产进行考察，需要从法律意义上的金融资产、金融意义上的金融资产与统计意义上的金融资产角度进行说明。

1. 金融资产的法律含义。从法律角度讲，作为实物资产对称的金融资产是指一切代表对未来收益或资产有合法要求权的凭证，亦称金融工具或证券，它是单位或个人拥有的以价值形态存在的资产，是一种索取实物资产的权利。

2. 金融意义上的金融资产。金融意义上的金融资产是指一切可以在有组织的金融市场上进行交易、具有现实价格和未来估价的金融工具的总称。金融工具只不过是金融资产在市场交易中的表现形式，其最大特征是能够在市场交易中为其所有者提供即期或远期的货币收入流量。从这个角度讲，金融资产可分为现金与现金等价物和其他金融资产两类。前者是指个人拥有的以现金形式或高流动性资产形式存在的资产，其中高流动性资产主要是指各类银行存款、货币市场基金和人寿保险现金收入。其他金融资产是指个人由于投资行为而形成的资产，如各类股票和债券等。但无论是哪种金融资产，只有当它们是持有者的投资对象时方能称作资产。

3. SNA 中统计意义上的金融资产的界定。SNA 是国民经济核算体系或国民账户体系的简称，它是从数量上反映一国宏观经济运行状况的整体核算体系。国民经济核算体系作为国际标准是 20 世纪 50 年代开始形成的。联合国发布的国民经济核算体系至今已有 3 个版本，即 1953 年 SNA、1968 年 SNA 和 1993 年 SNA，在 2008 年 2 月 26 日至 29 日联合国统计委员会召开的第 39 届统计大会上对 1993 年 SNA 进行了修订。

在 1993 年 SNA 修订版中，金融资产包括货币黄金和特别提款权、通货和存款、债务证券、贷款、权益和投资基金股票、保险、养恤金和标准担保计划、金融衍生工具和雇员股票期权、其他应收/应付账款。

在许多经济学家看来，金融资产则是从财富、存量角度对金融工具的考虑结果。还有的经济学家则认为，金融工具与金融资产二者不可等同，有些金融工具，并不构成金融资产，有些金融资产本身也不表现为金融工具。

二、金融资产的基本特征

应当说，不同的金融资产有着不同的习性，正是各自不同的特点才使其能够满足筹资者和投资者的不同偏好，但从一般意义上说，作为金融资产应具备以下几个基本特征，这也是投资者在进行投资品种选择时应首先考虑的几个因素。

（一）偿还性（期限性）

金融资产的偿还性或期限性是指金融资产的发行者或债务人到期向债权人偿还金融资产上所记载的应偿债务的特性。现实经济中流通的大多数金融资产均有偿还期的规定，偿还期一般是指从金融资产发行日到到期日为止的这段时间，但需要注意的是，对于投资者来说更加重要的是从持有日到到期日为止这段时间。例如某种1990年发行的长期债券，规定到2005年到期，那么偿还期应当是15年，但对于一个在1995年购入该种债券的投资者来说，偿还期便是10年而不是15年。另外，有些金融资产如股票，因为具有不可返还性，所以，自然也就没有偿还期的规定。

（二）流动性（变现性）

金融资产的流动性或变现性是指在不蒙受损失或不蒙受重大损失条件下，某种金融资产转化为现金的能力。在此应当注意，金融资产的流动性应同时具备变现和较低的交易费用两个特征，缺一不可。从这个意义上说，现金货币是流动性最强的金融资产。一般地，金融资产的流动性同其偿还期是成反比的，与发行者的信誉状况是成正比的。

（三）收益性

金融资产的收益性是指金融资产能够定期或不定期地为其持有者带来一定收益的特性。收益的大小通常用收益率这个指标予以衡量。所谓收益率是指持有金融资产所获收益与本金之间的比率，它一般有以下几种表现形式：

1. 名义收益率。名义收益率也称作票面收益率，是指金融资产的票面收益与票面金额之间的比率，即票面利率。

例如，某种一年期债券的票面值是100元，票面规定每年支付利息5元，那么，该债券的名义收益率便是5%。

2. 当期收益率。当期收益率是指金融资产的票面收益与当前市场价格的比率。用公式可表示为

$$当期收益率=票面收益/市场价格\times100\% \tag{2-1}$$

例如，某种一年期债券的面值是100元，票面规定每年支付利息5元，该债券当前（某一日）的市场价格是95元，则该债券的当期收益率为5/95=5.3%。

3. 实际收益率。实际收益率即平均收益率，它是指金融资产的当期净收益（票面收益与本金损益之和）与市场价格的比率。用公式可表示为

$$\begin{aligned}实际收益率&=当期净收益/市场价格\times100\%\\&=(年票面收益+年均本金损益)/市场价格\times100\% \qquad (2-2)\end{aligned}$$

例如，某种一年期债券的面值是100元，票面规定每年支付利息5元，某持有人以95元的价格购入该债券并持有到期，那么，该持有人的实际收益率应当是

（5元+5元）/95元=10.53%

4. 风险性。金融资产的风险性是指因市场价格波动等原因使金融资产持有者的实际收益与预期收益发生严重偏离的可能性。在金融市场上，金融资产的持有者会面临许多风险，其中主要是违约风险和市场风险。

所谓违约风险也称为爽约风险或信用风险，它是指债务人不能如期对债权人偿还本金和利息的可能性。这种风险的大小主要与债务人的信誉状况有关。

所谓市场风险是指因市场价格波动而使金融资产的持有人无法实现预期收益的可能性。在现代金融市场中，可能引起金融资产价格变动的因素是多重的，如经济因素、政策因素、政治因素、心理因素等。

一般来说，金融资产的风险性和偿还期的长短是呈正向变动的，与流动性是呈反向变动的。

三、金融资产的种类

按照不同的标准，我们可以将多样化的金融资产主要划分成以下不同的种类。

（一）按照偿还期限的长短，可以将金融资产划分为短期金融资产、长期金融资产和不定期金融资产

短期金融资产也称为货币市场工具，它是指偿还期限在一年以内（包含一年）的金融资产，如票据、大额可转让定期存单等就属于短期金融资产。

长期金融资产也称为资本市场工具，它是指偿还期限在一年以上的金融资产，如股票、债券等便属于长期金融资产。

不定期金融资产主要指的是货币，其偿还期限是不容易确定的，因此称作不定期金融资产。

（二）按照发行者的性质，我们可以将金融资产划分为间接金融资产和直接金融资产

间接金融资产是指由作为筹资投资中介的金融机构发行的金融工具，如银行券、存款单、保险单、银行票据等就属于间接金融资产。

直接金融资产是指由筹资者如工商企业、政府等签发的金融工具，如商业票据、股票、公司债券、政府债券等就属于直接金融资产。

（三）按照金融资产与实际信用活动是否直接相关，我们可以将金融资产划分为原生性金融资产和衍生性金融资产

原生性金融资产是指与实际信用活动直接相关，在实际信用活动中用来证明债权债务关系的那些金融资产，如商业信用活动中的商业票据、政府信用活动中的政府债券、公司信用中的股票、债券等。

衍生性金融资产是指与实际没有直接联系，而是在原生性金融资产基础之上派生出来的那些金融资产，如金融期货合约、金融期权合约、互换合约等。

第二节　货币资产

一、货币起源、货币职能与货币的作用

（一）货币起源

1. 马克思的货币起源论

马克思是从商品和商品交换入手来分析货币起源的。马克思认为，货币的起源是和交换及交换制度的更迭密切联系在一起的，货币是商品交换发展的必然结果。

在漫长的历史发展过程中，交换及交换制度因社会分工的不断深化而在不断地发生着变化，与之相伴的是价值形式的发展，从简单或偶然的价值形式到总和的或扩大的价值形式，再到一般价值形式、货币价值形式，价值发展共经历了四个阶段，采取了四种表现形式，最终从一般商品中分化出了充当一般等价物的特殊商品——货币。货币的产生最终解决了商品交换的内在矛盾，推动了交换的发展和交换制度由物物交换向以货币为媒介的商品交换的演变。

从马克思对货币起源的分析不难发现，马克思所注重的是运用历史唯物主义的分析方法，对货币产生历史过程的描述，试图回答的是“货币是怎样产生的”问题，并认为货币产生的意义在于它解决了阻碍商品交换发展内在矛盾。

2. 西方经济学家的货币起源论

与马克思的货币起源论不同，西方经济学家在研究货币起源问题时，并非着重于对货币产生的历史过程的描述，而在于对货币产生的经济原因的分析。他们从实用主义角度出发，运用成本—收益分析方法，试图要回答的是“货币为什么产生”的问题，并认为货币的产生最终降低了交易费用，提高了交换效率。

西方经济学家认为，货币产生的经济原因在于物物交换的缺陷，即物物交换条件下的交易费用是高昂的。并且认为这种交易费用的高昂主要体现在以下四个方面。

（1）缺乏衡量及表示一切商品和劳务价值的统一尺度。在纯粹的物物交换条件下，由于没有货币，所以商品和劳务价值的衡量是通过商品单位而不是货币单位来实现的，随着参与交换的商品和劳务种类的增多，这种计价方式会变得非常麻烦，费时费力。

一般地，在一个有 N 种商品参与交换的物物交换环境中，商品交换的比率数（相对价格数）等于从 N 种商品里取 2 种商品的组合数，即

$$C_N^2 = \frac{N(N-1)}{2} \tag{2-3}$$

当货币产生以后，由于货币成为衡量和表示商品及劳务价值的唯一尺度，在一个有 N 种商品参与交换的商品交换环境中所产生的交换比率的数目就只有（N－1）种了，这明显降低了交易费用。

（2）难以找到交换双方需求欲望和时间上的巧合。交换双方需求欲望和时间上的巧

合是交换顺利实现的前提条件。所谓交换双方需求欲望和时间上的巧合是指，交换是否在对对方商品需求的欲望及时间上的一致性，即一方现在所出售的商品恰好是另一方现在所需要的商品，反之亦然。

在一个纯粹的物物交换环境中，要实现这种需求欲望和时间上的巧合是一件非常困难的事情，一个出售商品的人要想找到一个现在就需要其商品的人，而他也恰好需要对方的商品会花费很多的人力物力，这必然会增加交易费用，降低交换的效率。

（3）缺乏用来证明债权债务关系的理想凭证。以延期支付为特征的赊卖赊买是交换发展的必然，而良好的债权债务关系又是一个国家和地区经济发达的重要指标之一。

众所周知，在现代经济中，对于债权债务的证明是用一定的货币单位来计量的，由于货币具有了对商品和劳务的一般购买力，并且在通常情况下，币值会保持稳定，因此，用货币表示债权债务额度会使债权人感到放心。① 相反，在纯粹物物交换的条件下，即使偶尔有发生债权债务关系的可能，但因为计量债权债务的是商品单位，所以，债权人便会缺乏安全感。他害怕将来收回的商品可能不再能够购买到自己所需要的商品，他害怕将来收进的商品的品质会得不到保证。害怕的结果是他不去同他人建立这种以延期支付为特征的债权债务关系。在现代市场经济社会里，没有普遍、发达的债权债务关系实际上便意味着经济的停滞。

（4）缺乏对购买力的储蓄。在纯粹的物物交换条件下，人们对购买力储蓄缺乏的一个重要原因是，所有参与交换的商品只具有个别购买力，而不具有一般购买力。

所谓一般购买力指的是某种商品所具有的，与一切商品和劳务相交换的能力，唯一具有一般购买力的商品是货币。

物物交换条件下参与交换的商品只具有个别购买力，即它与其他商品和劳务交换的能力会受到时空限制，该种商品能够与另外一种商品或劳务交换，并不意味着它能够与所有的商品和劳务相交换，它能够在此时与某种商品或劳务交换，并非意味着在彼时也能够同该种商品或劳务相交换。在这种情形下，由于缺乏一般购买力，人们也就不会去储蓄，更何况实物商品往往存在着价小体大，易腐烂变质、不易保存等缺陷。

从经济发展角度看，储蓄是生产能力扩大、经济发展的源泉，没有储蓄，便没有资本的形成，没有资本的形成便没有资本的投入，没有资本的投入便没有生产的扩大，没有生产能力的扩大当然也就谈不上经济的发展。

（二）货币职能

在以往所接触的课程中，人们接触最多的、也是已经非常熟悉的，当数马克思在《资本论》中对于货币职能的描述，即货币具有价值尺度、流通手段、贮藏手段、支付手段和世界货币五种功能。但需要注意的是：（1）马克思有关货币功能的论述是建立在贵金属货币流通基础上的，这意味着不兑现纸币流通条件下的货币功能与马克思的描述之间可能会存在差异；（2）世界货币的功能是指一个国家或地区的货币跨越本土，在更

① 在此，没有考虑通货膨胀及利率变动等因素。

大的一个范围——世界范围内执行货币相关功能的功能[①]。因此，它和一般意义上的货币功能存在着交叉重叠，并非一个层次上的并列问题，就某种意义上说，世界货币的功能和一般意义上的货币功能的区别只在于发挥功能的地域范围的不同。

正是从这个意义上看，我们可以简单地将马克思的货币功能理论和西方经济学家们有关货币功能的描述统一起来，将货币的功能归纳为以下四个，即交易媒介、价值标准、价值贮藏和延期支付的标准。正是货币的四个功能最终克服了物物交换的四大缺陷。

1. 交易媒介（Medium of Exchange）

货币的交易媒介功能被西方经济学家看作货币的首要功能。[②] 交易媒介指的是货币媒介商品和劳务的交换，即先以自己的商品或劳务换取货币，再用货币去购买自己所需要的商品和劳务，我们通常将其表示为 W—G—W。

货币发挥交易媒介的功能最终突破了物物交换条件下交换双方“需求欲望的巧合”和“时间巧合”的双重约束，使交易变得非常便利，从而大大降低了交易费用，提高了交换成功的概率和效率，与此同时，货币执行交易媒介功能还促进了专业化和劳动分工。

当然，我们所看到的事实是，尽管货币发挥交易媒介功能有上述诸多好处，但在现代经济中仍会有物物交换的发生和存在。

2. 价值标准（Standard of Value）

价值标准也被西方学者称为计算单位（Unit of Account），它指的是用货币作为衡量和表示一切商品和劳务价值的标准。这就和我们用千米、米等来衡量和表示某物品的长度，用千克、克等来衡量和表示某物品的重量一样。用货币单位所衡量和表示的商品和劳务的价值，便是价格。

如前所言，在一个纯粹的物物交换环境里，由于没有货币，商品和劳务价值的衡量及表示是一件非常麻烦的事，存在着非常高的交易费用。

货币的出现才使人们得以摆脱这种困境，它无形中减少了大家在商品交换中需要考虑的交换比率的数目，“使各种所得、各种支付、各种资产、各种负债以及日常生活中的种种经济行为便于计算”。[③]

另外，美国经济学家托马斯·梅耶等人认为，货币执行价值标准的功能还简化了簿记，在他们看来，如果没有货币的价值标准功能，“人们很难管理一个由成千种商品的实物数量单位组成账面的会计制度，也难以从中看出究竟是盈利或是亏本”。[④]

3. 价值贮藏（Store of Value）

在货币理论发展史上，在西方经济学家，如凯恩斯、弗里德曼等人的眼中，货币的

---

① 历史上真正能够执行世界货币功能的主要是黄金。黄金作为世界货币所执行的功能主要有一般购买手段、一般支付手段和一般的财富代表这三重功能。

② 与西方学者不同的是，马克思认为，货币的首要功能是价值尺度的功能。

③ 萧松华（2001），《当代货币理论与政策》，西南财经大学出版社。

④ 【美】托马斯·梅耶等（1989），《货币、银行与经济》，上海三联书店。

价值贮藏功能有着非常重要的地位。正因为如此，“它需要更多的解释，我们要较详细地加以论述”。①

货币的价值贮藏功能是说货币是人们进行价值贮藏的一种工具或选择。但首先需要注意的是，价值贮藏并非货币所独有的功能，除货币之外，经济生活中任何有价值的资产，如土地、房地产、珠宝、钻石、工艺品、股票、债券等都有可能成为人们价值贮藏的选择。在这么多可选择的资产中，除货币以外的其他资产常常能够为持有者带来货币所无法比拟的可观收益。在这种情况下，人们之所以还会选择货币进行价值贮藏主要是由于两个方面的原因。

（1）货币具有一般购买力。货币持有者归根结底是对一般购买力的持有。因此，美国著名经济学家弗里德曼认为，货币是“购买力的暂栖所”（Temporary Abode of Purchasing Power）。如前所言，货币以外的普通商品只具有个别购买力，而货币在商品和劳务的交易中往往有着普遍的可接受性，具有一般购买力，因此，贮藏货币实际上是跨期一般购买力的贮藏，这使得贮藏者不至于在将来商品和劳务的购买中遭人拒绝，货币贮藏者可以放心地用其贮藏的货币以应不时之需或支付按货币单位确定的债务。

（2）货币是流动性最强的资产。虽然人们利用货币以外的资产进行价值贮藏有获取收益的优点，但同时也存在不少的缺陷：第一，需要花费一定的交易费用。选择货币以外的其他资产进行贮藏，首先要花费一定的费用购买这种资产，将来需要货币时，又要花费一定的费用将该种资产转换为货币。第二，可能会遭受因资产价格下跌而带来的损失。第三，缺乏一定的流动性。所谓流动性（Moneyness）是指某种资产能够迅速转换为货币而又不至于遭受损失或重大损失的能力。从这个意义上说，货币是流动性最强的资产，其他资产要转换为货币一方面需要花费一定的交易费用，另一方面可能会因不时之需而急于转换而遭受一定的损失。

其次，价值贮藏并非货币能够严格执行的功能。货币发挥价值贮藏的功能依赖于物价水平的稳定进而是币值的稳定。如果物价不稳定了，比如出现了通货膨胀，那么币值就会下降，持有货币的人便会遭受损失。这时，人们就会将手中的货币转换为实物保值，以防止通货膨胀可能造成的损失，尤其是在通货膨胀严重时，人们还会“挤兑”银行存款。这时的货币执行的不再是价值贮藏的功能，而是“价值反贮藏”的功能了。这样的情况在西方国家，在我国都曾经发生过。

4. 延期支付的标准（Standard of Deferred Payments）

货币延期支付的标准功能是基于货币的交易媒介和价值标准功能而产生的，即当货币被普遍地用作交易媒介和价值标准时，它自然也就成了用来表示延期支付或未来支付（Future Payments）的工具和单位。

如前所言，在货币产生之前，证明债权债务关系的单位是商品单位，这带来了许多的困难和麻烦。在货币产生以后，货币就自然取代了实物商品的单位成为证明债权债务关系的理想的凭证，现代经济中，以货币单位表示的，在未来进行支付的契约是非常多

① 【美】托马斯·梅耶等（1989），《货币、银行与经济》，上海三联书店。

见的。

但是，货币作为延期支付的标准是以物价及币值的稳定为前提的。因为如果币值上升，就会损害事先承诺支付固定数额货币的债务人的利益；相反，如果货币的币值下降，就会损害事先同意接受固定数额货币的债权人的利益。

当然，我们还应注意到，货币作为延期支付的标准必须以良好的信用制度为基础。如果没有一个良好的信用制度的存在，支付链条可能会中断，出现债务危机，这可能会使得人们转而重新钟情于“一手交钱，一手交货”。

（三）货币的作用

在货币理论界对于货币作用问题存在着激烈的争论，仁者见仁，智者见智。但过分高估抑或低估货币及货币政策的作用都是不科学的。正因为如此，目前理论界比较一致的观点是将货币形象地比喻成一把“双刃剑”，以表明货币既有其积极的作用，也有消极作用。

1. 货币的积极作用

理论界一般认为，货币的积极作用主要体现在以下几个方面：

（1）能够降低交易费用，提高交换的效率。

（2）能够优化资源配置，提高资源的使用效率。在一个竞争性市场中，货币的普遍可接受性意味着，持有了货币便拥有了凭此货币自由取得相应商品和劳务的权利，货币无形中变成了一张“选票”，货币持有者可以根据增加的偏好，运用所持有的货币选票促使社会资源按照自己的要求进行合理的配置。①

（3）能够推动经济增长。早在19世纪，马克思便在《资本论》中提出了货币推动力的思想。西方经济学家在对一些发展中国家的研究中也发现，货币资本对经济增长的贡献与劳动力、生产资料相比居于首位。例如英国经济学家麦迪逊在《发展中国家的经济进步和政策》一书中，考察分析了1950—1965年22个发展中国家和地区的经济增长率情况后发现，货币资本的贡献占55%，劳动力的贡献占35%，而生产资料的贡献仅占10%。我国学者谢为安的研究表明，在1980—1993年，货币资金对我国GDP增长的贡献份额为77%，产出弹性为0.46。②

2. 货币的消极作用

理论界对于货币的消极作用的描述是：如果货币供给过多，会引致通货膨胀；供给过少，则会产生通货紧缩。

二、货币定义、货币类型与货币层次

（一）货币定义

在日常生活中，货币常常被随便使用。但在经济学中，货币是有着特定含义的。为了避免混淆，我们有必要从经济学角度来对货币进行定义。当然，对货币进行定义还有

① 夏德仁等主编（1997），《货币银行学》，中国金融出版社，1997年版。

② 谢为安（1997），要素投入非均衡的中国经济增长，《世界经济文汇》第4期。

一个重要的原因，那就是货币理论中的许多争论，如货币的职能、货币的作用等都是因为对货币的不同界定而引发的。

1. 定义货币的方法

西方经济学家对货币进行定义是从其内涵和外延两个方面展开的，为此西方理论界对货币进行定义的方法可分为两种，即归纳方法和实证方法。

（1）归纳方法。归纳方法也称为理论方法，或哲学方法。该方法主要侧重于货币的特征方面，它试图通过揭示货币的特征来为货币与非货币找到一条清晰的界限，最后利用这个特征来给货币进行明确的定义，告诉人们什么是货币，什么不是货币。

（2）实证方法。归纳方法后来被证明是存在问题的，因为从动态的角度看，由于金融创新，货币与非货币之间的界限日渐模糊，今天不称其为货币的东西，明天可能会具有货币的特征，货币与非货币之间并不存在一条清晰的界限。因此，与归纳方法相对，实证方法并不着重于对货币特征的描述，并不想在货币和非货币之间找到那条已不存在的界限，而是强调货币供给对货币政策的重要性，它并不是解决“什么是货币”的问题，而是试图回答“货币是什么”。从这个角度出发，实证方法将货币定义为是流动资产或流动资产的集合，并且认为，这些流动资产应满足如下要求：①对名义收入具有最大的可预测影响；②能够为中央银行所控制。

2. 各种常见的货币定义

（1）本质意义上的货币。本质意义上的货币即马克思对货币本质的描述，即货币是从商品世界中分离出来的充当一般等价物的特殊商品，在不同的制度条件下体现不同的生产关系。

（2）法律意义上的货币。法律意义上的货币即从法律角度对货币进行定义。从这个角度看，有经济学家认为，货币实际上是法定物，是法律的化身，它是政府法律规定的（或法律力量赋予的）支付债务的手段。①

（3）功能意义上的货币。功能意义上的货币则是从货币功能角度入手来给货币下定义。如有的经济学家强调货币的价值标准功能，认为能够衡量商品和劳务价值的东西就是货币；有的经济学家则从货币的交易媒介功能角度对货币进行定义，认为货币就是能够被人们普遍接受的交易媒介和支付手段。

（4）控制意义上的货币。控制意义上的货币是货币的实证定义。顾名思义，它是从货币（供给）可以控制的角度对货币进行定义。如前所言，控制意义上的货币实际上应当满足两个条件，即①对名义收入具有最大的可预测影响；②能够为中央银行所控制。

在现代经济中，控制意义上的货币实际上就是货币理论中的货币层次划分问题。

（二）货币类型

1. 划分货币类型的标准

理论界划分货币类型通常考虑以下三个方面：

（1）按照货币币材的物理特性划分货币类型。按照这个标准，比如我们可以将货币

---

① 萧松华. 当代货币理论与政策［M］. 成都：西南财经大学出版社，2001.

划分为金币、银币、纸币等。

(2) 按照发行货币的机构的性质划分货币类型。依照此标准，比如我们可以将货币划分为政府货币、银行货币等。

(3) 按照货币当作货币使用时的价值和当作普通商品使用时的价值的对比关系划分货币类型。按照这个标准，我们可以将货币分为足值货币和不足值货币。足值货币是指货币当作货币使用时的价值与其当作商品使用时的价值一致的货币，即名义价值等于实际价值，如金币、银币一般为足值货币；不足值货币的名义价值则通常远远大于其实际价值，我们现在使用的货币就是不足值货币。

2. 货币的类型

从货币产生至今，伴随着经济的不断发展，充当货币的材料，即币材也在不断发生着改变，由此也形成了不同的货币类型。从货币发展史角度考察，综合上述三个标准，货币大体上经历了实物货币、金属货币、代用货币、信用货币和电子货币等几种类型。

(1) 实物货币。实物货币属于足值货币，它是人类历史上最早采用的货币类型，在人类发展史上，许多商品，如牲畜、羽毛、贝壳等都曾经充当过货币。美国经济学家莱威·钱德勒（L. V. Chandler）在其第八版英文版的《货币银行学》教材中列举了40多种曾被当作货币使用的实物。

相对于物物交换而言，实物货币的出现是一种进步。但我们不得不承认相对今天的状况来说，实物货币存在着许多缺陷。这些缺陷突出表现在：①价小体大；②不便携带；③容易腐烂，不易保存；④不易分割。

由于实物货币上述缺陷的存在，随着生产和交换的不断发展，曾经是一种进步的实物货币便成了商品经济进一步发展的羁绊，因此，必然会被更适当的货币类型所代替。

(2) 金属货币。金属货币是指金币和银币，属于足值货币。

金和银一般被认为是理想的货币币材，金属货币是理想的货币形态，这一方面是因为金属货币恰好克服了实物货币的缺陷，具备了货币必须具备的条件和特征，即普遍可接受性、轻便性、价值稳定性、耐久性、均质性和可分性[①]，另一方面，由于在既定的制度安排下，金属货币具有自动调节货币流通量的作用，因此，从长期来看，既不会产生通货膨胀，也不会出现通货紧缩。

虽然金属货币具有上述优点和特征，但它终究要退出历史的舞台。这是因为，随着参与交换的商品的种类和数量的增加，人们对货币会有越来越多的需求，而金属货币的供给则要受自然储量的限制，这样便会出现货币供求缺口，使金属货币供给无法满足人们对货币的需要，正是由于这个原因，才有了代替金属货币执行功能的代用货币。

(3) 代用货币。代用货币即代替贵金属货币来执行货币相关功能的货币，主要指的是政府或银行发行的纸币（不足值的铸币也应属于代用货币）。虽然代用货币的外在形态是纸币，但它同现代意义上的纸币是存在区别的。这种纸币一方面有十足的贵金属作为发行准备，另一方面可以同贵金属货币进行自由足值的兑换，因此，代用货币也称为

---

① 张贵乐、艾洪德主编（1995），《货币银行学原理》，中国财政经济出版社。

可兑换纸币，而现代意义上的货币却既没有贵金属做发行准备，也已经不能同贵金属进行兑换，所以称作不兑现纸币。

最早使用代用货币的国家是英国。其最早的形态可以追溯到中世纪后期由英国金匠（Goldsmith）及大商人因替顾客保管金银币而开出的本票形式的收据。这是最原始的代用货币。

除此之外，美国政府曾在1879年实现金本位的时期，为减少公众持有大量黄金或金币所带来的不便，开始无限制地发行黄金凭单（gold certificates）。这种黄金凭单十足代表存放在财政部金库中的黄金或金币，并且可以在市场上自由流通。

银行券可以说是典型的代用货币。所谓银行券是由银行以自身信用为基础而签发的债务凭证。

典型意义上的银行券是因票据贴现而产生的。所谓票据贴现是指票据的持有人将未到期的票据卖给银行，由银行为其融资的行为。在贵金属货币流通时期，票据持有人进行票据贴现本应从银行获得金属货币，但由于贵金属货币的不足，银行会为持票人开出银行券。

典型意义上的银行券是不能随便签发的，它必须有十足的贵金属做准备，正因为如此，典型意义上的银行券是可以自由、足值地兑换贵金属（货币）的。

当然，随着交换的不断扩大，货币供求缺口的不断拉大，后来签发银行券的银行便不再考虑贵金属准备的问题，银行券的发行随意化了，这被称作“银行券纸币化”，这时的银行券自然就不能同贵金属（货币）自由足值地兑换，在金块本位和金汇兑本位时期它还能够同贵金属进行有限制的兑换。今天的货币（有时理论上也称银行券）就已经同贵金属完全不能兑换了。

（4）信用货币。信用货币也称作不兑现的纸币，大体产生于20世纪30年代金本位崩溃以后，是目前世界各国和地区普遍采用的一种货币类型。所谓信用货币是指以信用为基础，通过信用（贷）程序发行的、在流通中执行交易媒介和延期支付功能的信用凭证。

信用货币一般具有以下几个方面的特征：

①除少数国家和地区外，信用货币通常是由中央银行垄断发行的不可兑现的、具有无限法偿能力的货币。

②信用货币是一种独立的货币形态。与代用货币相比，信用货币同贵金属几乎已经完全断绝了关系，它不再依附于贵金属或贵金属货币，成为一种独立发挥功能的货币。

③信用货币是管理通货。与贵金属货币与代用货币相比，信用货币不再具有自动调节货币流通量的作用，发行过多的信用货币会沉淀在流通领域中，政府在信用货币面前不再无能为力，它可以根据经济形势的变化，通过对货币量的调节来实现自己的政策意图。

④信用货币是债务货币。信用货币对于持有者来说是一种债权，对于发行者来说是一项负债。

⑤从货币是可普遍接受的交易媒介和支付工具角度说，信用货币在现代经济社会中

主要有两种存在形式，即现金和银行活期存款。

⑥在现代经济社会中，以银行活期存款为基础的非现金计算居于主导地位。

（5）电子货币。伴随着信息处理和电子计算机技术的飞速发展，在现代经济社会中出现了电子货币。电子货币就是利用现代电子计算机技术对存款货币进行储存和处理，目前主要有智能卡和网络货币两种子类型。

智能卡也被称为电子钱包，它实际上是由金融机构发行的一种金融卡，通过此卡，用户可以完成交易、在自动提款机上提取现金、办理转账、将自己银行账户中的存款余额转入该卡、利用读卡机查询现金余额，当卡中余额用尽时，可以随时通过计算机、自动柜员机等方式对智能卡进行充值。

网络货币是依电子计算机网络的出现而产生的数字货币。它允许在计算机网络，特别是国际互联网上传递币值。

最近几十年来，电子货币的发展非常迅速，它在方便顾客、节约流通费用、加速资金周转的同时，对传统货币供求、支付结算方式、货币政策的操作以及金融监管提出了严峻的挑战。

（三）货币层次

1. 划分货币层次的必要性

（1）便于货币量的统计分析，为宏观决策提供依据。在现实经济生活中，货币供给量的变动对物价、就业、收入、经济增长等宏观经济变量有着非常大的影响，这使得货币量的统计分析具有了重要的意义。

（2）便于对不同层次的货币采取不同的控制策略和方法。在商品交换过程中，货币自然会对商品市场造成冲击和影响，如过多的货币追逐过少的商品便可能会产生通货膨胀，因此，我们必须借助一定的机构，采取一定的方法对货币进行控制。但我们同时也看到，不同的货币对于商品市场的影响又存在着一定的差异，所以，我们必须对货币进行层次的划分，以便于对不同层次上的货币采取不同的控制策略和方法。

2. 划分货币层次的标准

虽然理论界还存在着一定的争议，但普遍认为，货币层次划分标准是金融资产的流动性或变现性。

所谓金融资产的流动性是指某项金融资产转化为现金而又不至于遭受损失或重大损失的能力。

一般来说，在所有金融资产中，现金是流动性最强的金融资产，其次是活期存款，再次是储蓄存款、定期存款等。

3. 货币层次的划分

（1）货币层次划分的一般规律。由于金融发达程度、金融结构等方面的不同，因此，在世界各国和地区之间并不存在一个统一的货币层次，并且各个国家和地区的货币层次的划分又不是一成不变的，事实上，有许多国家在不断根据金融创新情况对货币层次进行着调整。例如，美国从 1971 年到 1986 年间就曾根据金融创新所引起的变化，对货币层次先后进行过六次修正。即便如此，各国在货币层次的划分上仍旧存在着一般性的规律。这个一般规律是将货币划分为如下的几个层次。

M_0 = 流通中的货币（现金货币）

M_1 = M_0 + 活期存款货币

M_2 = M_1 + 活期存款以外的其他存款

M_3 = M_2 + 具有较强流动性的短期金融工具

（2）国际货币基金组织的货币层次划分。

M_0 = 准备货币（流通于银行体系以外的现钞和铸币，不包括商业银行库存现钞和铸币）

M_1 = M_0 + 商业银行的活期存款以及邮政汇划系统或国库接受私人活期存款等部分

M_2 = M_1 + 准货币

①准货币的内涵：其自身并非现实的货币，但具有较强的流动性，并且能够执行货币相关职能的一系列金融资产。

②准货币的外延：按照国际货币基金组织的规定，准货币包括定期存款、储蓄存款以及外币存款等。

（3）我国的货币层次划分。我国曾在 1994 年第三季度的《中国人民银行货币供应量统计及公布暂行办法》中对货币层次进行了划分，并于 2001 年第二季度根据形势的变化对其进行了修正。

M_0 = 流通中现金

M_1 = M_0 + 企业存款（扣除单位定期存款和自筹基建存款）+ 机关团体部队存款 + 农村存款 + 信用卡类存款（个人持有）

M_2 = M_1 + 城乡居民储蓄存款 + 企业存款中具有定期性质的存款（单位定期存款和自筹基建存款）+ 外币存款 + 信托类存款 + 证券保证金存款

M_3 = M_2 + 金融债券 + 商业票据 + 大额可转让定期存单（CD）等

其中：

M_1为狭义货币（Narrow Money），由于它流动性很强，对物价水平影响较大，因此，中国人民银行将其作为短期监控指标。

M_2为广义货币（Broad Money），由于它的变化与经济增长、就业状况密切相关，所以中国人民银行把它作为长期监控指标予以监测。

$M_2 - M_1$为准货币。

由货币层次的划分决定，我们讨论和运用货币时，例如，在选择货币供给量作为货币政策中介指标时，必须明确我们所说的货币是什么样的货币，是 M_1 还是 M_2，否则，便会产生一定的歧义。

第三节　信用资产

一、信用与现代基本信用形式

（一）信用

信用是商品经济发展到一定历史阶段的产物，在西方，信用一词最早来源于拉丁文的 Credo。初始的信用隶属于道德范畴，其含义主要是指人与人之间的相互相信、信任以及履行承诺等，也就是今天我们所说的诚实守信，即诚信，后来，人们将道德范畴的信用概念引入经济金融领域，使其演变成为一个从属于经济范畴的概念，并赋予了其特定的经济学含义，即信用是以偿还和支付利息为条件的借贷行为，是价值运动的一种特殊形式（G－G'），是一种授信活动，其主要特征在于偿还和付息。

对于经济范畴的信用的理解需注意以下几个方面：

首先，经济范畴的信用不同于一般的借贷。一般意义上的借贷古已有之，据记载，在原始公社内部就已经有借贷行为发生，但那时人们之间的借贷是不用支付利息的，在现实生活中无利息的借贷仍旧存在，例如，出于政治的考虑或由于某种经济目的而采用的免除利息的借贷、财政分配等；而经济学意义上的信用则是有条件的借贷行为，贷出者之所以贷出，是因为贷出可以给他带来一个增加额——利息；借者之所以能够借入，是因为他承担了付息的义务，因此，经济学意义上的信用是以偿还本金和支付利息为条件的借贷行为，而不是一般意义上的借贷。

其次，经济范畴的信用和道德范畴的信用还存在着密切的联系。经济范畴的信用源于道德范畴的信用，是道德范畴信用在经济金融领域的特殊体现，我们不能割断二者之间的联系，经济学意义上的信用中的条件实际上是道德范畴信用中相信、信任、信誉等的体现和延续，它要求人们不能只借不还，只借不还的借贷不是经济学意义上的借贷，不是经济范畴的信用。明确这一点对于加深认识和理解当前存在的所谓信用缺失现象有着非常重要的意义。

最后，经济范畴的信用不同于商品买卖。商品买卖是所有权的转让，表现为价值的对等转移和运动，在交易过程中，交易双方一手交钱，一手交货，是一种买卖关系（W－G－W）；而经济范畴的信用仅仅是借贷对象的使用权的转移，并且，在贷出者让渡借贷对象的同时并不会立即获得任何等价的补偿，而是一种价值的单方面转移，借贷双方建立起的是一种债权债务关系（G－G′）。

（二）现代基本信用形式

信用活动的最初形式是高利贷，而现代基本信用形式主要有商业信用、银行信用、政府信用、消费信用等。

1. 商业信用（Commercial Credit）

在现实经济运行过程中，工商企业出现资金短缺是经常的事情，这也决定了企业商品的每次销售不可能都通过现金交易来实现，否则，结果只能是：想购买生产资料的企业因缺资金无法购买，使得再生产过程中断，想出售商品的企业因无法卖出商品，再生产过程同样会难以为继，而商业信用则能够很好地解决这个问题，使再生产过程得以持续不断地进行下去。所谓商业信用是指工商企业与工商企业之间相互提供的、与商品销售相联系的一种信用形式。商业信用的实现形式主要表现为商品的赊销。

2. 银行信用（Bank Credit）

银行信用是商业信用发展到一定阶段的产物，它是一个经济体信用制度发达程度的标志。所谓银行信用是由银行及其他金融机构以货币形式，通过存、放款等业务活动向工商企业提供的信用。

在此需要注意的是：（1）银行信用并非仅仅只有银行所提供的信用，它还包括银行以外的非银行金融机构如保险公司、信托投资公司等所提供的信用；（2）银行信用一般是指银行及其他金融机构向工商企业提供的信用，不包括向居民家庭提供的信用。

3. 政府信用（Government Credit）

政府信用也称为国家信用，它是指以国家（政府）为债务人，由国家（政府）通过发行政府债券和直接借款等形式筹措资金的信用形式。政府信用的债务人是政府。

政府信用的实现形式包括：（1）由政府发行债券，包括长期公债、短期国库券以及特种债券等；（2）直接借款包括向银行透支。其中，主要实现形式是发行政府债券，也就是我们在日常生活中所讲的发行国债。

4. 消费信用（Consume Credit）

消费信用也称为消费者信用，它是指由工商企业和金融机构向消费者个人提供的，用来满足其生活消费方面货币需求的信用形式。例如，从银行贷款购买住房、汽车就属于消费信用。

消费信用一般有两种基本实现形式，即赊销和消费贷款。

赊销一般是通过分期付款和使用信用卡来实现的。

所谓分期付款即消费者在购买某些商品时，可以按一定比例先交纳一部分首付款，其余款项在规定时间内分期偿还。

信用卡是现代经济生活中被普遍采用的一种消费信用形式，并已经实现国际联网。所谓信用卡是银行或其他专门的公司向具有一定信誉的顾客所提供的一种赋予信用凭证。

当前，国际上流通使用的信用卡大多都属于贷记卡，即顾客申领信用卡不需要事先存款到发卡机构，并且发卡机构会允许顾客透支一定额度，信用卡发放的基础是顾客的信誉。顾客在取得信用卡以后，便可凭卡在发卡机构指定的单位持卡购买商品或用于其他支付，每天营业日结束，向顾客出售商品或提供服务的工商企业、商店、宾馆等单位会向发卡机构索偿款项，发卡机构与持卡人定期结算（一般是每月结算一次）。

与国际上不同的是，我国早期发放的信用卡大多近似于借记卡，它的特点是：先存款，后得卡，再消费。和国际通行的借记卡稍有不同的是，国际通行的借记卡一般不允许透支，而我国目前流通的借记卡允许客户适当的透支，并规定透支额必须在一个月内偿还。

消费贷款就是由商业银行和其他金融机构向消费者直接或间接提供信用贷款或抵押贷款，用于购买住宅、汽车等高档耐用消费品，其中最典型的是住宅抵押贷款。消费贷款一般属于中长期贷款，如住宅抵押贷款的贷款期限一般都高达几十年。

按照发放对象分类，消费贷款可分为对消费者的贷款和对出售商品的企业的贷款两种。

二、信用资产及其种类

信用资产即信用工具，如前所言，它是在信用活动中产生的，具有一定格式，用来证明债权债务关系的合法的书面凭证。

（一）票据（Bill）

1. 票据及票据行为

所谓票据是指由出票人签发的，具有一定格式，到期由付款人在一定时间、一定地点无条件支付一定款项给收款人或持票人的信用凭证。

票据行为一般包括出票行为、承兑行为、背书行为、贴现行为和保证行为等。

（1）出票行为。也称作发票行为，即签发、创造票据的行为。签发票据的人叫出票人，票据签发的对象是受票人。

（2）承兑行为。承兑是“承认兑付”的简称，指的是票据的付款人承诺在票据到期时保证付款的行为。只有商业汇票才有承兑的问题。

（3）背书行为。背书也称为里书，它是指票据的持有人在转让票据时在票据的背面签名的行为，其目的在于表明背书人对该票据所代表的债务的偿付负有法律上的连带责任。

（4）贴现行为。贴现行为是指票据的持有人将未到期的票据卖给银行以融通资金的行为。

（5）保证行为。保证行为是指由非票据债务人对出票、背书、承兑等行为中所产生的债务予以保证的行为。

2. 票据的种类

票据一般可分成汇票、本票和支票三种。

（1）汇票（Bill Of Exchange）。汇票通常是指债权人开给债务人的，要求债务人在一定的时间、一定的地点无条件支付一定款项给收款人或持票人的票据。

按照出票人的不同，我们可以将汇票分为商业汇票和银行汇票，其中，商业汇票是需要承兑的，按照承兑人的不同，我们可以将商业汇票分为商业承兑汇票和银行承兑汇票，除此之外，按付款期限的不同，汇票还可分成即期汇票、远期汇票和定期汇票。

（2）本票（Promissory Note）。本票通常是指债务人开给债权人的，承诺自己在一定的时间、一定的地点无条件支付一定款项给收款人或持票人的票据。

按照出票人的不同，我们可以将本票分成商业本票（期票）和银行本票。

（3）支票（Check）。支票是银行的活期存款客户开给银行的，要求银行在一定的时间、一定的地点无条件地在其存款余额和透支额限度内支付一定款项给收款人或持票人的票据。

按照能否提取现金进行划分，我们可以将支票分为现金支票和转账支票。现金支票既能提取现金，又可办理转账，而转账支票只能办理转账不能提取现金。除此之外，支票还有保付支票、旅行支票等类型。

（二）信用证（Letter of Credit/C）

信用证是银行应客户的要求向受益人开出的，记载有一定的金额，约定在一定的时间、一定的地点凭规定的单据付款的书面保证文件。

信用证可分为商业信用证和旅游信用证两种。

1. 商业信用证

商业信用证是商业银行应客户的要求开出的，证明客户的支付能力，并承诺在客户无力支付时由银行保证支付的信用凭证。

商业信用证是国际贸易中一种主要的支付结算方式。

2. 旅游信用证

旅游信用证也称为货币信用证，它是银行应客户的要求开出的，由客户凭此支取现金的一种信用凭证。因为这种信用证是为方便旅游者出国旅游时支付款项而发行的，所以国际上一般将其称为旅游信用证。

（三）债券（Bond）

1. 债券的含义

从法律角度讲，债券是债务的一种证明书，它是由债务人做出承诺，在债务到期时向债权人按照事先约定还本付息的债权凭证。

2. 债券的类型

在经济运行过程中，债券就像股票一样，存在着许多类型。

（1）按照发行主体分类，我们可以将债券划分为政府债券（国家债券，俗称国债）、公司债券（企业债券）和金融债券。

①政府债券。政府债券是由中央政府、地方政府以及政府担保的公共部门发行的债券，其中最为主要的是中央政府债券。政府债券包括中长期公债、短期国库券和特种政府债券。由于政府债券由政府信用作基础，有税收支付作保证，信誉较好，因此，通过被称为“金边债券”“无风险债券”。

②公司债券。公司债券是由公司或企业为筹集长期资金而发行的债券。常见的公司债券主要有以下几种：

A. 抵押债券（Mortgage Bond）。即发行债券的企业或公司以土地、设备、房屋等不动产为抵押而发行的债券。如果到期时发行债券的企业或公司不能向债券还本付息，相应机构可依法处置其抵押品来抵付。

B. 无担保债券（Denture Bond）。也称为信用债券，即不需要提供任何抵押品，仅以发行债券的企业或公司的信用为基础发行的债券。由于没有发行担保，这种债券相对于抵押公司债券来说，投资风险较大，正因为如此，在发行这类债券时往往规定相应的限制条件以保护债权人的利益，如对债券发行数量的限制、对发行公司处置资产的限制等。

C. 可转换债券（Convertible Bond）。即在发行债券就事先规定持有人可以在将来某一时间，按照事先约定的条件（如价格、转换比率等）将该债券转换成该公司其他证券（通常是该公司的股票）的债券类型。

D. 合并债券（Merged Bond）。公司为购回原来所发行的各项债券而发行的新债券。公司发行合并债券的目的在于简化新债的发行手续并节约利息支出。

E. 垃圾债券（Junk Bond）。指由信誉等级较低的公司所发行的，低于评级机构所要求的投资级别（通常是低于标准普尔公司的 BBB 级或穆迪公司 BAA 级）的债券。一般是指由缺乏规模和利润水平的新兴公司发行的债券。

③金融债券（Financial Bond）。金融债券是由金融机构为筹集资金而发行的债券。

（2）按照发行方式分类，我们可以将债券分为公募债券和私募债券。

①公募债券（Public Offering Bond）。简称公募债，它是由发行者面对所有社会投资者发行的债券。

②私募债券（Private Placement Bond）。它是公募债券的对称，是指由发行者对社会上特定的投资者，如保险基金、养老基金会等发行的债券。

（3）按照付息方式分类，我们可以将债券划分为附息债券和贴现债券。

①附息债券（Coupon Bond）。是指债券的持有者可以凭借债券上所附的息票分次领取利息的债券。

②贴现债券（Discount Bond）。是指债券的发行者以低于债券票面金额的发行，到期按票面金额偿还本金的债券。债券发行价格与偿还额之间的差价，就相当于债券发行人在债券发行时一次性付给债券持有人的利息。

（4）按照债券的存在形式分类，我们可以将债券划分为有纸债券（Paper Bond）和无纸债券（Paperless Bond）。其中，无纸化债券又可分为凭证式债券和记账式债券。

（5）按照发行地域分类，除国内发行的债券之外，还有欧洲债券、扬基债券和亚洲美元债券（Asian Dollar Bond）。

①欧洲债券（Eurobond）。它是指由一国政府、金融机构和工商企业在欧洲市场上以可以自由兑换的第三国货币标价并还本付息的债券。

②扬基债券（Yankee Bond）。它是指由一国政府、工商企业等在美国金融市场上发行的，以美元标价并用美元还本付息的债券。

③亚洲美元债券（Asian Dollar Bond）。它是指由一国政府、金融机构、工商企业及国际金融组织在亚洲美元市场上发行的，以美元标价的长期债券。

（6）按照利率能否浮动分类，我们可以将债券分为固定利率债券（Fixed - interest Bond）、浮动利率债券（Floating - interest Bond）和混合利率债券（Mixed - interest Bond）。

（四）存贷款合约（Deposit - Loan Contract）

顾名思义，存贷款合约即金融中介机构在吸收存款和发放贷款过程中产生的借贷凭证。

1. 存款合约

存款合约代表着存款人要求金融中介机构在未来还本付息的权利。

活期存款账户（Demand Deposit Account）是不需要事先通知，存款客户就可随时存取和转让的一种银行存款账户，其形式有支票存款账户、保付支票、本票、旅行支票和信用证等。在20世纪80年代前的美国，由于该类存款存取频繁、手续复杂、所费成本较高等方面的原因，商业银行一般都不对其支付利息，有时甚至还要收取一定的手续费。如今，美国的活期存款（支票账户）分为不支付利息的支票账户和有利息收入的支票账户，其中有利息收入的支票账户指的是可转让支付命令账户（NOW账户）、自动转账服务账户（ATS账户）和在储蓄机构的活期存款等。同时规定公司及其他营利机构不允许在存款机构开立带息的活期存款账户。我国金融中介机构（主要是商业银行）的活期存款主要是单位活期存款，包括人民币活期存款账户和外汇活期存款账户。人民币活期存款账户包括基本存款账户、一般存款账户、临时存款账户和专用存款账户；外汇活期存款账户按外汇性质区分为外汇结算账户、资本金账户和外汇专用账户。

储蓄存款账户（Saving Deposit Account）是金融中介机构为方便城乡居民个人积蓄货币资产和获取利息而设定的一种存款账户。按照期限的长短，储蓄存款可分为活期储蓄存款和定期储蓄存款两种形式。

定期存款账户（Fixed Deposit Account）是金融中介机构与公司存款人在存款时事先约定存款期限、利率，到期后方可支取本息或者必须在准备提款前若干天通知银行的一种存款账户。与活期存款相比，定期存款具有较强的稳定性，且营业成本较低。定期存款通常是用于结算或从定期存款账户中提取现金。

大额可转让定期存单（Interest－bearing Negotiable Certificates of Deposits，CDs）是由银行签发的，载有存款金额、期限和利率，可以在金融市场上流通转让的一种定期存款凭证。世界上最早的大额可转让定期存单是由美国纽约花旗银行于1961年创造出来的。相对于普通定期存单而言，大额可转让定期存单一般具有如下特点：（1）面额大。在美国，大额可转让定期存单的最低面额为10万美元；（2）期限严格固定。与普通定期存单相比，大额可转让定期存单的期限是严格固定的，不到期限不得提取；（3）利率高。大额可转让定期存单的利率一般高于普通定期存单利率；（4）可以在金融市场上流通转让；（5）期限短。大额可转让定期存单的期限最长不超过一年，一般可分为30天、90天、180天、一年等。

2. 贷款合约

贷款合约代表的则是金融中介机构要求借款人在未来贷款到期时偿还本息的权利。贷款合约和金融中介机构发放的贷款类型相对应。根据不同的划分标准，金融中介机构发放的贷款具有各种不同的类型。

按偿还期限的不同，可分为短期贷款、中期贷款和长期贷款；

按偿还方式的不同，可分为活期贷款、定期贷款和透支；

按贷款用途或对象不同，可分为工商业贷款、农业贷款、消费者贷款、对证券经纪人的贷款等；

按贷款担保条件的不同，可分为抵押贷款和信用贷款；

按贷款金额大小不同，可分为批发贷款和零售贷款；

按利率约定方式不同，可分为固定利率贷款和浮动利率贷款。

（五）回购协议（Repurchase Agreement，RA）

回购协议是指在金融中介机构出售证券的同时和证券购买者约定，在一定期限后按照一定的价格购回所卖证券的协议。回购协议最早产生在美国，最初它是美国商业银行逃避监管的一种变通方式，到现在，由于回购协议期限短、风险小且使用方便，商业银行以外的其他金融中介机构也在大量地将回购协议作为自己的筹资工具。

在美国，回购协议包括隔夜回购协议和定期回购协议，期限最长不超过1年。

第四节 权益资产

权益资产是能够代表公司所有权的资产，它代表着一种金融要求权，即对于持有者来说，权益资产是证明其对公司财产所有权的凭证。通常权益资产主要指的是股票。

一、股票的含义

股票（Stock）是股份制度的产物，它是由股份公司开给股东的，证明股东的股份与股权，股东凭此可以获得股息和红利的一种所有权凭证。

按照股东对公司债务承担责任的不同，股份公司可分为无限公司、有限公司和两合公司等类型。其中典型形态当属有限公司，其载体又分为股份有限公司和股份有限责任公司。

二、股票的类型

为了满足投资者的不同投资偏好，顺利地筹集资金，股份公司发行有不同类型的股票。但在现代股份公司制度运行过程中，最重要也是最基本的股票类型，是按照股东在股份公司中享有权利的不同而划分的普通股票和优先股票。

（一）普通股票（Common Stock）

普通股票是股份公司不加以特别限制，股东可以参与公司经营管理的、股息和红利随股份公司盈利状况变动而变动的股票。普通股票是股份公司发行的一种标准化股票。

持有普通股票的股东就是普通股股东，普通股股东在股份公司中一般享有下述四项权利：

1. 参与公司经营管理的权利

如果从一家股份公司刚成立说起，普通股股东拥有参加股东代表大会的权利、选举和弹劾董事和监事的权利、对公司重大经营决策进行表决的权利，表决的原则是“一股一票”的原则，表决的方式是“举手表决”，俗称“用手投票”。需要注意的是，由于现代股份公司股权的分散化和制度上的变异（如“加票制”等），所以，这项权利对大多数中小股东来说是没有实际意义的，因此，我们经常看到的是，中小股东通常不是“用手投票”，而是“用脚投票”。

2. 参与公司盈余分配的权利

按照规定，普通股股东可以分享公司的盈余，但具体能否分享以及分享多少，要视公司经营状况而定，“有则分，没有则不分”。因此，普通股股东能否分享到公司的盈余具有很强的不确定性，尤其是在监管不严，存在假账、假报表的情况下，可能会出现“有也未必分”的现象。

3. 参与公司剩余财产分配的权利

普通股股东所享有的这项权利是针对股份公司运营的特殊阶段而言的，即如果股份公司倒闭破产了，经过资产清理还有剩余财产的话，普通股股东可以参与分配。当然从现实来看，在股份公司倒闭破产后是不会有财产剩余的，因此，此项权利形同虚设。

4. 对公司新股的优先认购权

对公司新股的优先认购权意味着，普通股股东对于股份公司的新增发股票以及配股拥有优先购买的权利。只要在股份公司增发股票或配股时普通股股东持有股份公司的旧股票，即享有相应的权利，那么，普通股股东便对该公司的新增发股票以及配股有优先购买的权利。

（二）优先股票（Preferred Stock）

优先股票是指没有参与公司经营管理权利，但享有先于普通股股东对股份公司盈余和剩余财产进行分配的权利的股票。由此可见，持有优先股票的优先股股东区别于普通股股东的地方就在于，他们享有两个方面的优先权。

1. 对公司盈余分配的优先权

优先股股东的股息是在股份公司成立之初便事先确定好了的，不受股份公司盈利状况的影响，也就是说，“有则分，没有也得分”。当然，在现代股份公司运行过程中，该项规定已有所变异，例如在西方某些国家对优先股票有“累积股息优先股”和“非累积股息优先股”之分。

2. 对公司剩余财产分配的优先权

这就是说，对于股份公司破产倒闭或解散清算后剩余财产，优先股股东要先于普通股股东行使其分配权。当然，如前所言，在公司倒闭破产或解散清算后一般不会有剩余财产存在，因此，对于优先股股东来说，剩余财产分配权仍然是形同虚设。

第五节　外汇资产

一、外汇及其基本特征

（一）外汇

外汇（Foreign exchanges）的概念具有静态和动态双重含义。

1. 静态外汇

静态外汇，又分为狭义的外汇概念和广义的外汇概念。

狭义外汇指的是以外国货币表示的，为各国普遍接受的，可用于国际间债权债务结算的各种支付手段。从这个意义上讲，狭义外汇的最基本形式是一国在外国通汇银行的活期存款，除此之外的其他用外币表示的资产如外币、黄金、商业票据、政府和公司债券等，在尚未兑换成在外国通汇银行的活期存款之前是不能用于支付的，因此，也就不能算作外汇。

广义外汇指的是一国拥有的一切以外币表示的资产。国际货币基金组织（IMF）对此的定义是："外汇是货币行政当局（中央银行、货币管理机构、外汇平准基金及财政部）以银行存款、财政部国库券、长短期政府证券等形式保有的在国际收支逆差时可以使用的债权。"将所提及内容修正为：我国于 2008 年修订颁布的《外汇管理条例》规定："本条例所称外汇，是指下列以外币表示的可以用作国际清偿的支付手段和资产：（一）外币现钞，包括纸币、铸币；（二）外币支付凭证或者支付工具，包括票据、银行存款凭证、银行卡等；（三）外币有价证券，包括债券、股票等；（四）特别提款权；（五）其他外汇资产。"

日常国际经济活动中我们所说的外汇，绝大部分就是由这些外币支付凭证和有价证券构成的，而外币现钞（包括钞票如铸币等）只占了极小的一部分。

2. 动态外汇

动态外汇是国际汇兑（Foreign Exchange）的简称，指的是以一定的方式利用外汇结算国际间债权债务的活动。所谓"汇"，是指货币资金在不同国家或地域之间的转移；所谓"兑"，是指用一个国家的货币兑换成另一个国家的货币的行为或活动。因此，"国际汇兑"就是指用一种货币兑换成另一种货币，并实现资金在国与国之间的转移运动。

（二）外汇的基本特征

从外汇的定义出发，外汇一般应具有三个基本特征。

1. 可偿性。外汇是以外币计值或表示的金融资产，是在国外能够得到补偿的金融资产。

2. 可接受性。外汇必须具有可靠的物资偿付的保证，能为各国所普遍接受。

3. 可兑换性。外汇必须具有充分的可兑换性，即能够自由兑换成其他形式的资产和支付手段，能用于多边国际结算。

在当今世界，由于并非所有的外国货币都同时具备以上三个基本特征，因此，不能将外汇简单地理解为外国货币。

二、外汇的种类

（一）按照是否可以直接用于国际结算划分，可将外汇分为现汇和现钞

1. 现汇

现汇是指从国外银行汇到国内的外汇存款，以及外币汇票、本票、旅行支票等银行可以通过电子划转直接入账的国际结算凭证。

2. 现钞

现钞指的是国内居民手持的外币钞票。

（二）按照能否自由兑换划分，可将外汇分为自由外汇和记账外汇

1. 自由外汇

无须经过发行货币国家批准，既可以在国际市场上自由买卖，随时使用，又可以自由转换为其他国家货币的外汇。它在国际交往中能作为支付手段广泛地使用和流通，如美元、英镑、瑞士法郎、日元、欧元等货币。

2. 记账外汇

又称为协定外汇，是两国通过签订支付协定规定使用的外汇。在签有清算协定的国家之间，由于进出口贸易引起的债权债务不用现汇逐笔结算，而是通过当事国的中央银行账户相互冲销，所以可以使用记账外汇。根据协定，记账外汇通常只能在两国间使用，不经货币当局批准，不能自由兑换成其他货币或用于第三国支付。

（三）按照来源和用途的不同划分，可将外汇分为贸易外汇和非贸易外汇

1. 贸易外汇

贸易外汇是在贸易商品进出口及其从属活动所使用的外汇。从属于商品进出口的外汇收支还有：运费、保险费、样品费、宣传费、推销费以及与商品进出口有关的出国团组费等。

2. 非贸易外汇

非贸易外汇是贸易外汇以外所收支的一切外汇。主要包括：侨汇、旅游、旅游商品、宾馆饭店、铁路、海运、航空、邮电、港口、海关、银行、保险、对外承包工程等方面的外汇收支，以及个人和团体（公派出国限于与贸易无关的团组）出国差旅费、图书、电影、邮票、外轮代理及服务所发生的外汇收支。

（四）根据交割期限的不同划分，可将外汇分为即期外汇和远期外汇

1. 即期外汇

即期外汇指外汇买卖成交后在两个工作日内交割完毕的外汇。

2. 远期外汇

远期外汇指买卖双方根据外汇买卖合同，不需立即进行交割，而是在将来某一时间进行交割的外汇。

（五）按照外汇管理对象的不同划分，可将外汇分为居民外汇和非居民外汇

1. 居民外汇

居民外汇指居住在本国境内的机关、团体、企事业单位、部队和个人以各种形式所持有的外汇。居民通常指在某国或地区居住期达一年以上者，但是外交使节及国际机构工作人员不能列为居住国居民。各国一般对居民外汇管理较严。

2. 非居民外汇

非居民外汇指暂时在某国或某地区居住者所持有的外汇，如外国侨民、旅游者、留学生、国际机构和组织的工作人员、外交使节等以各种形式持有的外汇。在我国，对非居民的外汇管理比较松，允许其自由进出国境。

第六节　金融衍生资产

一、金融衍生资产及其产生和发展的原因

（一）金融衍生资产的含义

在国内，有关衍生性金融工具有许多种表述，如衍生性金融工具、金融衍生工具、衍生性金融商品、金融衍生商品等。

金融衍生资产（Financial Derivative）是相对于原生性资产而言的，它是金融创新的产物，它是指以货币、股票以及债券等原生性金融资产为基础而派生出来的一种新型的投资和风险管理工具。金融衍生资产具有非常强的依附性，这种依附性主要表现在两个方面。一是金融衍生资产依附于货币、股票、债券等而存在；二是金融衍生资产的价格依附于原生性金融资产的价格。

（二）金融衍生资产产生和发展的原因

20 世纪 70 年代是世界经济发展中的多事之秋，金融衍生资产于这个时期在以美国为首的西方发达市场经济国家产生并得到长足的发展有着客观的背景，这主要表现在：

1. 经济自由化思想的影响

经济思想对经济行为的影响是非常明显的，正如凯恩斯所说："从事实际事物的人相信他们自己完全能够免受任何智者的影响，但他们却往往是某些已故经济学家的奴隶。当政的狂人自以为凭空可获得政见，然而他们的狂想却往往是从数年以前某些经济学者的思想中汲取而来"。由于凯恩斯主义学派对西方现实经济中所存在的"滞胀"问题无法进行有效的解释和解决，因此，早在 20 世纪 70 年代，以自由竞争、经济自由化为特征的货币主义学派、奥地利学派和新古典主义经济学说代替凯恩斯主义学派成为经济思想中的主流。受此影响，西方发达国家政府纷纷在这一时期放松了对金融机构的管制，金融管制的放松为金融工具的创新提供了宽松的环境。更为重要的是，金融理论的发展直接推动了金融衍生资产的产生和发展，在这方面贡献最大的要属 1972 年 12 月诺贝尔经济学奖得主米尔顿·弗里德曼的《货币需要期货市场》的论文的发表和 1973 年同样是诺贝尔经济学奖得主的美国学者布莱克和斯科尔斯关于股票欧式看涨期权定价模型（布莱克—斯科尔斯模型）的建立。

2. 银行的积极推动

银行的积极推动是金融衍生资产能够得到发展的一个重要因素。银行之所以会积极参与金融衍生资产的设计、开发、交易主要是由于以下两个方面的原因：

（1）在巨大的市场压力下，拓展新的业务领域的需要。20 世纪 70 年代，面对日益复杂多变的金融状况，一些新兴的非银行性质金融机构，如共同基金、储蓄银行等，凭借自己受政府管制较少的优势，创造出大量的新颖并富有吸引力的金融工具，同银行展开了一场争夺信贷资金来源与信贷份额的竞争，使得银行在信贷市场上的竞争地位日益削弱，为了保持和扩大自己的市场份额，提高自己的竞争实力，银行具有在传统业务之外另辟蹊径的内在动力。

（2）规避外部资本管制的需要。1988 年 7 月，为加强对银行的监管，防范银行危机，由国际清算银行巴塞尔委员会颁布的《巴塞尔协议》对银行资本及资本充足性进行了明确的规定，这些规定无形中对银行构成了巨大的压力，这是因为，银行所从事的传统资产业务——贷款通常是风险系数较大的业务，按照《巴塞尔协议》的规定，银行从事高风险的资产业务应有更高的资本要求，而银行增加资本又必然会影响自身的盈利，在这种条件下，银行的理性选择必然是业务表外化，即从事那些既不会影响自身盈利，又能满足《巴塞尔协议》规定的，不在银行资产负债表中予以反映的业务，金融衍生资产的交易恰好满足了银行的这种要求，因为大量的金融衍生资产的交易都属于银行的资产负债表外业务。

3. 新技术的推动

金融衍生资产的开发、设计、交易、结算比原生性金融资产要复杂得多，它需要强有力的技术作支持。开始于 20 世纪 50 年代的、以信息技术为核心的新技术革命为金融衍生资产的产生和发展提供了坚实的物质技术基础：（1）信息成本的降低，节约了金融衍生资产设计、交易、结算等方面的费用；（2）电信、信息处理和计算机技术的发展使全球金融市场连为一个整体，使金融衍生资产的交易范围更加广阔。

4. 客户的需要

没有需求便没有供给。因此，客户的需要是金融衍生资产得以产生和发展的决定性的因素。

20 世纪 70 年代初，于 1944 年建立的，维系整个世界经济发展的布雷顿森林体系正式崩溃，各个国家纷纷放弃固定汇率制度而实行浮动汇率制度，延续了近 30 年的固定汇率制度被浮动汇率制度所代替，浮动汇率制度的实行，使得汇率变动不定，汇率风险加剧；与此同时，由于石油价格的上涨，以美国为首的西方发达市场经济国纷纷爆发了通货膨胀，商品价格、市场利率、股票价格处于难以预料的波动之中。所有这一切，使得公司企业、居民家庭时刻面临市场波动所带来的风险，他们迫切需要能够规避市场风险的金融安排，而金融衍生资产就恰好满足了他们这种需要。

二、金融衍生资产的种类

从当前的现实来看，按照交易方法和特点，理论界通常将金融衍生资产划分为金融远期、金融期货、金融期权和金融互换这四个基本类型。

（一）金融远期（Financial Forward）

远期是即期的对称，金融远期兴起于20世纪80年代，它是其他金融衍生资产的基础，其他金融衍生工具是金融远期的延伸或变种。

所谓金融远期是指由交易双方签署的，约定在将来某一时间按照一定的价格交易某种金融工具的协议。金融远期协议一般包括远期外汇协议（Agreement for Forward Exchange）和远期利率协议（Forward Rate Agreement）两种类型。

1. 远期外汇协议

它是指在将来某一时间由交易双方按照事先商定的交割币种、金额、汇率以及交割地点等进行实际交割的协议。

2. 远期利率协议

它是指交易双方签署的，就一笔按浮动利率计息的债务约定一个协议利率，将来债务到期时由交易的一方向另一方支付协议利率和市场利率之间差额的协议。目的在于规避未来利率变动的风险或利用利率波动进行投机。

（二）金融期货（Financial Future）

金融期货是金融现货的对称，它是指由交易双方签署的，约定在将来某一时间按照事先规定的条件买进或卖出一定数量某种金融工具的合约。按照买进或卖出的金融工具的不同，金融期货一般包括利率期货、股票指数期货和外汇期货三种类型。

1. 利率期货

它是指交易双方签署的，约定在将来某一时间按照事先规定的条件买进或卖出一定数量某种债券的合约。由于债券的市场价格同利率之间关系密切，所以通常将其称为利率期货。

2. 股票指数期货

它是指交易双方签署的，约定在将来某一时间按照事先规定的条件买卖股票指数的合约。

3. 外汇期货

它是指交易双方签署的，约定在将来某一时间按照事先规定的条件买进或卖出一定数量某种外币的合约。外汇期货合约中对交易币种、合约金额、交易时间、交割地点等都会做出明确的规定。

（三）金融期权（Financial Option）

金融期权是指由交易双方签署的，约定在将来某一时间按照事先规定的条件买进或卖出一定数量某种金融工具的权利的合约。

1. 按照买进或卖出的金融工具的不同，金融期权包括利率期权、外汇期权、股票期权、债券期权、股票指数期权、黄金期权等。

2. 按照交易方式的不同，金融期权可分为看涨期权、看跌期权。

（1）看涨期权。它是指期权的买方在预计价格会上涨的情况下，同期权的卖方签署的，在将来某一时间按照事先约定的条件向期权的卖方买进一定数量某种金融工具的权利的合约。

（2）看跌期权。与看涨期权相反，看跌期权是指期权的买方在预计价格会下跌的情况下，同期权的卖方签署的，在将来某一时间按照事先约定的条件向期权的卖方卖出一定数量某种金融工具的权利的合约。

3. 按照权利行使时间的不同，金融期权可分为欧式期权和美式期权。

（1）欧式期权。它是指期权的买方必须在合约到期时才能行使或放弃权利的期权形式。

（2）美式期权。它是指期权的买方在期权有效期中的任一时间都能行使权利或放弃权利的期权形式。

（四）金融互换（Financial Swap）

金融互换是交易双方签署的，约定在将来某一时间按照事先规定的条件彼此交换一定现金流（支付款项）的协议。主要包括货币互换和利率互换两种类型。

1. 货币互换

它是指交易双方约定在将来某一时间按照事先规定的条件将计息方式相同、期限相同，但币种不同的两种货币的本金及利息进行互换的协议。

2. 利率互换

它是指交易双方在币种相同、期限相同的情况下，约定在将来某一时间按照事先规定的条件彼此交换按不同方式计息的利息现金流（利息支付）的协议。

需要注意的是，互换和掉期在英文表示上虽然是同一个词Swap，但它们却不是同一概念。

本章小结

信用工具、金融工具和金融资产是既有联系又有区别的三个概念。信用工具是在信用活动中产生的，具有一定格式，用来证明债权债务关系的合法的书面凭证。金融工具与信用工具之间既有联系又有区别。二者的联系表现在金融工具，包括金融衍生工具都是基于信用工具而产生，某些金融工具也就是通常意义上的信用工具，如票据、股票和债券等；二者的区别在于金融工具在信用工具基础上又对其进行了发展和延伸，在信用工具基础上产生出了金融衍生工具。

从法律角度讲，金融资产是指一切代表对未来收益或资产有合法要求权的凭证，亦称金融工具或证券，它是单位或个人拥有的以价值形态存在的资产，是一种索取实物资产的权利。金融意义上的金融资产是指一切可以在有组织的金融市场上进行交易、具有现实价格和未来估价的金融工具的总称。在1993年SNA修订版中，金融资产包括货币黄金和特别提款权；通货和存款；债务证券；贷款；权益和投资基金股票；保险、养恤金和标准担保计划；金融衍生工具和雇员股票期权；其他应收/应付账款。

金融资产具有偿还性、流动性、收益性和风险性等四个方面的基本特征。

按照不同的标准，我们可以将多样化的金融资产主要划分成不同的种类。现实中金融资产主要包括货币资产、信用资产、权益资产、外汇资产和金融衍生资产。

马克思和西方经济学家对货币的起源都有相关描述，二者有区别，也有一定的联系。货币资产具有交易媒介、价值标准、价值贮藏和延期支付的标准四个方面的职能。理论界一般认为，货币是一把双刃剑，它既有积极作用，也有消极作用。

定义货币有归纳和实证两种方法。常见的货币定义包括本质意义上的货币、法律意义上的货币、功能意义上的货币和控制意义上的货币。

按照不同的标准，我们可将货币分成不同的类型，主要包括实物货币、金属货币、代用货币、信用货币和电子货币。

根据金融资产的流动性，货币可被分为不同的层次。

经济学含义的信用是以偿还和支付利息为条件的借贷行为，是价值运动的一种特殊形式（G－G’），是一种授信活动，其主要特征在于偿还和付息。信用活动的最初形式是高利贷，而现代基本的信用形式主要有商业信用、银行信用、政府信用、消费信用等。信用资产是在信用活动中产生的，具有一定格式，用来证明债权债务关系的合法的书面凭证，主要包括票据、信用证、债券、存贷款合约和回购协议等。权益资产是能够代表公司所有权的资产，它代表着一种金融要求权，即对于持有者来说，权益资产是证明其对公司财产所有权的凭证。通常权益资产主要指的是股票。外汇资产具有静态和动态双重含义。外汇通常具有可偿性、可接受性和可兑换性三个方面的特征。按照不同的标准，外汇可分为不同的类型。金融衍生资产是金融创新的产物，它是指以货币、股票以及债券等原生性金融资产为基础而派生出来的一种新型的投资和风险管理工具，它是经济发展到一定阶段的产物，尤其产生的原因。金融衍生资产包括金融远期、金融期货、金融期权和金融互换四大类。

本章复习思考题

1. 信用工具、金融工具与金融资产有什么不同？
2. 金融资产有哪些基本特征？
3. 金融资产是如何分类的？
4. 什么是原生性金融资产，什么是金融衍生性资产？二者有什么关系？
5. 如何客观看待货币在经济中的作用？
6. 信用货币有哪些特征？
7. 划分货币层次有什么意义？货币层次一般是怎么划分的？
8. 什么是票据？它通常包括哪些类型？
9. 什么是债券？什么是附息债券？什么是贴现债券？
10. 什么是大额可转让定期存单？与普通存单相比，它具有什么特点？
11. 什么是回购协议？
12. 什么是外汇？我国对外汇市场如何界定的？
13. 金融衍生资产产生和发展的原因是什么？什么是金融期货、金融期权、金融互换？

第三章

金融中介机构

本章重要术语

金融中介机构　商业性金融中介机构　政策性金融中介机构　管理性金融中介机构　货币性金融中介机构　非货币性金融中介机构　商业银行　商业银行负债业务　商业银行资产业务　商业银行表外业务　资本充足率　信用放款　抵押放款　票据贴现　储蓄贷款协会　互助储蓄银行　信用合作社　保险公司　共同基金　投资银行　金融公司

第一节　金融中介机构及其类型

一、金融中介机构及其类型

（一）金融中介机构的含义

在日常生活和工作过程中，我们经常会和形形色色的金融中介机构（Financial Intermediaries）打交道。为了获取资金增值，我们会将剩余资金存入银行，在自有资金不足时，我们会到银行申请贷款买车买房，为了实现一定的安全保障，我们会购买保险公司的保单，为了使我们的财富增值，我们可能会投资基金公司发行的基金份额等。但由于现实中被称为金融中介机构的单位自身经历了从银行性质的金融中介机构到非银行性质的金融机构的一个复杂发展过程，金融中介机构的种类繁多，它们从事着差异性的业务，在金融活动中发挥着不同的作用，因此从理论上给金融中介机构下定义是一件非常困难的事情，西方理论界对金融中介机构也有着不同的描述。

格利和肖（Gurly & Shaw）、乔治·本斯顿（G. Benston）以及法玛指出金融中介机构（银行、共同基金、保险公司等）是对金融契约和证券进行转化的机构。刘易斯（M. K. Lewis）则将金融中介机构定义为处在借款人（资金赤字方）与贷款人（资金盈余方）之间，为两者提供中介服务的企业。弗雷克萨斯（X. Freixas）和罗切特（J. C. Rochet）认为金融中介机构是从事金融合同和证券买卖活动的专业经济部门。

综合来看，由于金融指的是资金融通活动，因此，笼统地讲，金融中介机构即进行资金融通活动，从事投融资活动和提供各种金融服务的机构，它们是为筹资者和投资者牵线搭桥、媒介资金融通，为客户提供各种金融服务的机构或组织，金融中介机构既包括从事融资活动的机构，也包括进行投资活动的机构。

二、金融中介机构的类型

（一）根据金融中介机构的外延或所发挥的作用分类，可将金融中介机构分为广义金融中介机构和狭义金融中介机构

广义金融中介机构包括商业性金融经营机构、政策性金融机构、管理性金融机构和国际性金融中介机构，而狭义金融中介机构则仅指商业性金融经营机构。

1. 商业性金融中介机构

商业性金融中介机构是指那些以营利为目的，通过为客户提供各种金融中介服务、运营资金以实现利润最大化的金融中介机构。

在西方发达经济中，最常见的通常是按照商业性金融中介机构资产和负债业务的不同，将其分为存款类机构、合同储蓄类机构和投资类机构三种类型。

2. 政策性金融中介机构

政策性金融中介机构是由政府投资设立或担保的、根据政府的决策和意向发放贷款、不以营利为目的的金融机构。政策性金融机构有特定的资金来源，一般不向公众吸收存款，基本任务是为了向特定的部门或产业提供资金，促进该部门或该产业的发展。

现今，在我国，中国进出口银行和中国农业发展银行都是政策性金融中介机构。

3. 管理性金融中介机构

管理性金融中介机构也称为调控型金融机构，它是为保证金融体系的安全稳定而利用一定的金融政策来对金融活动进行调控的机构。

管理性金融中介机构主要指的是一国的货币当局，即中央银行。

4. 国际性金融中介机构

国际性金融中介机构一般是指全球性的金融中介机构如国际货币基金组织、世界银行，以及区域性金融中介机构如泛美开发银行、亚洲开发银行、非洲开发银行、阿拉伯货币基金组织等。

除此之外，还有一种按照金融中介机构的性质进行划分的分类方法，按此标准，通常是将金融中介机构分为银行性质的金融中介机构和非银行性质的金融中介机构。银行性质的金融中介机构包括中央银行、商业银行、政策性银行等，非银行性质的金融中介机构种类繁多，包括证券公司、投资银行、信托投资公司、保险公司、合作金融机构、金融租赁公司、财务公司等。

（二）根据金融中介机构是否具有信用创造功能分类，可将金融中介机构分为货币性金融中介机构和非货币性金融中介机构

按照是否具有信用创造功能来分类是有关金融中介机构分类的最早的一种方法。

格利和肖认为，所谓货币性金融中介机构指的是具有信用创造功能的金融中介机构，而非货币性金融中介机构则是不具信用创造功能的纯信用中介机构。

与格利和肖相类似，戈德史密斯把金融中介机构分为负债是“货币”的金融中介机构和负债不是“货币”的金融中介机构。这里的货币指的是在一定时间和区域内被人们普遍接受的通货和支票。

这种分类对于担负货币政策制定和贯彻执行的货币当局来说具有非常重要的意义。

第二节　存款类金融中介机构

存款类金融中介机构（Depository Institution）是以吸收存款和发放贷款为主要业务的金融中介机构。这类机构在美国主要包括商业银行、储蓄贷款协会与互助储蓄银行和信用合作社。

一、商业银行

商业银行（Commercial Bank）是金融中介机构中重要的一员。它是以存放款为主要业务，以工商企业和居民家庭为重要服务对象，以盈利最大化为经营目标的金融企业。商业银行的业务由资产负债表内业务和资产负债表外业务组成。

（一）资产负债表内业务

1. 商业银行负债业务

商业银行负债业务是指形成商业银行资金来源的业务，它是商业银行开展资产业务的资金基础。自有资本和负债是商业银行的主要资金来源。

（1）商业银行的自有资本。自有资本对商业银行具有非常重要的意义。它一方面表明商业银行的实力大小、信誉好坏，因此影响着其业务的规模；另一方面，资本的多少，决定了商业银行抗御风险的能力。

自有资本是商业银行的自有资金，属于商业银行所有者的权益，它主要由注册资本、资本公积金、盈余公积金和未分配盈余组成。

在1988年7月15日巴塞尔银行监管委员会（Basel Committee on Banking Supervision）颁布的《巴塞尔协议》（*Basel Accord*）中，商业银行自有资本被划分为核心资本和附属资本两类。

核心资本（Core Capital）也称为一级资本（Tier 1 Capital），主要包括商业银行的实收资本和公开储备两个部分。

实收资本是指商业银行已经发行并完全缴足的普通股和永久性非累积优先股。

公开储备是从商业银行税后利润中提取的储备，一般由留存收益（Undivided Profits）和资本盈余（Surplus）、如股票发行溢价、普通准备金和法定准备金增值等组成。

按照《巴塞尔协议》的要求，核心资本在商业银行总资本中所占比重不得低于50%。

附属资本（Subsidiary Capital）也称为二级资本（Tier 2 Capital）是从商业银行总资本中扣除核心资本后剩余的部分。由未公开的筹备、重估筹备、普通准备金/普通呆账准备金、混合资本工具和长期次级债务构成。

未公开储备也称为隐蔽准备，是虽未公开，但已反映在损益账上并为银行监管机构所接受的储备。

重估筹备是指对某些资产按现行市场价格进行价值重估过程中产生的损益。

普通准备金/普通呆账准备金是为防备可能出现的亏损而提取的准备金，不包括为已确认损失或某些特别资产值明显下降而设立的准备金。

混合资本工具也称为带有债务性质的资本工具，指的是兼具股本和债务双重性质的资本工具。

长期次级债务指的是期限在5年以上的债务。

在对商业银行资本进行界定的基础上，《巴塞尔协议》提出了一个核心概念——资本充足率。

资本充足率（Capital Adequacy Ratio，CAR）也被称为资本风险（加权）资产率［Capital Risk（Weighted）Assets Ratio，CRAR］，指的是商业银行资本对风险加权资产的比率。可用公式表示为

$$资本充足率 = \frac{资本 - 扣减项}{风险加权资产} \times 100\% \tag{3-1}$$

$$核心资本充足率 = \frac{核心资本 - 扣减项}{风险加权资产} \times 100\% \tag{3-2}$$

并规定，到1992年底，商业银行的资本充足率应达到8%，核心资本充足率不得低于4%。

2010年9月12日的中央银行行长和监管当局负责人会议（GHOS meeting）就资本监管改革一些关键问题达成了共识，核心内容包括三个方面：一是明确了三个最低资本充足率要求，分别是普通股（含留存收益）最低要求为4.5%，一级资本最低要求为6%，总资本最低要求为8%。二是明确了两个超额资本要求：一个是资本留存超额资本要求，水平为2.5%，设立资本留存超额资本要求是为了确保银行具有充足的资本用于吸收经济压力时期的损失，并规定银行必须用普通股来满足资本留存超额资本要求；另一个是反周期超额资本要求，水平为0～2.5%，只有当出现系统性贷款高速增长的情况下，商业银行才需计提反周期超额资本，大多数时期反周期超额资本为0。三是明确了过渡期安排。为防止过快实施更高的资本标准影响全球经济的复苏，巴塞尔委员会要求，自2019年开始，正常条件下商业银行的普通股（含留存收益）充足率、一级资本充足率和总资本充足率应分别达到7%、8.5%和10.5%。

该共识待2010年11月召开的二十国集团领导人首尔峰会批准后，由巴塞尔委员会于2010年底前公布资本监管改革的最终文本。

（2）商业银行负债。大体以20世纪60年代为界，我们可以将商业银行负债分为被动型负债和主动型负债两类。

①被动型负债。20世纪60年代以前，商业银行的负债主要是来自吸收存款。吸收存款主要是活期存款、储蓄存款和定期存款，其中又以活期存款居多。由于存款的主动

权掌握在存款客户手中，商业银行只是被动地接受，所以，商业银行的存款又被称为被动型负债。

②主动性负债。20 世纪 60 年代以后，随着金融创新带来的负债工具的增多，商业银行开始主动向外借款。商业银行的借款包括向中央银行的借款、同业拆借、向国际货币市场借款、向国内金融市场借款以及回购协议等。

2. 商业银行资产业务

商业银行的资产业务是指商业银行将其通过开展负债业务筹集的资金再加以运用的业务。商业银行的资产业务主要包括：

（1）现金资产业务。商业银行的现金资产是商业银行流动性的重要保障，对商业银行来说具有十分重要的意义。

商业银行的现金资产主要包括库存现金、在中央银行的存款、同业存放和托收未达款。

库存现金是指商业银行为了应付存款客户的随时提现和银行自身的日常零星开支而存在金库中的资金。

在中央银行的存款是指商业银行存在中央银行的法定存款准备金存款和超额准备金存款。法定存款准备金存款也称为法定存款准备金，它是商业银行按照中央银行规定的法定存款准备金率所提取的存款准备金，它必须以在中央银行的存款的形式存在。超额准备金存款指的是超出商业银行法定存款准备金以外的那部分存款。超额存款准备金存款和库存现金一起构成了商业银行的超额准备金，相比法定存款存款准备金，超额准备金的大小由商业银行自主决定，同时也可以自主动用。

同业存放也称为同业存款，是指商业银行因办理支付结算等的需要而存放在其他银行和金融中介机构中的存款。

托收未达款也称为在途资金，指的是在托收业务中，某商业银行通过对方银行向付款单位收取的，尚未在该商业银行贷记的票据。托收未达款在受托之前，相当于资金运用在外，所以说是该商业银行的资产。

（2）放款业务。放款业务即贷款业务，是指商业银行利用其筹集的资金，按照一定的利率发放给客户使用并按期归还的业务。

在西方许多国家通常是按照有无抵押品来对商业银行放款进行分类。按照这个标准，商业银行的放款业务通常包括以下两大类。

①信用放款。不需要任何抵押品，完全以借款人的信誉为基础而提供的放款。

②抵押放款。是以借款提供的实物或有价证券等作为抵押物而发放的贷款。

按照类似标准，我国目前对商业银行放款分为信用放款、担保放款和票据贴现三大类，其中担保放款又细分为抵押放款、质押放款和保证放款。

抵押放款是指按照《中华人民共和国担保法》规定的抵押方式以借款人或第三人的财产作为抵押物发放的贷款。

质押放款是指按照《中华人民共和国担保法》规定的质押方式以借款人或第三人的动产或权利作为质物发放的贷款。

保证发放贷款是指按照《中华人民共和国担保法》规定的保证方式以第三人承诺在借款人不能偿还贷款时，按约定承担一般保证责任或者连带责任而发放的贷款。

票据贴现是指贷款人以购买借款人未到期商业票据的方式发放的贷款。

(3) 票据贴现业务。与我国的规定不同，西方大多数国家都将票据贴现单列，作为商业银行的一项资产业务。

商业银行的票据贴现业务指的是商业银行买进票据持有人未到期商业票据为其融通短期资金的行为。

$$实付贴现金额 = 票据票面金额 - 贴现利息 \quad (3-3)$$

$$贴现利息 = 票据票面金额 \times 贴现天数 \times (月贴现率 \div 30 天) \quad (3-4)$$

(4) 证券投资业务。商业银行的证券投资业务指的是商业银行在证券市场上买卖有价证券的业务。

商业银行进行证券投资的目的是获取投资收益、分散风险、保持流动性和合理避税。

商业银行证券投资的对象会因商业银行的形式的不同而不同。对全能型商业银行来说，几乎可以投资所有的有价证券，但职能分工型商业银行的投资对象一般仅限于债券，这包括中央政府债券、政府机构债券、地方政府债券、公司债券、中央银行债券（票据）和政策性金融债券等。

(二) 资产负债表外业务

商业银行资产负债表外业务（Off－Balance Sheet）是指商业银行从事的按会计准则不列入资产负债表内，不影响其资产负债总额，但能影响银行当期损益，改变银行资产报酬率的经营活动。

广义的商业银行资产负债表外业务是指商业银行从事的所有不在资产负债表内反映的业务，包括传统的结算业务、代理业务、信托业务、租赁业务、银行卡业务以及信息咨询服务等业务，也包括20世纪80年代以来现代的担保与承诺以及金融衍生工具投资等业务。其中，20世纪80年代以来现代的担保与承诺以及金融衍生工具投资等业务则是狭义的商业银行资产负债表外业务。

二、储蓄贷款协会与互助储蓄银行

(一) 储蓄贷款协会

储蓄贷款协会（Savings and Loan association，S&L，简称储贷协会）起源于18世纪70年代英国工人为家庭住宅融资的建筑协会。在美国，最早的美国储贷协会是1831年于宾夕法尼亚州费城成立的节俭建房协会。它最初是专门吸收会员储蓄存款，然后为需要购买住房或建房的会员提供抵押贷款服务的临时性的互助合作金融中介机构。美国南北战争以后，储贷协会的存贷业务不再局限于会员内部，但性质上仍属于互助合作性质，存款人和贷款者即协会的股东，他们拥有选举权，并且可以指导和管理协会的金融管理目标，存款人不仅可以获得存款利息，同时可以参与协会的盈余分红。后来，美国储贷协会成为一个在政府支持和监管下专门从事储蓄业务和长期住房抵押贷款，协助推行政府住房政策的非银行性质金融中介机构。

第一次世界大战后，储贷协会因建筑业的繁荣而获得了飞速的发展，1949 年时，美国的储贷协会曾高达 12000 多家。

第二次世界大战后房屋建筑业的恢复与繁荣，储贷协会又重新获得新生，虽然数量仍在减少，但其资产规模扩张速度却极为明显，到 20 世纪 70 年代末，美国储贷协会的资产总额达到6000 亿美元，成为美国金融业的一股强大力量。但在随后的几年，储贷协会却经历了近 10 年的危机。据统计，在 1980 年到 1991 年期间，有 25% 的储蓄贷款机构破产倒闭。1989 年 2 月，美国时任总统乔治 · H. W. 布什（G. H. W. Bush）宣布了一项处理危机的紧急计划。按照这一计划，美国人民需要在从此之后的 30 年里要花费大约 4000 亿 ~ 5000 亿美元才能最终还清储贷协会的巨额债务。

储贷协会危机后，许多储贷协会转变成了商业银行，剩余的则基本上在朝着三个方向发展，即房地产模式（主要是提供按揭贷款）、家庭理财中心和多元化模式。

（二）互助储蓄银行

与储蓄贷款协会相似，互助储蓄银行（Mutual Saving Bank，MSB）最早也是起源于英国。1810 年，位于苏格兰敦巴顿夏的拉斯维尔大教堂的牧师瑞沃林德 · 亨利 · 邓肯（Reverend Henry Duncan）建立了英国第一家储蓄银行，目的在于鼓励工人阶层的节俭行为以减轻公共慈善事业的压力。美国的第一家互助储蓄银行则是 1816 年 12 月 20 日成立的费城储蓄基金协会。在美国，互助储蓄银行（Mutual Savings Bank）是受州或联邦政府特许，为个人储蓄提供一个安全的场所，并将吸收的储蓄用于抵押贷款（主要是住房贷款）、投资股票、政府公债、公司债券及其他有价证券投资、对市政机构发放贷款的非银行金融中介机构。美国的互助储蓄银行主要集中于东北地区和东部大西洋沿岸的城市中心地区，规模仅次于储蓄贷款协会。

与储蓄贷款协会不同，互助储蓄银行的存款客户既没有表决权也没有其他任何形式的控制权，他们无法对银行的经营管理施加任何直接的影响，他们既不是银行的会员也不是所有人，互助银行的控制权实际上掌握在自我任命的董事会手中，他们接受存款客户的委托代表存款客户管理银行的资产。在这里，"互助" 指的是存款客户有权参与利润分配，另外，在银行解散时，存款人名义上可以参与银行累积盈余的分配。

三、信用合作社

世界上最早的现代信用合作社（Credit Union，CU）可追溯到 1852 年德国经济学家弗兰兹 · 赫曼 · 舒尔茨 - 德里兹思克（Franz Hermann Schulze - Delitzsch），他集中两个试点项目，一个在爱林伯格，另一个在德雷兹思克，建立了世界上第一个信用合作社，并规划出了一个高级的城市信用合作社体系。

1864 年，弗里德里奇 · 威尔赫姆 · 雷发巽（Friedrich Wilhelm Raiffeisen）在德国的海德斯道夫建立了第一家农村信用合作社。虽然从年代上说舒尔茨 - 德里兹思克要早于雷发巽，但今天一般认为，雷发巽更加重要。到雷发巽逝世的1888 年，信用合作社已经扩展到意大利、法国、荷兰、英国、奥地利和其他一些国家。现在世界上许多国家和地区都有信用合作社，只是在不同国家和地区对其冠以了不同的名称。

信用合作社是指由它们的一些具有共同利益的弱势群体自发组织起来的、具有互助性质的非银行性质的金融中介机构。信用合作社主要是通过吸收社员交纳的入社费和社员与非社员的存款为资金来源，以简便的顺序和优惠的利率向社员提供信贷服务，以帮助他们解决资金困难，免遭高利贷的盘剥。

同为合作社，真正意义上的合作社应当与其他性质的合作社遵循同样的原则。按照1995年国际合作联盟（ICA）在曼彻斯特第31届代表大会通过的《关于合作社界定的声明》的规定，合作社的原则主要包括：（1）自愿和开放会员制原则。合作社是自愿组织，它们对所有能够利用它们的服务，愿意承担会员责任的人是开放的，没有性别、社会、种族、政治和宗教歧视。（2）民主管理、会员控制原则。合作社是由它们的会员控制的民主组织，会员积极参与制定政策和决策。被选举为代表的人对会员负有责任。在初级社，会员有平等的投票权（一人一票制），在其他层次的合作社也按民主方式组织。（3）会员的经济参与原则。会员等额缴纳并民主控制合作社的资本。由会员必须认购的股本所得到的补偿，即使是有，通常也有限。会员按下面的目的对盈余进行分配：发展合作社企业，建立公积金，其中至少有部分是不可分的；按会员与合作社的交易比例返还和支持会员同意的其他活动。（4）自治和独立原则。合作社是由其会员控制的自治、自助组织。如果它们涉及与其他组织包括政府达成协议，或从外部筹集资金，它们这么做的条件是保证由会员民主控制并保持合作社的自治。（5）教育、培训、信息原则。合作社为它们的会员、被选举的代表、经理和雇员提供教育和培训，以至他们能为合作社的发展作出有效的贡献。由他们向一般公众，特别是年轻人和舆论领袖，宣传合作社的性质和合作社的好处。（6）合作社之间的合作原则。合作社通过与地方、全国、区域和国际机构的协作能够更有效地服务于会员，并加强合作社运动。（7）关注社区原则。合作社通过会员同意的政策，为社区的持续发展而工作。

这些原则一方面是为了保证合作社不能办成被少数人所控制、为少数人谋取利益的企业，另一方面是为了将合作社和股份公司相区别。

在社会经济活动中，信用合作社发挥着主要的，拾遗补阙的作用，在弱势群体无法从正规金融渠道获得资金融通的情况下，它广泛动员了社会资金，弥补了现代金融服务难以覆盖的地区，促进了社会闲散资金的聚集和利用。随着金融的不断发展，信用合作社的业务不断拓展，资金来源与运用从以前的以社员为主逐渐向多元化发展，并且在金融市场中开始逐渐发挥着越来越大的作用。

按照地域的不同，信用合作社可分为农村信用合作社和城市信用合作社。

在我国，既有城市信用合作社，也有农村信用合作社，它们曾经和正在金融活动中发挥着重要的作用，但随着经济金融的改革与发展，我国的信用合作社已经出现了异化现象，对此种变化，理论界各执一词，莫衷一是，究竟结果如何，还需要我们进行进一步的研究。

第三节　合同储蓄类金融中介机构

合同储蓄类金融中介机构（Contractual Saving Institutions）是以合同的方式定期定量地从合同持有人那里取得资金（如保险费、养老金缴费等），然后按规定向合同持有人提供保险服务或给付养老金的金融中介机构。这类机构主要包括保险公司、个人养老基金与政府退休基金等。

一、保险公司

保险（Insurance）是有着悠久历史的，有关风险管理的一种机制安排，它是投保人按照合同的约定，向保险人，即保险公司缴纳保险费，保险人建立起保险基金，对保险合同规定范围内的灾害事故所造成的财产损失、人身伤亡等进行经济补偿或给付保险金的一种经济形式。从经济角度讲，保险表现为一种损失分摊方法，即少数人的损失由全体被保险人分担；从法律意义上说，保险是一种合同行为，即通过签订保险合同，明确双方当事人的权利与义务，被保险人因缴纳保费而获得保险合同规定范围内的赔偿，保险人则有收受保费的权利和提供赔偿的义务。

保险公司（Insurance Company）也被称为保险人（Insurer），即在保险活动中销售保险合同、提供风险保障的公司。

在对保险公司的分类上，我国与西方（比如美国）有一定的差异。我国通常是按照保险对象的不同，将保险公司分为人寿保险公司和财产保险公司，而西方则通常是从保险精算的一致性角度将保险公司分为人寿保险公司、财产与意外伤害保险公司。

（一）人寿保险公司

人寿保险公司（Life Insurance Company）是通过签发带有长期性质的人寿保险单来筹集资金，以此提供人寿保险服务的合同型储蓄机构。人寿保险公司的资金来源除收缴的保险费以外，还包括投资留成收益等。由于与财产保险相比，人寿保险的保险金给付具有较为稳定的可预测性，因此，人寿保险公司的资金一般是用于投资公司股票、债券、抵押贷款等长期性的资本市场工具，但因为投资公司股票的风险较大，所以在有些国家对人寿保险公司投资股票有一定的比例限制。

（二）财产与意外伤害保险公司

财产与意外伤害保险公司（Property and Casualty Insurance Company）旨在对诸如火灾、水灾、地震、交通事故、医疗事故、盗窃等各种不同灾害造成的人身和财产损失予以赔偿。

与人寿保险公司一样，财产与意外伤害保险公司的资金来源主要是保费收入。但由于与寿险相比，财产与意外伤害险的发生具有很大的意外性，很难预测，并且在不同的时间里差异非常大，因此，流动性对于财产与意外伤害保险公司来说就具有非常重要的意义，为此，它的资金通常是投资于流动性较强、风险相对较小的政府债券、公司债券，只有少量的资金投资股票。

在保险公司中还有一类被称为再保险公司（Reinsurance Company）。再保险公司也被人们称为“保险公司的保险公司”，它是不直接向投保人签发保单，而是对保险公司所承保的保险业务进行再保险的公司。保险公司可以通过购买再保险公司的保险单将自己所承揽保险业务的一部分或者是全部转移给再保险公司。

二、个人养老基金与政府退休基金

随着社会公众对退休后能够获得资金保障需求的增强，个人养老基金和政府退休基金得到了快速的发展。

目前在世界各国，人们为解决退休后的资金保障问题主要有两种选择，即个人储蓄以及个人养老基金与政府退休基金计划。

个人养老基金和政府退休基金计划为将来退休的职工以年金形式提供退休金。

个人养老基金通常是面向私人企业设立，政府公共部门的职工可以自愿参加。而政府退休基金计划则是为政府各级职员设立的。个人养老基金与政府退休基金的资金来源由雇员和雇主依照合同按规定比例缴纳的养老金预付款构成（Contribution），这些资金会打入每个雇员的个人账户。养老基金会用这些资金投资于政府债券、公司债券和股票等金融资产，当雇员退休时，为其一次性支付应得的养老金。

我国为了解决人们日益关注的退休后社会保障问题，自 80 年代开始以实行国有企业退休费用社会统筹为标志和起点，对养老保险进行重建和改革。主要包括：开展城镇企业职工养老保险费用社会统筹；普遍实行城镇企业职工个人缴纳养老保险制度；企业补充和个人储蓄性养老保险得到进一步发展；进行基本养老金计发办法的改革试点，建立基本养老金计发办法改革的正常调整机制，试行基本保险制度一体化。

我国统一养老保险制度的理论基础是社会统筹与个人账户相结合。社会统筹指的是在国家行政强制力和信用保证基础上，采取社会统一筹集、统一管理和统一支付的基本养老保险。个人账户指的是在国家行政强制力和部分信用保证的基础上，采取“个人预缴备付金”的基本养老保险形式。全国各地逐渐建立起了由政府主导的养老基金，即社会保障基金。为了实现社会保障基金的安全和保值增值的目标，当前的投资领域主要是风险较低的政府债券、企业债券，只有少量部分投资于公司股票。

除社会保障基金外，我国还实行了企业年金制度。所谓企业年金，是指企业及其职工在依法参加基本养老保险的基础上，自愿建立的补充养老保险制度。是多层次养老保险体系的组成部分。企业年金制度由国家宏观指导、企业内部决策执行。

第四节　投资类金融中介机构

投资类金融中介机构（Investment Intermediaries）是在直接金融活动中为投资者提供中介服务或直接参与投资活动的金融机构，主要包括共同基金、投资银行、金融公司、证券经纪和交易公司等。这些机构的业务活动都和证券投资有着密切联系。

一、共同基金

按照美国投资公司协会（Investment Company Institute，ICI）的解释，共同基金（Mutual Fund）或称互助基金，是投资于多样化证券组合投资的公司。基金份额的投资者就是共同基金的所有者或股东。共同基金用投资者提供的货币资金去购买诸如股票和债券之类的证券。共同基金的基本类型包括股票共同基金（Stock Mutual Funds）、债券共同基金（Bond Mutual Funds）和货币市场共同基金（Money Market Mutual Funds，$MMMF_S$）。顾名思义，股票共同基金是以各种股票为主要投资对象的共同基金；债券共同基金是以各种债券为主要投资对象的基金；货币市场共同基金是以货币市场工具为主要投资对象的共同基金。其中，专门投资于普通股的共同基金可分为开放式基金（Open－end Fund）和封闭式基金（Close－end Fund）两类。开放式基金是指基金发行总额不固定，投资者可以根据市场情况和自己的投资决策随时申购、随时赎回的一种基金，申购或赎回的价格由基金资产净值决定。封闭式基金是指基金公司在设立基金时就限定了基金的发行总额，在预定的发行计划完成后，基金即告封闭，在一定时期内不再追加发行新基金单位的一种基金，在封闭期内，投资者不能向基金公司要求赎回，而只能将其在市场上卖掉，封闭期届满，投资者可以向基金公司要求赎回。1993 年 1 月，以标准普尔存托凭证（SPDR，跟踪 S&P 500 指数）在美国证券交易所（American Stock Exchange，AMEX）上市交易为标志，在美国又出现了交易所交易基金（Exchange－Traded Funds，ETF_S）。ETF_S属于一种特殊类型的开放式基金，是一种跟踪“标的指数”变化、且在证券交易所上市交易的基金。投资者既可以在二级市场买卖 ETF_S份额，又可以向基金管理公司申购或赎回 ETF_S份额，不过申购赎回必须以一篮子股票（或有少量现金）换取基金份额或者以基金份额换回一篮子股票（或有少量现金）。由于同时存在二级市场交易和申购赎回机制，投资者可以在 ETF_S二级市场交易价格与基金单位净值之间存在差价时进行套利交易。

由于不同的基金具有不同的投资对象、投资风格，因此也就具有不同的风险—收益特征。

二、投资银行

投资银行最初起源于 15 世纪的欧洲，19 世纪传入美国并得到了迅速的发展。

投资银行在不同国家和不同的时期，有着不同的含义。在美国，投资银行（Investment Bank）是通过认购或充当证券发行代理人的方式为公司和政府募集资本，收取佣金的金融中介机构，与此同时，它通常与公司收购、兼并等有牵连，更进一步，它还提供诸如造市（Market Making）和金融衍生工具、固定收益工具、外汇、商品（农产品、矿产品等）和普通股等交易相关的辅助性服务。此外，投资银行还向投资者提供证券经纪服务和资产管理服务，并运用自有资本，在资本市场上进行投资或投机交易。与美国不同，在中国、日本等亚洲国家通常将该类金融中介机构称为证券公司，而在欧洲则称为商人银行（Merchant Bank）[①]。

与商业银行不同，投资银行一般不能吸收存款，其资金来源主要依赖于在市场上发行股票和债券，与此相对，投资银行通常并不从事贷款业务，其资产业务主要表现为对金融资产的投资，这为投资银行带来了一定的投资收益，除此之外，投资银行的收益更主要地来自代理证券发行的佣金收入，以及为客户提供相应服务所收取的服务费。

2008 年次贷危机后，美国传统五大投资银行或被收购，如雷曼兄弟（Lehman Brothers）、美林证券（Merrill, Lynch Co.）和贝尔斯登公司（Bear Stearns Companies, Inc.）等，或已转型成为金融控股公司，可以兼营商业银行业务以吸收存款并受美联储监管，如高盛（Goldman Sachs）和摩根士丹利（Morgan Stanley），华尔街上已经不存在严格意义上的独立大型投资银行。

三、金融公司

金融公司（Financial Company）也称为财务公司，它不能吸收存款，而是通过发行商业票据、有价证券，从银行借款等方式筹集资金，对个人和企业发放贷款的非银行金融中介机构。与商业银行相比，金融公司所提供贷款的违约风险通常要高，因此，其提供贷款的利率通常要高于银行。

按照提供贷款类型的不同，金融公司主要包括五类。

（一）销售融资

销售融资（Sale Finance）是用客户的分期付款票据作为抵押，向汽车、电器以及其他高档耐用消费品等的承销商提供贷款。

（二）商业贷款

商业贷款（Commercial Loan）是以客户的应收账款为基础所发放的贷款。

（三）批发融资

批发融资（Wholesale Finance）是以客户的存货为基础而发放的贷款。

（四）消费者贷款

消费者贷款（Consumer Lending）是金融公司向消费者个人提供的无担保贷款。

（五）金融租赁

金融租赁（Financial Leasing）是金融公司作为出租人向承租人提供资金，由承租人用于购买设备。

按照所有权的不同，金融公司可分为附属金融公司和独立金融公司。附属金融公司通常隶属于某一集团公司，即母公司，并为母公司或子公司提供金融服务；独立金融公司是指那些没有母公司的金融公司。

在我国，金融公司主要有三类。一是企业集团财务公司；二是汽车金融公司；三是消费金融公司。

---

① 与美国的投资银行相比，英国商人银行的业务范围较宽，有的商人银行能够从事存贷款业务；亚洲证券公司的业务范围较窄。

第五节 金融中介机构存在的必要性及其功能

一、金融中介机构存在的必要性

理论界对于金融中介机构存在必要性的研究主要是针对狭义金融中介机构的，它大约开始于20世纪70年代，并且，随着金融活动和金融中介机构的不断演进，人们对于金融中介机构存在必要性的认识经历了一个逐步深化的过程，由此产生出了不同的观点。

（一）传统观点

早期人们对于金融中介机构存在必要性的认识源于阿尔弗雷德·马歇尔（A. Marshall）、里昂·瓦尔拉斯（L. Walras）、肯耐斯·阿罗（K. J. Arrow）和杰拉德·德布鲁（G. Debreu）等人所构建的古典完美市场模型。在传统的完美市场假定下，金融中介机构的存在被认为是多余的，这是因为，如果市场是完美的，储蓄者和投资者完全可以凭借自己所拥有的完善信息，无成本地寻找到对方，完成资金的融通和配置。

1. 交易成本说

自20世纪70年代开始，基于古典完美市场模型的观点逐渐受到了挑战。20世纪70年代微观经济理论的发展逐步打破了完全竞争市场的假定条件，证明了市场的不完全性。人们对于金融中介机构存在必要性的早期认识便源于此，从这个角度出发，一些经济学家认为市场不完善或者说市场缺陷的一个重要方面就是交易成本。

20世纪70年代中期，本斯顿最早从交易成本角度揭示了金融中介机构存在的必要性。本斯顿等人认为在一个不存在任何交易成本、信息成本和不可分割性等的无摩擦的市场上，金融中介机构没有存在的必要。因为在完美的市场上，资金供求双方能够得到多种选择和最优的风险配置。但是在现实的金融市场交易过程中，摩擦不可避免。如果没有金融中介的存在，金融交易可能会因为交易成本太高而无法实现。银行等金融中介可以将众多存款人的闲置资金集中起来发放贷款，通过规模经济和范围经济降低交易成本，通过分散投资降低风险。此外，他们还证明了金融中介机构可以通过期间内（intra – temporal）的消费转换和跨时期（inter – temporal）的消费转换来降低金融产品的交易成本。

2. 信息非对称说

信息非对称是除交易成本外，导致金融市场缺陷的另一重要原因。信息非对称最终造成了事前的逆向选择和事后得到的风险。

信息非对称问题同样存在于金融交易过程中，在借贷活动中，为了降低风险，资金贷出者必须想办法克服这种信息非对称状况，降低交易费用。例如，为了解决贷前的逆向选择问题，资金贷出者必须对投资项目进行仔细的甄别和筛选，为了规避贷后的道德风险，资金贷出者有必要对资金使用者的资金使用情况进行监督，最后，资金贷出者还必须就投资项目收益和贷款偿还进行“有成本的状况检验（costly state verification）”，所有这一切都会产生相应的费用，而且对于单个资金贷出者来说，很难承担这样的高昂费用。相比而言，黑恩·E. 利兰德（H. E. Leland）和戴维·H. 派尔（D. H. Pyle）通过模型证明了金融中介可以利用其规模和专业优势，解决事前的逆向选择现象，克服因信息非对称导致的高额交易费用问题。

道格拉斯·E. 戴蒙德（D. W. Diamond）在其1984年的著名论文《金融中介机构与委托监督》（*Financial Intermediation and Delegated Monitoring*）中最早提出金融中介机构可以解决道德风险问题。戴蒙德认为投资者可以委托金融中介机构（银行）作为监督者来监督借款企业克服道德风险问题，这是因为监督是要花费成本的，并且成本高昂，与单个投资者自己监督相比，金融中介机构可以通过规模经济降低监督成本。至于金融中介机构在被赋予监督者的角色后所产生的金融中介本身的激励问题和相应的代理成本问题，戴蒙德认为银行制度安排自身便可以解决这个问题。一方面存款人可以通过存款合约来监督银行，一旦银行监督不力，委托人即存款人便可以通过挤提对银行进行惩罚；另一方面，银行通过分散投资降低风险，可使代理成本降到最低。由此可以得出结论：即使考虑金融中介自身的代理成本，金融中介机构仍然具有信息处理和监督的比较优势。

（二）现代观点

从以上分析可以看出，传统观点将金融中介机构看作是对市场缺陷的替代，金融中介机构的存在就是为了弥补市场缺陷。

但由此产生的问题是，随着市场的不断发展完善、交易成本和信息非对称问题的解决，金融中介机构似乎便可以寿终正寝了，这与现实不符。事实上，虽然信息和计算机技术的飞速发展，金融市场上的信息成本和交易成本已大大降低，而“金融中介机构却在全球化、信息革命和公开市场的作用更加突出的情况下生存下来”①。对此，应该有新的理论予以解释。

1. 流动中介说

在1983年的论文（Bank Runs，Deposit Insurance，and Liquidity）中，戴蒙德和菲利浦·戴维格（P. H. Dybvig）从流动性转换功能的角度证明了金融中介机构（主要是存款类金融中介机构）存在的理由。在戴蒙德和戴维格看来，经济活动中的投资者在跨期消费中经常会面临流动性冲击，戴蒙德和戴维格通过模型解释了金融中介机构利用存款合约在解决流动性风险冲击方面的作用。具体而言，戴蒙德和戴维格认为，金融中介机构通过为存款人提供流动性的活期存款合约并向借款人提供非流动性贷款，承担着将非流动性资产转化为流动性负债的流动性转换功能，从而为存款人提供了一种流动性保险（liquidity insurance），以方便他们随时可以在最需要的时候进行消费。

2. 风险管理说

富兰克林·阿兰（F. Allen）和安索尼·桑特迈洛（A. M. Santomero）认为传统的金

---

① Bert Scholtens and Dick van Wensveen，金融中介理论评论，奥尔多投资评论第一辑《风险、不确定性与秩序》，中国财政经济出版社，2001. 9。

融中介理论主要是基于在减少交易成本和信息非对称来解释金融中介机构存在的理由。时至今日，金融中介机构的这些作用正随着金融创新的发展和金融市场的完善日益变得无关紧要。与此同时，在过去的30年里，金融中介机构行为的最重要变化是风险管理业务的重要性日益增加，并成为许多金融中介机构的中心业务。对于这种变化，传统金融中介理论无法对此给出合理的解释。由此，阿兰和桑特迈洛认为客户提供风险管理已经成为金融中介机构存在并发展的重要原因，并将金融中介定义为通过交易金融资产而经营金融风险的机构。进一步，他们认为企业之所以需要风险管理主要是由于管理者的自我利益、税收的非线性、财务困境成本和资本市场的非完美性等四个方面的原因，他们需要金融中介机构为他们规避风险，提供相应的避险产品和增值工具。这也是当今金融中介机构广泛开展风险管理的原因所在。

3. 参与成本说

阿兰和桑特迈洛认为传统的金融中介理论的所有的投资者都是无成本地参与市场交易，即市场是一个完全参与的（Full Participation）市场的假定是脱离现实的。大量事实表明市场只是一个有限参与市场。他们认为对有限参与市场的合理解释是，投资者要有效地参与市场，就要花时间和精力研究市场的运作规律、资本收益的分布情况以及如何监控金融工具的跨时期变化等，这就是投资者参与市场的固定成本。此外，投资者还要支付平时监控和跟随市场的边际成本。但是，随着人们收入和生活水平的提高，投资者的时间价值也相应上升，这也就意味着投资者参与市场的机会成本迅速提高。在这种情况下，一个有效的办法是由金融中介代替投资者参与市场和进行投资。金融中介机构可以通过为不具有信息的投资者提供信息、代表他们进行投资或依靠中介的资产负债表提供固定收入索取权，而提供各类参与服务。投资者通过中介服务获得进入市场的通道，中介服务通过减少不具有信息投资者的感觉到的（perceived）参与成本为交易增加了价值。①

二、金融中介机构的功能

同样作为金融体系的重要组成部分，金融中介机构功能和金融市场功能必然有其相似之处，但作为金融体系的不同组成部分，二者在功能上也存在着一定的差别。

（一）二者功能的相同之处：集聚资金、分配资金、信息的生产与提供、监督与激励等

（二）作为金融体系的不同组成部分，二者的功能有一定区别

金融市场的功能在于其提供流动性，提供资产整合的平台，以及价格发现功能。金融中介机构的功能则表现为发行货币，提供支付结算系统，维护货币体系的稳定、期限转换，投资项目的筛选甄别与风险管理（金融市场重在制造发行货币，其本身并无风险管理功能，投资者通过利用金融中介机构创造的机制，包括工具和交易方式、专业化的团队等来实现风险管理）以及创造存款货币等。

① F. Allen & A. M. Santomero，金融中介理论，奥尔多投资评论第一辑《风险、不确定性与秩序》，中国财政经济出版社，2001.9。

三、金融中介机构的发展趋势

（一）存款类金融机构占金融资产的份额在下降

从发达经济体最近几十年的发展状况看，金融中介机构出现了明显的分化现象。例如在美国，金融中介机构中的存款类机构（包括商业银行、储蓄协会和信用社）在全部金融总资产中的占比呈现逐年下降的趋势，与此相对，金融资产逐步在向互助基金和养老基金集中。

（二）金融中介机构的业务正在适应经济的需要而不断调整

我们是否可以得出金融中介机构应该寿终正寝的结论呢？这可能是一种误解。实际上从长期来看，存款类金融中介机构所拥有的金融资产数量同国内生产总值（GDP）的比例并没有下降，并且所有美国金融中介机构所持有的金融资产对GDP的比例关系反而显示出了强劲的上升趋势。事实上，金融中介机构（包括存款类金融中介机构）并没有像经典市场理论设想的那样一无是处，相反，它们在现代经济中仍然在扮演着重要的角色。至于存款类金融中介机构在金融业总体增长的趋势下，相对于其他中介的重要性的降低问题，有证据的确显示出由于受到来自其他金融公司和金融市场的激烈竞争，传统的银行业务，例如发放贷款正在逐渐萎缩，无论是在工商业贷款还是消费贷款领域都出现了这样的特征，并且，由于传统银行中介业务的减少，银行业的净利息收入相对于整个金融行业的产出水平都在下降。但银行为了适应环境的变化，在传统业务萎缩的情况下，已重新调整了其业务和收入结构，通过产品创新和开展资产负债表外的一些收费业务（fee－producing activity）仍然成功地保住了它们的价值增值（value added）在不断成长的整个金融部门创造的国民生产总值中的相对份额。

本章小结

金融中介机构即进行资金融通活动，从事投融资活动和提供各种金融服务的机构，它们是为筹资者和投资者牵线搭桥，媒介资金融通，为客户提供各种金融服务的机构或组织，金融中介机构既包括从事融资活动的机构，也包括进行投资活动的机构。根据金融中介机构的外延或所发挥的作用分类，可将金融中介机构分为广义金融中介机构和狭义金融中介机构；根据金融中介机构是否具有信用创造功能分类，可将金融中介机构分为货币性金融中介机构和非货币性金融中介机构。

存款类金融中介机构是以吸收存款和发放贷款为主要业务的金融中介机构。这类机构在美国主要包括商业银行、储蓄贷款协会与互助储蓄银行和信用合作社。

合同储蓄类金融中介机构是以合同的方式定期定量地从合同持有人那里取得资金（如保险费、养老金缴费等），然后按规定向合同持有人提供保险服务或给付养老金的金融中介机构。这类机构主要包括保险公司、个人养老基金与政府退休基金等。

投资类金融中介机构是在直接金融活动中为投资者提供中介服务或直接参与投资活动的金融机构，主要包括共同基金、投资银行、金融公司、证券经纪和交易公司等。这些机构的业务活动都和证券投资有着密切联系。

传统观点认为，金融中介机构存在的必要性在于金融市场的缺陷，而造成金融市场缺陷的因素是交易成本和信息非对称，即传统观点将金融中介机构看作是对市场缺陷的替代，金融中介机构的存在就是为了弥补市场缺陷。随着市场的不断发展完善、交易成本和信息非对称问题的解决，金融中介机构似乎便可以寿终正寝了，这与现实不符。事实上，虽然信息和计算机技术的飞速发展，金融市场的信息成本和交易成本已大大降低，而“金融中介机构却在全球化、信息革命和公开市场的作用更加突出的情况下生存下来”。由此便有了对金融中介机构存在必要性的现代解释，即流动中介说、风险管理说和参与成本说。

同样作为金融体系的重要组成部分，金融中介机构功能和金融市场功能必然有其相似之处，但作为金融体系的不同组成部分，二者在功能上也存在着一定的差别。

从发达经济体最近几十年的发展状况看，金融中介机构的发展大致呈现出了两个方面的特征。一是存款类金融机构占金融资产的份额在下降，金融资产有逐步向互助基金和养老基金集中；二是金融中介机构的业务正在适应经济的需要在不断调整。

本章复习思考题

1. 什么是金融中介机构？它有哪些类型？
2. 什么是商业银行的自有资本？它由什么组成？
3. 什么是资本充足率？它具有什么意义？
4. 商业银行的被动型负债和主动性负债分别由什么组成？
5. 什么是商业银行的资产业务？商业银行的资产业务有什么？
6. 商业银行的现金资产包括什么？
7. 什么是商业银行资产负债表外业务？
8. 什么是信用合作社？它应遵循什么原则？
9. 什么是合同储蓄类金融中介机构？它具体由哪些机构组成？
10. 什么是共同基金？
11. 什么是投资银行？
12. 西方理论界是如何对金融中介机构存在必要性进行解释的？
13. 你认为金融中介机构有哪些与金融市场不同的功能？
14. 最近几十年金融中介机构的发展呈现出了什么特征？

第四章

金融市场

本章重要术语

金融市场　货币市场　资本市场　发行市场　流通市场　现货市场　期货市场
证券交易所市场　柜台市场　外汇市场　外汇银行　即期外汇市场　远期外汇市场
直接外汇市场　间接外汇市场　外汇套汇交易　套汇交易　外汇掉期交易
黄金市场　有效市场　弱式有效市场　半强式有效市场　强式有效市场

第一节　金融市场的组织与功能

一、金融市场的特征与含义

（一）金融市场的特征

金融市场无非是一个国家市场体系的组成部分。一个国家的市场体系由众多子体系，如生产资料市场、消费资料市场、劳动力市场、技术市场等组成，在其中还包含一个金融市场，所不同的是，金融市场与其他市场的关系，不再是简单相加的关系，而是相乘的关系，在现代经济中，尤其是在西方发达经济体系中，金融市场已经渗透到了经济运行的方方面面，成为经济机制中最为重要、最为复杂和最为神秘的组成部分。

（二）金融市场的含义

目前理论界对于金融市场的界定通常是从广义和狭义两个方面入手。

1. 广义金融市场

从广义角度讲，金融市场是所有金融交易关系的总称，是资金供求双方借助金融工具进行各种货币资金活动的市场。凡是与金融交易有关的经济活动，诸如政府的融资行为、企业资金的融通、金融机构的金融业务以及个人金融业务，都可划归金融市场范畴。从这个意义上说，金融市场实际上就是一系列制度安排，通过金融市场，可以实现金融资源在不同部门之间的分配，从而增进经济效率和社会总体福利。

2. 狭义金融市场

狭义金融市场是对广义金融市场进行的具体的、现实的界定。理论界一般认为，狭义金融市场就是证券市场，是有价证券发行和流通转让的市场，其中最典型的是证券交易所市场。

二、金融市场的构成要素

与其他市场一样，金融市场通常由交易主体、交易客体和交易价格等要素组成。

（一）交易主体

金融市场上的交易主体即金融市场的参与者。

从理论上讲，经济活动中的任何主体都可能成为金融市场的参与者，包括政府、金融机构、公司企业、居民家庭，以及国外投资者，当然，不同主体参与市场交易的动机和目的是不同的。

从目的和动机角度看，金融市场的参与者主要包括筹资者、投资者、交易中介、监管和调控者四大类。

（二）交易客体

金融市场的交易客体即金融交易的对象。金融市场是融通货币资金的市场，因此，金融市场上的交易对象是货币资金，金融工具，如股票、债券等，只是货币资金的载体，是货币资金在金融市场中的外在表现形式。

（三）交易价格

由于金融市场上交易的客体是货币资金，因此，金融市场的交易价格即货币资金的价格。理论上一般认为，货币资金的价格是利率，从现实来看，金融市场上的价格通常也表现为利率，这包括存款利率、贷款利率、银行同业拆借利率、债券利率等。

三、金融市场的功能

金融市场在现代经济体系中处于核心地位，它在经济运行过程中发挥着重要的功能。

（一）聚集资金的功能

聚集资金的功能是金融市场的首要功能，聚集资金是金融市场正常运转的源泉。

首先，金融市场提供了多样化的金融工具，从而满足了资金盈余部门不同的收益风险及流动性偏好。例如，风险厌恶者可以选择投资风险较低的政府债券等投资品种；风险嗜好者可以投资股票甚至是金融衍生工具等高风险、高回报的投资品种。通过对资金盈余部门投资偏好的满足，金融市场更容易集中社会闲散资金。

其次，金融市场提供了股份分割的方式，形成了明晰的产权关系。例如，某投资项目需要资金 1000 万元，但发起人自己只有 100 万元，那么，他可以在金融市场上寻找到另外 9 个愿意出资 100 万元的投资者，加在一起，恰好是 1000 万元，每个人在总资本中所占比例都为 10%。

（二）分配资金的功能

金融市场不仅能够集聚资金，在一个有效的市场上，金融市场还可以将聚集的资金合理地分配到国民经济的各个部门，从而实现资源的优化配置，提高有限资源的使用效率。金融市场分配资金功能的发挥是借助于金融市场上金融资产价格的不断变动来实现的。金融市场上的资金是追逐投资收益的，哪些行业、部门、公司具有投资价值，资金便会流向哪些行业、部门、公司。

(三) 信息生产功能

为了引导资金流向那些回报率最高的行业、部门、公司，实现资金的优化配置，必须有完备的信息生产和提供机制，充分有效的信息是投资者进行投资决策的必要条件，同时也有助于行业、部门、公司等改善资金的经营决策。按照道和戈登（Dow & Gorton）的观点，金融市场可以生产和传递前瞻性信息（Prospective Information）和后顾性信息（Retrospective Information），两类信息都有助于资源的合理配置。

(四) 风险管理功能

金融市场上的投资者从事金融资产的投资活动既可能获得收益，也可能面临风险，因此，投资者必须要在收益和风险之间进行权衡，在最小风险条件下获得最高回报是投资者追求的目标。有效的金融市场能够为投资者提供相应的风险管理机制，从而帮助投资者更好地实现其投资目标。金融市场主要是通过风险定价机制和分散风险机制来发挥其风险管理的功能。

(五) 监控和激励功能

现实中，信息在金融市场参与者之间的分布是非均衡的，存在着较为严重的信息非对称，如何解决这个问题是确保市场有效运转所必需的。如果说信息生产功能的发挥解决的是事前的信息非对称，即逆向选择问题，那么，监控和激励则可以克服事后的信息非对称，即道德风险。

在监控方面，金融市场为投资者监控公司行为提供了股东“用手投票”的直接干预机制和“用脚投票”的被动监控机制。而在激励机制的提供上，经理人持股制度则是到目前为止较为可行的一种方法。

(六) 调节经济运行

调节经济运行是金融市场功能在宏观意义上的体现。

首先，金融市场提供了调节经济运行的机制——与其他市场相似，价格是金融市场的神经中枢。金融资产价格的变动最终引导着资金的流向，实现着对资源的配置。金融市场是一个具有高度流动性的市场，市场上供求关系的改变导致金融资产价格瞬息万变。投资者就是根据价格的变动来进行投资选择。从一般意义上讲，只有那些发展状况良好或具有发展前景的公司或项目才会有较高的价格，才会成为投资者青睐的对象。由此可见，金融市场上价格的变化影响着微观投资者的行为，最终影响着资金的流动与配置。

其次，金融市场为宏观调控部门调节经济运行提供了条件。

一方面，金融市场为宏观调控部门提供了决策信息，宏观调控部门可通过金融市场的有关变量来调节宏观经济运行。金融市场，尤其是股票市场，是宏观经济的晴雨表。市场上变量的任何变动通常都是对宏观经济运行情况的反映。正因为如此，宏观调控部门便可以利用一定的政策操作来影响市场变量，从而实现对宏观经济的调节。

另一方面，金融市场为宏观调控提供了政策传导的机制。宏观调控部门政策的实施是借助于一定的传导机制来实现的。金融市场中的货币市场就是一个非常重要的政策传导机制。例如，中央银行的利率政策主要就是通过货币市场传导的，即中央银行变动基准利率，会引起货币市场利率的变化，货币市场利率的变动又会进一步影响到微观经济主体的行为，微观经济主体行为的改变又会导致宏观经济运行状况的变化。

第二节 金融市场的结构

一、金融市场的基本分类

金融市场是一个复杂的结构，它由众多不同的市场构成。根据不同的标准，我们可以将金融市场大致作如下划分。

（一）按照融通期限的不同，我们可以将金融市场分为长期金融（资金）市场和短期金融（资金）市场

理论上通常是以一年为界来对二者进行区分。

长期金融市场是指资金融通期限在一年以上的金融市场，也称为资本市场。

短期金融市场是指资金融通期限最长不超过一年的金融市场，也称为货币市场。

（二）按照证券交易的先后次序划分，我们可以将金融市场分为发行市场和流通市场

发行市场指的是新证券发行的市场，如股票的初次发行、增发股票等都是在发行市场上完成的，发行市场也被称为初级市场或一级市场。

流通市场是指发行市场上已经发行出来的证券流通转让的市场，也被称为次级市场或二级市场。

（三）按照交割方式划分，我们可以将金融市场分为现货市场和期货市场

现货市场是在成交以后的1~3个营业日进行交割的市场。

期货市场则是在成交后3个营业日以上进行交割的市场。

（四）按照有无固定场所划分，我们可以将金融市场分为有形市场和无形市场

（五）按照组织形式划分，我们可以将金融市场分为证券交易所市场和柜台市场

证券交易所市场也称为场内交易市场或主板市场。在证券交易所市场上，证券的交易由证券交易所来组织。所谓证券交易所是由证券监督管理部门批准的，为证券的集中交易提供交易场所和有关设施，并制定相关的各种交易规则以形成公正合理的价格和市场秩序的正式组织。在证券交易所市场里，定价机制采用的是竞价拍卖制。组织交易的证券交易所是典型意义上的证券经纪人，一般不能做自营业务。

柜台（Over The Counter）市场也称为店头市场，它是交易那些未在证券交易所上市交易的证券的市场。世界上最典型的柜台市场当属美国的纳斯达克（NASDAQ）市场（全称是美国“全国证券交易商协会自动报价系统”）。与证券交易所市场不同，柜台市场的组织者是证券商；定价机制采用的是报价制而非竞价制；是一个没有固定交易场所

的分散交易的市场；由于上市条件较证券交易所市场要低，因此市场所交易证券的种类和数量多种多样；组织交易的证券交易商通常可以做自营业务。

场外交易市场除柜台市场外，还包括第三市场和第四市场。

第三市场是指在证券交易商柜台上从事已在证券交易所上市证券交易的市场。

第四市场是证券交易双方绕过证券经纪人，通过电子计算机网络直接完成交易的市场。

二、其他金融市场

在上述基本分类之外，金融市场还存在诸如外汇市场、黄金市场、金融衍生工具市场、证券投资基金市场等。在此我们主要介绍外汇市场和黄金市场。

（一）外汇市场

1. 外汇市场及其主体

外汇市场是金融市场的重要组成部分。从一般意义上讲，所谓外汇市场即进行外汇买卖的市场，它是由外汇供求双方及中介机构等所组成的一个交易网络。外汇市场通常有广义和狭义之分。广义外汇市场是各国中央银行、外汇银行、外汇经纪人以及客户进行外汇交易的市场，从这个意义上讲，发生在各主体之间的任何外汇买卖行为都属于外汇市场的范畴。狭义外汇市场则专门指的是银行同业之间进行外汇买卖的市场，通常也被称为外汇批发市场。在外汇市场中，既有本币与外币的买卖，也有不同外币之间的买卖。

外汇市场的主体，即参与者主要包括：

（1）外汇银行。外汇银行是外汇市场上最重要的参与者，它是经中央银行或外汇管理部门批准或授权，可以经营外汇业务的商业银行及其他金融机构。正因为如此，外汇银行也被称为外汇指定银行。外汇指定银行既包括专门经营及兼营外汇业务的本国银行，也包括在本国的外国银行分行以及其他可以从事外汇买卖业务的本国金融机构。

（2）外汇经纪人和外汇交易商。外汇经纪人是指利用自己与外汇银行的密切关系及掌握的外汇供求信息，专门促成买卖双方外汇交易，赚取佣金的中间人。他自己并不从事外汇的买卖，而是通过促成外汇买卖双方的交易以赚取佣金。外汇经纪商既可以是法人，如经纪人公司，也可以是自然人，但都必须经过所在国的批准才可以开展业务。外汇交易商是利用自己的资金，买卖外国汇票以赚取买卖差价的公司或个人。包括信托公司、银行等兼营机构和票据贴现公司等。外汇交易商可以自己直接买卖外汇，也可以通过外汇经纪人来完成交易。

（3）中央银行。中央银行是外汇市场上一个比较特殊的主体。它首先是一国外汇管制的执行者，同时，为了保证市场的正常运转、汇价的稳定，调节国际储备，中央银行也会直接参与外汇的买卖，以此调节外汇市场资金的供求关系，从而使汇率维持在一个合理的水平。通常的做法是，中央银行设立外汇平准基金，当市场上外汇需求超过供给，汇价上涨时，中央银行就会抛售外币，收回本币以平抑汇价；相反，当市场上外汇供给超过需求，汇价下跌时，中央银行便买进外币，投放本币。

（4）一般市场参与者。一般市场参与者主要指的是外汇市场上除银行之外的进口商、出口商、国际投资者、跨国公司和旅游者等市场主体。一般市场参与者是外汇市场外汇的实际供给者和需求者，他们通常会出于某种经济目的，如国际支付等，而参与市场上的外汇买卖，例如，进口商、出口商可能会因国际贸易业务的开展而参与外汇的买卖。

（5）外汇投机者。外汇投机者从事外汇买卖往往不是出于最初始的国际收付等方面的实际需要，他们更多是利用外汇市场上汇率的波动，采取买空卖空等方式来赚取买卖差价。

从外汇市场主体角度，我们可以将外汇市场的交易分为三个层次，即银行与客户之间的交易，银行同业之间的交易以及银行与中央银行之间的交易。

2. 外汇市场的主要功能

随着经济金融的全球化以及各国和地区之间社会经济交往的日益密切，外汇市场在当今国际经济和金融领域中发挥着主要的功能。

（1）提供货币兑换、结算便利。在国际经济与社会交往过程中，为了完成债务清算和支付，货币兑换是必不可少的，外汇市场的存在为货币兑换和债务清算提供了便捷的机制，人们可以非常方便地通过外汇市场的交易来完成这些工作，并且，正是因为外汇市场提供了这样便利的机制，国际交往才得到了发展，国际贸易才能够迅速增长。

（2）提供资金融通便利，调剂外汇资金的余缺。除了为货币兑换和债务清算提供便捷的机制以外，外汇市场还为外汇供求方提供了资金融通方面的便利，满足了国际社会经济发展对外汇的需要。如同资金的国内融通一样，在国际交往过程中，有人可能因外汇收大于支而成为外汇盈余部门，另外一些人则可能是外汇赤字部门，外汇市场恰好为双方提供了外汇交易的网络，从而方便了资金的融通。例如，当进口商没有足够的外汇支付出口商货款时，出口商可以通过向进口商开出汇票的方式，允许进口商延期付款，同时以贴现票据的方式将汇票出售，拿回货款。再比如，外汇赤字部门还可以通过在外汇市场发行以外币定价的金融工具来获取资金。除此之外，外汇市场便利的资金融通功能还促进了国际借贷和国际投资活动的发展。

（3）提供外汇保值（避险）和投机的机制。20 世纪 70 年代以后，浮动汇率逐渐代替固定汇率而成为世界各经济体普遍采用的形式，浮动汇率在活跃国际经济交易的同时，也给交易双方带来了巨大的外汇风险。面对外汇风险，有的市场参与者有着保值的需求，有的市场参与者则存在投机的冲动，外汇市场的存在提供了外汇保值（避险）和投机的机制，从而能够满足双方的不同需求。对于有保值需求的市场参与者来说，他们可以借助外汇市场上的掉期交易等方式实现保值的目的，对于外汇投机者来说，他们则可以根据自己对未来汇率走势的预期，通过调整其外汇敞口来实现投机的冲动。他们可以通过在预期汇率将要下降的时候先卖出后买进外汇，或者是在预测汇率上升时以先买进后卖出外汇的方式获取汇率波动可能带来的差价利润。由此可见，外汇市场的存在既为套期保值者提供了规避汇率风险的机制，也为投机牟利者提供了赚取风险利润的机会。

（4）便于中央银行进行稳定汇率的操作。由于国际游资在外汇市场的频繁流动，汇率波动，甚至是暴涨暴跌是经常发生的事情。汇率的剧烈波动，有可能会对一国外汇市场进而对整个国际外汇市场造成冲击，最终扰乱一国甚至于国际金融体系，所以，需由中央银行对外汇市场进行必要的监控和干预，以保证外汇市场的正常运转。外汇市场是一国对外经济的晴雨表，中央银行可以通过外汇市场上的情况变化和信息反馈，及时采取措施，调整政策以避免市场的过度波动，稳定汇价。

3. 外汇市场分类

（1）按照市场的外部形态进行划分，外汇市场可分为有形市场和无形市场。有形市场也称之为具体的外汇市场，它是指外汇交易各方在一个固定的交易所内，每一个交易日都按照规定的时间进行外汇买卖的市场。例如法国的巴黎、德国的法兰克福及荷兰的阿姆斯特丹等欧洲大陆的外汇市场就属于有形市场。有形市场也被称为大陆体制或交易所市场。无形市场也称之为抽象的外汇市场，它是指无固定场所，没有规定的交易时间，外汇交易各方通过电话、电传、计算机网络等各种现代化通信工具来进行外汇买卖的市场，纽约、伦敦、东京及香港等地的外汇市场就属于无形市场。无形市场是当今国际外汇交易的主要形式，全球外汇交易的90%以上都是通过无形市场来完成的。

（2）按照交割期限的不同，外汇市场可分为即期外汇市场和远期外汇市场。即期外汇市场是指在预约成交后的两个营业日内进行交割的外汇市场。远期外汇市场是指在预约成交后的两个营业日以上进行交割的外汇市场。

（3）按照交易各方之间是否存在经纪人划分，外汇市场可分为直接外汇市场和间接外汇市场。直接外汇市场是指外汇交易各方之间不存在经纪人等中介机构，直接进行外汇买卖的外汇市场。在大的外汇银行之间所发生的外汇交易通常采用直接交易的方式，并且由于大的外汇银行一般具有足够的实力创造外汇的价格，因此，也常把这些大的外汇银行称为市场造价者。间接外汇市场是指外汇买卖各方借助于经纪人等中介机构来完成外汇交易的外汇市场。中小外汇银行之间及这些银行和普通客户之间的外汇交易通常采用这种以经纪人等为媒介的间接交易方式。

（4）按照受管制的程度划分，外汇市场可分为自由外汇市场、外汇黑市和官方外汇市场。自由外汇市场是指参与者、交易对象等都不受所在国政府的控制、交易过程公开、汇率由外汇市场供求关系自由决定的外汇市场。外汇黑市是指外汇交易者违反本国政府的规定，私自从事非法外汇买卖的市场。外汇黑市的存在通常和过度的外汇管制有着密切的关系。官方外汇市场是指外汇交易各方严格按照本国外汇管制法令来进行外汇交易的市场。在20世纪70年代以前，官方外汇市场曾经是外汇市场的主要形式，20世纪70年代以后，伴随着世界各经济体普遍实行浮动汇率，官方外汇市场的主导地位逐渐被自由外汇市场代替。

（5）按照外汇买卖的主体范围进行划分，外汇市场可以分为外汇批发市场和外汇零售市场。外汇批发市场是指外汇银行同业之间进行外汇买卖的外汇市场。外汇批发市场最大的特点是单笔成交量数额巨大。外汇零售市场是指外汇银行与个人及公司客户之间进行外汇买卖的外汇市场。与外汇批发市场相对，外汇零售市场上进行的外汇交易通常是为了满足客户应急支出和保值的需要，其最大特点是交易比较频繁，但单笔成交量一般较小。

4. 外汇市场上的交易方式

随着外汇市场的发展和创新，外汇市场上的交易方式也日渐繁多。市场参与者可以灵活地根据自身的特点和偏好进行选择。

（1）外汇即期交易。外汇即期交易（Spot Transaction）也称现汇交易或现汇买卖，是外汇市场上最原始、最简单、也是最常见的外汇交易方式，它是指外汇交易双方以现行市场价格成交，并在成交后立即或两个营业日内办理交割的外汇交易方式。外汇即期交易分为顺汇交易和逆汇交易两种情况。

顺汇交易通常发生在债务人支付债务的过程中。具体操作过程是：债务人将应付款项以本币的形式存入受托银行，由受托银行通知其在国外的分支机构或代理行向收款人支付相应的外币款项。顺汇交易意味着受托银行在国内收进了本币，在国外则付出了外币。

逆汇交易和顺汇交易恰好相反，它通常发生在债权人收入款项过程中。逆汇交易的操作过程是：债权人通过向受托银行出票的方式委托该银行通过其国外分支机构或代理行向付款人收取汇票所列款项。逆汇交易意味着受托银行在接受客户委托，买进其汇票的时候付出了本币，款项收进后则增加了其外汇存款账户中的余额。

除了上述发生在外汇银行与客户之间的商业性外汇买卖外，即期外汇交易方式也适用于银行同业之间的金融性外汇买卖。

即期外汇交易通常采用电汇、信汇和票汇三种方式。其中，电汇是最为普遍的形式，因此，电汇汇率被认为是外汇市场上的基本汇率。

（2）外汇远期交易。外汇远期交易（Forward Transaction）是与外汇即期交易相对的一种外汇交易方式，它是指在外汇买卖成交后的将来某一约定时间，外汇交易双方按照合同的约定进行交割的一种外汇交易方式。远期外汇交易中双方所签订的合同称为外汇远期合约，该合约的期限通常按月计算，一般为一个月到六个月，有的可能会长达一年，最常见的外汇远期合约的期限是三个月。外汇市场参与者进行外汇远期交易的主要目的是防范收付货款、结清债务时所面临的汇率波动风险，除此之外，外汇投机者会利用它赚取投机利润，外汇银行则会利用它来平衡外汇头寸。

（3）套汇交易。套汇交易（Arbitrage）是指外汇市场参与者利用不同市场间、不同外币间、不同交割期限的外汇汇率上的差异，为规避汇率风险或赚取收益而进行外汇买卖。

套汇交易主要包括时间套汇和地点套汇两种形式。

时间套汇（Time Arbitrage）即利用现汇和期汇的汇率差异来套汇。外汇买卖双方进行时间的主要目的是避免汇率波动所带来的风险，有的外汇投资者有时也会利用时间进行套利活动。地点套汇（Space Arbitrage）是指套汇者利用某一时刻不同外汇市场上某些货币汇率的差异进行外汇买卖以赚取差价利润的交易方式。地点套汇又可分为直接套汇和间接套汇两种形式。直接套汇（Direct Arbitrage）也称为两角套汇，是指套汇者利用某一时刻两个外汇市场上汇率的差异进行贱买贵卖的交易，从中赚取套汇收益。间接套汇（Indirect Arbitrage）又称为三角套汇或多角套汇，它是指套汇者利用三个或三个以上外汇市场上三种或三种以上货币之间汇率的差异进行外汇买卖以赚取套汇收益。

（4）套利交易。套利交易（Interest Arbitrage）也称为利息套汇交易，是指套汇者根据不同国家或地区之间短期利率的差异及远期汇率的波动预期，将资金由低利率国家或地区转移到高利率国家或地区进行投资以赚取利差收益的交易方式。

根据是否对套利交易过程中面临的汇率风险进行了弥补，套利交易可分为抵补套利和无抵补套利两种形式。

抵补套利（Covered Interest Arbitrage）也称为抛补套利，是指套利者在进行套利交易的同时，将未来的外汇头寸在远期外汇市场上卖出以避免汇率波动风险所带来的损失，赚取无风险套利收益的套利交易方式。

无抵补套利（Uncovered Interest Arbitrage）是指套利者在进行套利交易的同时，并不进行上述抵补操作，完全按照自己对未来汇率的预期进行交易的套利交易方式。

（5）外汇掉期交易。外汇掉期交易（Swap）是指在即期外汇市场上买进或卖出某种外汇的同时，再于远期外汇市场上卖出或买进相同金额该种外汇的交易方式。由此可见，外汇掉期交易实际上由一个即期交易和一个远期交易组合而成，也正因为如此，外汇掉期也被称为复合外汇买卖。外汇掉期交易的主要目的是通过轧平不同期限的外汇头寸，避免外汇敞口。

（6）外汇期货交易。外汇期货交易（Foreign Exchange Future）实际上是期货交易方式在外汇买卖活动中的应用，它是指外汇双方签订期货合约，约定在将来某一指定时间买进和卖出一定金额外汇的交易方式。外汇期货交易是外汇市场参与者套期保值和投机的重要交易方式。

（7）外汇期权交易。同外汇期货交易相似，外汇期权交易（Foreign Exchange Option）不过是期权交易方式在外汇买卖活动中的运用，它是指买方向卖方支付一定的费用（期权费）以获得在未来从卖方手中买入或向其卖出某种外汇的权利的交易。在外汇期权交易中，期权的买方有充分的选择权，即他有权选择履行这个权利，也有权放弃这个权利。就像一般意义上的期权交易一样，外汇期权交易也有欧式期权和美式期权、看涨期权和看跌期权之分。

（8）外汇投机交易。外汇投机交易（Exchange Speculative Transaction）是指外汇市场上的投机者在预测未来汇率剧烈变动的基础上，通过频繁地低买高卖或高卖低买现汇或期汇以期在汇率真正发生变动后赚取风险利润的交易方式。外汇投机交易的最直接目的是通过外汇投机来赚取投机利润。投机利润的大小最终取决于投机者预测的准确程度。

外汇投机交易的方式主要有卖空和买空两种。

卖空（Sell Short）也称为“做空（Bear）”，它是指当外汇投机者预期某种外汇的汇率将大幅度下跌时，便在汇率相对较高时，先行预约卖出该种外汇的远期，假如未来汇率真正下跌的话，他就可以在低位买进现汇来平仓，以此赚取差价利润。由于在外汇投机者卖出外汇时手中并没有外汇，因此通常将这种交易方式称为“卖空”。买空（Buy Long）也称为“做多（Bull）”，它是指当外汇投机者预期某种外汇的汇率将大幅上涨时，便在汇率相对较低时，先行预约买进该种外汇的远期，如果未来汇率真正上涨的话，他就可以在高位卖出现汇以赚取差价利润。由于在外汇投机者买进外汇是并不需要交付资金或全部的资金，因此一般将这种交易方式称为“买空”。

（二）黄金市场

1. 黄金市场的含义

黄金市场是黄金供给者、需求者和投资（机）者进行黄金交易的市场。目前世界上最主要的黄金市场主要有伦敦黄金市场、苏黎世黄金市场、纽约黄金市场和香港金融市场等。

2. 国际黄金市场上的参与者

国际黄金市场上的参与者主要包括国际金商、银行、对冲基金等金融机构、各种法人机构、私人投资者以及在黄金期货交易中的经纪公司。

（1）国际金商。国际金商即黄金交易商，其载体通常是国际黄金市场上的金行。各金行与世界上各大金矿和黄金商有广泛的联系，而且其下属的各个公司又与许多商店和黄金顾客联系，因此，金行一般是根据自身掌握的情况，不断报出黄金的买价和卖价。当然，金行也要承担金价波动的风险。

（2）银行。按照发挥作用的不同，国际黄金市场交易中的银行可分为两大类，其中一类为客户代行买卖和结算，本身并不参加黄金买卖，是典型的经纪人，在交易过程中发挥中介作用。另一类银行在充当经纪人的同时，也做自营业务。

（3）对冲基金。近年来，国际对冲基金尤其是美国的对冲基金已成为国际黄金市场重要的主体，它们活跃在市场的各个角落，它们利用庞大的资金通过在黄金市场上买空卖空来实现套利。

（4）各种法人机构和个人投资者。这既包括专门出售黄金的公司，如各大金矿、黄金生产商、黄金制品商（如各种工业企业）、首饰行以及私人购金收藏者等，也包括专门从事黄金买卖的投资公司、个人投资者等。

（5）经纪公司。黄金市场上的经纪公司是专门从事代理非交易所会员进行黄金交易，并收取佣金的经纪组织。有的交易所把经纪公司称为经纪行（Commission House）。在纽约、芝加哥、中国香港等黄金市场里，有很多经纪公司，它们本身并不拥有黄金，只是派出场内代表在交易厅里为客户代理黄金买卖，收取客户的佣金。

3. 当今国际黄金市场的特点

（1）国际黄金市场是一个多层次的市场。

①从事黄金期货和期权交易的黄金期货交易所。②从事全球性的现货——远期黄金交易的批发市场，这类市场通常表现为柜台市场。③区域性的黄金现货市场。④黄金生产国的黄金市场，如南非黄金市场。⑤欠发达地区的黄金市场，如迪拜和孟买的黄金市场等。

（2）各黄金市场之间既有不同的分工，又相互衔接。首先，各黄金市场之间有着不同的分工。伦敦黄金市场集中决定黄金的现货定价，从而为生产商、冶炼商和黄金银行之间的大宗现货交易提供服务；各主要黄金交易所提供的黄金期货、期权交易，提供了整个国际黄金市场的流动性；瑞士虽然没有黄金供应，但由于其传统的中立国性质和独特的银行保密制度，使得瑞士成为世界上最大的黄金运转中心，瑞士的三大银行组成的苏黎世黄金总库负责保存多国官方黄金储备和私人藏金；东京的黄金市场主要为日本的工业和首饰用金服务；中国香港的黄金市场则主要是针对中国大陆、台湾地区的黄金转运和东南亚首饰业的需要。

其次，各市场间有着密切的关系。诸如伦敦、苏黎世、纽约、芝加哥等主导市场上价格的形成对区域市场有着很大的影响。

（3）各类黄金业务呈现出了相互交叉、渗透的趋势。例如交易所内和场外交易的黄金衍生品之间的功能界限越来越模糊，两类交易之间的替代性越来越强。场内黄金期货、期权合约的标准性通过会员和黄金银行转化成更加灵活多样的场外合约交易，而场外的活跃交易又增强了场内合约的流动性。

4. 我国的黄金市场

（1）我国黄金市场的发展历程。中国是世界上发现和使用黄金历史比较悠久的国家之一，并且人们一直将其作为权势和财富的象征，但是中国在传统上是一个黄金贫乏的国家。因此，新中国成立后，国内的黄金市场一直是封闭的，黄金的市场流动需要申请和配额。1950 年 4 月，中国人民银行制定下发《金银管理办法》（草案），冻结民间金银买卖，明确规定国内的金银买卖统一由中国人民银行经营管理。1983 年 6 月 15 日，国务院发布了《中华人民共和国金银管理条例》，规定“国家对金银实行统一管理、统购统配的政策”；“中华人民共和国境内的机关、部队、团体、学校，国营企业、事业单位，城乡集体经济组织的一切金银的收入和支出，都纳入国家金银收支计划”；“境内机构所持的金银，除经中国人民银行许可留用的原材料、设备、器皿、纪念品外，必须全部交售给中国人民银行，不得自行处理、占有”；“在中华人民共和国境内，一切单位和个人不得计价使用金银，禁止私相买卖和借贷抵押金银”。1999 年 12 月 10 日，中国首次向社会公开发售 1.5 吨“千禧金条”。1999 年 12 月 28 日，白银取消统购统销放开交易，上海华通有色金属现货中心批发市场成为中国唯一的白银现货交易市场。白银的放开被视为黄金市场开放的“预演”。2000 年 8 月，上海老凤祥型材礼品公司获得中国人民银行上海分行批准，开始经营旧金饰品收兑业务，成为国内首家试点黄金自由兑换业务的商业企业。2000 年 10 月，国务院发展研究中心课题组发表有关黄金市场开放的研究报告。同年，中国政府将建立黄金交易市场列入国民经济和社会发展“十五”（2001 年至 2005 年）纲要。2001 年 1 月，上海公开发行“新世纪平安吉祥金牌”，中国金币总公司做出承诺，在政策许可的条件下，适当时候予以回购，购买者可在指定的商家或商业银行网点自主买卖或选择变现。2001 年 4 月，中国人民银行金融服务工作会议提出，改革黄金管理体制，建立黄金市场。2001 年 6 月 11 日，央行正式启动黄金价格周报价制度，根据国际市场价格变动对国内金价进行调整。2001 年 11 月 28 日，上海黄金交易所模拟运行。2002 年 10 月 17 日，上海黄金交易所实际交易试运行中，中金黄金股份公司与北京菜市口百货公司以每克83.5元的价格成交了3千克2号金。2002年10月30日，上海黄金交易所正式开业，中国黄金市场走向全面开放。2003年4月，人民银行取消了黄金生产、加工、流通审批制，改为工商注册登记制，标志着黄金商品市场的全面开放。2003年11月18日中国银行的“黄金宝”在上海试点，拉开了商业银行参与黄金市场的序幕。2004年6月上海黄金交易所推出“小金条”业务，面向普通投资者。2005年7月18日，工商银行与上海黄金交易所联合推出了个人实物黄金投资业务。2006年12月，中国银行推出面向个人投资者的黄金期权业务“期金宝”和“两金宝”。2006年12月25日，上海金交所正式推出面向个人投资者的Au100g实物黄金投资品种。2007年9月，经国务院同意，中国证监会《关于同意上海期货交易所上市黄金期货合约的批复》（证监期货字〔2007〕158号）批准上海期货交易所上市黄金期货。为促进黄金市场健康发展，进一步完善金融市场体系，2010年8月3日，中国人民银行、发展改革委、工业和信息化部、财政部、税务总局和证监会联合出台了《关于促进黄金市场发展的若干意见》，明确了黄金市场未来发展的总体思路和主要任务。

（2）我国投资者黄金投资的主要方式。上海黄金交易所是目前国内可以交易现货黄金和其他贵金属交易的交易所。目前该交易所黄金交易主要有两种方式。标准黄金交易通过交易所的集中竞价方式进行，实行价格优先、时间优先撮合成交。非标准化品种通过询价等方式进行，实行自主报价、协商成交。

目前我国投资者进行黄金投资的重要方式有：

①黄金交易所的会员单位可以直接在黄金市场上进行现货交易和现货延期交收业务。

②非黄金交易所的会员的机构投资者可以以委托方式通过黄金交易所的会员单位间接进入黄金交易所进行交易，不能与银行或其他会员单位直接进行黄金交易。

③个人投资者可以通过会员银行及金店等其他黄金销售机构买卖黄金，还可以通过金融类会员银行代理向黄金交易所申办黄金账户卡，参与黄金现货交易，实现黄金投资增值、保值及收藏的目的。

第三节　有效市场假说

一、有效市场假说

20世纪60年代中期以来，有许多经济学家致力于对有效市场的研究，并创建了有效市场假说（Efficient Market Hypothesis，EMH），而今，它已成为数量化资本市场理论的基石。有效市场假说的发端可追溯到20世纪初法国数学家路易斯·巴契利尔（L. Bachelier）的开创性工作和20世纪30年代霍尔布鲁克·沃金（H. Working）、阿尔弗雷德·考利斯（A. Cowles）的实证研究。但对有效市场的现代研究则开始于保罗·A. 萨缪尔森（P. A. Samuelson）的《论准确预测价格的随机性》，后经尤金·法玛（E. Fama）和波顿・马尔基尔（B. Malkiel）等人的进一步发展和深化，逐步形成一个系统性、层次性的概念，并建立了一系列用于验证市场有效性的模型和方法。

按照法玛的解释，“价格总是‘充分’反映可获得信息的市场是‘有效’的”，而马尔基尔则更为详尽地将有效市场定义为：“如果一个资本市场在确定证券价格时充分、正确地反映了所有的相关信息，这个资本市场就是有效的。正式地说，该市场被称为相对于某个信息集是有效的……如果将该信息披露给所有的参与者时证券价格不受影响的话。更进一步说，相对于某个信息集有效……意味着根据（该信息集）进行交易不可能赚取经济利润”。

所谓有效，并非意味着证券的价格总是正确的，它仅仅是指证券价格已经充分反映了当前潜在的买者和卖者可以获得所有信息。假如这是正确的，那么证券价格的变动将由新的信息引起。根据定义，新信息的性质是不可预知的，因此它对证券价格的冲击是不能预期的，同时也意味着明天证券价格的变化方向及幅度与今天的情况无关。

根据信息集的大小，哈里・罗勃兹（H. V. Roberts）将市场分成三种情况，即弱式有效市场、半强式有效市场和强式有效市场。

1. 弱式有效市场。它是最低层次的市场有效性。在弱式有效市场中，资产价格充分及时地反映与资产价格变动有关的历史信息，例如历史价格水平、价格波动性、交易量、短期利率等。因此，对任何投资者而言，无论他们借助何种分析工具，都无法就历史信息赚取超常收益。

2. 半强式有效市场。如果某资本市场中所有与资产定价有关的公开信息，包括历史信息以及投资者从其他渠道获得的公司财务报告、竞争性公司报告、宏观经济状况通告等，都已充分反映在资产价格中，对资产价格变动不再有任何影响，那么这类市场就归属于半强式有效市场。对处于半强式有效市场的投资者来讲，任何已公开信息都不具备获利价值。

3. 强式有效市场。强式有效性是市场有效性的最高层次。它表明所有与资产定价有关的信息，不管是已公开的还是内部的未公开信息，都已经充分及时地包含在资产价格中。即价格反映了历史的、当前的、内幕的所有信息。

二、有效市场假说的理论基础

有效市场假说（EMH）是建立在三个强度渐次减弱的假定基础之上的。

假定一：投资者是理性的，因而可以理性地评估证券的价值。

这个假定是最强的假定。如果投资者是理性的，他们认为每种证券的价值等于其未来的现金流按能反映其风险特征的贴现率贴现后的净现值，即内在价值（Fundamental Value）。当投资者获得有关证券内在价值的信息时，他们就会立即做出反应，买进价格低于内在价值的证券，卖出价格高于内在价值的证券，从而使证券价格迅速调整到与新的净现值相等的新水平。

投资者的理性意味着不可能赚取经过风险调整的超额收益率。因此，完全理性的投资者构成的竞争性市场必然是效率市场。

假定二：虽然部分投资者是非理性的，但他们的交易是随机的，这些交易会相互抵消，因此不会影响价格。

这是较弱的假定。效率市场假说的支持者认为，投资者非理性并不能作为否定效率市场的证据。他们认为，即使投资者是非理性的，在很多情况下市场仍然可能是理性的。例如，只要非理性的投资者是随机交易的，这些投资者数量很多，他们的交易策略是不相关的，那么他们的交易就可能相互抵消，从而不会影响市场效率。这种论点主要依赖于非理性投资者的策略的互不相关性。

假定三：虽然非理性投资者的交易行为具有相关性，但理性套利者的套利行为可以消除这些非理性投资者对价格的影响。这是最弱的假定。

本章小结

金融市场是金融体系中的重要组成部分。金融市场是对其特征的集中反映。金融市场的含义有广义和狭义之分。广义的金融市场是所有金融交易关系的总称，是资金供求双方借助金融工具进行各种货币资金活动的市场。凡是与金融交易有关的经济活动，诸如政府的融资行为、企业资金的融通、金融机构的金融业务以及个人金融业务，都属于金融市场范畴。狭义金融市场就是证券市场，是有价证券发行和流通转让的市场，其中最典型的是证券交易所市场。

与其他市场一样，金融市场通常由交易主体、交易客体和交易价格等要素组成。金融市场一般具有聚集资金、分配资金、信息生产、风险管理、监控和激励、调节经济运行等方面的功能。

金融市场是一个复杂的结构，它由众多不同的市场构成。根据不同的标准，我们可以将金融市场做如下基本分类。按照融通期限的不同，我们可以将金融市场分为长期金融（资金）市场和短期金融（资金）市场；按照证券交易的先后次序划分，我们可以将金融市场分为发行市场和流通市场；按照交割方式划分，我们可以将金融市场分为现货市场和期货市场；按照有无固定场所划分，我们可以将金融市场分为有形市场和无形市场；按照组织形式划分，我们可以将金融市场分为证券交易所市场和柜台市场。

除上述基本分类外，重要的金融市场还包括外汇市场和黄金市场。

外汇市场即进行外汇买卖的市场，它是由外汇供求双方及中介机构等所组成的一个交易网络。外汇市场通常有广义和狭义之分。广义外汇市场是各国中央银行、外汇银行、外汇经纪人以及客户进行外汇交易的市场。狭义外汇市场则专门指的是银行同业之间进行外汇买卖的市场，通常也被称为外汇批发市场。外汇市场的主体，即参与者主要包括：外汇银行、外汇经纪人和外汇交易商、中央银行和外汇投机者。外汇市场在当今国际经济和金融领域中发挥着主要的功能，包括提供货币兑换结算便利、提供资金融通便利、调剂外汇资金的余缺、提供外汇保值（避险）和投机的机制以及便于中央银行进行稳定汇率的操作。按照市场的外部形态进行划分，外汇市场可分为有形市场和无形市场；按照交割期限的不同，外汇市场可分为即期外汇市场和远期外汇市场；按照交易各方之间是否存在经纪人划分，外汇市场可分为直接外汇市场和间接外汇市场；按照受管制的程度划分，外汇市场可分为自由外汇市场、外汇黑市和官方外汇市场；按照外汇买卖的主体范围进行划分，外汇市场可以分为外汇批发市场和外汇零售市场。随着外汇市场的发展和创新，外汇市场上的交易方式也日渐繁多。这包括：外汇即期交易、外汇远期交易、套汇交易、套利交易、外汇掉期交易、外汇期货交易、外汇期权交易和外汇投机交易。

黄金市场是黄金供给者、需求者和投资（机）者进行黄金交易的市场。国际黄金市场上的参与者主要包括国际金商、银行、对冲基金等金融机构、各种法人机构、私人投资者以及在黄金期货交易中的经纪公司。当今国际黄金市场的特点体现在：是一个多层次的市场；各黄金市场之间既有不同的分工，又相互衔接；各类黄金业务呈现出了相互交叉，渗透的趋势。上海黄金交易所是目前国内可以交易现货黄金和其他贵金属交易的交易所。目前该交易所黄金交易主要有两种方式。标准的黄金交易通过交易所的集中竞价方式进行，实行价格优先、时间优先撮合成交。非标准化品种通过询价等方式进行，实行自主报价、协商成交。目前我国投资者进行黄金投资的重要方式有：黄金交易所的会员单位可以直接在黄金市场上进行现货交易和现货延期交收业务，非黄金交易所的会员的机构投资者可以以委托方式通过黄金交易所的会员单位间接进入黄金交易所进行交易；个人投资者可以通过会员银行及金店等其他黄金销售机构买卖黄金，还可以通过金融类会员银行代理向黄金交易所申办黄金账户卡，参与黄金现货交易。

按照法玛的解释，“价格总是‘充分’反映可获得信息的市场是‘有效’的”，而马尔基尔则更为详尽地将有效市场定义为：“如果一个资本市场在确定证券价格时充分、正确地反映了所有的相关信息，这个资本市场就是有效的。正式地说，该市场被称为相对于某个信息集是有效的……如果将该信息披露给所有的参与者时证券价格不受影响的话。更进一步说，相对于某个信息集有效……意味着根据（该信息集）进行交易不可能赚取经济利润”。根据信息集的大小，哈里·罗勃兹将市场分成三种情况，即弱式有效市场、半强式有效市场和强式有效市场。有效市场假说（EMH）是建立在三个强度渐次减弱的假定基础之上的，即投资者是理性的，因而可以理性地评估证券的价值；虽然部分投资者是非理性的，但他们的交易是随机的，这些交易会相互抵消，因此不会影响价格；虽然非理性投资者的交易行为具有相关性，但理性套利者的套利行为可以消除这些非理性投资者对价格的影响。

本章复习思考题

1. 金融市场的含义是什么？
2. 金融市场包括哪些要素？
3. 金融市场能够发挥什么功能？
4. 证券交易所市场和柜台市场有什么不同？
5. 什么是外汇市场？外汇市场具有什么功能？

6. 什么是顺汇交易、逆汇交易？
7. 什么是套汇交易？它有什么类型？
8. 什么是外汇掉期交易？什么是外汇投机交易？
9. 什么是黄金市场？它有什么特点？
10. 我们可以通过什么方式参与黄金市场的交易？
11. 有效市场假说的核心内容是什么？其理论基础是什么？
12. 根据信息集的大小，金融市场可以分为哪几种类型？

第五章

金融制度

本章重要术语

金融制度　货币制度　铸币税　金银复本位制度　格雷欣法则　金汇兑本位制度
不兑现纸币本位制度　金融监管制度　功能型监管　机构型监管　分业监管
混业监管　双峰监管　伞形监管　国际货币制度　布雷顿森林体系　牙买加体系
汇率　直接标价法　间接标价法　汇率制度　固定汇率制度　浮动汇率制度

第一节　金融制度及其功能

一、制度及其构成

“制度（Institutions）”的概念最早是由美国制度主义学派（也称作旧制度经济学派）引入经济学中来的，但真正将制度研究系统化，并给经济学带来革命性变化则是以道格拉斯·C. 诺斯（D. C. North）为代表的新制度经济学派。

自亚当·斯密以来，经济学家们一直将专业化和劳动分工的发展、生产技术的进步以及由此产生的市场规模的扩大看作是经济增长的原因，而正统的新古典经济学则用生产函数来解释经济增长，即产量是劳动、资本、土地和技术的函数，产量增加取决于生产要素投入量的增加和生产技术的进步。而制度因素始终被看成是一个外生变量而被排除在经济增长模型之外。新制度经济学通过研究发现，制度才是解释经济增长的最重要因素。

按照道格拉斯·C. 诺斯的解释，“制度是一个社会的游戏规则，更规范地说，它们是为决定人们的相互关系而人为设定的一些制约。制度构造了人们在政治、社会或经济方面发生交换的激励结构”。

道格拉斯·C. 诺斯认为，制度由正式制度、非正式制度和制度执行机制三个基本部分组成。正式制度也称为正式规则，是指政府、国家或统治者等按照一定的目的和程序有意识创造的一系列的政治、经济规则及契约等法律法规，以及由这些规则构成的社会的等级结构，包括从宪法到成文法与普通法，再到明细的规则和个别契约等，它们共同构成人们行为的激励和约束；非正式制度也称为非正式规则，它是人们在长期实践中无意识形成的，具有持久的生命力，并构成世代相传的文化的一部分，包括价值信念、伦理规范、道德观念、风俗习惯及意识形态等因素；制度执行机制是为了确保上述规则得以执行的相关制度安排，它是制度安排中的关键一环。这三部分构成完整的制度内涵，是一个不可分割的整体。

按照诺斯的观点，有效率的制度至少应当有如下两个基本特征：第一，有效率的制度能够使每个社会成员从事生产性活动的成果得到有效的保护，从而使他们获得一种努力从事生产活动的激励，即制度应能够最大限度地消除人们“搭便车”的可能性，从而使每个社会成员的生产投入的个人收益率尽可能地等于其社会收益率。第二，有效率的制度能够给每个社会成员以发挥自己才能的最充分的自由，从而使整个社会的生产潜力得到最充分的发挥，即除非一个人的生产经营行为同时满足如下三个条件，否则便不应当受到任何限制：（1）他的生产经营行为具有明显的外部效应；（2）这种外部效应对别人的法定权利构成了侵犯；（3）由于交易成本极高，这种利益冲突还无法通过市场自由交易的方式来解决。

二、金融制度及其功能[①]

（一）金融制度的含义

金融制度是制度的一个重要组成部分，沿袭道格拉斯·C. 诺斯对制度的解释，我们可以将金融制度定义为：用来约束金融活动主体金融交易行为的一系列规范和准则。金融体系为经济运行提供了一套精巧的交易机制，而金融制度则是对金融交易的约束和规范，目的在于界定金融活动主体在金融交易过程中的选择空间，约束和激励他们的金融行为，降低金融交易费用和竞争中的不确定性所引致的金融风险，保护债权债务关系，促进金融交易的顺利进行和提高金融资源的配置效率。像一般意义上的制度一样，金融制度也是由正式金融制度、非正式金融制度和金融制度执行机制三个基本部分组成。

（二）金融制度的功能

一个良好的金融制度安排应当至少能够发挥以下几个功能。

1. 节约功能

（1）金融制度所提供的规则和管理可以降低人们在金融交易中的利益冲突和讨价还价所造成的成本。

（2）金融制度所提供的规则可以降低金融交易中的无序所造成的费用。

（3）金融制度所提供的管理和调节机制可以降低宏观经济运行和金融风险所造成的损失或费用。

2. 激励功能

金融制度的激励功能是指金融制度所提供的规则或技能使金融活动主体达到一种状态，以至于使他们在这种状态下具有从事金融活动的内在动力。

---

① 李早航，周天勇．现代金融监管——市场化国际化进程的探索［M］．北京：中国金融出版社，1999.

如果特定金融制度具有较强的激励功能，即能够充分保护债权债务关系并使金融活动主体的努力程度与报酬收益向对称（收益内部化），那么，金融活动主体就会积极参与金融活动和创新，从而推动储蓄—投资的增长和金融资源的有效配置。

3. 约束功能

金融制度的约束功能是指金融制度所提供的旨在对金融交易活动中的投机行为倾向加以限制的机制。

投机行为属于“分配性努力”而非“生产性努力”，如金融领域中的投机行为等，其行为结果不是增加而仅仅是分隔金融资源。这些投机行为的广泛存在，无疑会造成金融运行的紊乱和低效率，导致交易成本上升和社会福利损失，为此金融制度就需要有某些旨在监督和惩罚投机行为的机制安排，以减少交易成本，提高金融活动的效率。

4. 配置功能

由于金融资源的配置是在金融交易活动中实现的，而金融交易活动又是在特定的金融制度框架内进行的，这样，金融制度便通过对金融活动主体行为的约束和激励实现了金融资源的优化配置。

5. 稳定功能

稳定功能是金融制度的最终目的。金融制度通过一系列的安排，规范了金融活动主体的行为边界，减少了金融交易过程中的不确定性，能够使金融活动主体对未来金融活动形成稳定的预期。

第二节　货币制度

一、货币制度及其构成要素

（一）货币制度

货币制度是历史的产物，其形成经历了一个漫长的发展过程。

在前资本主义社会，货币制度形成的主要标志是国家铸币的出现。

历史上最初的金属货币是以原始条块存在的，这决定了在每次交易中必须要对货币查成色，验分量，非常的麻烦，并且容易产生交易过程中的争执。于是，一些在商界有声望的富商巨贾便开始凭借自己的信誉在原始条块上打印记（加盖印戳），以此来方便交易。这种依靠个人信誉来保证货币流通的做法虽然解决了一些问题，但随着交换的不断发展，其局限性也逐步显现出来，例如，打印记的货币通常要受到地域的限制。后来，社会各界普遍认识到，为了降低交易费用，有必要统一货币的标准，这样，国家铸币便产生了。所谓国家铸币是由国家铸造的具有一定成色、一定分量和一定形状的金属铸币。

铸币流通主要存在于前资本主义社会，这时基本上没有统一规范的货币制度的存在，其主要特征表现在：1. 铸币权的分散性；2. 货币材料基本上是贱金属；3. 铸币不断变质，即分量下降，成色降低；4. 货币流通秩序混乱。

全国统一的货币制度的建立是在资本主义制度建立之后，货币制度的建立是为了满足新兴资产阶级利益集团的需要。

伴随着资本主义制度的建立，新兴资产阶级试图在新的制度安排下实现经济的发展，而混乱的货币流通却成为其实现愿望的一个障碍。“单位不同、重量不同、成色不同的极不统一的铸币，阻碍着商业的发展和民族市场的形成；铸币的不断变质，又使正确地计算产品成本、价格和利润以及建立广泛的信用联系发生困难”。[①] 在这种情况下，资本主义各国先后颁布了相关的法令条例对货币流通进行了各种规定，并最终形成了统一、稳定、规范的货币制度。

货币制度简称“币制”，它是指一个国家或地区为了实现货币流通的稳定而通过法律形式所确定的货币流通的结构及组织形式。同时，也可用制度经济学的语言将其表述为：一个国家或地区为了实现货币流通的稳定而通过法律形式确定的用来约束人们相关货币行为的一系列规范或准则。

（二）货币制度的构成要素

货币制度的构成要素也就是货币制度的内容，即货币制度应对哪些方面做出规定。

1. 确定货币金属（币材）

确定货币金属（币材）是一个国家制定货币制度时首先要考虑的因素，因此，它是货币制度的基本要素。货币金属（币材）的不同，最终将形成不同的货币本位制度。如银本位、金银复本位等。

在此需要注意的是，虽然货币金属（币材）是由政府确定的，但它却是一个客观的过程，它并不应也不可能以个人的意志或强权政治而转移，它是经济发展到一定阶段的必然产物。

2. 确定货币单位

对于贵金属货币来说，在确定了货币金属以后，就应该确定货币单位了。规定货币单位主要包含两个方面的内容，即确定本位币的名称和规定单位本位币的含金量。例如，英国将其本位币的货币单位确定为“英镑”，并在 1816 年 5 月的铸币法中规定，1 英镑含 11/12 成色的黄金 123. 27447 格令（Grain），含纯金 113. 0016 格令。我国 1914 年北洋政府颁布的《国币条例》中规定，本位币的名称是“圆”，每圆含纯银 0. 648 两。

当然，由于我们现在所使用的不兑现的纸币已经和贵金属几乎完全断绝了关系，因此，也就不再存在规定单位本位币含金量的问题了。

3. 本位币的铸造及流通程序

所谓本位币，又称主币，它是按照国家规定的货币金属和货币单位铸造的货币，是一个国家的基本通货和法定的计价、结算工具。

金属本位币一般具有如下特征：

（1）本位币是足值货币，其名义价值等于实际价值。这是金属本位币的基本特征。

---

① 张贵乐、艾洪德主编（1995），《货币银行学原理》，中国财政经济出版社。

（2）本位币允许自由铸造、自由熔毁。所谓自由铸造、自由熔毁是指国家允许公民可以自由地将国家规定的货币金属或金属铸币送到国家铸币厂，要求铸币厂将其铸造成本位币或熔毁为原始条块，国家铸币厂不得拒绝接受，并且只收取少量的铸造费甚至是免费。

国家之所以允许金属本位币可以自由铸造和熔毁就是因为金属本位币是足值货币。就其经济意义而言，一方面，它可以使本位币经常保持是足值货币，从而保证货币流通的稳定；另一方面，它能够自发调节货币流通量，减少甚至是避免了政府对货币流通的干预，因此，从长期来看，一般不会出现通货膨胀或通货紧缩现象。

（3）本位币是具有无限法偿能力的货币。所谓无限法偿就是说国家法律规定本位币具有不受限制的支付能力，即无论每次支付的额度有多大，如果债务人或买者一方是用本位币进行支付，那么债权人或卖方均不得拒绝接受。

（4）本位币有磨损公差的规定。从历史上看，为了避免金属本位币的磨损，保证其名义价值和实际价值的一致，保障货币流通的稳定，各国对于金属本位币都规定了"磨损公差"，即金属本位币的法定重量与实际重量之间的差额。例如英国法律就曾规定，含11/12成色的1英镑金币的最大磨损限度是122.5格令。

4. 辅币的铸造及流通程序

辅币是指位于本位币以下的，用于小额零星交易和找零的货币，依照法律，它和本位币之间存在着稳定的兑换比例，并且可以自由兑换。

辅币的特征表现在：

（1）辅币通常是用铜、镍、铝等贱金属铸造的，因此，是不足值货币，其名义价值远远大于其实际价值，与金属本位币相对，这是辅币的基本特征。

（2）辅币不允许自由铸造和熔毁，国家垄断辅币的铸造权。由于辅币是用贱金属铸造的不足值货币，其名义价值通常远远大于其实际价值。因此，拥有辅币铸币权就相当于拥有了一定的辅币铸造收入，在这种情况下，如果允许辅币自由铸造和熔毁，可能会造成公民因追求铸造收益而滥铸货币，从而导致货币流通的混乱。为此，各国政府都垄断了辅币的铸造权，从而也垄断了辅币铸造的铸造收益，在理论上，通常将这部分铸造收益称为"铸币税"。

（3）辅币一般只具有有限法偿能力。在支付能力上，辅币与金属本位币的区别在于，辅币通常只具有有限法偿能力，即国家一般规定当支付或购买金额超过一定限度时，如果债务人或买方用辅币进行支付，债权人或卖方有权拒绝接受。例如，美国政府就曾规定，10美分银币的每次最高支付额度为10美元。

5. 银行券和纸币的发行及流通程序

由于这个问题在前述内容中已经谈及，所以，在此不再赘述。

6. 发行准备制度

在国内的几乎所有的货币银行学教材中在谈及货币制度的这个构成要素时，有的将其称作准备制度，有的称为金准备制度，有的叫作规定金准备制度和外汇准备制度，但对该要素的解释和描述都一致地转向到黄金储备和外汇储备的作用上去了。实际上货币制度的这个构成因素所强调的是货币（银行券和纸币）发行的准备制度，即银行券和纸币的发行一般应具备一定的发行基础，当然，货币的发行准备中包括黄金和外汇。

第一次世界大战以前，资本主义国家主要采取以下几种类型的银行券发行保证制度：

（1）一部准备法制度。银行券发行在一定限额内不需要黄金保证，但超过部分则需要100%的黄金保证。

例如，英国1844年的《皮尔条例》就曾规定：英格兰银行职能发行1400万英镑无黄金担保的银行券，但这部分需由政府债券作担保。

（2）比例法制度。规定银行券发行总额的一定比例必须以黄金作担保。

（3）限额发行制度。通过法律形式规定银行发行的最高限额，无论中央银行有无发行准备都不得突破这一限额，但这个最高限额可以根据生产和流通的需要而经常变动。

我们现在所使用的不兑现信用货币已经和贵金属几乎完全断绝了关系，因此，不再存在发行准备的问题，其发行基础是信用，并且有较强的伸缩性和灵活性。

二、货币本位制度的演变

从历史角度考察，世界各国和地区曾先后采用过的货币本位制度主要包括银本位制度、金银复本位制度、金本位制度和不可兑现的纸币本位制度。具体如图5－1所示。

- 货币制度
  - 银本位
  - 金银复本位制度
    - 平行本位制度
    - 双本位制度
    - 跛（行）本位制度
  - 金本位制度
    - 金币本位制度
    - 金块本位制度
    - 金汇兑本位制度
  - 不可兑现的纸币本位制度

图5－1　货币制度的构成

（一）银本位制度

银本位制度也称为银单本位制度，它是以白银作为货币币材，以银币作为本位币的货币制度。

银本位制度通常存在着以下的制度规定：

1. 银币是足值货币。

2. 银币可以自由铸造、自由熔毁。

3. 银币具有无限法偿能力。

4. 银行券可以自由足值兑换银币。

5. 银币及白银可以自由输出输入。

银本位制度是历史上产生最早的货币制度，它先于金银复本位、金本位制度等而存在，但使用范围并不广，并且存续期间较短。大多数国家早在19世纪末就已经放弃了这种货币制度。

世界各国纷纷放弃银本位制度的原因主要是因为历史上银价的波动带来的货币流通的不稳定。有资料反映，仅1870—1935年，白银价格就经历了四次大的波动。[①]

（二）金银复本位制度——格雷欣法则

金银复本位制度是指以黄金和白银同时作为货币的币材，金币和银币同时作为本位币的货币制度。

在金银复本位制度下，国家法律一般做出了以下的规定：

1. 金币和银币是足值货币，其名义价值等于实际价值。
2. 金币和银币都可以自由铸造、自由熔毁。
3. 金币和银币都是具有无限法偿能力的货币。
4. 银行券可以同金币和银币自由足值地兑换。
5. 金（币）和银（币）可以自由地输出输入。

金银复本位是16～18世纪资本主义原始积累时期广泛采用的一种货币制度，这是和当时的经济状况密切相连的。在封建社会，货币的币材主要是白银。伴随着资本主义制度的建立，经济发展一方面为满足小额交易而增加了对白银的需求，另一方面，大宗交易的急剧增加又需要具有更大价值的金币作为交易媒介，这在客观上产生了实行金银复本位的要求。而恰好在这个时期，在墨西哥和秘鲁发现了大量的银矿，在巴西则发现了丰富的金沙，这便为金银复本位制度的实行提供了可靠的外部条件，最终促成了金银复本位制度。

虽然金银复本位制度适应了资本主义原始积累时期的要求，解决了商品交换中存在的矛盾，但金银复本位制度是一种极不稳定的货币制度。其原因在于金银复本位的制度安排违背了货币应当具有排他性和独占性的要求。

金银复本位制度的实行意味着必须通过某种机制来确定金币和银币的比价关系。按照强调金币与银币比价关系的机制的不同，金银复本位制度又先后经历了平行本位制度、双本位制度和跛（行）本位制度三个发展阶段。但无论是哪种类型的金银复本位制度，都没有也不可能真正解决金币和银币的兑换比率问题，结果只能是导致货币流通的混乱。

平行本位制度的特征在于它是通过市场的力量来确定金币和银币的比价，即金币和银币分别按照各自所含金属的实际价值流通，两者的兑换比率由市场上的金价和银价来决定。很明显，由于市场上的金价和银价是频繁波动的，因此，平行本位制度条件下货币流通的结果自然是，一方面，货币功能得不到有效地发挥，另一方面使得交易变得非常麻烦。由此可见，平行本位制度是一种不稳定的货币制度。

鉴于平行本位上述制度缺陷的存在，实行金银复本位制度的国家开始采用法律的力量来规定金币和银币的兑换比率，这便是作为金银复本位制度主要形式的双本位制度。

双本位是通过政府法律来规定金币银币兑换比率，金币和银币均按法定比价流通的

① 王学青主编（1989），《货币银行学原理》，复旦大学出版社。

金银复本位制度。实行双本位制度的目的本来是为了消除平行本位制度下货币流通混乱和商品价格混乱的问题，但从实行双本位的国家的实际来看，事与愿违，双本位的实行不但没有实现预期的目的，反而使金银复本位制度的矛盾更加突出。那就是，当市场上的金价银价发生变动时，如果金币银币的法定兑换比率无法得到及时调整，那么就会出现金币和银币的法定比价与其市场价格的背离，结果是实际价值较高的货币（良币）会逐渐退出流通领域而被收藏、熔毁或被输出，市场中大量充斥的是实际价值较低的货币（劣币），这便是著名的劣币驱逐良币现象。由于该规律性的现象是由 16 世纪英国财政大臣托马斯·格雷欣（Thomas Gresham）发现的，因此，又被英国经济学家豪利·麦克劳德（Hewry Dunning Macleod）称为“格雷欣法则”。

后来，实行金银复本位的国家在规定金币和银币的固定兑换比率的同时，规定了金币可以自由铸造而银币不能自由铸造，并规定了每次支付中使用银币的最高限额。在这种情况下，银币实际上已经变成了辅币，这种货币制度形式被形象地称为跛（行）本位制度。跛（行）本位制度算不上真正意义上的金银复本位，它只是金银复本位制度向金本位制度的一种过渡形式。

（三）金本位制度

首先需要说明的是，在国内的货币银行学教材中，人们通常将金本位制度定义为以黄金作为本位币的一种货币制度。这可能不太科学或不符合当时的实际，因为历史上金本位制度总共经历了金币本位制度、金块本位制度和金汇兑本位制度三个阶段，真正以黄金作为币材，以金币作为本位币的货币制度是金币本位制度，而不是金本位制度，因为到了金块本位制度和金汇兑本位制度时期，已经没有金币在流通，现实中流通的是依附于贵金属金银的银行券。因此，我们可以试探性地将金本位制度定义为以黄金作为货币制度基础，以金币或依附于黄金而存在的银行券为本位币的货币制度。

1. 金币本位制度

金币本位制度是典型的金本位制度，它是以黄金作为货币的币材，以金币作为本位币的货币制度。

金币本位制度是非常稳定的一种货币制度。这主要是因为：

（1）作为本位币的金铸币可以自由铸造，自由熔毁。金币本位制度的这个特征使其能够自发调节货币流通量，保证金币的足值性，从而使货币流通及物价比较稳定。

（2）辅币和银行券可以同金币一起流通，并且可以自由足值地兑换金币。金币本位制度的这个特征既节约了黄金资源，又能够保证辅币和银行券这些价值符号稳定地代表一定量的黄金进行流通，可以防止通货的贬值现象。

（3）黄金和金币可以自由输出输入。金币本位制度的这个特征最终保证了世界各国国际收支的平衡和物价的稳定，建立了黄金在世界各国之间进行调剂分配的自动调节机制，从而为汇率的稳定创造了条件，为对外贷款与投资的安全提供了较为可靠的保证。①

制度的稳定性使得金币本位制度经历了从 1816 年英国宣布实行金币本位制度到

① 王学青主编（1989），《货币银行学原理》，复旦大学出版社。

1914 年第一次世界大战爆发时金币本位制度的崩溃为止的近 100 年的时间。

但金币本位终究是崩溃了。金币本位制度崩溃的原因主要在于金币本位制度自身存在的内在缺陷，以及资本主义经济发展对其发挥作用的基础逐渐被破坏。

金币本位制度的内在缺陷主要表现在：

第一，作为币材的黄金的有限性使得金币本位制度无法适应经济发展对货币的需要。

第二，金币本位制度的自我调节货币流通量的功能往往会受到时间的制约。

第三，固定的汇率制度以及黄金和金币的自由输出输入使一国经济容易受到国际经济的冲击和影响。

因此，随着资本主义经济的不断发展，金币本位制度的缺陷日渐显著，逐渐削弱了金币本位制度赖以存在的基础，并最终将金币本位制度推向了死亡。

金币本位制度的崩溃并不意味着整个金本位制度的崩溃。在金币本位制度崩溃以后，金本位制度又采取了两种变相的、延续的形式，即金块本位制度和金汇兑本位制度，也称作残缺不全的金本位制度。

2. 金块本位制度

金块本位制度也称为生金本位制度，是指没有金币的铸造与流通，而是流通中央银行发行的以金块为准备的银行券的货币制度。其特征表现在：

（1）国内已经没有金币的铸造，也已经没有金币的流通，实际流通的是中央银行发行的纸币——银行券。

（2）仍旧规定银行券的含金量，但银行券已经不能自由足值地兑换黄金，而只能是有限制地兑换。例如，1925 年 5 月世界上最早实行金块本位制度的国家英国曾规定银行券数额在 1700 英镑以上才能兑换金块，1928 年法国规定的最低限额为 215000 法郎。

（3）政府通过收购黄金将黄金集中储存于政府，作为银行券流通的保证金。

（4）实行金块本位制度的国家通常是发达国家。

3. 金汇兑本位制度

金汇兑本位制度也称作虚金本位制度，是指国内没有金币的铸造和流通，流通的银行券在国内不能兑换黄金，只有通过兑换外汇来兑换黄金的货币制度。其特征表现在：

（1）国内已经没有金币的铸造，也已经没有金币的流通，实际流通的是中央银行发行的纸币——银行券。

（2）仍旧规定银行券的含金量，但银行券在本国不能直接兑换黄金，只能是用本国银行券先去兑换实行金块（币）本位制度的国家的银行券（外汇），然后拿外汇到发行该外汇的国家去兑换黄金。

（3）为实现银行券的兑换，实行金汇兑本位制度的国家的中央银行应事先存放一定量的黄金和外汇在实行金块（币）本位制度的国家，并规定本国银行券与该国银行券的兑换比率。国内则无限制地供应外汇以稳定外汇行市和本国的币值。

（4）实行金汇兑本位制度的国家最早主要是经济落后的殖民地国家。这决定了金汇兑本位制度是一种依附性的货币制度。

金块本位制度和金汇兑本位制度是两种不稳定的货币制度，其原因在于：

第一，没有金币的流通意味着自发调节货币流通量的机制的丧失。

第二，银行券不能自由兑换黄金有可能导致银行券的发行失去控制。

第三，金汇兑本位制度下的货币的依附性造成了，一方面，一旦外国货币币值发生变动，本国货币币值的稳定必然会受到动摇；反过来，如果实行金汇兑本位制度国家的居民大量用外汇兑换黄金，则会威胁实行金块本位制度的国家币值的稳定。

正因为如此，金块本位制度和金汇兑本位制度持续的时间并不长，1929—1933 年的世界经济大危机以后，世界各国便纷纷放弃了金本位制度，实行了不可兑现的纸币本位制度。

（四）不兑现的纸币本位制度

不兑现纸币本位制度是当今世界上绝大多数国家和地区普遍采用的货币本位制度。所谓不可兑现的纸币本位制度是指以纸（张）作为货币的币材，以中央银行发行的，具有无限法偿能力的，不可兑现的信用货币为本位币的货币制度。

1. 不可兑现纸币本位制度的优点

（1）由于不兑现纸币本位制度与贵金属几乎完全断绝了关系，因此，货币量具有了较大的伸缩性，政府能够通过对货币量的调整与控制，实现政府的经济政策。

（2）政府可以根据国际收支与国际贸易的状况随时调整汇率。

（3）政府可以通过采取适当的货币政策来实现物价的稳定，并且能够收到立竿见影的效果。

2. 不可兑现纸币本位制度的缺点

（1）货币供给量的伸缩性较大，容易造成通货膨胀和通货紧缩。

（2）不兑现纸币本位制度下的汇率的自由调整，使得国际汇率难以稳定，有时会严重影响国际贸易的正常开展。

第三节　金融监管制度

金融监管制度是金融监管的基础，金融监管采用何种制度，极大地影响着监管的效率。金融监管制度的外延是金融监管体制。

一、金融监管制度及其构成要素

金融监管制度是有关金融监管的职责和权力分配的方式和组织制度，是有关监管上的集权与分权的制度安排。

与金融监管制度相关的基本要素包括体制的参与者和如何监管。

（一）金融监管的参与者

1. 金融监管的主体

金融监管的主体即金融监管的具体实施者。在谈到金融监管主体时，人们首先想到的是政府。但现代市场化金融监管理念认为，单纯靠监管当局来监管金融自由化以后日益复杂的金融服务领域是远远不够的，现代金融监管的主体不应仅局限于政府机构，而应当允许多个不同性质的监管主体的存在。另外，从当今各国金融监管的实践来看，有些金融监管活动确实也是由非政府性质的金融行业组织、金融机构和社会中介机构等来完成的。例如，证券商协会对证券商的自律监管；证券交易所对上市公司的监管等。

一般来说，在市场经济条件下，金融监管主体主要由以下两类机构组成：

（1）政府性质的金融监管机构。政府性质的金融监管机构是由政府授权，负责制定相关金融监管法规和规章制度，并具体组织实施这些规章制度的机构。政府性质的金融监管机构可以对违反这些规章制度的金融活动主体进行相应法律法规的制裁。属于这类监管机构的有银行监督管理委员会、证券监督管理委员会、保险监督管理委员会等。

（2）非政府性质的民间机构或私人机构。与政府性质的金融监管机构不同，非政府性质的民间机构或私人机构的权力并不是来自政府，而是来自其成员对该机构所制定的行为规范的普遍认同。非政府性质的民间机构或私人机构主要是通过制定一系列的行业行为规范来约束其成员的经营行为，由于这些规范并不具备法律性，因此，它们对于违规金融机构只能进行行业纪律上的处罚。作为监管主体的非政府性质的民间机构或私人机构主要是指证券交易所、金融行业公会、各种金融行业协会等自律组织。

2. 金融监管的客体

金融监管的客体即金融监管的对象。金融监管的对象是一个国家金融体系的运行，包括几乎所有金融主体所从事的金融活动。从事金融活动的金融主体主要包括商业银行、证券公司、保险公司、信托投资公司、信用合作社、投资基金、上市公司等。

（二）金融监管的手段

金融监管的手段即金融监管主体为实现金融监管目标而采用的各种方式、方法和措施。从世界各国的金融监管实践来看，金融监管主体主要是通过法律手段、行政手段和经济手段来对金融活动主体的市场准入、市场运营和市场退出等方面实施监管。

二、金融监管体制的类型

由于世界各国和地区的监管制度是各国和地区历史演变、政治体制、经济体制、发展阶段、金融结构、文化传统、金融规模等多种因素的综合反映。正是这些因素的不同，形成了不同的金融制度安排。

（一）按照金融监管机构的监管方式及其与监管对象的相互关系来分类，金融监管体制可分为自律式、法制式和干预式三种

1. 自律式金融监管体制

自律式金融监管体制是指金融监管主要依靠金融行业组织的自律和金融机构的自我约束来进行的体制。在这种体制下，货币当局只是制定相关的法律，很少对金融机构进行直接的干预。20 世纪 70 年代末以前的英国是自律式金融监管体制的代表。

2. 法制式金融监管体制

法制式金融监管体制是指政府金融监管当局依靠一系列的法律法规来实施金融监管

的体制。美国是这种监管体制的典型代表。

3. 干预式金融监管体制

干预式金融监管体制是指政府监管机构除了借助一系列的法律法规来实施金融监管之外，还会运用行政命令等方式对微观金融机构的经营行为进行直接干预的体制。大多数的发展中国家的金融监管体制就属于这种类型，20 世纪 90 年代末以前的日本实行的也是这种类型的监管体制。

（二）按照金融监管权力的分配结构和层次，金融监管体制大体可分为三类

1. 一线多头型

一线多头型指一国的金融监管权高度集中于中央，地方一级没有监管权，并且在中央一级设有两家或两家以上的机构共同执行监管职能的金融监管体制。典型代表是德国、日本和法国。

2. 双线多头型

双线多头型指中央和地方两级都拥有对金融机构的监管权，并且每一级又有若干机构共同来行使监管职能的金融监管体制。这种体制主要存在于联邦制的国家，典型国家是美国和加拿大。

3. 集中单一型

集中单一型指金融监管权高度集中于中央，并且是由一家监管机构集中执行监管职能的金融监管体制。

（三）按照监管对象，金融监管体制可分为功能型监管和机构型监管

按照美国前财政部长罗伯特·E. 鲁宾（R. E. Rubin）的说法，功能型监管是指这样的监管流程，金融机构所从事的某项金融业务由一个监管机构来监管，而不论是哪一个机构从事了该项业务。由此可见，功能性监管实际上是按金融机构所从事的业务来设立监管机构的金融监管体制。

机构型监管是按照金融机构性质的不同设立不同的监管机构的金融监管体制，例如在我国，对于商业银行、信托投资公司、农村信用合作社等金融机构我们成立了银行监督管理委员会，针对保险公司我们成立保险监督管理委员会，而对证券公司的监管则由证券监督管理委员会负责。

（四）按照监管主体的数量，金融监管体制可分为混业监管和分业监管

1. 混业监管

混业监管也称为统一监管，它是指设立一家监管机构来监管所有金融机构和金融业务的金融监管体制，在这种体制下，金融监管机构不仅承担审慎监管的任务，而且负责业务监管。目前有英国、日本、韩国等国家实行这种体制。

2. 分业监管

分业监管及机构型监管，即它通常是按照银行、证券、保险划分为三个领域，分别设置相应的金融监管机构来负责包括审慎监管和业务监管在内的全面监管任务。

（五）按照监管的组织形式，金融监管体制可分为牵头监管型、“双峰”监管型和“伞形”监管

1. 牵头监管型

牵头监管型实际上是对多头监管型的改进。它是一国政府为了避免金融混业经营后可能出现因监管机构之间推诿扯皮产生监管真空，而在几个主要监管机构之间建立及时磋商协调机制，相互交换信息，并由其中某一个监管机构牵头，负责各监管主体之间的协调工作。典型代表是法国。

2. “双峰”监管型

“双峰”监管型是指在一个国家设置对所有金融机构进行审慎监管和负责对不同金融业务实施监管的两类机构的金融监管体制。

3. “伞形”监管

“伞形”监管是美国在1999年11月4日《金融服务现代化法案》颁布后，对原有分业监管体制进行改进而形成的，综合监管与分业监管相结合的监管体制。在伞形监管体制下，联邦储备委员会是综合监管的监管人，负责对金融持股公司的综合监管；同时，金融持股公司又按其经营业务的不同接受不同行业监管机构的监管，联邦储备委员会与各专业监管机构之间相互协调、互通信息，共同配合。

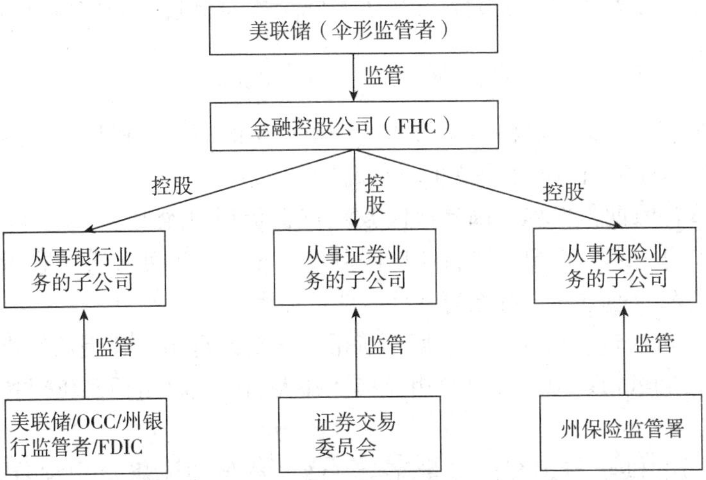

注：OCC是指货币监管总署，FDIC是指联邦存款保险公司。

图5－2　美国的伞形监管

三、金融监管制度演变

从20世纪30年代之前的以中央银行为主体的统一监管，20世纪30年代到70年代的分业监管，20世纪70年代到80年代分业监管向统一监管的转变，20世纪90年代统一监管的广泛发展，到次贷危机后对统一监管的重新反思，世界金融监管制度变迁呈现出了明显的周期性特征。

从金融监管制度的演变历史来看，重大事件的发生是金融监管体制变迁的现实基

础，政府经济指导思想是金融监管体制变迁的理论基础，而金融经营模式的变化是金融监管体制变迁的客观要求。

第四节　国际货币制度与汇率制度

一、国际货币制度及其发展演变

国际货币制度（International Monetary System）是指在国际经济关系中，世界各国和地区在一定时期内，按某些共同的习惯或某种协议，对各国货币之间的兑换、汇率制度、国际收支的调节、储备资产的功用等问题做出的安排。包括影响这些安排的规则、习惯、工具、机构和组织。

国际货币制度的内容：各国货币汇率的确定，包括汇率及其制定依据、波动界限与调整措施；各国货币的兑换性与国际结算的原则；国际收支及其调节方式；国际储备资产的确定、构成与供应方式；国际货币事务的磋商、协调与管理。国际货币制度的核心是汇率制度。

自国际货币制度产生以来，大致经历了国际金本位制度—布雷顿森林体系—牙买加体系三个阶段。

（一）国际金本位制度

国际金本位制度是世界经济体系形成过程中产生的第一个国际货币制度。这种制度产生于19世纪，1880—1914年是它的全盛时期。

在国际金本位时期，世界各国和地区并不存在货币供给和流通的统一标准和规则，它们都是按照自身的具体情况来实行相应的制度安排。但即便如此，在世界各国和地区之间的货币供给和流通方面仍存在着一些一般性原则。

1. 对本国货币规定货币含金量。所谓货币含金量即是用黄金表示的货币价值。

2. 规定金币和纸币可以与黄金自由兑换，即人们可以将金币和纸币按照官价向货币当局兑换黄金。

3. 本国货币的供给与黄金的流量完全一致，黄金的流出会引起货币供给的等额减少。

4. 黄金可以自由输出入，各国和地区货币当局不会对因国际收支差额引起的黄金的输出输入所产生的货币供给的增加和减少采取任何措施进行干预。

5. 世界各国和地区之间的货币可以按照由铸币平价（Mint Parity）决定的固定汇率与黄金自由兑换。所谓铸币平价指的是两个国家和地区各自货币的含金量之比。

事实上，金本位制度并非像人们想象的那样，是一种完全不受人为干预的货币本位制度。实际上，由这段时期英国在世界政治经济的大国地位决定，英镑是金本位制度下全世界广泛使用的国际货币，是公认的国际支付手段和国际储备货币。因此，国际金本位制度就是英镑本位制度。

（二）布雷顿森林体系

第二次世界大战后的1944年7月1日至22日，联合国联盟国家在美国的新罕布什尔州（New Hampshire）的布雷顿森林（Bretton Woods）召开了由44个国家参加的国际金融会议，通过了《国际货币基金协定》和《国际复兴开发银行协定》（总称《布雷顿森林协定》），最终建立了以美元为中心的资本主义国际货币体系，即布雷顿森林体系（Bretton Woods System）。

布雷顿森林体系的基本内容是：

1. 让美元与黄金挂钩，即1盎司黄金＝35美元，并且规定美国以外的其他国家和地区必须承认这个黄金官价，未经同意，不能随意变动。

2. 让美国以外的世界各国和地区货币与美元挂钩，各国和地区的中央银行可以按照各自货币的含金量与美元兑换。

3. 规定美国要无限制地满足其他国家和地区中央银行用美元自由兑换黄金的需求。

4. 要求除美国以外的其他国家和地区要经常干预外汇市场，以防止本国（地区）货币与美元的比价浮动超过铸币平价上下1%（1971年12月后调整为±2.25%），在此限度内，汇率由外汇市场上的供求关系决定，超出这个限度，货币当局就必须变化美元储备在外汇市场上进行干预。

5. 如果一国和地区出现了严重的国际收支失衡，经国际货币基金组织（IMF）的批准，可以对本币与美元的比价进行相应调整。

连同该时期其他一系列的国际制度安排，如关税贸易总协定等，布雷顿森林体系在一定程度上稳定了世界经济和金融，促进了世界各国经济的发展。但好景不长。在20世纪70年代，世界经济局势的动荡，导致美元贬值，金价大涨，在这种情况下，美国以外的世界各国纷纷用美元向美国的中央银行兑换黄金，结果造成美国黄金大量外流。

为了防止黄金的外流，美国总统尼克松实行了所谓的“新经济政策”，从而宣告了布雷顿森林体系的崩溃。1978年4月，IMF在牙买加召开会议，宣布黄金为普通商品，不再执行货币的职能。这时，各国普遍实行了不可兑换黄金的纸币本位制度。

（三）牙买加体系

布雷顿森林体系崩溃后的1972年7月，IMF成立了一个“国际货币制度改革和有关问题委员会”作为基金组织的咨询机构，目的是研究国际回避制度改革方面的问题，该委员会由20个国家组成，因此又被称为“20国委员会”。1974年，IMF又成立了“国际货币制度临时委员会”，代替“20国委员会”负责就有关国际货币制度的改革问题向基金组织理事会提供建议。1976年1月8日，“国际货币制度临时委员会”在牙买加首都金斯敦召开了第五次委员会会议，就汇率制度、黄金处理、扩大借款额度等方面的问题达成协议，这就是史上著名的“牙买加协议（Jamaica Accords）”。该协议于1978年4月1日经IMF理事会书面表决通过，正式生效，也正式宣告了布雷顿森林体系时代的结束。

牙买加协议后国际货币制度的主要内容是：

1. 黄金非货币化

取消黄金官价，各成员国中央银行可按市价自由进行黄金交易，取消成员国相互之间以及成员国与 IMF 之间须用黄金清算债权债务的义务。IMF 所持有的黄金应逐步加以处理，其中 1/6（2500 万盎司）按市价出售，以其超过官价（每盎司 42.22 美元）部分作为援助发展中国家的资金。另外 1/6 按官价由原缴纳的各成员国买回，其余部分约 1 亿盎司，根据总投票权的 85% 做出的决定处理，向市场出售或由各成员国购回。

2. 浮动汇率合法化

允许 IMF 成员国自由选择任何汇率制度，具体可采用自由浮动或其他形式的固定汇率制度。但成员国的汇率政策应与 IMF 协商，并受到 IMF 的监督。IMF 要求各成员国在物价稳定的条件下寻求持续的经济增长，稳定国内的经济以促进国际金融的稳定，并尽力缩小汇率的波动幅度，避免操纵汇率来阻止国际收支的调整或获取不公平的竞争利益。协议还规定，实行浮动汇率制的成员国根据经济条件，应逐步恢复固定汇率制度，在将来世界经济出现稳定局面以后，经 IMF 总投票权的 85% 多数票通过，可以恢复稳定的但可调整的汇率制度。这部分条款是将已经实施多年的有管理的浮动汇率制度予以法律上的认可，但同时又强调了 IMF 在稳定汇率方面的监督和协调作用。

3. 提高特别提款权的国际储备地位

修订特别提款权（SDRs）的有关条款，以使特别提款权逐步取代黄金和美元而成为国际货币制度的主要储备资产，协议规定各成员国之间可以自由进行 SDRs 交易，而不必征得 IMF 的同意。IMF 与成员国之间的交易以 SDRs 代替黄金，IMF 一般账户中所持有的资产一律以 SDRs 表示，并尽量扩大 SDRs 的其他业务使用范围。

4. 扩大对发展中国家的资金融通

（1）以出售黄金所得收益设立“信托基金”，以优惠条件向最贫穷的发展中国家提供贷款或援助，以解决它们的国际收支的困难。（2）扩大 IMF 信贷部分贷款的额度，由占成员国份额的 100% 增加到 145%。（3）放宽“出口波动补偿贷款”的额度，由占份额的 50% 提高到 75%。

5. 增加成员国的基金份额

各成员国对 IMF 所缴纳的基本份额，由原来的 292 亿 SDRs 单位增加到 390 亿 SDRs 单位，增加 33.6%。各成员国应缴份额所占的比重也有所改变，主要是石油输出国的比重提高一倍，由 5% 增加到 10%，其他发展中国家维持不变，主要西方国家除西德（原联邦德国）和日本略有增加以外，都有所降低。

二、汇率与汇率制度

（一）汇率及其标价方法

1. 汇率的含义

在国际经济、政治、文化等交往中，由于世界各国（或地区）有着不同的货币，因此，我们经常会将一国（或地区）货币兑换成其他国家（或地区）的货币。那么，到底按照什么样的比率来兑换呢？这便产生了汇率问题。

所谓汇率（Exchange Rate）指的是一国（或地区）货币与其他国家（或地区）货币的兑换比率或折算比例。在经济活动中，汇率也经常被称为汇价、外汇牌价或外汇行市，从这个角度说，汇率就是外汇交易的价格。例如，1 美元 =6.87 元人民币，这就意味着 1 美元的人民币价格是 6.87 元，而人民币的美元价格便是 1/6.87 美元。

作为两个国家（或地区）货币的比价，汇率一方面确定了不同货币之间的兑换比率，同时也使得两国（或地区）的商品、有价证券、劳务等的价格能够用同一种货币来表示，从而使两国（或地区）的商品、有价证券和劳务等价格有了可比性。例如，一套衣服的价格是 1000 美元，若 1 美元 =6.87 元人民币，则这套衣服的人民币价格就是 6870 元人民币。若 1 美元 =6 元人民币，即人民币升值了，这套衣服的人民币价格就下降到了 6000 元。

2. 汇率的标价方法

汇率的标价方法的不同，源于在将一国（或地区）货币兑换为其他国家（或地区）货币时，以哪个国家（或地区）的货币作为标准。按照这种标准的不同，汇率有直接标价法和间接标价法两种方法。

（1）直接标价法（Direct Quotation 或 Direct Rate）也称为应付标价法或欧式标价法，指的是以一定量的外币为标准来标示本币价格的方法。一定量的外币可以是 1 个单位，也可以是 100 个单位或 1000 个单位。其特点是外币数量固定不变，本币的数量随外币和本币币值的变化而变化。如：100 美元 =687 元人民币。目前除英美等少数国家（或地区）外，世界上绝大多数的国家（或地区）实行的都是直接标价方法。我国实行的也是直接标价方法。

（2）与直接标价法相对，间接标价法（Indirect Quotation 或 Indirect Rate）也称为应收标价法或美式标价法，指的是以一定量的本币为标准来标示外币价格的方法。其特点是本币数量固定不变，外币的数量随本币和外币币值的变化而变化。如：2008 年 5 月 6 日，英国伦敦外汇市场行市为£ 1 = EUR1.2612/EUR1.2815（前一个欧元标价为银行卖出欧元的价格，后一个欧元标价为银行买入欧元的价格）。第二次世界大战以前，世界范围内只有英国实行间接标价法，1978 年 9 月 1 日，美国也由直接标价法改为间接标价法。

（二）汇率制度及其基本类型

1. 汇率制度

汇率制度（Exchange Rate System）又称汇率安排（Exchange Rate Arrangement）是指一国货币当局对本国汇率的决定以及汇率调节方式等方面所作的一系列安排或规定。它是世界各国或国际社会对于确定、维持、调整与管理汇率的原则、方法和机构等所作出的系统规定。

不同的汇率制度意味着不同的政策规则以及不同的政策结果，因此，选择合理的汇率制度是各国在经济发展进程中面临的至关重要的问题。

汇率制度的内容一般包括以下基本内容：

（1）确定汇率的原则和依据。例如，以货币本身的价值为依据，还是以法定代表的价值为依据等。

（2）维持与调整汇率的办法。例如是采用公开法定升值或贬值的办法，还是采取任其浮动或官方有限度干预的办法。

（3）管理汇率的法令、体制和政策等。例如各国外汇管制中有关汇率及其适用范围的规定。

（4）制定、维持与管理汇率的机构，如外汇管理局、外汇平准基金委员会等。

2. 汇率制度的基本类型

当今最简单，也是最常见的汇率制度的分类，就是按照汇率变动的幅度，将汇率制度分为两大类型：固定汇率制度和浮动汇率制度，其中，固定汇率制度又经历了金本位制度下的固定汇率制度和布雷顿森林体系下的固定汇率制度两个阶段。

（1）固定汇率制度（Fixed Exchange Rate System）是一国（或地区）货币与其他国家（或地区）货币兑换比率基本固定不变的汇率制度。固定汇率并不意味着汇率完全固定不动，而是汇率围绕一个相对固定的平价的上下限范围波动，一旦超出波动范围，一国货币当局便会采取措施进行调控，以保证汇率水平的稳定。

①金本位制度下的固定汇率制度是一种以英镑为核心的国际货币制度，属于盯住型的汇率制度。其特点是：黄金是汇率决定的物质基础；汇率波动幅度很小，仅在铸币平价的上下6‰范围内波动；汇率具有自我稳定的特征，而不需要货币当局进行干预。

②如前所言，布雷顿森林体系确立的是国际货币制度是以美元为核心的国际货币制度，中心内容是“双挂钩”，即美元和黄金挂钩、他国（或地区）货币与美元挂钩。汇率波动幅度很小，并且可以按照规定在一定的范围内作适当调整，因此，该制度被称为以美元为核心的固定汇率制或可调整的盯住汇率制度（Adjustable Peg System）。其特点是：汇率的决定基础是黄金平价（Gold Parity），即单位货币的含金量与黄金价格相等，但货币的发行与黄金无关；汇率不具备自动稳定机制，一国货币当局可以通过间接手段而非直接管制方式进行调控以稳定汇率；在必要时，汇率平价和汇率波动的界限可以改变，但变动幅度有限。

（2）浮动汇率制度（Floating Exchange Rate System）是指一国（或地区）的汇率完全由外汇市场的供求状况决定，货币当局不加任何干预的汇率制度。在该制度下，一国（或地区）政府不再规定本币与外币的黄金平价和汇率上下波动的界限，货币当局也不再承担维持汇率波动界限的义务，汇率随外汇市场供求关系变化而上下自由浮动。

由于浮动汇率制度安排赋予了世界各国（或地区）在汇率制度选择上的更大的自由度，所以现在世界各国（或地区）实行的汇率制度多种多样，有单独浮动、盯住浮动、弹性浮动、联合浮动等。

①按照货币当局是否干预进行划分，浮动汇率可分为清洁浮动汇率和肮脏浮动汇率。

清洁浮动汇率（Clean Floating Exchange Rate）也称为自由浮动汇率（Free Floating Exchange Rate）或完全浮动汇率，它是指一国（或地区）货币当局对汇率不加任何干预，汇率完全由外汇市场供求力量自发决定的汇率。

肮脏浮动汇率（Dirty Floating Exchange Rate）也称为管理浮动汇率（Managed Floating Exchange Rate），它是指一国（或地区）货币当局可以根据本国（或地区）经济利益的需要，采取公开或不公开措施对外汇市场进行干预以影响外汇供求关系，从而使汇率向有利于自己的方向变动的汇率。

②按照是否与他国（或地区）采取联合行动划分，浮动汇率可分为单独浮动汇率和联合浮动汇率。

单独浮动汇率（Single Float Exchange Rate）是指一国（或地区）不与其他任何国家（或地区）固定货币汇率，其汇率完全根据市场外汇供求关系来决定的汇率。

联合浮动汇率（Joint Float Exchange Rate）是指由经济关系密切的国家（或地区）组成，集团对成员国内部之间的货币实行固定汇率并规定波动幅度，对集团外货币则实行波动幅度大体一致的联合浮动的汇率。

③按照浮动程度和浮动方式划分，浮动汇率可分为盯住浮动汇率和弹性浮动汇率。

盯住浮动汇率（Pegged Float Exchange Rate）是指一国（或地区）将本币与另一国家（或地区）或一篮子货币挂钩，随后者的浮动而浮动。一般地，缺乏宏观调控能力的一些发展中小国家（或地区）通常会通过盯住一种稳定的货币或货币篮子来提高货币信誉，实现本国（或地区）宏观经济运行的稳定。当然，采用盯住浮动方式，也会使本国的经济发展受制于被盯住国的经济状况，从而蒙受损失。

弹性浮动汇率（Elastic Float Exchange Rate）是指一国（或地区）从自身经济发展需要出发，允许盯住汇率在一定弹性范围内可自由浮动（有限弹性制，Limited Flexibity），或按一整套经济指标对汇率进行调整（较高弹性制，More Flexibity），从而避免盯住浮动汇率的缺陷，获得外汇管理、货币政策方面更多的自主权。

本章小结

按照道格拉斯·C. 诺斯的解释，“制度是一个社会的游戏规则，更规范地说，它们是为决定人们的相互关系而人为设定的一些制约。制度构造了人们在政治、社会或经济方面发生交换的激励结构”。它由正式制度、非正式制度和制度执行机制三个基本部分组成。

金融制度是用来约束金融活动主体金融交易行为的一系列规范和准则，目的在于界定金融活动主体在金融交易过程中的选择空间，约束和激励他们的金融行为，降低金融交易费用和竞争中的不确定性所引致的金融风险，保护债权债务关系，促进金融交易的顺利进行和提高金融资源的配置效率。一个良好的金融制度安排应当至少能够发挥节约功能、激励功能、约束功能、配置功能。

货币制度是历史的产物，其形成经历了一个漫长的发展过程。货币制度简称“币制”，它是指一个国家或地区为了实现货币流通的稳定而通过法律形式所确定的货币流通的结构及组织形式。同时，也可用制度经济学的语言将其表述为：一个国家或地区为了实现货币流通的稳定而通过法律形式确定的用来约束人们相关货币行为的一系列规范或准则。货币制度一般由确定货币金属（币材）、规定货币单位、本位币的铸造及流通程序、辅币的铸造及流通程序、银行券和纸币的发行及流通程序和发行准备制度等几个方面的内容组成。从历史角度考察，世界各国和地区曾先后采用过的货币本位制度主要包括银本位制度、金银复本位制度、金本位制度和不可兑现的纸币本位制度。

金融监管制度是金融监管的基础，金融监管采用何种制度，极大地影响着监管的效率。金融监管制度是有关金融监管的职责和权力分配的方式和组织制度，是有关监管上的集权与分权的制度安排。金融监管制度的外延是金融监管体制。与金融监管制度相关的基本要素包括体制的参与者和如何监管。其中，参与者主要包括监管主体和监管客体，而如何监管指的是金融监管主体为实现金融监管目标所采用的各种方式、方法和措施。世界各国和地区的监管制度是各国和地区历史演变、政治体制、经济体制、发展阶段、金融结构、文化传统、金融规模等多种因素的综合反映。这些因素的不同，形成了不同的金融制度安排。从演变历史来看，世界金融监管制度变迁呈现出了明显的周期性特征。

国际货币制度是指在国际经济关系中，世界各国和地区在一定时期内，按某些共同的习惯或某种协议，对各国货币之间的兑换、汇率制度、国际收支的调节、储备资产的功用等问题做出的安排。包括影响这些安排的规则、习惯、工具、机构和组织。自国际货币制度产生以来，大致经历了国际金本位制度—布雷顿森林体系—牙买加体系三个阶段。国际货币制度的核心是汇率制度，所谓汇率指的是一国（或地区）货币与其他国家（或地区）货币的兑换比率或折算比例。按照货币兑换时以哪个国家（或地区）的货币作为标准来划分，汇率有直接标价法和间接标价法两种方法。汇率制度又称汇率安排，它是指一国货币当局对本国汇率的决定以及汇率调节方式等方面所作的一系列安排或规定。它是世界各国或国际社会对于确定、维持、调整与管理汇率的原则、方法和机构等所作出的系统规定。按照汇率变动的幅度，将汇率制度分为两大类型：固定汇率制度和浮动汇率制度，其中，固定汇率制度又经历了金本位制度下的固定汇率制度和布雷顿森林体系下的固定汇率制度两个阶段。

本章复习思考题

1. 什么是金融制度？它由什么组成？
2. 金融制度有哪些功能？
3. 什么是货币制度？它有哪些构成要素？
4. 为什么说金银复本位制度是非常不稳定制度？
5. 金块本位制度和金汇兑本位制度的联系与区别是什么？
6. 不兑现纸币本位制度有什么优缺点？
7. 现代金融监管的主体有什么？
8. 机构型监管和功能型监管有什么区别？

9. 布雷顿森林体系的基本内容是什么？
10. 牙买加体系的主要内容是什么？
11. 什么是汇率？何谓直接标价法和间接标价法？
12. 什么是汇率制度？它包括哪些基本内容？
13. 什么是固定汇率制度？什么是浮动汇率制度？它们各自有什么特点？

第二篇　宏观金融分析

高等学校金融学系列教材
货币银行学子系列

第六章

货币供给与货币需求

本章重要术语

货币供给量　原始存款　派生存款　存款准备金　基础货币　货币乘数　提现率　超额准备金率　内生变量　外生变量　货币需求　现金交易方程式　现金余额方程式　流动性陷阱　平方根定律　立方根定律

第一节　货币供给理论

货币供给量的增减变化对一国经济运行有着重要的影响，正因为如此，我们必须研究货币供给量的变动问题。货币供给理论（Money Supply Theory）是货币经济学的重要组成部分，它主要研究货币供给的决定机制、形成机制等方面的问题，目的是为一国货币当局调节货币供给量，调控宏观经济提供理论支持。

一、货币供给的含义

货币供给（Money Supply）是一个兼具动态和静态两种属性的范畴。

动态上的货币供给是货币供给主体向社会供给货币的经济行为。在现代经济社会中，货币供给主体主要由中央银行和商业银行构成。在一国（或地区）的货币供给机制中，通过中央银行创造基础货币，商业银行创造存款货币，非银行部门转移、结算货币，货币供给得以顺利完成。

静态上的货币供给特指货币供给量。货币供给量是指某一特定时点上，一个国家（或地区）非银行部门持有的，由银行部门供给的货币总量。正是从这个意义上说，货币供给量是某个时点上的存量概念，而非一定时期的流量概念。在现实经济活动中，经济学家们通常按照金融资产流动性的强弱，将货币供给量分为不同的层次，在这些不同的货币层次中，经济学家们主要关注和研究的是 M_1，即狭义货币供给量（Narrow Money Supply）和 M_2，即广义货币供给量（Broad Money Supply）。

进一步地，无论是狭义货币供给量还是广义货币供给量，它们都有名义货币供给量和实际货币供给量之分。

名义货币供给量（Norminal Money Supply）是指仍旧包含着物价上涨因素的货币供给量。实际货币供给量（Real Money Supply）则是在名义货币供给量基础上，剔除了物价上涨因素以后的货币供给量。

二、商业银行存款货币创造机制

（一）与商业银行存款货币相关的概念

1. 原始存款与派生存款

所谓原始存款（Primary Deposit）是指客户以现金形式直接存入银行的存款和能够引起商业银行法定存款准备金变动的其他资金，如来自中央银行的再贴现和再贷款资金。派生存款（Derivative Deposit）也称为衍生存款，它是商业银行在原始存款的基础上，通过开展资产业务而新创造的存款。原始存款是商业银行创造派生存款的基础。商业银行存款创造的过程就是商业银行创造存款货币的过程。

2. 存款准备金与存款准备金率

存款准备金是商业银行在经营活动中保留的资金，它由商业银行的库存现金和在中央银行的存款构成。商业银行在中央银行的存款又包括法定存款准备金存款和超额准备金存款两个部分。

存款准备金率是商业银行提取的存款准备金和所吸收存款的比率，包括法定存款准备金率（Required Reserve Rate）和超额准备金率（Excess Reserve Rate）。

（二）商业银行存款创造

1. 假定条件

（1）商业银行只提取法定存款准备金，超额准备金和超额准备金率等于零。假如我们用 e 代表超额准备金率，则意味着 $e=0$。

（2）商业银行客户将收入的一切款项都存入银行，不提取现金，提现（现金漏损）和提现率（现金漏损率）等于零。如果我们用 c 代表提现率，则意味着 $c=0$。

（3）活期存款的法定存款准备金率（r_d）为 20%。

在上述假定中，有两个假定是非常重要的，它是商业银行存款创造的前提条件。首先是第②个假定，该假定意味着银行的客户之间都使用支票进行结算，即非现金结算；第③个假定实际上是一个部分存款准备金制度的假定。这意味着银行在吸收存款以后，并不是将其 100% 的以准备金的形式保留着，而只是将其中的一部分作为准备金。

2. 商业银行存款创造过程

（1）假定企业 A 存入 A 商业银行 100 万元的活期存款。这笔业务的发生会引起该商业银行的资产负债表的变动，该商业银行首先必须按照 20% 的活期存款法定存款准备金率的要求提取法定存款准备金，由于我们假定商业银行只提取法定存款准备金，超额准备金率等于零，因此，该商业银行能够用于放款的资金还有 80 万元。

表 6－1　A 商业银行的简化资产负债表　　单位：万元

资产	负债
活期存款法定存款准备金　20	活期存款　100
放款　80	

（2）假定该银行将 80 万元的放款贷给了企业 B。由于我们假定企业要将收入的一切款项都存入银行而不提取现金，因此，80 万元的贷款转化成了企业 B 在银行 B 的活期存款账户中的存款余额增加了 80 万元，这必然会引起企业 B 的开户银行 B 资产负债表的变动。商业银行 B 也必须首先按照 20% 的活期存款法定存款准备金率的要求提取法定存款准备金，然后将剩余部分以放款的方式运用出去。

表 6－2　B 商业银行的简化资产负债表　　单位：万元

资产	负债
活期存款法定存款准备金　16	活期存款　80
放款　64	

（3）同样地，假定商业银行 B 将 64 万元的放款贷给了企业 C。企业 C 在其开户银行 C 的活期存款余额增加 64 万元。商业银行 C 在按照 20% 的活期存款法定存款准备金率的要求提取法定存款准备金后将剩余部分以放款的形式运用出去。

表 6－3　C 商业银行的简化资产负债表　　单位：万元

资产	负债
活期存款法定存款准备金　12. 8	活期存款　64
放款　51. 2	

这样的过程还会不断延续下去，但总会在某一点上结束。

从上例可以看出，企业 A 存入商业银行的原始存款是 100 万元，但最后整个银行体系的存款余额变成了 100 万元 +80 万元 +64 万元 =244 万元。比原始存款多出了 144 万元，这多出来的 144 万元便是派生存款。

我们用字母 D 代表商业银行体系存款余额的总额，字母 R 代表原始存款。那么：

$$D = R + R(1 - r_d) + R(1 - r_d)^2 + R(1 - r_d)^3 + \cdots \tag{6-1}$$

求银行体系的存款余额就变成了对上述等比数列求和。由于 $0 < r_d < 1$，我们可以得出：

$$D = R \cdot \frac{1}{1 - (1 - r_d)} = R \cdot \frac{1}{r_d} \tag{6-2}$$

将上例中的数据代入式（6－2），得：

$$D = 100\text{ 万元} \cdot \frac{1}{20\%} = 500\text{ 万元}$$

这说明，在上例中，当银行体系的存款余额达到 500 万元时，即派生存款达到 400

万元时，存款创造过程就停止了。

令 $k = \frac{1}{r_d}$，则有：

$$D = k \cdot R \tag{6-3}$$

我们将 D 近似地看作是派生存款（在上例中，派生存款占到了存款余额的4/5）便可发现：派生存款是以原始存款的倍数被创造出来的。这里的 k 被称为货币乘数或货币倍数（Monetary Multiplier）。

（三）影响商业银行存款创造的因素

在上例中我们曾假定商业银行之提取法定存款准备金，超额准备金率 e 等于零，银行客户将收入的一切款项都存入银行，不提取现金，提现率 c 等于零。但这是不符合现实的。假如我们打破上述条件，货币乘数 k 就会得到修正，另外，在西方有些国家，对银行吸收的活期存款和定期存款规定有不同的法定存款准备金率，在讨论商业银行存款创造时，我们还必须考虑这个因素。为此，我们将影响商业银行存款创造的因素归纳如下。

1. 超额准备金率

考虑超额准备金率情况下的货币乘数为：

$$k = \frac{1}{r_d + e} \tag{6-4}$$

2. 提现率

提现率是客户所提现金与商业银行吸收存款的比率。在考虑提现率的情况下，货币乘数被修正为：

$$k = \frac{1}{r_d + e + c} \tag{6-5}$$

3. 定期存款法定存款准备金率

在考虑定期存款法定存款准备金率后，货币乘数被修正为：

$$k = \frac{1}{r_d + e + c + t \cdot r_t} \tag{6-6}$$

在这里，t 为定期存款占活期存款的比率，r_t 为定期存款的法定存款准备金率。

三、决定和影响货币供给变动的因素

（一）合并资产负债表分析

1. 决定和影响狭义货币供给量（M_1）的因素分析

为了从合并资产负债表角度来分析决定狭义货币供给量（M_1）的因素，我们有必要对银行体系的资产负债表进行合并。之所以合并银行体系，而非整个金融中介机构的资产负债表，是因为狭义货币（M_1）只与银行体系有关。

一般来说，银行体系的简单资产负债表可以如表 6-4 所示。

表 6－4　银行体系简化合并资产负债表

资产	负债
A_a 各项贷款	L_a 储蓄及定期存款
A_b 财政借款	L_b 财政存款
A_c 在 IMF 中的资产	L_c 国际金融机构往来
A_d 黄金外汇占款	L_d 银行资本及其他
	M_1 现金（M_0）活期存款

根据会计核算原理，总资产 = 总负债，有：

$$A_a + A_b + A_c + A_d = L_a + L_b + L_c + L_d + M_1 \tag{6-7}$$

或：

$$M_1 = (A_a + A_b + A_c + A_d) - (L_a + L_b + L_c + L_d) \tag{6-8}$$

由式（6－8）可以看出：狭义货币供给量（M_1）决定于银行体系的总资产和总负债。狭义货币供给量（M_1）与银行体系的资产成正比例关系，银行体系任何一项资产的增加都会引起狭义货币供给量（M_1）的增加，反之，狭义货币供给量（M_1）会减少；狭义货币供给量（M_1）与银行体系的负债成反比例关系，除狭义货币供给量（M_1）以外的任何一项负债的增加都会引起狭义货币供给量（M_1）的减少，相反，则会引起狭义货币供给量（M_1）的增加。

进一步地，我们对式（6－8）进行变形，可得：

$$M_1 = (A_a - L_a) + (A_b - L_b) + (A_c + A_d - L_c) - L_d \tag{6-9}$$

从式（6－9）我们可以看到，狭义货币供给量（M_1）受下面四个因素的制约。

（1）信贷收支状况（$A_a - L_a$）。若贷款增加额大于储蓄及定期存款额增加额，则会引起狭义货币供给量（M_1）的增加；反之，则会引起狭义货币供给量（M_1）的减少。

（2）财政收支状况（$A_b - L_b$）。若政府财政存款大于财政借款，财政收支存在盈余，狭义货币供给量（M_1）会减少；反之，如果财政存款小于财政借款，财政出现赤字，就会引起狭义货币供给量（M_1）的增加。这就是所谓的“财政挤银行”。

（3）国际收支状况（$A_c + A_d - L_c$）。一国的国际收支状况最终体现在换进外汇储备的变化和银行体系在国际金融机构债权债务净值的变化上。如果国际收支是顺差，A_c或A_d增加，就会引起狭义货币供给量（M_1）的增加；反之，若国际收支存在逆差，或L_c增加，则会引起狭义货币供给量（M_1）的减少。

（4）银行体系资本（L_d）的变化。银行体系的资本与狭义货币供给量（M_1）呈反方向变动。银行体系资本（L_d）的增加，会引起狭义货币供给量（M_1）的减少；反之，会引起狭义货币供给量（M_1）的增加。

2. 决定和影响广义货币供给量（M_2）的因素分析

为了从合并资产负债表角度来分析决定广义货币供给量（M_2）的因素，我们必须对包括银行在内的整个金融中介机构体系的资产负债表进行合并。之所以这么做，是因为广义货币（M_2）不仅与银行体系的行为有关，而且与银行体系以外的其他金融中介机构的行为关系密切。

一般地，金融中介机构体系的简单资产负债表可以如表6－5所示。

表6－5　金融中介机构体系简化的合并资产负债表

资产	负债
A_a 各项贷款	L_e 商业银行以外金融中介机构存款
A_b 财政借款	L_b 财政存款
A_c 在IMF中的资产	L_c 国际金融机构往来
A_d 黄金外汇占款	L_d 银行资本及其他
	M_2 现金 活期存款 商业银行储蓄存款、定期存款

同样地，按照会计核算原理，总资产＝总负债，可以得到：

$$A_a + A_b + A_c + A_d = L_e + L_b + L_c + L_d + M_2 \quad (6-10)$$

整理得：

$$M_2 = (A_a + A_b + A_c + A_d) - (L_e + L_b + L_c + L_d) \quad (6-11)$$

$$M_2 = (A_a - L_e) + (A_b - L_b) + (A_c + A_d - L_c) - L_d \quad (6-12)$$

由式（6－12）可知，决定广义货币供给量（M_2）的因素与决定狭义货币供给量（M_1）的因素大体一致。

（1）信贷收支状况（$A_a - L_e$）。与决定狭义货币供给量（M_1）的因素分析中不同的是，这里的信贷收支指的是整个银行体系的贷款总量与商业银行以外的其他金融中介机构存款的差额。

（2）财政收支状况（$A_b - L_b$）。若政府财政存款大于财政借款，财政收支存在盈余，广义货币供给量（M_2）会减少；反之，如果财政存款小于财政借款，财政出现赤字，就会引起广义货币供给量（M_2）的增加。

（3）国际收支状况（$A_c + A_d - L_c$）。与对决定狭义货币供给量（M_1）的因素分析相似，如果国际收支是顺差，A_c或A_d增加，就会引起广义货币供给量（M_2）的增加；反之，若国际收支存在逆差，或L_c增加，则会引起广义货币供给量（M_2）的减少。

（4）银行体系资本的数量及其变化（L_d）。银行体系资本（L_d）的增加，会引起广义货币供给量（M_2）的减少；反之，会引起广义货币供给量（M_2）的增加。

（二）货币供给模型分析

令M_s代表货币供给量，B代表基础货币，k代表货币乘数，则货币供给的基本模型可表述为：

$$M_s = k \cdot B \quad (6-13)$$

从模型可以看出，货币供给量决定于货币乘数和基础货币。

1. 基础货币与货币供给

（1）基础货币的内涵与外延。基础货币（Base Money）也称为高能货币（High－power Money）、强力货币或货币基数（Monetary Base），指的是流通于银行体系之外的通货和商业银行的存款准备金之和，其中，商业银行存款准备金包括商业银行持有的库存现金，以及在中央银行的法定存款准备金存款和超额准备金存款。基础货币是商业银行存款创造的基础，是中央银行对社会公众和商业银行的负债总额，是货币供给量中最基本组成部分。

如果我们用 B 代表基础货币，R 代表商业银行的存款准备金，C 代表银行体系之外的通货，则有：

$$B = R + C \tag{6-14}$$

对于基础货币的外延，我们可以通过中央银行的简化资产负债表来考察。

表 6－6　中央银行简化资产负债表

资产	负债
国外资产净额	流通中通货净额
对政府的债权	商业银行存款准备
对商业银行的债权	政府存款
对其他金融中介机构的债权	其他项目净额
其他有价证券	

由上述中央银行简化资产负债表，再根据基础货币的内涵，我们可以将基础货币的外延表述为：

基础货币 =（国外资产净额 + 对政府债权 + 对商业银行债权 + 对其他金融中介机构债权 + 其他有价证券）－（政府存款 + 其他项目净额）　（6－15）

或：基础货币 = 中央银行资产 － 其他非货币性负债与净额

（2）影响基础货币的因素。从式（6－15）可以看出，基础货币决定于中央银行的资产与其他非货币性负债与净额。

假定中央银行其他非货币性负债与净额不变，中央银行资产的变动，会引起基础货币的同方向等额变动；假如中央银行资产不变，中央银行其他非货币性负债与净额的变动，会引起基础货币反方向等额变动。

具体来说，影响基础货币的因素包括：

①一国（或地区）的国际收支状况。如果一国（或地区）存在着国际收支顺差，则意味着国际收入大于国际支出，外汇流入就会增加，人们就会把外汇出售给本国（或地区）中央银行，中央银行的国外资产净额增加，基础货币投放加大；反之，基础货币减少。

②一国（或地区）的汇率政策。若一国（或地区）中央银行实行本币贬值政策，那么，它就会在外汇市场上买进外汇，从而导致基础货币投放就会增加；反之，基础货币投放就会减少。

③一国（或地区）的财政收支状况。如果一国（或地区）存在财政赤字，则中央银行对政府的债权便会增加，基础货币投放因此增加；反之，基础货币投放减少。

④一国（或地区）的货币政策。一国（或地区）专业银行究竟是采取扩张的货币政

策还是紧缩的货币政策会影响到基础货币的变动。一般而言，若一国（或地区）中央银行实行扩张性货币政策，会引起基础货币的增加；相反，则会引起基础货币的减少。

2. 货币乘数与货币供给

（1）货币乘数的含义。货币乘数指的是单位基础货币变动引起货币供给量变动的倍数，因此，货币乘数也被称为货币倍数。用数学公式表示，就是：

$$k = \frac{\Delta M_s}{\Delta B} \tag{6-16}$$

货币乘数越大，货币供给量就会越多；相反，货币供给量会越少。

（2）影响货币乘数的因素。

①货币乘数的推导。第一，狭义货币（M_1）的货币乘数 k_1的推导。

根据狭义货币、基础货币定义以及货币供给基本模型，我们可以得到：

$$M_1 = C + D \tag{6-17}$$

$$B = C + R \tag{6-18}$$

$$M_1 = k_1 \cdot B \tag{6-19}$$

由此可得：

$$k_1 = \frac{M_1}{B} = \frac{C + D}{C + R} \tag{6-20}$$

我们用 E 代表商业银行超额准备金，R_d代表商业银行活期存款的法定存款准备金，R_t代表商业银行定期存款的法定存款准备金，D_t代表商业银行的定期存款，则有：

$$R = E + R_d + R_t = E + R_d + D_t \cdot r_t \tag{6-21}$$

将式（6-21）代入式（6-20），可得：

$$k_1 = \frac{C + D}{C + E + R_d + D_t \cdot r_t} \tag{6-22}$$

将上式中的分子和分母同除以 D，则有：

$$k_1 = \frac{\frac{C + D}{D}}{\frac{C + E + R_d + D_t \cdot r_t}{D}} = \frac{\frac{C}{D} + 1}{\frac{C}{D} + \frac{E}{D} + \frac{R_d}{D} + \frac{D_t}{D} \cdot r_t} = \frac{1 + c}{c + e + r_d + r_t} \tag{6-23}$$

第二，广义货币（M_2）的货币乘数 k_2的推导。

由于：

$$M_2 = C + D + D_t \tag{6-24}$$

$$M_2 = k_2 \cdot B$$

所以有：

$$k_2 = \frac{M_2}{B} = \frac{C + D + D_t}{C + E + R_d + D_t \cdot r_t} \tag{6-25}$$

将式（6-25）中的分子和分母同除以 D，得：

$$k_2 = \frac{\frac{C + D + D_t}{D}}{\frac{C + E + R_d + D_t \cdot r_t}{D}} = \frac{\frac{C}{D} + 1 + \frac{D_t}{D}}{\frac{C}{D} + \frac{E}{D} + \frac{R_d}{D} + \frac{D_t}{D} \cdot r_t}$$

$$= \frac{1+c+t}{c+e+r_d+t \cdot r_t} \quad (令\frac{D_t}{D}=t) \tag{6-26}$$

②影响货币乘数的因素。综合式（6－25）和式（6－28）可以看出，影响货币乘数的因素包括提现率（c）、定期存款占活期存款的比率（t）、超额准备金率（e）和法定存款准备金率（r_d和r_t）。这和我们在商业银行存款创造那里的分析是一致的。

进一步地，我们来分析影响提现率、定期存款占活期存款的比率、超额准备金率和法定存款准备金率的因素。

第一，提现率。提现率也称为现金漏损率或通货比率，指的是社会公众所持现金与商业银行吸收存款的比率。提现率表明的是社会公众在现金和存款之间的选择。提现率高意味着社会公众将存款更多地转化为了现金，提现率低意味着银行存款转化为现金的量要小。

从这个意义上说，影响提现率的因素主要有：

a. 社会公众可支配收入状况。一般来说，可支配收入高的人由于更愿意使用既方便又安全的支票来完成交易活动，所以，提现率会低一些；与此相对，可支配收入低的人由于常使用现金进行交易，所以，提现率会高一些。

b. 市场利率水平。从资产选择角度讲，市场利率是社会公众手持现金的机会成本。为此，市场利率高，人们持有现金的成本就会上升，这会使得理性的投资者减少现金的持有，增加对生息资产（如存款、短期金融资产等）的投资，这时，提现率会下降。当然，如果在市场利率提高的情况下，人们将银行存款转化为现金后去投资短期金融资产，提现率会提高。

c. 银行业的健康、发达程度。如果银行业运行良好，社会公众的风险预期就会下降；他们就更愿意将现金存入银行，提现率就会下降；反之，提现率就会上升。与此同时，提现率的高低还与银行业的发达程度有关，银行业越发达，以银行活期存款为基础的转账结算（非现金结算）越普遍，人们使用现金的数量就会越少，提现率就会越低。

d. 社会公众的通货膨胀预期。当人们预感到即将发生通货膨胀或对通货膨胀的预期加强时，他们的理性行为便是将银行存款转化成现金，去购买实物或保值资产，以避免通货膨胀可能给其带来的损失。

e. 季节性因素。一般来说，在节假日期间，人们的日常消费量会大幅增加，现金使用量会随之增加，提现率也会相应提高；相反，提现率就会降低。

提现率的变动会引起货币乘数的变化。由货币乘数公式我们知道，提现率与货币乘数呈反方向变动。

第二，定期存款占活期存款的比率。定期存款占活期存款的比率反映的是社会公众在银行的存款结构的变化，是社会公众资产选择的结果。影响定期存款占活期存款比率的因素主要有：

a. 社会公众可支配收入状况。随着社会公众可支配收入的不断提高，在手持现金和银行存款两项选择之间，人们会减少现金的持有，增加银行存款。由于活期存款利率一般都低于定期存款利率，因此，在银行存款增加的同时，定期存款的增加速度往往会高于活期存款。这样，定期存款占活期存款的比率就会提高。

b. 存款利率结构的变动。一般地，当活期存款与定期存款的利率水平差异越大，定期存款占活期存款的比率就会越高；相反，该比率会出现降低。

由货币乘数公式我们可以发现，定期存款与活期存款的比率与货币乘数之间呈反向变动关系。

第三，超额准备金率。超额准备金率是由商业银行自主提取的超额准备金与所吸收存款的比率。商业银行究竟会提取多少超额准备金，主要取决于以下几个方面的因素：

a. 业务经营情况。由于超额准备金是商业银行可以自主使用的，用于业务开展的资金，因此，商业银行的业务规模，如提现的概率、业务量的大小等必然会影响到商业银行的超额准备金率。

b. 市场利率水平。市场利率水平决定着商业银行保有超额准备金的机会成本。市场利率水平越高，意味着商业银行如果按照现行市场利率把保有的超额准备金运用出去的话，会获取更多的收益，在这种情况下，商业银行便会减少超额准备金的持有，超额准备金率就会因此下降；相反，超额准备金率就会上升。

c. 中央银行货币政策。假如中央银行实行扩张的货币政策，那么中央银行的信贷条件就会放松，商业银行就能够以较低的融资成本从中央银行取得再贴现资金和再贷款资金，能够解决超额储备金不足情况下的资金需求问题，那么，商业银行便会减少超额准备金，超额准备金率就会降低；相反，超额准备金就会增加，超额准备金率就会上升。

d. 商业银行的风险偏好。一般来说，如果商业银行是一个风险偏好者，它会更倾向于减少超额准备金，将其在市场上运用以获取收益，超额准备金率会随之降低；反之，如果商业银行是一个风险厌恶者，它会保留更多的超额准备金以备不时之需。

从货币乘数公式看，超额准备金率与货币乘数呈反方向变动。超额准备金率越高，货币乘数越小；相反，货币乘数则会越大。

第四，法定存款准备金率。法定存款准备金率是中央银行影响商业银行存款创造的一个有力工具。由于法定存款准备金率是由中央银行事先规定的，因此，法定存款准备金率的高低主要取决于中央银行的货币政策意向，如果中央银行想刺激经济，便可以采取降低法定存款准备率的政策；反之，则可以动用提高法定存款准备金率的政策。另外，对于那些实行了差别法定存款准备金率的国家和地区来说，商业银行的业务经营本身也会引起法定存款准备金率的变化，如商业银行存款结构的变化、经营的合规性等。

由货币乘数公式我们不难发现，法定存款准备金率和货币乘数呈反方向变动。

四、货币供给的内生性与外生性

货币供给的内生性与外生性最终决定着中央银行对货币供给量的控制程度，因此，有关货币供给内生性与外生性的讨论对研究中央银行货币政策及宏观调控具有非常重要的意义，为此，货币供给内生性与外生性问题就成为了经济学家们研究货币供给及宏观调控问题时的一个重要话题。

（一）内生变量与外生变量

内生变量和外生变量是计量经济学中的概念。

按照计量经济学的解释，内生变量（Endogenous Variable）是指在经济模型中，由给定的经济模型本身决定的变量。

货币供给量是内生变量也被称为非政策性变量，它是指货币供给量是由经济运行过程中的内在经济因素决定的变量。从这个角度说，货币供给量是内生变量就意味着，货币供给量完全由经济运行过程中的纯内在因素，如收入、储蓄、投资、消费等决定的变量，货币当局的政策并不能决定它的大小。

外生变量（Exogenous Variable）指的是在经济模型中，给定的经济模型本身无法决定而由这个模型以外的因素决定的变量。它是模型得以建立的外部条件。

货币供给量是外生变量也被称为政策性变量，它是指货币供给量是由经济运行以外的因素，通常是货币当局的政策所决定的变量。货币供给量是外生变量意味着，货币供给量并不最终决定于经济运行本身以及其内在的因素，它是由货币当局的政策所决定的一个变量。

（二）有关货币内生性与外生性的争论

西方理论界关于货币供给外生性与内生性的争论由来已久，最早可追溯到17世纪的货币金属论与货币名目论之争。但系统性讨论货币供给内生与外生问题的是凯恩斯主义学派和货币主义学派。

1. 凯恩斯主义学派的观点

（1）凯恩斯的货币供给外生论。凯恩斯也认为货币供给量是一个由货币当局控制的外生变量。在凯恩斯看来，货币供给量的变化会影响经济运行，但其自身并不由经济因素决定。作为一位货币名目论者，凯恩斯认为，货币只是用于债务支付和商品交换的符号，所以既无须有贵金属实体，也无须有内在的价值，之所以能够被人们接受，完全是因为它是国家的法律创造物，是国家通过法律强制发行、强制流通的货币。货币当局可以根据经济的运行状况，人为对货币供给量进行调控，以实现政府的政策意图，并认为公开市场操作是对货币供给量进行调控的重要手段。公开市场操作不仅可以改变货币数量，而且还会影响社会公众对货币政策的预期。

（2）新剑桥学派的货币供给不完全外生论。作为现代凯恩斯主义重要分支的新剑桥学派并不完全同意凯恩斯的外生货币供给论。他们认为：

①虽然从形式上看，货币是由中央银行创造的，但事实上，货币供给量并不完全由中央银行自主决定，它在很大程度上是中央银行被动地适应公众货币需求的结果，而货币需求的大小取决于经济的盛衰和社会公众的预期。

②中央银行对货币供给的控制能力和效果并不像凯恩斯认为的那样绝对。首先，中央银行对货币供给量的控制能力是有限的。例如当社会公众的货币需求旺盛时，商业银行可能会绕过中央银行的控制，主动增加贷款，另外，银行信用只是社会公众获取资金的一条渠道，但并非唯一渠道，除此之外，还有商业信用等其他信用形式，这决定了中央银行在货币供给的控制上存在漏区。其次，中央银行对货币供给的控制能力在货币供

给的增加和减少方面的分布是不均衡的。通常是增加货币供给量较容易，而减少或回笼货币供给量要困难得多。

（3）新古典综合派的货币供给内生论。作为凯恩斯学派另一分支的新古典综合派是“凯恩斯革命”以后最有影响力的凯恩斯学派。在货币供给的性质问题上，新古典综合派完全走到了凯恩斯的反面，认为货币供给量是由商业银行和企业行为决定的一个内生变量。商业银行和企业的行为完全取决于经济体系的运行，中央银行不可能有效地限制和支配商业银行和企业的行为。

历史上，许多西方经济学家，如约翰·格利、爱德华·肖、詹姆斯·托宾等，都对货币供给的内生性进行过描述。较为著名的当属西德尼·温特劳布（S. Weintraub）和尼古拉斯·卡尔多（N. Kaldor）的货币供给内生模型。温特劳布和卡尔多认为，货币需求通过政府的压力，转换成中央银行的货币供给，即中央银行只能顺应经济运行的要求供给货币，而无法执行自主性货币政策。①

2. 货币主义学派的观点

货币主义学派代表人物米尔顿·弗里德曼、菲利普·卡甘（P. Cagan）、杰瑞·乔顿等人都认为虽然决定货币供给的主要因素基础货币、存款准备金率与通货比率分别决定于货币当局、商业银行和公众的行为，但央行能直接决定基础货币，而基础货币对存款准备金率和通货比率有决定性影响。这意味着货币当局只要控制或变动基础货币，就必然通过影响存款准备金率和通货比率从而决定货币供给量的变动。在这种情况下，货币供给无疑是外生变量。在此基础上，弗里德曼还提出了著名的“单一规则”——公开宣布并长期采用一个固定不变的货币供给增长率。

3. 新经济自由主义学派的观点

德国的新经济自由主义学派认为，要保证社会市场经济模式的协调和稳定，必须首先稳定货币，要保证币值的稳定，货币供给必须与商品相联系。正是从这个意义上说，新经济自由主义学派也认为，货币供给量是一个可由货币当局控制的外生变量。

与弗里德曼不同的是，新经济自由主义学派认为，把货币供给增长率固定在一个具体的数值上是不严密的，在实际操作中也是被动的，为此，他们提出了货币供给增长率的区间论。所谓“区间论”是指把货币供给增长率从一个具体数值变为一个特定范围。

（三）货币供给量：既是一个内生变量又是一个外生变量

从理论和现实来看，货币供给量是一个既具有内生特性，又具有外生特性的变量。

1. 货币供给量是内生变量

从货币乘数公式我们可以看出，货币供给量的变动并不完全受制于央行的货币政策，如法定存款准备金率的变动、基础货币投放的组建，它还受制于客观经济运行过程本身，受经济运行过程中诸如商业银行、社会公众等其他经济主体的经济行为的影响。

2. 货币供给量是外生变量

（1）货币供给量中最主要的构成部分——基础货币，是由中央银行创造的。

---

① 胡海鸥．货币理论与货币政策［M］．上海：上海人民出版社，2004.

(2) 中央银行能够出于稳定金融运行稳定、支持经济发展的目的，运用货币政策手段对货币供给量进行调节。

第二节　货币需求理论

一、货币需求的概念

在现代货币经济社会中，社会各经济主体都需要持有一定量的货币去执行媒介商品和劳务的交换、支付各项费用、偿还债务以及从事投资或保存价值，在这种情况下，自然产生了他们对货币的需求。

货币需求（demand for money）作为一种经济需求是一种客观需求，即它不单纯是一种心理上的欲望，而是由需求能力和需求愿望共同决定的对货币的有效需求。它是一国（或地区）社会各经济主体在某个时点上，在既定的收入或财富中能够并且愿意以货币形式持有的数量。正因为如此，货币需求是一个存量的概念，而非流量概念。

现实中的货币需求不仅包括对现金的需求，而且包括对存款货币的需求，人们对货币的需求既包括对执行流通手段和支付手段职能的货币的需求，也包括对执行价值贮藏手段职能的货币的需求。

理论上，经济学家们在对货币需求进行分析过程中，主要是从货币需求主体和货币对经济运行的影响这两个角度来考察货币需求。

（一）微观货币需求与宏观货币需求

从货币需求主体角度看，经济学家们常把货币需求分为微观货币需求和宏观货币需求。

微观货币需求也被称为个人货币需求，它是指社会各经济主体在收入水平、利率水平及其他经济条件既定的前提下，从自身的利益、动机和持有货币的机会成本等角度考虑而产生的对货币的需求。

宏观货币需求也被称为社会货币需求，它是指一个国家（或地区）由经济发展的需要所决定的货币需求。

（二）名义货币需求与实际货币需求

名义货币需求（Nominal Money Demond）是指仍旧包含着物价上涨因素的货币需求。在货币需求分析模型中通常用 M_d 表示。

实际货币需求（Real Money Demond）是指在名义货币需求量的基础上剔除物价上涨因素以后的货币需求。在西方货币需求函数的描述中通常用$\frac{M_d}{P}$来表示。

二、货币需求理论的发展

（一）古典货币数量学说

古典货币数量论有时也被称为传统货币数量学说，它可追溯至大卫·休谟

（D. Hume）的《论货币》，其后经历100余年的发展，经马歇尔、维克塞尔、欧文·费雪（I. Fisher）和阿瑟·C. 庇古（A. C. Pigou）等经济学家的发展得以最终形成。古典货币数量论因其形式的简洁性和逻辑解释能力，在凯恩斯的货币理论之前一直居于经济学的主流位置。

古典货币数量学说认为，货币本身并不具有内在的价值，其价值纯粹源于其交换价值，货币只是掩盖"实质力量行动的面纱"或掩盖于"经济生活躯体上的外衣"。货币量变动对经济的影响主要表现对物价的影响上。因此，古典货币数量学说并未把货币需求作为直接的研究对象，它致力于解释的是货币量变动与物价之间的关系。但随着货币数量学说的发展，其作为货币需求理论的特征越来越明显。

1. 现金交易数量说

现金交易数量说（Cash Transaction Theory）的代表人物是美国经济学家欧文·费雪。1911年，费雪在他的《货币购买力》一书中提出了该理论。

（1）现金交易方程式。费雪认为，货币的唯一职能是充当交易媒介，人们需要货币仅仅是因为货币具有购买力，可以用来交换商品和劳务。因此，一定时期内社会所需要的货币总额必定等于同期内参加交易的各种商品和劳务的价值总和。据此，他提出了著名的"现金交易方程式"，即

$$MV = PT \tag{6-27}$$

式中，M 为一定时期内流通中货币的平均量；V 为货币流通速度（Velocity of Money）；P 为所有交易中商品和劳务的平均价格；T 为全部商品和劳务的总交易量。

（2）费雪对方程式的进一步阐释。

①由于所有商品和劳务的总交易量资料不易获得，而且人们关注的重点往往是总产出，而不是交易总量，所以，上述"现金交易方程式"也通常写为：

$$MV = PY \tag{6-28}$$

即货币数量乘以给定年份中货币被使用的次数必定等于名义收入。

②在式（6-28）中，第一，由于经济中影响人们交易方式的制度和技术（信用发达程度、交通运输通信条件等）等因素在短期内不会发生大的变化，因此，短期内货币流通速度可视为常数。第二，工资和价格具有完全弹性，因此，实际产出总量取决于资本、劳动、资源以及生产技术等非货币因素，它独立于货币因素而存在，总是维持在充分就业的水平上，因此，实际总产出在短期内也是一个常量。

由此，费雪得出结论：货币供给量的增加会引起一般物价水平的等比例上升。

（3）现金交易数量说中的货币需求思想。

将现金交易方程式进行变形，两边同除以货币流通速度 V，我们可以得到：

$$M = \frac{1}{V} \cdot P \cdot Y \tag{6-29}$$

当货币市场达到均衡时，人们手中持有的货币量 M 就等于货币需求 M_d，因此，我们可以得到如下货币需求的方程式：

$$M_d = \frac{1}{V} \cdot P \cdot Y \tag{6-30}$$

由于$1/V$是常数，所以，由名义货币收入PY引致的交易水平就决定了整个经济体的货币需求量。由此也可以得出结论：货币需求仅为收入的函数。

费雪方程式的缺陷在于：①认为货币仅执行交易媒介的职能，这与现实不符；②在贵金属货币流通条件下，由于货币具有自动调节功能，货币供给量的增加并不引起一般物价水平的等比例上升。

2. 现金余额说

在欧文·费雪提出现金交易数量说的同时，包括马歇尔、庇古在内的一批英国剑桥大学的创立了一个新的理论。由于该理论着眼于从货币贮藏手段职能角度来研究货币量和一般物价水平的关系，认为货币量是在一定时刻停息的货币量，因而被称为现金余额说（Cash Balance Theory）。

（1）现金余额方程式。现金余额方程式也被称为剑桥方程式，它是由英国经济学家庇古在1917年英国《经济学季刊》上的论文《货币的价值》中提出的，用来解释马歇尔的现金余额货币数量说的数学方程式。

与费雪不同，剑桥学派强调人们对货币需求的主观因素，注重从个人资产选择角度来探讨人们在不同的环境中愿意持有的货币数量。

剑桥的古典经济学家认为，人们之所以会将财产总额中的一部分以货币的形式持有，是因为货币具有交易媒介和价值贮藏两个方面的属性。首先，剑桥经济学家同意费雪的观点，即货币是交易的媒介，由交易引起的货币需求与名义收入成正比例关系。与此同时，剑桥经济学家认为，货币的财富贮藏功能关系到人们的财富水平，也影响人们的货币需求。并认为货币需求中由财富引起的部分与人们的财富或名义收入保持一定比例。

我们用M_d代表货币需求，P代表一般物价水平，Y代表总产出，k代表名义收入（PY）中以货币形式持有的比例，则有：

$$M_d = k \cdot P \cdot Y \tag{6-31}$$

这便是著名的现金余额方程式。

（2）剑桥学派对现金余额方程式的进一步说明。剑桥学派认为：第一，实际生产总量（Y）主要由人类所控制的经济资源数量、生产技术水平和生产要素供给等外生因素决定，在短期内，这些因素不易变化，因此，Y是一个相对稳定的量；第二，在名义收入中以货币形式持有的比例k主要有三个重要的影响因素：①持有货币所带来的便利和所能避免的风险；②把以货币形式持有的资产用于投资所能获得的实际收入水平；③把货币用于消费所能获得的效用满足程度。在剑桥学派看来，上述三个因素在短期内是不易变化的，因此，在短期分析中，k为一既定的量。由此，剑桥学派得出结论：货币（需求）量与一般物价水平成正比例关系。

与现金交易说相比，现金余额说思想上的突破更能反映现实经济社会。这是因为：

第一，现金交易说仅注意到了货币的交易媒介职能，而现金余额说在认识到货币同时具有交易媒介和价值贮藏双重职能的基础上，更加强调的是货币的价值贮藏职能，认为货币是资产的一种存在形态，人们需要货币是将其当作保有资产或财富的一种手段。

第二，现金交易说强调的是单位货币的平均持有时间，关心的是人们为了交易使用货币的数量和速度，着重于货币支出流量分析，而现金余额说认为货币是购买力的暂栖所，货币数量是一定时点上的货币量，着重于对货币的存量分析。为此，丹尼斯·H. 罗伯逊（D. H. Robertson）将现金交易说中的货币称为“飞翔的货币（Money On The Wing）”，而把现金余额说中的货币称为“栖息的货币（Money Sitting）”。

第三，虽然现金余额说同意现金交易说中货币数量取决于名义收入的观点，但更加强调的是从个人资产选择角度分析决定货币需求的因素，并认为是否选择以及选择多少货币用于贮藏财富取决于其他可以作为财富贮藏手段的财产的回报率，即机会成本，强调人的意志及预期等心理因素的作用；而现金交易说重视的是影响货币流通速度的制度与技术等因素，忽视了人们在金融交易中的主观意志。

（二）凯恩斯学派货币需求理论

1. 凯恩斯的流动性偏好理论

凯恩斯认为，为了合理地安排支出，人们在取得货币收入以后，通常应做出两个方面的选择。首先是确定既定收入条件下消费与储蓄的比例。由于消费代表的是即期消费，储蓄代表的是延迟消费，因此，消费与储蓄的选择属于时间偏好的选择；其次，确定储蓄的结构。凯恩斯认为，在储蓄结构的选择上，人们只能在货币和债券之间进行选择，并且二者不可兼得。因此，储蓄结构的选择即决定在全部货币收入中，有多少以货币形式持有，有多少购买债券。由于货币和债券有着不同的流动性，因此，储蓄结构的选择是流动性偏好的选择。

在此基础之上，凯恩斯创建了自己的货币需求理论，即流动性偏好理论（Liquidity Preference Theory）。凯恩斯货币需求理论的最显著特点是着重对货币需求的各种动机的分析。

（1）凯恩斯的三大心理动机。凯恩斯认为，人们之所以具有对流动性（货币）的偏好是因为三大心理动机。

①交易动机。交易动机（Transaction Motive）是指人们出于应付日常交易的考虑而愿意持有一定量货币的愿望。因交易动机所产生的对货币的需求是为了解决收入与支出在时间上的差异问题。

②预防动机。预防动机也被称之为谨慎动机（Precautionary Motive），它是指人们为了防备未来收入的不确定性而保留一部分货币以备不测的愿望。

③投机动机。投机动机（Speculative Motive）是人们为了在未来以适当时机进行投机活动而持有一定数量货币的愿望。

（2）完整的凯恩斯货币需求函数。凯恩斯认为，人们因上述三大动机产生了对货币的需求，其中，因交易动机和预防动机而产生的对货币的需求是收入的增函数；因投机动机而产生的对货币的需求在很大程度上是利率的减函数。即：

$$L_1 = L_1(Y), \frac{dL_1}{dY} > 0 \tag{6-32}$$

$$L_2 = L_2(i), \frac{dL_2}{di} < 0 \tag{6-33}$$

由此我们可以得到凯恩斯的货币需求函数，也就是流动性偏好函数。

$$\frac{M_d}{P} = L_1(Y) + L_2(i) \tag{6-34}$$

（3）凯恩斯货币需求理论的特点。

①强调货币的资产或价值贮藏职能。作为剑桥学派代表人物马歇尔的学生，凯恩斯的货币需求理论延续了剑桥学派货币需求理论强调货币作为资产或价值贮藏，而不仅仅是交易媒介的传统。

②强调了利率对货币需求的主要作用。在古典的货币数量说中，货币需求被界定为仅是收入的函数。而凯恩斯在承认收入在货币需求中的重要性的同时，强调了利率对货币需求的影响。这为凯恩斯主张货币当局通过调节利率来调控货币需求的货币政策主张奠定了坚实的理论基础。

③认为货币需求函数是一个不稳定的函数。因投机动机所产生的对货币的需求依赖于现行利率和预期未来利率的关系，而未来利率走势存在很强的不确定性，因此，投机性货币需求与利率之间的关系是不稳定的，这也决定了货币需求函数是一个不稳定的函数。

④认为货币流通速度并不是一个常量。在欧文·费雪的现金交易说中，货币流通速度被设定为一个常量。凯恩斯认为，货币流通速度与利率及对未来利率的预期有着密切关系，现行利率的波动和未来利率预期的变化都决定了货币流通速度并不是一个常量。在货币流通速度并非常量的情况下，货币量（M）与名义收入（PY）之间不可能存在稳定的关系，因此，名义收入完全由货币量决定的古典货币数量说的观点是不能成立的。

⑤提出了流动性陷阱的概念。凯恩斯认为，当利率水平降低到某个最低点时，人们就会产生利率上升、债券价格下降的预期，在这种情况下，人们对货币需求的弹性趋于无穷大，人们只愿意持有货币而不愿意持有债券。即无论货币当局如何扩大货币供给量，都将被人们的投机性货币需求所吸收，货币当局试图通过扩大货币供给量来降低利率，增加投资，刺激经济的货币政策就失效了。后来罗伯逊将这种现象命名为流动性陷阱（Liquidity Trap）。由于这种现象是由凯恩斯揭示的，因此理论界也有人把它称为凯恩斯陷阱（Keynes Trap）。

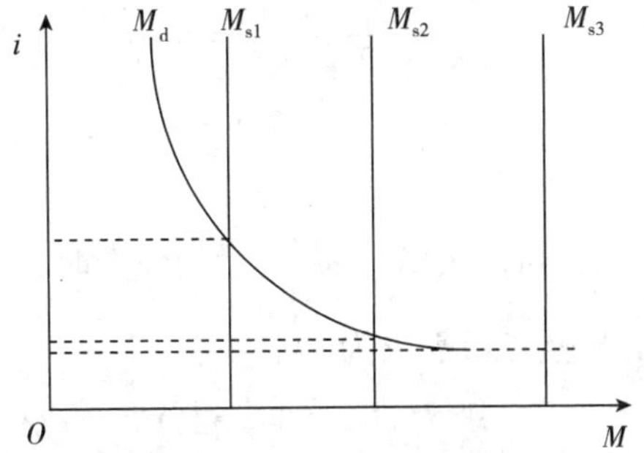

图6-1　流动性陷阱

2. 对凯恩斯货币需求理论的发展

虽然凯恩斯从一个全新的角度对货币需求问题进行了独特分析，但其流动性偏好理论用于与现实的脱节而存在着一定的缺陷，这种脱节主要表现在：①交易性货币需求、预防性货币需求与利率变动无关的结论与现实并不相符；②人们对未来利率变化的预计是自信的，并在自信的基础上决定自己持有现金还是债券，二者不可兼有与现实不相吻合。

正因为凯恩斯的货币需求理论存在上述的缺陷，才有后来的经济学家对凯恩斯理论的发展，才有凯恩斯主义学派货币需求理论的完善。

（1）鲍莫尔—托宾模型。早在 20 世纪 40 年代末，美国经济学家阿尔文 · H. 汉森（A. H. Hansen）就对凯恩斯的货币交易需求仅是收入的函数而与利率无关的说法提出过质疑。1952 年和 1956 年，美国经济学家威廉姆 · J. 鲍莫尔（W. J. Baumol）和托宾分别发表论文，证明了交易性货币需求与利率之间的关系。他们二人的模型被后人称为鲍莫尔—托宾模型，也被称为“平方根定律（Square Root Law）”“平方根法则”或“平方根公式（Square Root Formula）”。

鲍莫尔利用最优存量或控制理论的思想认为，由于现金不会给持有者带来收益，所以人们会根据利率的变化而在现金和生息资本之间进行选择，最终持有最适度的现金以实现规模经济效益。

设某人在期初将全部收入所得 Y 以债券方式持有，并假定此人每次均从其债券中取出 K 换取现金，则套现次数为 Y/K，假如每次证券买卖的手续费为 b，则买卖证券的成本总额为$\frac{b \cdot Y}{K}$；又设此人每次获得的货币量 K 平均使用，则从第一次套现到下一次套现期的平均货币余额为 $K/2$，令市场利率为 i，则保有货币的利息成本为$\frac{i \cdot K}{2}$。

那么，此人为应付交易需求而保有货币的总成本 C = 交易成本 + 持币的机会成本 =

$$\frac{b \cdot Y}{K}+\frac{i \cdot K}{2} \tag{6-35}$$

为使保有货币的成本降至最低，选择 K 值，将式（6－35）加以微分，使成本符合最低要求的 K 值为

$$\frac{\partial C}{\partial K} = \frac{i}{2} - \frac{bY}{K^2} = 0 \tag{6-36}$$

$$K^* = \sqrt{\frac{2bY}{i}} \tag{6-37}$$

由于$\frac{\partial^2 C}{\partial K^2}=\frac{2bY}{K^3}>0$，所以，当每次出售 K^* 数量的债券时，总成本 C 最小。

与此相对应，最优的交易性货币需求为

$$L_1^* = \frac{K^*}{2} = \frac{1}{2}\sqrt{\frac{2bY}{i}} \tag{6-38}$$

令 $a=\frac{1}{2}\sqrt{2b}$，则：

$$L_1^* = aY^{0.5} \cdot i^{-0.5} \quad (6-39)$$

式（6－37）便是著名的平方根公式。它表明，最优交易性货币需求与收入 Y 以及债券交易费用 b 的平方根成正比，与利率的平方根成反比。从而证明了交易性货币需求不仅与收入有关，而且是利率的函数。

（2）惠伦模型。

惠伦模型也被称为“立方根定律（Cube Root Law）”“立方根公式（Cube Root Formula）”或“立方根规则（Cube Root Rule）”。它是由爱德华·L. 惠伦（E. L. Whalen）在 1966 年发表在《经济学季刊》［The Quarterly Joural of Ecomomics，Vol. 80，No. 2（May，1966）］上的论文《A Rationalization of The Precautionary Demond For Cash》中创立的。在该模型中，惠伦论证了预防性货币需求与利率的关系，从而修正了凯恩斯关于预防性货币需求对利率不敏感的观点。惠伦认为，为了预防未来的不确定性，人们因预防性动机而持有的货币总是会大于预计的净支出需要量。

惠伦认为，影响预防性货币需求的因素有两个，即持币成本和收入与支出状况。其中持币成本由非流动性成本和利息损失成本组成。

假定出现流动性资金不足时的损失为 b，出现的概率为 P，则非流动性成本为 Pb；另用 i 代表利率，用 M 表示预防性货币余额的平均持有量，则持有预防性货币余额的机会成本为 M_i。总成本为

$$C = P \cdot b + M \cdot i \quad (6-40)$$

为了估计 P 的大小，假定未来某一时间内的净支出 X 遵循某一随机分布，且均值为 0，方差为 S^2。根据切比雪夫不等式，可以得到净支出与均值之间的偏差大于预防性货币余额的概率 P 满足的条件是

$$P\{|X-0| \geq M\} \leq \frac{S^2}{M^2} \quad (6-41)$$

假定企业和个人都是风险厌恶者，上式可变形为

$$P = \frac{S^2}{M^2} \quad (6-42)$$

将式（6－42）代入式（6－40），可得

$$C = \frac{S^2}{M^2} \cdot b + M \cdot i \quad (6-43)$$

对式（6－43）中的 M 求一阶导数，并令其为 0，则：

$$\frac{\partial C}{\partial M} = i - \frac{2S^2}{M^3} \cdot b = 0 \quad (6-44)$$

于是得到：

$$M^* = \sqrt[3]{\frac{2S^2 b}{i}} \quad (6-45)$$

同时，由式（6－43）得到：$\frac{\partial^2 C}{\partial M^2} = \frac{6S^2}{M^4} \cdot b > 0$ 使得总成本 C 成立的二阶条件也得到了满足，因此，式（6－45）确定的 $M*$ 即为最优的预防性货币持有额。式（6－45）即著名的“立方根公式”或“立方根法则”。它表明，最优的预防性货币需求同净支出分

布的方差以及非流动性成本大小同向变动，同利率则负相关。并且，预防性货币需求的利率弹性为 $-\frac{1}{3}$。

（3）托宾的资产选择理论。凯恩斯的货币需求理论认为，人们对未来利率变化的预期是确定的，并在此基础上决定是持有货币还是债券，且二者不可兼得。托宾在1958年发表的论文《风险条件下的流动性偏好行为》中，将马柯维茨的均值—方差分析方法应用于货币需求分析，创立了资产组合的货币需求理论（也称为资产选择理论，The Theory Of Portfolio Selection），修正了凯恩斯的上述观点，从而完善了凯恩斯的货币需求理论。

托宾认为，在对未来预计不确定存在的情况下，投资者会在货币与债券两种之间选择，而并不像凯恩斯所说的那样二者不可得兼。投资者在进行资产选择时不仅会考虑各种资产的预期回报率，而且还会考虑持有每种资产所包含的风险。因此，投机性货币需求不仅取决于利率水平的高低，而且还决定于各种金融资产的相对收益率和风险状况。与此同时，托宾认为，通过同时持有货币和债券这一多样化措施，可以减小投资者所持资产的总风险。

托宾的资产选择理论的贡献主要在于：①在货币需求分析中引入了风险因素；②将宏观货币经济运行同微观投资者的投资行为联系起来，从而在宏观金融运行和微观金融运行之间架起了一道桥梁。

我们可以将托宾的资产理论如图6－2所示。

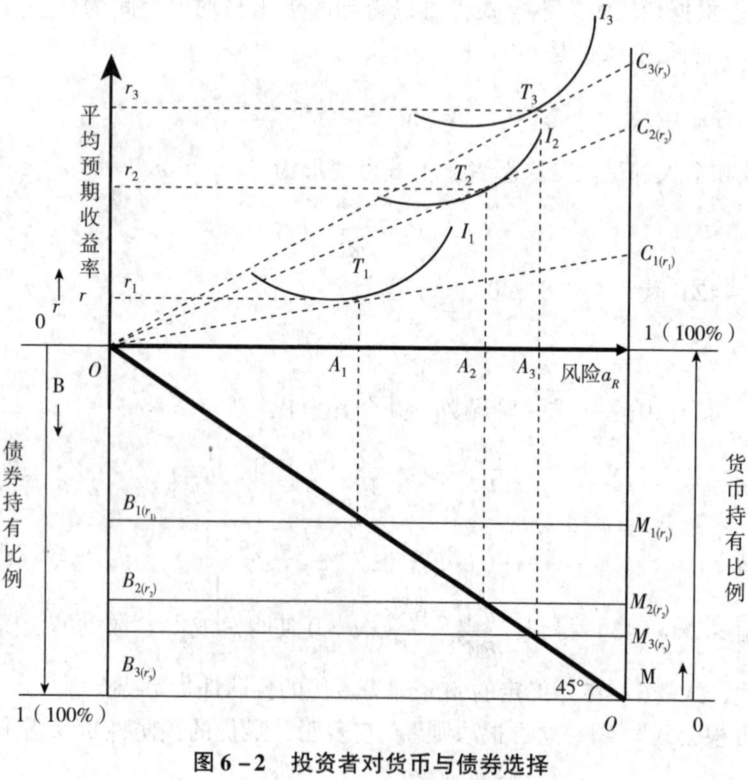

图6－2　投资者对货币与债券选择

图 6－2 中的上半部分纵轴为平均预期收益，横轴为风险，OC_1、OC_2、OC_3为不同利率水平下（r_1、r_2、r_3，$r_3 > r_2 > r_1$）的投资机会曲线，它表明风险越大的投资，收益也越大。I_1、I_2、I_3是一组无差异曲线，在任一既定的曲线上，不同的收益与风险的组合都具有等量的效用，此曲线向右上方移动，表明风险增加后，收益率必须相应增加以作为补偿。

图 6－2 中的下半部分表明资金在货币与债券之间的分配，通过中间对角线 OO 表明债券与货币的相对比例。其中左纵轴表示风险性资产（债券）的构成比例，向下从 0 到 1（100%），表明债券随利率的上升而增加；右纵轴表示安全性资产（货币）的构成比例，向上从 0 到 1（100%），表示货币随利率的提高而减少。

（4）新剑桥学派对凯恩斯货币需求动机理论的发展。新剑桥学派认为，随着经济的发展，凯恩斯的三大动机已经不能说明全部现实状况，应该予以扩展。他们将货币需求的动机拓展为三类七种。

①商业性动机。商业性动机主要包括：

a. 产出流量动机。即因企业增加产量、扩大经营规模而产生的对货币更多的需求愿望。

b. 货币—工资动机。由货币—工资增长的连带效应形成的对货币的需求愿望。

c. 金融流量动机。是因人们为购买高档消费品需要储存货币的愿望。

因商业性动机引起的货币需求与收入有着紧密的联系。

②投机性动机。新剑桥学派将投机动机细分为以下几个方面。

a. 预防和投机动机。这和凯恩斯的预防动机和投机动机没有什么差别。

b. 还款和资本化融资动机。按规定条件偿还债务、支付利息等所产生的对货币的需求。

c. 通货膨胀损失动机。因物价上涨、货币贬值而引起的人们对货币的需求。

由投机性动机引起的货币需求与收入的关系不大，它主要取决于人们对未来的预期，悲观时增加，相反则减少。

③公共权力动机。按照新剑桥学派的解释，所谓公共权力动机也可称为政府需求扩张动机，它是因政府实行赤字财政政策和膨胀性货币政策所产生的扩张性货币需求动机。

（三）弗里德曼的现代货币数量论

1956 年，米尔顿·弗里德曼（M. Friedman）在其发表的论文《货币数量论：一种新的阐释》（*The Quantity Theory of Money—A Restatement*）中，对古典货币数量学说进行了重新解释，认为货币数量学说不应该是关于产量、货币收入或物价的理论，而是有关货币需求的理论，货币需求理论主要研究的是货币需求的决定因素。弗里德曼的思想最终奠定了现代货币数量说的基础。

1. 影响货币需求的因素

弗里德曼认为，影响货币需求的因素有四个，即财富总量、人力财富占财富总量的比重、持有货币及货币以外其他资产的预期回报率和其他影响因素。

（1）财富总量。弗里德曼认为，总财富由人力财富和非人力财富（物质财富）组成。在现实中，由于财富总量是很难准确计算的，而当期收入又经常会因各种因素的影响处于变动之中，因此，弗里德曼引入了永久性收入（Permanent Income）概念。永久性收入指的是在一个相当长的时间内人们取得的平均收入。

（2）人力财富占财富总量的比重。人力财富指的是个人在未来获得收入的能力，即人类所具有的创造物质财富的能力，因此，人力财富也称作人力资本。非人力财富则指的是以各种资产表现的财富，包括生产资料及其他物质财富，如住宅、高档耐用消费品等。弗里德曼认为，在这两种财富之间，人们拥有更多的是人力财富。

在经济社会的运行过程中，人们会不断地将自己的人力财富转化为非人力财富，而人力财富要转化为现实的物质财富需要很多因素的制约，因此，在转化过程中必须要持有一定量的货币来保持流动性。从这个角度讲，人力财富在财富总量中所占比例越大，对货币的需求就会越多。

（3）持有货币及货币以外其他资产的预期回报率。弗里德曼货币需求理论中的货币包括现金和商业银行存款，因此，持有货币的预期回报率无外乎三种情况。当货币以现金形式存在时，由于持有现金是没有收益的，因此，这种情况下的预期回报率为零；当货币以收取服务费为条件的活期存款的形式存在时，持有货币的预期回报率为负；当货币以支付利息的定期存款的形式存在时，持有货币的预期回报率为正。

在货币以外人们持有的其他资产被弗里德曼确定为三种，即债券、股票和商品。人们持有货币以外的其他资产的预期回报率由两部分组成：①任何现在已付的收益或费用，如债券利息、股票红利、有形资产保管费用；②上述资产的名义价格的变动。当债券和股票预期收益率增大时，持有货币的机会成本就会增加，对货币的需求就会减少。同样地，当实物资产预期报酬率增大时，对货币的需求也会减少。

（4）其他影响因素。影响货币需求的其他因素指的是人们持有货币的效用以及影响这种效用的收入以外的其他各种随机因素，如人们对货币的主观偏好、对未来经济稳定性的预期、各种技术和制度因素等。

2. 弗里德曼的货币需求函数

综合以上影响货币需求的各种因素，弗里德曼创建了自己的货币需求函数：

$$M_d = f(P;Y_P;w;r_m,r_b,r_e,\frac{1}{P}\cdot\frac{\mathrm{d}P}{\mathrm{d}t};u) \tag{6-46}$$

式中，M_d为名义货币需求量；P为价格水平；w为人力财富占总财富的比重；Y_P为永久性收入；r_m、r_b、r_e分别为持有货币、债券和股票的预期回报率；$\frac{1}{P}\cdot\frac{\mathrm{d}P}{\mathrm{d}t}$为预期通货膨胀率；$u$为其他因素。

将式（6－46）同除以P，可得到实际货币需求函数。

$$\frac{M_d}{P} = f(Y_P;w;r_m,r_b;r_e,\frac{1}{P}\cdot\frac{\mathrm{d}P}{\mathrm{d}t};u) \tag{6-47}$$

3. 弗里德曼对货币需求函数的进一步分析

（1）w 和 u 在短期内较为稳定，不会发生无规则的大幅度波动。

（2）r_m、r_b和 r_e都受市场利率的影响，因此，可用 i 代表各种资产的预期收益率对货币需求的影响，但货币需求对利率不敏感。

（3）只有在持续高通胀时期，物价水平直接影响货币需求，因此，$\frac{1}{P}\cdot\frac{dP}{dt}$对货币需求通常不会产生影响。

在这种情况下，货币需求函数可修正为更为简洁的形式$\frac{M_d}{P}=f(Y_P)$。

由此我们可以得出结论：

a. 影响货币需求的主要因素是永久性收入，而它在短期内是较为平稳的，因此货币需求函数是稳定的。

b. 货币流通速度是稳定可测的。因为由现金交易方程式可知：

$$V=\frac{Y}{M_d/P}=\frac{Y}{f(Y_P)} \tag{6-48}$$

本章小结

货币供给理论是货币经济学的重要组成部分，它主要研究货币供给的决定机制、形成机制等方面的问题。货币供给是一个兼具动态和静态两种属性的范畴。动态上的货币供给是货币供给主体向社会供给货币的经济行为；静态上的货币供给特指货币供给量。货币供给量是指某一特定时点上，一个国家（或地区）非银行部门持有的，由银行部门供给的货币总量。正是从这个意义上说，货币供给量是某个时点上的存量概念。在非现金结算和部分法定存款准备金制度假定下，商业银行具有多倍创造存款货币的功能。超额准备金率、提现率、对银行吸收的活期存款和定期存款实行不同的法定存款准备金率，会影响商业银行的存款创造的能力。对于决定和影响货币供给变动的因素，我们可以从合并资产负债表和货币供给模型两个角度进行分析。从合并资产负债表角度来看，决定和影响货币供给变动的因素有信贷收支状况、财政收支状况、国际收支状况和银行体系资本的变化。从货币供给模型角度讲，决定和影响货币供给的因素是基础货币和货币乘数。中央银行对货币供给量的控制程度与货币供给量的内生性和外生性有着密切关系。对于货币供给量的内生性和外生性问题，西方理论界存在着激烈的争论。从理论和现实来看，货币供给量是一个既具有内生特性，又具有外生特性的变量。

货币需求作为一种经济需求是一种客观需求，即它不单纯是一种心理上的欲望，而是由需求能力和需求愿望共同决定的对货币的有效需求。它是一国（或地区）社会各经济主体在某个时点上，在既定的收入或财富中能够并且愿意以货币形式持有的数量。正因为如此，货币需求是一个存量的概念，而非流量概念。理论上，经济学家们在对货币需求进行分析过程中，主要是从货币需求主体和货币对经济运行的影响这两个角度来考察货币需求。在西方，货币需求理论经历了古典货币数量学说、凯恩斯学派货币需求理论和弗里德曼的现代货币数量论三个发展阶段。古典货币数量学说的主要代表是现金交易说和现金余额说。古典货币数量学说认为，货币本身并不具有内在的价值，其价值纯粹源于其交换价值，货币只是掩盖"实质力量行动的面纱"或掩盖于"经济生活躯体上的外衣"。货币量变动对经济的影响主要表现对物价的影响上。因此，古典货币数量学说并未把货币需求作为直接的研究对象，它致力于解释的是货币量变动与物价之间的关系。但随着货币数量学说的发展，其作为货币需求理论的特征越来越明显。凯恩斯认为，人们因交易动机、谨慎动机和投机动机这三大动机产生了对货币的需求，其中，因交易动机和预防动机而产生的对货币的需求是收入的增函数；因投机动机而产生的对货币的需求在很大程度上是利率的减函数。虽然凯恩斯从一个全新的角度对货币需求问题进行了独特分析，但其流动性偏好理论由于与现实的脱节而存在着一定的缺陷，这种脱节主要表现在：①交易性货币需求、预防性货币需求与利率变动无关的结论与现实并不相符；②人们对未来利率变化的预计是自信的，并在自信的基础上决定自己持有现金还是债券，二者不可兼有与现实不相吻合。正因为凯恩斯的货币需求理论存在上述的缺陷，才有后来的经济学家对凯恩斯理论的发展，才有凯恩斯主义学派货币需求理论的完善。1956 年，米尔顿·弗里德曼在其发表的论文《货币数量论：一种新的阐释》中，对古典货币数量学说进行了重新解释，认为货币数量学说不应该是关于产量、货币收入或物价的理论，而是有关货币需求的理论，货币需求理论主要研究的是货币需求的决定因素。弗里德曼的思想最终奠定了现代货币数量说的基础。

本章复习思考题

1. 何谓静态货币供给？何谓动态货币供给？
2. 商业银行是如何实现存款创造的？
3. 影响商业银行存款创造的因素有哪些？
4. 从合并资产负债表角度看，决定和影响货币供给的因素是什么？
5. 什么是基础货币？决定基础货币的因素有哪些？
6. 什么是货币乘数？决定和影响货币乘数变动的因素有哪些？
7. 为什么说货币供给量既是外生变量，又是内生变量？
8. 什么是货币需求？什么是名义货币需求，什么是实际货币需求？
9. 古典货币数量说的核心观点是什么？
10. 凯恩斯的流动性偏好理论的核心内容是什么？
11. 平方根定律是如何发展凯恩斯货币需求理论的？
12. 立方根定律对凯恩斯货币需求理论的发展表现在什么地方？
13. 弗里德曼现代货币数量论认为，货币需求取决于哪些因素？

第七章

利息与利率

本章重要术语

利息　收益资本化　利率　利率体系　基准利率　套算利率　名义利率　实际利率　固定利率　浮动利率　长期利率　短期利率　官定利率　市场利率　公定利率　一般利率　优惠利率　惩罚利率　古典利率理论　可贷资金理论　利率风险结构　利率期限结构　预期理论　市场分割理论　偏好与流动性升水理论　利率管理体制　利率市场化

利息、利率是基于信用活动而产生的、两个紧密相连的概念。利息和利率理论则构成了货币金融理论的重要部分。随着我国利率体系逐步市场化和金融决策个体化，利息与利率问题也是日渐备受关注的一个变量。尤其是近年来，我们时常可以通过媒体接触到有关这方面的消息。

第一节　利息理论

利息是一个已经延续了几百年的古老话题，自经济学产生以来，经济学家们便一直对其进行着广泛而深入的研究。经济学家们对于利息问题的研究主要是围绕着对利息本质的认识而展开的，其间也时而包含着对利息存在必要性的分析。基于这一问题的分析，经济学家们从不同角度和层面对利息进行了不同的阐释，从而也形成了不同的利息理论体系。

一、利息的本质

（一）马克思的利息本质论

马克思对利息问题的研究主要体现在《资本论》的第三卷中。在这里，马克思从借贷资本的特殊运动形式分析入手，深入剖析了利息的来源与本质，从而揭开了罩在利息身上的神秘面纱。马克思认为，借贷资本的特殊运动形式 G－G′所呈现出的货币能够自行增值仅仅是一种表面现象，事实上，资本本身并不会自行增值，借贷资本是借助于职能资本来发挥作用并实现增值的，利息无非是职能资本家在向借贷资本家归还本金时所支付的报酬，它是职能资本家利用借贷资本所创造利润的一部分，就其本质而言，利息实际上是剩余价值的一种特殊表现形式，是利润的一部分。利润和剩余价值不同的是，剩余价值是相对于可变资本而言的一个范畴，而利润则是相对于全部预付资本而言的。剩余价值是利润的本质，利润是剩余价值的表现形式。利息对利润的分割就是对剩余价值的分割。

虽然在马克思之前西方经济学家，如马西、亚当·斯密等人也曾指出利息是从利润中派生而来的，但他们并未能彻底揭示出利息的本质。例如马西等人只是认为利息是利润的一部分，但并未把利润归结为剩余价值。亚当·斯密虽然“不止一次地明白指出，利息由于一般地说来代表剩余价值，始终是从利润中派生的形式”①，但他同时又认为当借贷的货币如果不是用作资本进行生产，而是用于直接消费时，“除非他侵蚀某种收入的资源如地产或地租，他就无法偿还资本，支付利息”。②

（二）西方经济学家的利息理论

在西方，有许多经济学家曾试图通过对利息问题的研究来揭示其本质，由此也产生出了不同的观点，具有代表性的主要包括：

1. 威廉·配第的利息报酬论

威廉·配第（W. Petty）是古典经济学的创始者。在其著名著作《货币略论》中，威廉·配第认为，利息是因暂时放弃货币的使用权而获得的报酬，之所以会因此而获得报酬，是因为放弃货币的使用权会给货币的所有者带来不便。与此同时，威廉·配第还以地租存在的合法性证明了利息存在的合法性，他认为，贷出货币应当同出租土地一样收取一定的租金，否则，货币的所有者便会用多余的货币去购买土地，然后将土地出租，收取地租，在这里，贷出货币所收取的租金被叫作利息，并且认为，在安全没有问题的情况下，贷出货币所收取的利息，至少应当等于用同等货币购买土地进行出租所产生的地租，如果安全得不到保证，还必须加上一块保险费。

持此种观点的西方经济学家还有约翰·洛克（J. Locke），所不同的是他认为利息是贷款人因承担贷款风险而取得的报酬。

2. 萨伊的利息资本生产力论

法国经济学家萨伊（J. B. Say）认为，借贷资本的利息实际上由两部分组成：保险性质的利息和利息本身。其中保险性质的利息并非利息的本质，它只是表明了利息产生的原因，这部分利息的多少取决于借款用途的安全程度、借款人的才能与品德、借款期限的长短以及借款人居住国的政治稳定情况等。与保险性质的利息不同，萨伊认为，真正能够体现利息本质的是利息构成中的另外一部分——利息本身，利息本身则来自资本的生产能力。萨伊认为，资本具有像自然力一样的生产力，资本的生产力同自然生产力经常混同在一起，共同对生产作出贡献，因此，借款人借用资本进行生产所创造的价值的一部分必须用来报酬资本的生产力。

---

① 《马克思恩格斯全集》第26卷Ⅰ。

② 亚当·斯密：《国民财富的性质和原因的研究》（上卷），商务印书馆，1974年版。

3. 康替龙的利息货币价格论

最早提出利息是货币的价格的是英国经济学家理查德・康替龙（R. Contillion）。16世纪30年代，康替龙在其著作《商业性质概论》中指出："事物的价格是根据卖方提供出售事物的数量和买方提供货币的数量的比例，在双方讨价还价的方式下决定的。同样情况，决定货币利息的是贷出者与借入者之间的数值的比率"。由此可见，康替龙实际上是将货币借贷行为类比为商品买卖行为，认为利息的决定就像商品价格的形成一样，是贷出者与借入者双方讨价还价的结果。

理查德・康替龙的利息货币价格思想对后来的利息研究影响颇深，时至今日，利息是货币资金的价格基本已成为现代经济学的共识。

4. 西尼尔的利息节制欲望论

英国经济学家纳索・威廉・西尼尔（N. W. Senior）认为，资本并非产生利息的原始因素，利息实际上是资本家节制欲望的结果，是资本家节制欲望行为的报酬。

西尼尔认为，人类社会存在三种生产要素：第一要素是人类劳动，第二要素是与人力无关的自然要素，第三要素则是节欲。在西尼尔看来，要扩大未来的生产，的确需要更多的资本投入，但资本并非产生利息的原始因素，这是因为资本来源于储蓄，储蓄来源于节欲，而节欲则必然会牺牲资本所有者当前的消费。利息就是资本家因牺牲自己当前消费以增加资本所获得的报酬，节欲才是利息产生的原始因素。

5. 庞巴维克的利息时差论

虽然"利息是对时间的支付，利息是时间的产物"这样的观点古已有之，但系统提出"利息时差论"的则是奥地利经济学家欧根・冯・庞巴维克（Eugen von BÖhm－Bawerk）。

在《资本实证论》这部著作中，庞巴维克将全部的社会物品分为能够直接满足当前消费的"现在财货"（消费品）和满足未来需要的"未来财货"（生产资料和劳动）。在此基础之上，庞巴维克认为，人们通常会在对现在财货和未来财货的评价上存在差异，一般表现为高估现在，低估未来。进一步，这种主观评价上的差异，最终使得同种和同量的财货因时间的不同而产生了价值上的差异——"时差"，时差的存在要求未来财货的所有者必须像现在财货的所有者支付相当于价值时差的"贴水"，这个"贴水"就是利息。

在庞巴维克看来，一切利息都是来自同种和同量物品价值上的差异，而这种差异又是由二者在时间上的差别造成的。

庞巴维克这种将时间因素引入利息分析的方法，对后来有关利息问题的研究提供了一个新的视角，凯恩斯和欧文・费雪等人的研究就带有浓重的庞巴维克色彩。

6. 费雪的利息人性不耐论

美国经济学家欧文・费雪（I. Fisher）在其1930年的《利息理论》一书中运用纯心理分析的方法对利息现象进行了解释。他认为，在人们的心理上存在着一种偏好现在就可以获得收入的资本财富，而不耐心等待将来才能提供收入的资本财富的心理倾向，欧文・费雪将这种心理倾向称作"人性不耐"，并且认为，人性不耐是研究利息理论的基础，利息实际上就是人性不耐的结果，是衡量人们人性不耐程度的指标。

7. 凯恩斯的利息流动性偏好论

1936年，英国著名经济学家凯恩斯从货币的价值贮藏角度出发，对利息的性质进行了分析。

在上一章我们提到，在凯恩斯看来，对利息的研究应当建立在个人心理上的时间偏好基础之上。凯恩斯认为，为了能够合理地安排支出，人们在取得货币收入以后，通常要做出两个方面的选择：

（1）确定消费与储蓄的比例。即决定自己获得的收入中有多少用于消费，多少用于储蓄，这是时间偏好的选择。

（2）确定储蓄的结构。即在已经决定的用于储蓄的那部分货币收入中，有多少以现金形式持有，有多少购买债券，这是流动性偏好的选择。

凯恩斯认为，人们在进行储蓄选择时只能选择货币和债券，并且二者不可兼得。货币与债券是有着不同特征的金融资产。债券形式的资产能够为持有者带来一定的收益，但持有者也因此放弃了对流动性的拥有，这一方面会给债券的持有者带来不便，而且有可能会因未来利率的不确定性而遭受损失，即与货币相比，债券存在一定的收益，但流动性较差。与此相对，虽然货币资产不能为持有者带来收益，但它具有非常强的流动性，可供持有者随时随地方便地使用。与古典学派的观点不同，凯恩斯认为，基于交易动机、谨慎动机和投机动机，人们在对货币和债券进行选择时，往往更加偏好的是金融资产的流动性而非收益，因此货币资产也就自然成为人们普遍接受的特殊的资产类型。

由于流动性偏好的存在，假如有企业要发行债券来换取货币资产持有者手中的货币，就必须向货币持有者支付一定的报酬。所谓利息，乃是在一特定时期以内，放弃流动性的报酬。

8. 希克斯的利息不完全货币论

约翰·理查德·希克斯（J. R. Hicks）是凯恩斯的学生，他在他老师利息理论的基础上提出了自己的观点，即利息不完全货币论。

希克斯将人们进行储蓄选择的对象扩展为货币和包括债券在内的所有证券。进一步，希克斯认为，货币是一种具有普遍可接受性的资产，是证券的最完全形态，它现在的价值就等于其票面价值。而证券虽然具有一定的货币性，但与相对货币来说，它们只是不完全的和不具有普遍可接受性的近似货币，正因为证券缺乏普遍的可接受性，所以证券的持有者要把手中的这种“不完全货币”转化为最完全形态的证券——货币，就必须得支付一定的交易费用，这决定了证券必须打折出售才会有人接受，这同时也造成了它们现在的价值总是低于其票面价值，“利息就是对它们的不完全——对它们的不完全的‘货币性’的衡量。”[①] 另外，与凯恩斯将利息看作是对风险的报酬不同，希克斯将利息看作是对证券转化为货币过程中所花费交易费用的补偿。

现代西方经济学一般认为，所谓利息就是资本所有者因让渡资本使用权而索取的补

① 希克斯：《价值与资本》，商务印书馆，1982年版。

偿，这种补偿由两部分组成，一是对机会成本的补偿，二是对风险的补偿。

二、收益资本化

从理论上讲，资本所有权与使用权的分离是利息产生的基础。但在现实经济生活中，利息实际上已经被人们看作是收益的一般形态，经营者也总是把其所得利润分为利息和企业主收入两部分。从此可以看出，人们实际上利息已经被资本所有者看作是理所当然的收入，利息已成为收益的一般形态。这意味着，对于任何有收益的东西，无论其使用权是否让渡出去（贷出），我们都可通过收益与利率的对比来计算出它相当于多少资本金额，这个过程通常被称之为“收益资本化”过程，用公式表示就是

$$P = \frac{R}{i} \tag{7-1}$$

式中，P 为本金；R 为收益；i 为市场利率。

在此，利率实际上成了人们进行投资选择的一个尺度，即是否投资决定于投资回报率与利率的比较。假如你的投资回报率低于利率，那说明你根本没有必要去投资，因为你如果把闲置的资本按现行利率贷出可以获得更高的收益。收益资本化思想在现实经济中具有非常重要的意义。

第二节　利率理论

在现代经济中，利率越来越为人们所关注，利率已经成为经济金融运行中的核心变量，一方面，它的变化直接影响着金融市场上微观投资者的投资决策和行为；另一方面，利率和宏观经济运行关系密切，作为宏观调控部门的货币当局可以通过变动利率来引导经济运行。

一、利率的含义

到底什么是利率？这是研究利率理论必须予以解决的问题，但由于利率范围的广泛性，对利率进行严密的定义是一件非常困难的事情。从一般意义上说，利率（Interest Rate）是利息率的简称，它是指在某一债务（借贷、债券等）期间债务人向债权人所支付的利息额与借贷本金之间的比率。

如果我们用 i 代表利率，用 I 代表利息额，用 P 代表本金额，那么，利率可用公式表示为

$$i = \frac{I}{P} \tag{7-2}$$

利率是衡量利息多少的尺度，在本金额既定的情况下，利率水平的高低决定着取得或支付利息的多少，从而最终引导着微观经济主体在借贷、投资、储蓄等方面的决策。

按照计算利息的期限单位的不同，利率可分别以年利率、月利率和日利率来表示。

所谓年利率就是以年为单位来计算利息，一般用本金的百分之几表示；月利率是以月为单位来计算利息，通常用本金的千分之几来表示；日利率也习惯上称作“拆息”，是以日为单位计算利息，一般是用本金的万分之几表示。

在发达国家通常习惯用年利率来表示利率水平，我国曾经用月利率作为利率的主要形式，现在已改为用年利率来表示。

在实际过程中，如果有需要的话，我们可以将月利率和日利率折算成年利率。在西方一些国家通常是用下述简单的方法来进行折算。①

$$月利率 = \frac{年利率}{12} \tag{7-3}$$

$$日利率 = \frac{年利率}{360} \tag{7-4}$$

在投资领域人们进行金融资产（主要指债券）投资时，经常会接触到一个与利率有关的概念——收益率。并且一般情况下，许多人通常认为根据某种金融资产的当期收益率，便可轻易地计算出买进该金融资产的最终收益。金融资产的收益率与利率的确存在着密切的关系，但金融资产的收益率并不一定必然等于其票面利率（收益率）或承诺利率（收益率），票面利率（收益率）或承诺利率（收益率）水平的高低只是部分地反映了投资该金融资产的收益，而不是全部。

在理论上，收益率是用来衡量一定时期内投资者进行金融资产投资收益状况的指标。在金融市场活动中，收益率有着多样的表现形式，具体包括票面收益率、要求收益率、当期收益率、到期收益率、持有期收益率等形式。

二、利率体系与利率种类

（一）利率体系

现实经济生活中，利率绝非像概念中表述的那么简单，它是一个广泛而复杂的范畴，它有着多种多样的表现形式，并且各种各样的利率之间又是相互联系、相互影响、相互制约的，所有这些利率形式共同构成了一个经济体的利率体系。

所谓利率体系就是指在一个经济体内部所存在的，相互联系、相互影响、相互制约的多种利率形式的集合、结构以及相互间存在的关系机制。

（二）利率种类

现实中的利率形式是多种多样的，要想把它一一描述是不现实的。在此，我们只能是选其要者予以介绍。

1. 基准利率与套算利率

（1）基准利率（Benchmark Interest Rate）。虽然两者会出现一致的情形，但作为基准利率通常有宏观和微观两个层面的含义。

---

① 这种折算并不精确，因为它没有考虑复利因素，对于月利率折算年利率来说，如果考虑复利，精确的换算应当是：年利率 = $(1+月利率)^{12}-1$。

宏观意义上的基准利率是针对市场经济条件下货币当局的宏观货币政策调控来说的。从这个角度讲，基准利率是指在利率体系中起决定作用的利率。所谓起决定作用意味着基准利率的变动必然会引起其他利率的变动。基准利率的这种主导作用使其成为了一个经济体内部利率体系的核心，正因为如此，人们通常也把它叫作中心利率。

某种利率要成为宏观意义上的基准利率，应当满足以下两个方面的条件：①能够为货币当局所控制；②其变动能够引起其他利率按照同样的方向和幅度发生变化，从而能够对微观经济主体的行为产生影响。

从这个意义上讲，西方国家曾经把中央银行的再贴现率作为他们的基准利率，但现在已经有所变动。例如，美国现在是以联邦基金利率为基准利率，而欧洲中央银行则是通过发布有价证券回购利率、央行对商业银行的隔夜贷款利率和商业银行在央行的隔夜存款利率，使其发挥基准利率的作用。

2020 年 8 月，中国人民银行发布《参与国际基准利率改革和健全中国基准利率体系》白皮书，总体看，中国基于实际交易的基准利率运行已久，具有全面、透明、易得的市场交易数据，并且中国人民银行始终高度重视对基准利率的监督管理，这些特征为中国基准利率体系建设奠定了良好的基础，有利于保障各个基准利率具有较强的公信力、权威性和市场认可度。

宏观意义上的基准利率对于市场化条件下的宏观货币调控具有非常重要的意义。只有寻找到合适的基准利率，才能保证货币当局的调控发挥作用，实现宏观经济运行的稳定，否则，则有可能造成混乱，因为在利率市场化条件下，货币当局主要是通过变动基准利率来影响市场利率，从而实现对经济的宏观调控。

除宏观意义上的基准利率，还存在一个微观意义上的基准利率。

微观意义上的基准利率通常是金融市场上的市场化利率，一般指的是金融市场上的无风险利率（Risk - free Interest Rate）。无风险利率通常包括实际无风险收益率和通货膨胀溢价两个部分，其中，实际无风险收益率是指投资者所要求的机会成本补偿；通货膨胀溢价（Inflation Premium）是投资者为了预防通货膨胀可能给其本金造成损失所要求的补偿。

现实中并不存在绝对意义上的无风险利率，在西方市场经济国家，通常是把政府债券利率作为微观意义上的基准利率。

微观意义上的基准利率是投资领域中人们确定收益率时需要考虑的一个重要因素。一般地，人们通常是在无风险利率的基础上，根据风险状况的不同再去要求不同的“风险溢价（Risk Premium）”。

（2）套算利率。套算利率是各金融机构在基准利率基础上，按照具体借贷款项的不同特点而换算出的利率。例如，若基准利率是 6%，在此基础上，某金融机构规定：贷款给 AAA 级、AA 级、A 级企业的利率，应分别在基准利率基础上加 0.25%、0.5% 和 1% 的差幅，则三类企业的贷款利率分别是 6.25%、6.5% 和 7%。

2. 名义利率与实际利率

名义利率（Nominal Interest Rate）与实际利率（Real Interest Rate）是基于通货膨胀

因素的考虑而产生出来的一对概念。

通货膨胀是现代经济运行过程中世界各国共同面临的货币现象。通货膨胀的存在会影响到商品和劳务的价格，同时也会影响到货币资金的价格，影响到资本投资的收益。

如果考虑通货膨胀因素的话，我们可以将利率分为名义利率与实际利率。

在现实经济生活中，名义利率通常表现为银行挂牌利率或有价证券的票面利率，它是包含着通货膨胀因素的利率。实际利率则是从名义利率中剔除通货膨胀因素以后的利率。

名义利率、实际利率与通货膨胀之间的数学关系式为

$$i_r = \frac{(i_n - p)}{(1 + p)} \tag{7-5}$$

其中，i_r代表实际利率；i_n代表名义利率；p 代表通货膨胀率。

在通货膨胀状况不是很严重的情况下，分母中的 p 可以忽略不计。由此，上式可以简写成

$$i_r = i_n - p \tag{7-6}$$

实际利率通常包含事前和事后两层含义。事后的实际利率指的是根据已经存在的物价上涨状况对名义利率进行调整所形成的实际利率；事前的实际利率是基于通货膨胀预期所产生的实际利率。相对事后的实际利率来说，事前的实际利率对人们的储蓄投资决策具有更加重要的意义。

费雪效应对名义利率、事前实际利率与通货膨胀的关系进行了详细的描述。欧文·费雪认为，当人们已经意识到物价上升时，他们通常预期价格会进一步上升。在这种情况下，贷款人为了避免资本损失，会在名义利率基础上要求一个通货膨胀升水。这意味着如果人们存在着通货膨胀预期，名义利率水平将上升。

3. 固定利率与浮动利率

按照在借贷期内利率是否能够变动，我们可以将利率分为固定利率与浮动利率。

固定利率（Fixed Interest Rate）是指在借贷期内不再因市场利率变动而予以调整的利率。固定利率对于债权人和债务人双方的影响是相反的。当未来出现通货膨胀，市场利率上升时，债权人，尤其是提供长期贷款的债权人就必须承担相应的机会成本损失，而债务人则可以享受由此带来的好处；相反，如果在出现通货紧缩，市场利率下降的情况下，债权人可能会从中获益，而债务人则会遭受一定的损失。因此，固定利率一般适用于短期借贷。

与固定利率相对，浮动利率（Floating Interest Rate）则是指在借贷期内可根据市场利率的变动，定期地在一定幅度内予以调整的利率。浮动利率是在 20 世纪 70 年代以来利率风险增加这个大背景下产生出来的一种利率形式，其目的在于规避因利率波动可能带来的损失。它通常是先由借贷双方商定某种利率作为参照利率，再议定利率围绕参照利率的浮动幅度，然后根据市场利率或基准利率的变动来定期地调整借贷利率。浮动利率的调整期一般为半年。由于浮动利率操作成本较高，因此，一般适用于长期借贷，如住房抵押贷款、长期债券等。

我国长期以来实行的是固定利率，20 世纪 80 年代以来，逐步施行了浮动利率。但需要注意的是，我国目前实行的浮动利率还不完全等同于上面的浮动利率。浮动利率的参照利率及浮动幅度等应当是由借贷双方协商形成的，而我国现行的浮动利率则是建立在政府统一规定的基准利率和浮动幅度基础上的“浮动利率”。

4. 短期利率与长期利率

短期利率与长期利率的划分是以债务期限为基础的。

短期利率（Short－term Interest Rate）即是指在最长不超过 1 年期的短期债务中使用的利率；长期利率（Long－term Interest Rate）指的是在 1 年期以上的长期债务中使用的利率。

在西方利率理论中，对短期利率和长期利率问题的研究构成了利率期限结构理论的核心内容。

5. 市场利率、官定利率与公定利率

按照利率决定因素的不同，我们可将利率分为市场利率、官定利率与公定利率。

市场利率（Market Interest Rate）是指由市场力量自发形成的利率，其水平的高低是由金融市场上的资金供求关系自由决定的。

与市场利率相对应的利率形式是官定利率（Official Interest Rate），也称为法定利率，它是由政府性质的货币当局（主要是中央银行）决定的利率。官定利率是计划的产物，在市场经济不完善或不发达的国家，它实际上是该国进行宏观调控，实现某种特定经济目标的重要手段。

公定利率（Public Interest Rate）则是介于市场利率与官定利率之间的一种利率形式。公定利率是由非政府性质的金融行业机构，如银行公会等确定的利率。正因为如此，公定利率也被称为行业利率。金融行业组织确定公定利率的目的在于维护行业内的公平合理竞争，同时也是为那些缺乏利率决定能力的金融机构所提供的一种指导性利率。

到目前为止，虽然我国已加快了利率市场化的步伐，但从总体上说，绝大多数的利率基本上是由人民银行制定，然后报国务院批准以后执行。市场化程度相对较高的是银行间同业拆借利率，它是金融机构与金融机构之间在融通短期资金过程中所使用的利率，它基本上是由借贷双方自由决定。

6. 一般利率 、优惠利率与惩罚利率

按照借贷是否带有优惠条件，我们可以将利率分为一般利率、优惠利率与惩罚利率。

一般利率（General Interest Rate）是商业银行等向普通借款人提供贷款时使用的，不带任何优惠条件的利率。

优惠利率（Preferential Interest Rate）是指商业银行等向信誉度高、经营状况良好、经营项目具有好的发展前景的借款人提供贷款时使用的，低于一般利率水平的利率。从市场观念出发，是否给予借款人优惠利率，最终取决于商业银行等债权人的判定。但在许多市场不发达或不完善的国家和地区，优惠利率通常表现为这些国家和地区实行产业倾斜政策的一种手段。在这些国家和地区，一般会对那些政府认为需要重点扶持的产品、企业、行业和部门给予贷款利率上的优惠，在我国实行的贴息贷款（Loan of Subsidy）就是一个体现。所谓贴息贷款就是获得贷款的借款人在贷款到期时在偿还本金的同时，只支付部分利息甚至不支付利息的贷款，利息差额或全部利息由批准贴息的部门、地方政府用财政资金支付。

惩罚利率（Punitive Interest Rate）是商业银行等债权人对那些超过贷款限额、透支额度、偿还期限等违约的债务人的贷款所规定的高于一般利率的利率。

三、利率的功能及其功能发挥所需要的条件

（一）利率的功能

与工资、价格、汇率等变量一样，利率是一个国家经济杠杆体系中的重要组成部分，它在整个经济金融运行过程中发挥着调节的功能。具体来说，利率的调节功能可以分为密切联系的两个方面：微观调节功能与宏观调节功能。所谓密切联系是说，利率宏观调节功能的发挥是建立在其微观调节功能基础上的，明确这一点对于深入了解政府宏观调控的机理具有非常重要的意义。

进一步地，微观经济主体行为的改变引起宏观经济变量变动的过程则是利率发挥其宏观调节功能的过程。

从静态来看，利率的确与微观意义上的储蓄、消费及投资等经济行为，以及与宏观意义上的社会总供求、国际收支等有着紧密的联系。

1. 利率的微观调节功能

利率调节功能的发挥过程首先表现为利率变动影响微观经济主体行为决策，从而引起其经济行为改变的过程，这个过程就是利率微观调节功能发挥的过程。

利率变动主要会影响到微观经济主体的储蓄、消费和投资等行为。

（1）利率与储蓄。利率水平的高低最终决定着获取利息的多少，意味着在收入水平一定的情况下，储蓄是利率的函数，利率水平的高低决定了储蓄总量规模的大小，并且由于利率水平越高，获取的利息越多，利率水平越低，获取的利息越少，因此，储蓄是利率的增函数。

（2）利率与消费。在一个不考虑政府收支行为的封闭经济环境中，收入表现为储蓄与消费的加总，这意味着在收入既定的情况下，在储蓄与消费之间存在着一种此消彼长的关系。二者之间这种关系的存在决定了在收入既定的情况下，消费总量规模的变动同样受到利率水平变动的影响，消费是利率的函数，并且是利率的减函数。在收入水平一定的前提下，利率提高，储蓄总量规模扩大，消费减少，相反，利率降低，储蓄下降，消费增加。

（3）利率与投资。投资来源于储蓄。从广义角度讲，投资有可能以银行存款，股票或债券等形式存在，可能是手持现金（Cash in Hand），也可能是实业投资。从这个意义上讲，利率的变动，既会影响到投资的总量规模，也会影响投资的结构。

首先，投资倾向主要取决于投资者对收益与风险的评价，在投资风险一定的条件

下，投资倾向与投资收益关系密切。由于市场利率构成了特定投资选择后的机会成本，因此，投资倾向又更进一步地决定于投资收益率与市场利率的比较。如果市场利率低于预期投资收益率，投资将是一个明智的选择，投资总量规模会由此扩大，但如果相反，便没有投资的必要。从此我们可以看出，投资是利率的函数，并且是利率的减函数。进一步地，投资与利率的这种关系决定了，假如投资的资金来源于借贷，利息的支付必然构成对投资收益（利润）的抵减，这会迫使投资者加强对借贷资金的管理，着力提高资金的使用效率。

其次，由于利率水平的变动会改变各资产间的相对收益，理性的投资者会根据资产相对收益的改变及时调整资产持有结构，以获取更多的收益。

2. 利率的宏观调节功能

利率的宏观调节功能是借助于微观经济主体理性地改变自己的经济行为会引起宏观经济变量，如社会总供求、国际收支等的变动这个机理来实现的。

（1）利率与社会总供求。在封闭经济条件下，社会总需求由消费需求和投资需求组成，由于各种因素的影响，社会总供求经常会处于不均衡状态，在这种情况下，政府宏观调控部门可以利用相应的政策操作来使其实现均衡。例如，假如一个国家存在着需求拉上型通货膨胀，宏观调控部门便可以通过提高利率水平的政策操作来调节社会总需求。利率水平的提高，一方面能够增加居民储蓄的比重，减少居民的消费需求，另一方面由于利率水平的提高会提高公司等部门的借贷成本，因此能够降低公司等部门从金融部门的借贷，抑制社会投资需求。

（2）利率与国际收支。利率对国际收支的影响主要表现为利率对进出口的影响和资本对资本输出入的影响。

例如，如果一个国家出现了国际收支逆差，便可以通过提高利率的政策操作予以调节。虽然在进出口方面，利率的提高会抬高国内出口商品的价格，造成本国商品出口竞争能力的下降，出口减少，进口增加，国际收支逆差状况恶化，但利率的提高会吸引国际游资流入，从而增加国际收入。至于二者对国际收支状况的综合影响如何，则要视它们对国际收支影响的相对力量等具体情况而定。

（二）利率功能发挥所需要的条件

上述利率功能的发挥是建立在完全市场假设条件上的，但在现实生活中，利率的功能往往并不能得到充分的发挥。事实上，利率功能的充分发挥需要具备一定的条件。

1. 市场化的利率决定机制，即利率应当在最大程度上由资金供求状况来决定。

2. 微观经济主体应真正成为市场化的主体，其经济行为必须符合市场经济的要求。它们应当具有独立决策的能力，并且以利润最大化和效用最大化为其行为准则，因为只有这样它们才会对利率的变动反应灵敏，才会具有较强的利率储蓄弹性和投资利率弹性。

3. 灵活的利率联动机制，即一种利率的变动能够较明显地带动其他利率的变动。

4. 适当的利率水平，即利率水平应大致与经济发展的需要相适应，既不可太高，也不能过低，要保证能够较好发挥激励和约束的作用。

5. 合理的利率结构，即利率的风险结构、期限结构、地区结构、行业结构等要安排合理。

四、利率的决定

（一）利率决定理论

1. 马克思体系中的利率决定理论

马克思有关利率决定问题的分析是建立在对利息来源与本质的分析基础上的。马克思认为，利息量的多少取决于利润总额，虽然资金供求关系等会影响到利率的变动，但利率最终决定于平均利润率，平均利润率构成了利率的上限，利率总是在零与平均利润率之间因资金供求等因素的影响而波动。在这个变动区间里，有两个因素是至关重要的，一是利润率，二是利润在借贷双方之间分配的比例，这个比例主要由资本供求关系及竞争决定。

2. 西方经济体系中的利率决定理论

与马克思利率决定理论不同，西方经济学家对于利率决定理论的研究主要是从供求关系着眼的，他们普遍认为利率是由供求均衡点所决定的，但对是什么供求关系决定利率却存在着争论，由此也产生出了具有代表性的四种利率决定理论。

（1）古典利率理论。古典利率理论也被称为实际利率理论，主要代表人物有庞巴维克、马歇尔和欧文·费雪。古典利率理论的特点在于它是从储蓄和投资等实物因素角度来研究利率水平的决定。古典利率理论认为，利率决定于资本供给与需求。其中，资本的供给来源于储蓄，而储蓄是利率的增函数，即 $S=S(i)$，$\frac{dS}{di}>0$；资本的需求决定于资本的边际生产力与利率的比较，即只有当资本的边际生产力大于利率时，才能产生净投资。在资本的边际生产力一定的条件下，投资是利率的减函数，即 $I=I(i)$，$\frac{dI}{di}<0$。

当 $S>I$ 时，利率下降；反之，当 $S<I$ 时，利率上升。当储蓄者所愿意提供的资金与投资者所愿意借入的资金相等时，利率便达到均衡水平，此时的利率便为均衡利率。由此可见，古典学派的利率决定理论的核心是储蓄 = 投资。即 $S(i)=I(i)$。

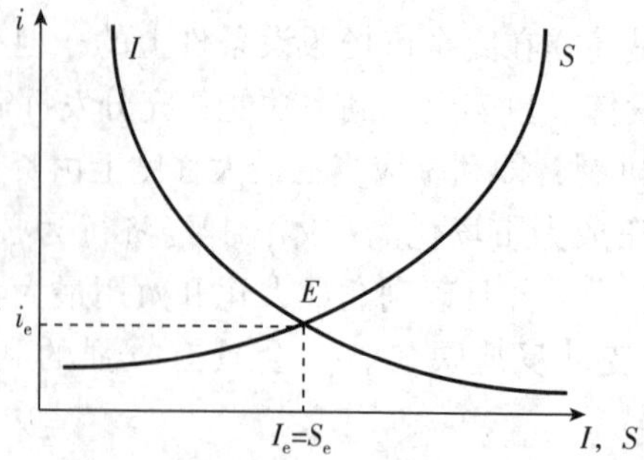

图 7－1　古典利率决定理论

（2）凯恩斯的流动性偏好理论。与古典利率理论相对，凯恩斯的流动性偏好理论则是从货币因素角度来研究利率水平的决定。凯恩斯认为利率与实质因素、忍欲和生产力等无关，而是一种纯货币现象，因此利率并非由借贷资本的供求关系决定，而是由货币市场上货币供求关系来决定，利率的变动是货币供给和货币需求变动的结果。当由人们的流动性偏好决定的货币需求量与货币当局所决定的货币供给量相等时，利率便达到了均衡水平。

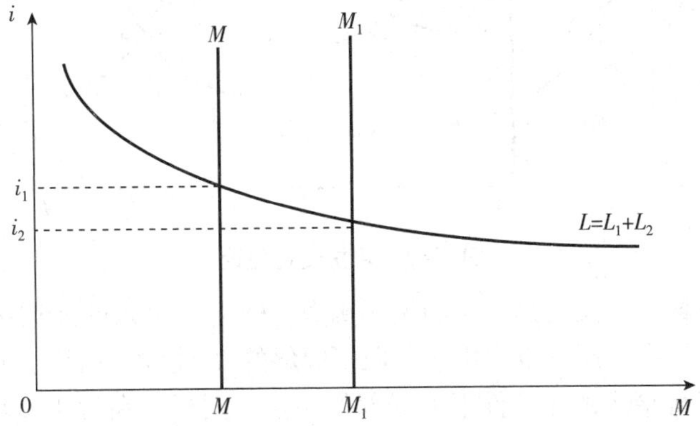

图 7－2　凯恩斯流动性偏好理论

（3）可贷资金理论。可贷资金理论产生于 20 世纪 30 年代的“利率大论战”，其主要代表人物有剑桥学派的罗伯逊和瑞典学派的俄林。

可贷资金理论认为，无论是古典利率理论，还是凯恩斯的流动性偏好理论都存在着片面性，它们或者是从实物因素，或者是从货币因素角度研究利率水平的决定，仅仅属于局部均衡分析，事实上，利率水平既与实物因素有关，同时也会受到货币供求的影响，因此，对利率决定问题的研究应当综合考虑实物和货币两个方面的因素。以此为基础，可贷资金理论认为，利率最终决定于可贷资金供给和可贷资金需求，当可贷资金供给和可贷资金需求相等时，均衡利率便形成了。

构成可贷资金供给（F_s）的因素包括：①储蓄；②货币反贮藏；③固定资产折旧；④银行体系新创造的信用。可贷资金总供给与利率呈同方向变动关系。

可贷资金需求（F_d）主要包括：①投资；②固定资产重置；③货币贮藏。可贷资金总需求与利率呈反方向变动关系。

利率由可贷资金总供给曲线和可贷资金总需求曲线的均衡点决定，如图 7－3 所示。

（4）*IS－LM* 模型中的利率决定理论。可贷资金理论虽然综合了古典利率理论和流动性偏好理论的观点，从而使利率决定问题的研究由局部均衡分析发展到了一般均衡分析，但仍有许多经济学家对其提出了质疑，质疑主要集中在两个方面。第一，由于商品市场与货币市场很难同时达到均衡，因此，可贷资金供求均衡时所决定的利率是不稳定的；第二，缺乏对收入因素的考虑，而从现实来看，收入对于利率的决定有着非常大的影响。例如，收入增加时，储蓄和货币需求量都会因此而增加，而储蓄和货币需求量的增加则必然会引起利率的波动。所以，不考虑收入就无法对利率决定问题进行合理的解释。为了解决可贷资金利率存在的上述问题，英国经济学家希克斯和美国经济学家汉森在可贷资金理论的基础上，引入收入因素，在其创建的 *IS - LM* 模型中对利率决定问题进行了解释。

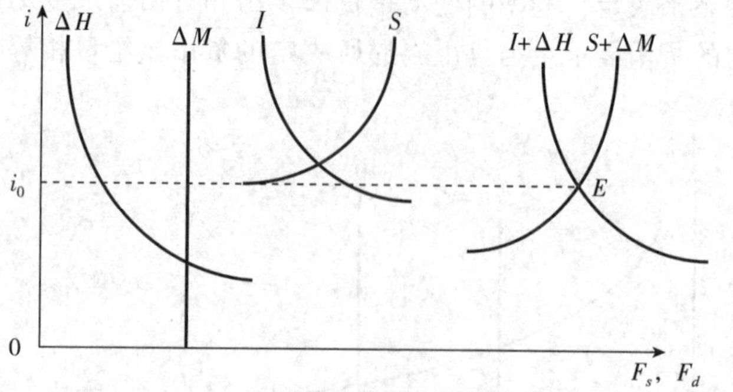

图 7 - 3　可贷资金理论

由于在商品市场上，投资是利率的递减函数，储蓄是收入的递增函数，因此，按照投资与储蓄的恒等关系，便可以得出一条向下倾斜的 *IS* 曲线，曲线上的任何一点都代表着商品市场上投资与储蓄相等条件下的局部均衡点。同样，在货币市场上，货币需求 *L* 是收入 *Y* 和利率 *i* 的函数，并且与利率负相关，与收入水平正相关，在货币供给量由中央银行决定的条件下，可以导出一条向上倾斜的 *LM* 曲线，*LM* 曲线上任何一点代表的是货币市场上货币供求相等情况下的局部均衡。当 *IS* 和 *LM* 两曲线相交时，便产生出了商品市场和货币市场同时均衡条件下的均衡利率和均衡所得水平。

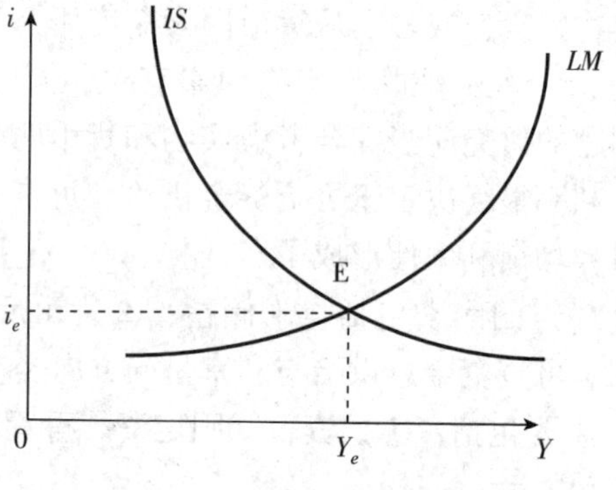

图 7 - 4　*IS - LM* 模型中的利率决定理论

在图 7 - 4 中，*IS* 曲线之所以会向下倾斜，是因为在收入增加时，储蓄也会相应增加，那么，为了使储蓄与投资相等，利率必然下降。*LM* 曲线之所以向上倾斜，是因为在收入增加时，货币需求量也会因此增加，在货币供给量既定的情况下，只有利率的上升才能实现货币供求的均衡。

（二）利率水平的实际测算

上述有关利率决定问题的介绍着重要说明的是决定利率水平的根本性因素，那么，现实中利率是如何测算的呢？

一般而言，现实中的利率通常由纯利率、通货膨胀风险溢价和风险溢价这三部分组成。其中，风险溢价又分为违约风险溢价、流动性风险溢价和期限风险溢价。如果我们用 R 表示利率（指名义利率），i 表示纯利率（指实际利率），IP 表示通货膨胀补偿，DP 表示违约风险报酬率，LP 表示流动性风险报酬率，MP 表示期限风险报酬率，那么，现实中利率的测算公式为

$$R = i + IP + DP + LP + MP \tag{7-7}$$

五、利率结构理论

在利率体系中，任何一种利率都会因资金的借贷期限和融资风险的不同而存在水平上的差异，由此所形成的利率之间的关系便是利率结构（问题）。由此我们可以将利率结构分为利率风险结构和利率期限结构。

（一）利率风险结构

利率风险结构指的是期限相同、风险不同的金融工具（主要是债券）的利率之间的关系。

之所以存在利率的风险结构，主要是因为金融工具不同的违约风险、流动性风险和税收因素。

1. 违约风险

违约风险是指由于债券发行人经营状况恶化等原因而使债券本息不能及时偿还而给债权人带来损失的可能性。

由于违约风险的存在，人们在购买债券时，通常会要求债券发行人就这部分风险支付一定的补偿，这种补偿就是所谓的违约风险溢价。一般而言，一种债券的违约风险越高，违约风险溢价相应就会越高，债券的利率也就越高。

2. 流动性风险

流动性风险是指债券持有人在急需资金时不能将债券在不蒙受损失或不蒙受重大损失条件下，迅速变现的风险。像违约风险溢价一样，债券的购买者同样会因流动性风险的存在而要求一个流动性风险溢价。

债券的流动性强弱，通常是用债券变现所需支付的成本来衡量。

3. 税收因素

税收之所以会成为影响债券利率的一个因素是因为债券的持有人真正关注的收益是税后收益。税收对债券利率影响的大小，取决于政府是否对债券征税以及征税的多少。

（二）利率期限结构

1. 利率期限结构的含义

利率期限结构是指具有相同风险及流动性的债券（贷款）的利率（收益）和到期时间之间的关系。利率期限结构通常用收益率曲线来描述。所谓收益率曲线是指将风险、流动性和税收相同情况下，不同期限债券（贷款）的收益率连接而成的曲线。

从理论上讲，收益率曲线的变化可能会出现以下几种情况，如图 7－5 所示。

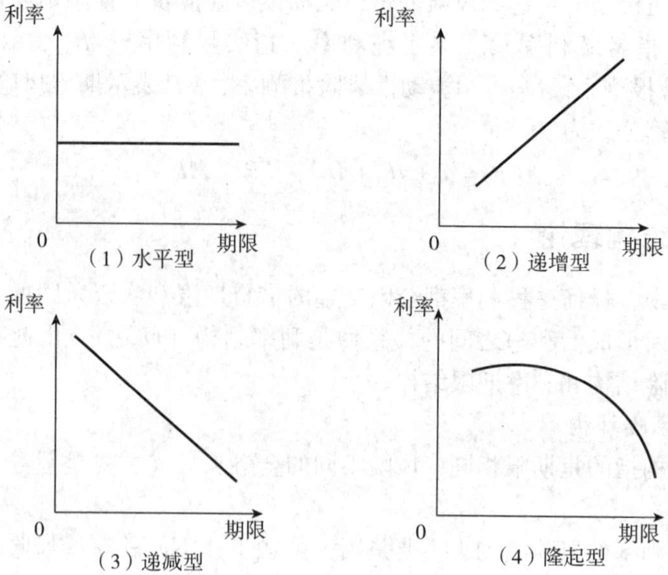

图 7－5　收益率曲线的变化情况

2. 利率期限结构理论

（1）预期理论。预期理论由费雪在 1896 年 9 月《美国经济学会出版物》XI 上发表的《判断与利息》（*Appreciation and Interest*）一文中最早提出。

①预期理论的假设条件。

a. 不存在证券违约风险，所有投资者都是风险中立者；

b. 无证券买卖交易成本；

c. 投资者都能准确预测未来的利率；

d. 投资遵从于收益最大化原则；

e. 投资者不存在对证券期限的偏好，不同期限的证券可以完全替代。

②预期理论的结论。

在上述假设条件下，预期理论认为，收益率曲线的形状是由人们对未来利率的预期决定的，对未来利率的预期是决定现有利率结构的主要因素。长期证券到期收益率（利率）是现行短期利率和未来预期短期利率的几何加权平均数。用公式表示，就是

$$(1+R_n)^n=(1+i_1)(1+i_2^e)\cdots(1+i_n^e) \tag{7-8}$$

式中，R_n为期限是 n 年的证券的收益率；i_1为当期短期利率（1 年期利率）；i_2^e 为第 2 年的 1 年期预期利率；i_n^e 为第 n 年的 1 年期预期利率。

（2）市场分割理论。市场分割理论最先由 J. M. 卡伯森在 1957 年提出，后经莫迪利安尼和萨奇（L. Sutch）的归纳整理并加以发展而最终形成。

市场分割理论认为，现实的市场并不是完全划一的，而是由不同的市场组成，资金在不同市场之间并不能无代价地自由流动，并且市场上存在着具有不同期限偏好的市场参与者，其偏好与它们的债务结构、风险厌恶程度高度相关，不同期限的证券是不能完

全替代的。因此，不能简单地将长期利率看作是短期利率的几何平均值，不同期限的利率是由各自市场的供求情况决定的。

（3）偏好与流动性升水理论。偏好与流动性升水理论是介于预期理论和市场分割理论之间的一种利率期限结构理论，是对这两种理论的发展和完善。

①假设条件。

a. 不同期限的证券之间存在着替代关系，某种证券的预期收益率会影响到其他期限证券利率的水平；

b. 投资者对于不同期限的证券具有不同的偏好，他更有可能停留在他所偏好的市场上。一般情况下，投资者有着喜短厌长的倾向。

②结论。

长期证券到期收益率（利率）是在未来短期利率的市场预期基础之上，再加上一个与投资期限和流动性有关的流动性升水（Liquidity Premium）。

$$(1+R_n)^n=(1+i_1)(1+i_2^e)\cdots(1+i_n^e)+L \tag{7-9}$$

六、利率管理体制改革

（一）利率管理体制及类型

利率管理体制是一个国家经济管理体制的重要组成部分，它是一个国家对货币当局在利率管理的权限、范围、程度等方面所做出的制度安排。从理论上讲，利率管理体制可以分为国家集中管理型、市场自由决定型和国家管理与市场决定结合型等三种体制。从现实来看，世界上大多数国家的利率管理体制属于国家管理与市场决定结合型体制，只不过有些国家更倾向于国家管理型，而另外一些国家的利率管理体制则在更大程度上倾向于市场决定型。

（二）我国的利率市场化改革

1. 利率市场化的含义

在国际上，与利率市场化相类似的概念是利率自由化，在我国，所谓利率市场化，指的是利率管理体制由国家集中管理型体制向市场自由决定型体制的转化过程。利率市场化后，国家只控制基准利率，其他利率则基本放开，其水平由市场上的供求关系来决定，其数量结构、期限结构和风险结构由市场自主选择。

2. 我国的利率市场化改革

（1）我国利率市场化改革的背景。长期以来，为了贯彻优先发展重工业的发展战略，保证计划经济的顺利实施，我国实行的基本上是国家集中管理型的管制利率体制，其特点表现为利率管理权高度集中于中央，利率水平低，利率档次少，存贷利差小。虽然管制型的利率管理体制对实现当时确定的经济发展战略发挥了重要的作用，但随着我国市场化改革的不断深入，高度集中型的利率管理体制与现实经济运行越来越不适应，利率管理体制改革成为经济体制改革的重要内容。从理论和现实来看，以下几个方面的因素最终推动了我国的利率市场化改革：①利率自由化是20世纪70年代以来整个世界的潮流；②利率市场化有助于优化资源配置，提高资源的使用效率；③加入WTO增强了我国利率市场化改革的迫切性。

（2）我国利率市场化改革的策略安排。基于世界其他国家利率市场化的基本经验和我国自身的实际情况，理论界一般认为，利率市场化改革必须坚持长期性和渐进性的原则。为此，中国人民银行在《2002年中国货币政策执行报告》中提出了利率市场化改革的总体策略安排，即先外币、后本币；先贷款、后存款；先长期、大额，后短期、小额。

（3）我国利率市场化改革的历程。应当说，我国的利率管理体制改革是伴随着经济体制改革而展开的，但在20世纪90年代以前，我国的利率管理体制改革主要表现为对利率水平及利率结构的调整，触及利率形成机制的利率市场化改革则开始于20世纪90年代。从这个时候算起，我国的利率市场化改革大致可分为三个阶段（见表7-1）。

表7-1　中国利率市场化改革的进程

1993—1995年： 目标提出与改革准备阶段	1993年11月党的十四届三中全会的《关于建立社会主义市场经济体制若干问题的决定》指出："中央银行按照资金供求状况及时调整基准利率，并允许商业银行存贷利率在规定的幅度内自由浮动"； 1993年12月的《国务院关于金融体制改革的决定》明确提出："中国人民银行制定存、贷款利率上下限，并进一步理顺存款利率、贷款利率和有价证券利率之间的关系；各类利率要反映期限、成本、风险的区别，保持合理利差，逐步形成以中央银行利率为基础的市场利率体系"； 1995年《中国人民银行关于"九五"时期深化利率改革的方案》中初步提出利率市场化的基本思路。
1996—2000年：改革推进阶段	1996年1月3日，启动全国银行间同业拆借市场，利率由交易双方在人民银行确定的上限内协商决定，1996年6月1日，央行放开银行间同业拆借市场利率，实现由拆借双方根据市场供求自主确定拆借利率； 1996年4月9日，人民银行首次通过市场招标向14家商业银行总行回购2.9亿元人民币的国债； 1997年6月16日，银行间债券市场正式启动，并放开了债券市场的债券回购和现券交易利率； 1998年3月，央行改革贴现利率和再贴现利率的生成机制，放开贴现利率和转贴现利率； 1998年9月，放开了政策性银行发行金融债券的利率，银行间债券市场发行利率全面放开； 1999年9月，成功实现国债在银行间债券市场利率招标发行； 1999年10月，对保险公司大额定期存款实行协议利率，对保险公司3000万元以上、5年以上大额定期存款，实行保险公司与商业银行双方协商利率的方法。

续表

2000 年至今： 利率市场化的实质性进展阶段	2000 年 9 月 21 日，中国人民银行宣布开始改革我国外币存贷款利率管理体制，即放开外币贷款利率；大额外币存款［300 万美元（含 300 万美元）以上］利率由金融机构和客户协商确定；小额外币存款利率由银行业协会统一制定，各金融机构统一执行； 2002 年 3 月，将境内外资金融机构对中国居民的小额外币存款，纳入人民银行现行小额外币存款利率管理范围，实现中外资金融机构在外币利率政策上的公平待遇； 2002 年，扩大农村信用社利率改革试点范围，进一步扩大农村信用社利率浮动幅度； 2003 年 7 月，放开了英镑、瑞士法郎和加拿大元的外币小额存款利率管理，由商业银行自主决定； 2003 年 11 月，放开小额外币存款利率下限，对美元、日元、港元、欧元小额存款利率实行上限管理，商业银行可以根据国际金融市场利率变化，在不超过上限的前提下自主确定利率； 2004 年 1 月 1 日，商业银行、农信社利率浮动区间提高到 1.7 倍与 2 倍； 2004 年 3 月 25 日，支持流动性的再贷款上浮 0.63 个百分点，再贴现利率上浮 0.27 个百分点； 2004 年 10 月 12 日，中国外汇交易中心暨全国银行间同业拆借中心正式发布了以债券 7 天回购数据指标作为货币市场基准利率的参考指标； 2004 年 10 月 29 日，央行加息，并首次允许商业银行将存款利率下浮； 2005 年 3 月 17 日，调整商业银行自营性个人住房信贷政策，现行的住房贷款优惠利率回归到同期贷款利率水平，实行下限管理。 经国务院批准，中国人民银行决定，自 2013 年 7 月 20 日起全面放开金融机构贷款利率管制。(1) 取消金融机构贷款利率 0.7 倍的下限，由金融机构根据商业原则自主确定贷款利率水平；(2) 取消票据贴现利率管制，改变贴现利率在再贴现利率基础上加点确定的方式，由金融机构自主确定；(3) 对农村信用社贷款利率不再设立上限；(4) 为继续严格执行差别化的住房信贷政策，促进房地产市场健康发展，个人住房贷款利率浮动区间暂不作调整。 2013 年 9 月 27 日，《中国（上海）自由贸易试验区总体方案》正式公布，明确金融开放的目标，提出“在风险可控前提下，可在试验区内对人民币资本项目可兑换、金融市场利率市场化、人民币跨境使用等方面创造条件进行先行先试”。 2013 年 10 月 25 日，央行宣布贷款基础利率集中报价和发布机制正式运行。 2015 年 10 月 3 日，人民银行宣布，自 2015 年 10 月 24 日起，人民银行对商业银行和农村合作金融机构等不再设置存款利率浮动上限。

本章小结

利息是一个已经延续了几百年的古老话题，自经济学产生以来，经济学家们便一直对其进行着广泛而深入的研究。经济学家们对于利息问题的研究主要是围绕着对利息本质的认识而展开的，其间也时而包含着对利息存在必要性的分析。基于这一问题的分析，经济学家们从不同角度和层面对利息进行了不同的阐释，从而也形成了不同的利息理论体系，这包括马克思的利息本质论、威廉·配第的利息报酬论、萨伊的利息资本生产理论、康替龙的利息货币价格论、西尼尔的利息节制欲望论、庞巴维克的利息时差论、费雪的利息人性不耐论、凯恩斯的利息流动性偏好论和希克斯的不完全货币论。从理论上讲，资本所有权与使用权的分离是利息产生的基础。但在现实经济生活中，利息实际上已经被人们看作是收益的一般形态，经营者也总是把其所得利润分为利息和企业主收入两部分。从此可以看出，利息实际上已经被资本所有者看作是理所当然的收入，利息已成为收益的一般形态。这意味着，对于任何有收益的东西，无论其使用权是否让渡出去（贷出），我们都可通过收益与利率的对比来计算出它相当于多少资本金额，这个过程通常被称之为“收益资本化”过程。

从一般意义上说，利率是利息率的简称，它是指在某一债务（借贷、债券等）期间债务人向债权人所支付的利息额与借贷本金之间的比率。按照计算利息的期限单位的不同，利率可分别以年利率、月利率和日利率来表示。

现实经济生活中，利率绝非像概念中表述的那么简单，它是一个广泛而复杂的范畴，它有着多种多样的表现形式，并且各种各样的利率之间又是相互联系、相互影响、相互制约的，所有这些利率形式共同构成了一个经济体的利率体系。所谓利率体系就是指在一个经济体内部所存在的，相互联系、相互影响、相互制约的多种利率形式的集合、结构以及相互间存在的关系机制。在利率体系中存在着不同的利率种类。

与工资、价格、汇率等变量一样，利率是一个国家经济杠杆体系中的重要组成部分，它在整个经济金融运行过程中发挥着调节的功能。具体来说，利率的调节功能可以分为密切联系的两个方面：微观调节功能与宏观调节功能。但利率上述功能的充分发挥需要具备一定的条件。

马克思认为，利率最终决定于平均利润率，平均利润率构成了利率的上限，利率总是在零与平均利润率之间因资金供求等因素的影响而波动。与马克思利率决定理论不同，西方经济学家对于利率决定理论的研究主要是从供求关系着眼的，他们普遍认为利率是由供求均衡点所决定的，但对是什么供求关系决定利率却存在着争论，由此也产生出了具有代表性的古典利率理论、流动性偏好理论、可贷资金理论和 *IS* - *LM* 模型中的利率决定理论等四种利率决定理论。

一般而言，现实中的利率通常由纯利率、通货膨胀风险溢价和风险溢价这三部分组成。其中，风险溢价又分为违约风险溢价、流动性风险溢价和期限风险溢价。

在利率体系中，任何一种利率都会因资金的借贷期限和融资风险的不同而存在水平上的差异，由此所形成的利率之间的关系便是利率结构（问题）。由此我们可以将利率结构分为利率风险结构和利率期限结构。利率风险结构指的是期限相同、风险不同的金融工具（主要是债券）的利率之间的关系。之所以存在利率的风险结构，主要是因为金融工具不同的违约风险、流动性风险和税收因素。利率期限结构是指具有相同风险及流动性的债券（贷款）的利率（收益）和到期时间之间的关系。利率期限结构通常用收益率曲线来描述。所谓收益率曲线是指将风险、流动性和税收相同情况下，不同期限债券（贷款）的收益率连接而成的曲线。围绕对为什么收益率曲线会存在不同的形状问题的解释，在西方出现了预期理论、市场分割理论和偏好与流动性升水理论。

利率管理体制是一个国家经济管理体制的重要组成部分，它是一个国家对货币当局在利率管理的权限、范围、程度等方面所做出的制度安排。从理论上讲，利率管理体制可以分为国家集中管理型、市场自由决定型和国家管理与市场决定结合型等三种体制。在我国，所谓利率市场化，指的是利率管理体制由国家集中管理型体制向市场自由决定型体制的转化过程。利率市场化后，国家只控制基准利率，其他利率则基本放开，其水平由市场上的供求关系来决定，其数量结构、期限结构和风险结构由市场自主选择。基于世界其他国家利率市场化的基本经验和我国自身的实际情况，理论界一般认为，利率市场化改革必须坚持长期性和渐进性的原则。为此，中国人民银行在《2002 年中国货币政策执行报告》中提出了利率市场化改革的总体策略安排，即先外币、后本币；先贷款、后存款；先长期、大额，后短期、小额。

本章复习思考题

1. 西方经济学家是如何对利息的本质进行描述的？
2. 什么是收益资本化？你从中能得到什么启示？
3. 什么是利率？它是如何表示的？
4. 什么是基准利率？我国现行的基准利率是什么？
5. 什么是名义利率和实际利率？二者有什么关系？
6. 什么是固定利率和浮动利率？
7. 利率有什么功能？其功能的发挥需要什么条件？
8. 西方经济学家是如何描述利率决定的？
9. 什么是利率风险结构？什么是利率期限结构？西方的利率期限结构理论有哪些？
10. 什么是利率管理体制？它有哪些类型？
11. 什么是利率市场化？我国为什么要进行利率市场化改革？应如何改革？

第八章

通货膨胀与通货紧缩

本章重要术语

通货膨胀　公开型通货膨胀　隐蔽型通货膨胀　通货紧缩　价格指数
消费者价格指数　批发价格指数　国民生产总值平减指数　艾奇安和克莱因的理想指数
通货膨胀（紧缩）率　通货膨胀（紧缩）缺口　需求拉上说　成本推动说
供求混合推动说　结构说　斯堪的纳维亚通货膨胀模型　附加预期的菲利普斯曲线
卢卡斯批判

第一节　对通货膨胀、通货紧缩的基本认识

提及通货膨胀（Inflation）和通货紧缩（Deflation），我们并不会感到陌生，因为经济体制改革以来，这两种现象我们都经历过了。事实上自纸币产生以来，世界上还没有哪个国家能够避免通货膨胀和通货紧缩的困扰。

一、通货膨胀及其分类

（一）通货膨胀的定义

尽管通货膨胀是伴随着纸币的产生就出现的一种经济现象，经济学界也对它进行了长期的研究，但对于到底什么是通货膨胀依旧存在着多种多样的表述，就像一位西方学者戏称的，世界上有多少位经济学家，就有多少种有关通货膨胀的表述。

我国理论界习惯于将经济学家们对通货膨胀的定义归纳为马克思的定义和西方经济学中的定义两大类。

1. 马克思对通货膨胀的定义

虽然很少有人印证它的出处，但一般认为马克思曾将通货膨胀定义为是在纸币流通的条件下，由于货币的发行量超过商品流通中的实际需要量，从而引起纸币贬值、一般价格水平上涨的经济现象。

纸币自身没有价值，它只是代替金属货币执行流通手段的职能一种纯粹的货币符号，因此，纸币的发行量应以流通中需要的金属货币量为基础，一旦纸币的发行量超过

了流通中需要的金属货币量，纸币就会贬值，物价就要上涨。由此可见马克思认为，纸币发行量过多引起的货币贬值、物价上涨，是造成通货膨胀的直接原因。

马克思的通货膨胀定义告诉我们，第一，产生通货膨胀的前提是纸币流通。由于金属货币具有自动调节货币流通的功能，因此，贵金属货币在相同条件下一般不会出现通货膨胀。第二，纸币贬值、物价上涨出现的直接原因在于纸币的流通量超过了商品流通所需要的金属货币量。

2. 西方经济学家的定义

在西方，有很多经济学家曾经对通货膨胀进行过定义，有着不同的表述。例如，弗雷德里奇·A. 哈耶克（F. A. Hayek）认为："通货膨胀一词的原意和真意是指货币数量的过度增长，这种增长会合乎规律地导致物价的上涨"。[①] 弗里德曼将通货膨胀定义为："通货膨胀是一种货币现象，起因于货币量的急剧增加超过了生产的需要"。[②] "如果货币数量增加的速度超过能够买到的商品和劳务增加的速度，就会发生通货膨胀"。[③] 保罗·萨缪尔森（P. Samuelson）在《经济学》中则认为："通货膨胀的意思是：物品和生产要素的价格普遍上升的时期——面包汽车、理发的价格上升；工资、租金等也都上升"。[④] 但琼·罗宾逊（J. Robinson）却说，"我不认为应当就这样地简单用物价上涨来给通货膨胀下定义"。[⑤] 而在《新帕尔格雷夫经济学大辞典》里采用的是莱德勒和帕金的定义："通货膨胀是价格持续上涨的一种过程，或者从等同意义上说，是货币不断贬值的一种过程"。[⑥]

从上述西方经济学家对通货膨胀的定义看，他们对通货膨胀的解释似乎并不像国内学者们所说的，他们在定义中没有界定通货膨胀产生的原因。只是对通货膨胀的原因有着不同的观点。例如，与哈耶克、弗里德曼等人不同，罗宾逊就认为"通货膨胀是由于对同样经济活动的工资报酬率的日益增长而引起的物价直升变动"。[⑦]

通过以上分析，我们可以将通货膨胀界定为：通货膨胀是因流通中货币过多而引起的货币贬值、一般价格水平持续上涨的经济现象。

（二）通货膨胀的分类

按照不同的标准和方法，我们可以对通货膨胀进行如下分类。

1. 根据通货膨胀的最终表现形式，可以把通货膨胀分为公开型的通货膨胀和隐蔽型的通货膨胀。

公开型通货膨胀（Open Inflation）也被称为显性通货膨胀（Evident Inflation），它是指在市场机制完善、价格对供求反应灵敏的条件下，通过价格指数的变动反映出来的通

① 哈耶克，无路可逃：事业必然跟随着通货膨胀，《世界经济译丛》，1981 年第 2 期。
② 弗里德曼，《自由选择》，商务印书馆，1982 年版。
③ 同上。
④ 保罗·萨缪尔森，《经济学》，商务印书馆，1979 年版。
⑤ 琼·罗宾逊，解决停滞膨胀难题，《挑战》，1979 年 11 – 12 月号。
⑥ 伊斯特韦尔、米尔盖特、纽曼，《新帕尔格雷夫经济学大辞典》，经济科学出版社，1992 年版。
⑦ 琼·罗宾逊，解决停滞膨胀难题，《挑战》，1979 年 11 – 12 月号。

货膨胀。

隐蔽型通货膨胀也被称为隐性通货膨胀（Hidden Inflation），它是指在价格受政府严格抑制的条件下，社会供求矛盾不是通过价格上涨而是非价格的形式反映出来的通货膨胀类型。隐蔽型通货膨胀通常存在于计划经济体制下，通货膨胀的表现形式通常表现为黑市交易、凭证供给制、排队、有价无货等。

2. 按照发生通货膨胀的严重程度，可以把通货膨胀分为爬行的通货膨胀、温和的通货膨胀、奔腾的通货膨胀和恶性通货膨胀等。

爬行的通货膨胀（Creeping Inflation）一般指的是年物价上涨率在3%以内的通货膨胀。这种类型的通货膨胀通常不会引起经济生活的严重失序，经济能够正常地运行。

温和的通货膨胀（Moderate Inflation）一般是指年物价上涨率超过3%，但不超过10%的通货膨胀。在温和的通货膨胀下，人们已经能够明显感觉到物价水平的上涨，物价的上涨开始对经济运行产生影响，但还不足以引起货币体系和经济生活的崩溃，如果不采取相应的反通货膨胀措施，很容易演化为更为严重的通货膨胀。

奔腾的通货膨胀（Runaway Inflation）一般是指年通货膨胀率在10%～100%，且发展较快的通货膨胀。一般来说，这种通货膨胀会严重影响经济的发展，人们对本国货币信心动摇，经济生活的秩序被打破。

恶性的通货膨胀（Hyperin Inflation）一般是指物价持续地、猛烈地上升，年通货膨胀率在100%以上，且有不断加速趋势的通货膨胀。在这种情况下，本国货币大幅贬值，货币购买力极度下降以至于货币成为“烫手的山芋”，人们对本国货币完全失去信心，货币体系、价格体系甚至整个社会经济几近崩溃。

由于没有统一的标准，并且经济形势也不断变化，因此，不同的经济学家在按照这种标准对通货膨胀进行划分时有着不同的看法。

3. 按照人们是否存在对通货膨胀的预期，可以把通货膨胀分为预期通货膨胀和非预期通货膨胀。

预期通货膨胀（Anticipated Inflation）是指人们在已经预期到通货膨胀的发生及程度后，采取防范措施，从而使物价上升的通货膨胀。

非预期通货膨胀（Unanticipated Inflation）是指未被经济主体预料到的通货膨胀。

这种划分有利于我们考察通货膨胀的效应。

4. 按照通货膨胀的成因，可以把通货膨胀分为需求拉上型（Demand Pull Inflation）、成本推动型（Cost－Push Inflation）、供求混合型（Hybrid Inflation 或 Mixed Inflation）和结构型通货膨胀（Structural Inflation）。

对于这种分类下的通货膨胀我们会在后面的内容中做详细介绍。

除上述一些常见分类外，还有其他的分类。

二、通货紧缩及其分类

通货紧缩是一种金融危机，它与通货膨胀引起物价持续上涨、货币贬值，会影响人们的日常生活一样，也是一个与每人都息息相关的经济问题。

（一）通货紧缩的含义

像通货膨胀一样，理论界对通货紧缩的含义存在着不同的表述，还没有统一的认识，甚至是有着很大的争议。

国内有很多学者对通货紧缩进行过非常详尽的综述。[①] 综合各方观点，我们大致可以将国内外经济学家们对通货紧缩的定义归纳为三类。

1. “单要素论”

“单要素论”认为，通货紧缩就是物价水平的下跌。其代表性观点有：

（1）“通货紧缩是与通货膨胀相反的一种经济现象，通货膨胀是货物与服务价格普遍地持续上升，通货紧缩则是货物与服务价格普遍地持续下降。”[②]

（2）“作为一个普及性的、易于为大众所掌握的且不失科学性的概念，通货紧缩不妨采取‘单要素’定义，即价格水平普遍地持续下降。”（刘树成，1999）

（3）“通货紧缩是与通货膨胀相对立的一个概念，它是指一般物价的持续下跌”。[③]

（4）加拿大货币经济学家戴维德·E. W. 莱德勒（D. E. W. Laidler）认为，通货紧缩是物价下跌和币值上升的一个过程，其反义词是通货膨胀。（1992）

（5）美国经济学家希勒（Schiller）1989 年在其宏观经济学教科书中对通货紧缩的定义是：“通货紧缩是指商品和劳务的平均价格水平的下降”。

（6）萨缪尔森和诺德豪斯在 1992 年的《经济学》教材中对通货紧缩的定义是：“与通货膨胀相反的是通货紧缩，它发生于价格总体水平的下降中。”

（7）斯蒂格利茨在其 1997 年的《经济学》教材中认为，“通货紧缩表示价格水平的稳定下降。”

2. “双要素论”

“双要素论”认为，通货紧缩包括价格水平的持续下降和货币供应量的持续下降两个方面。代表性观点有：

（1）曾康霖认为，“通货紧缩就是流通中作用于商品和劳务交换的货币减少，它表现为商品和劳务价格的下跌。”[④]

（2）中国人民银行前行长戴相龙在 2000 年 1 月 12 日国务院举行的记者招待会上认为，通货紧缩一般有两个特征：一是商品和劳务价格持续下跌，二是货币供应量持续下降。

3. “三要素论”

“三要素论”认为，通货紧缩是物价水平持续下跌、货币供应量持续下降，经济增长率也持续下降。代表性观点有：

---

① 参见①王春雷（2004），《通货紧缩时期的财政与货币政策》，东北财经大学出版社；②林幼平、姜文（2000），通货紧缩问题研究综述，《经济评论》第 3 期；③成诗萌、张倩（2002），对近几年中国通货紧缩的综述研究，《内蒙古财经学院学报》第 2 期。

② 谢平，沈炳熙．通货紧缩与货币政策［J］．经济研究，1998（8）．

③ 钱小安．通货紧缩的原因、危害与对策［J］．金融研究，1999（9）．

④ 曾康霖．关于通货紧缩的几个问题［J］．经济研究，1999（11）．

（1）加拿大一家投资公司的首席经济学家 G. 莱斯根认为，通货紧缩不只是价格下降，还包括货币数量减少和货币流通速度下降，以及经济萧条。(1992)

（2）北京大学中国经济研究中心宏观组认为，通货紧缩有“两个特征，一个伴随”，即“物价水平的持续下降和货币供应量的持续下降；通货紧缩通常伴随着经济衰退。”①

通货紧缩应包括价格水平的持续下降、货币供应量的持续下降与经济增长率的持续下降。②

从上述各种有关通货紧缩的定义可以看出，更多的学者属于“单因素论”者。

就判断通货紧缩发生和治理来说，上述有关通货紧缩的各种定义更为科学的是“单因素论”。“双因素论”的不足之处在于把通货紧缩仅仅看作是货币供给量下降的结果，但事实上，就像通货膨胀一样，引起物价下降的因素有很多，货币供给量下降或不足只是导致通货紧缩的原因之一，而不是唯一原因。“三因素论”的缺陷在于不应该把经济衰退与否作为判断通货紧缩的标准，因为经济衰退是通货紧缩发展到一定程度后的结果。用经济衰退的出现来判断通货紧缩容易贻误战机。

（二）通货紧缩的分类

按照不同的标准，通货紧缩可以划分为不同的类型，并且和同作为货币现象的通货膨胀在分类上具有非常强的相似性。通货紧缩的分类主要有：

1. 按照通货紧缩的最终表现形式，可以分为公开型的通货紧缩和隐蔽型的通货紧缩

公开型通货紧缩（Open Deflation）也被称为显性通货紧缩，指的是在市场价格不受任何抑制条件下，因供求关系变化引起物价水平下跌的通货紧缩。

隐蔽型通货紧缩也被称为隐性通货紧缩（Hidden Deflation），指的是由于政府价格管制政策所造成的通货紧缩。

2. 按照通货紧缩的发生程度不同，可以分为相对通货紧缩和绝对通货紧缩

相对通货紧缩是指物价水平介于零值和适合一国经济发展和充分就业的物价水平区间之间，虽然还是正增长，但因为已经低于该国正常经济发展和充分就业所需要的物价水平，货币供给量呈下降趋势，因此已经开始损害该国经济的正常发展，如果不加重视，会加深其对经济发展的破坏作用。

绝对通货紧缩是指物价水平已经处于零值以下，物价呈负增长的一种通货紧缩状态。在该状态下，一国的货币供给量出现严重不足，极易造成经济萧条或衰退。根据对经济的影响程度的不同，又可以分为轻度通货紧缩、中度通货紧缩和严重通货紧缩。一般来说，物价出现负增长，但幅度不大（比如 -5%），时间不超过两年的称为轻度通货紧缩；物价下降幅度较大（比如在 -5% 到 -10%），时间超过两年的称为中度通货紧缩；物价下降幅度超过两位数，持续时间超过两年甚至更长的情况称为严重通货紧缩。

3. 按照通货紧缩对经济运行的影响，可以分为温和性通货紧缩和危害性通货紧缩

---

① 北京大学中国经济研究中心宏观组（1999），面临新千年的话题：通货紧缩与反通货紧缩，《改革》第 4 期。

② 刘树成（1999），通货紧缩——既不能估计不足，亦不可估计过重，《经济研究》第 10 期。

温和性通货紧缩也被称为无害型或技术进步型通货紧缩，它是指因技术进步原因引起的物价下跌，但总产出水平上升的通货紧缩。

危害性通货紧缩也被称为有害性通货紧缩，它指的是因生产能力过剩和需求不足所引起的通货紧缩。由于这类通货紧缩条件下不仅是物价水平下降，而且是总产出减少，因此，它会危害和破坏经济的运行秩序。

4. 按照人们是否存在对通货紧缩的预期，可以分为预期通货紧缩和非预期通货紧缩

预期通货紧缩（Anticipated Deflation）是指人们在已经预期到通货紧缩的发生及程度后，采取防范措施，从而使物价下跌的通货紧缩。

非预期通货紧缩（Unanticipated Deflation）是指未被经济主体预料到的通货紧缩。

与通货膨胀中的划分一样，对通货紧缩的这种划分的意义在于有利于我们考察通货紧缩的效应。

5. 按照通货紧缩产生的原因不同，可以分为政策紧缩性的通货紧缩、周期性的通货紧缩、需求拉下性通货紧缩、成本压低性的通货紧缩、体制性的通货紧缩、外部冲击性的通货紧缩和输入性的通货紧缩等类型。由于在通货紧缩成因中会对此进行介绍，在此不再赘述。

第二节　衡量通货膨胀和通货紧缩的指标

一、价格指数

由于在市场经济条件下通货膨胀和通货紧缩通常表现为价格水平的上涨或下跌，因此衡量通货膨胀和通货紧缩也就是要衡量价格水平的变动情况。目前世界上许多国家都是用价格指数（Price Index）来衡量价格水平变动情况。常用的价格指数主要有以下几种：

（一）消费者价格指数

消费者价格指数（Consumer Price Index，CPI）也叫作零售物价指数（Retail Price Index），它是利用统计学方法，以具有代表性的居民家庭消费商品和劳务为样本而编制的指数，目的是用它来衡量一般家庭生活压力或生活成本。

消费者价格指数是目前世界上大多数国家普遍采用的用来衡量通货膨胀和通货紧缩的指数类型。其计算公式是：

$$CPI = \frac{\text{报告期支出}}{\text{按基期价格计算的支出}} \times 100 = \frac{\sum_{i=1}^{n} P_i^0 \cdot Q_i^0}{\sum_{i=1}^{n} P_i^1 \cdot Q_i^0} \times 100 \qquad (8-1)$$

式中，P_i^0 代表基期 n 种商品的价格；P_i^1 代表报告期 n 种商品的价格；Q_i^0 代表基期 n 种商品的数量。

消费者价格指数的优点主要在于：所需统计资料容易获得，易于随时编制和发布；能够综合性反映生活消费品价格的变化趋势，缺点是指数中所含样本的数量和范围太窄，无法反映资本品和中间品价格等的变动情况。

（二）批发价格指数

批发价格指数（Wholesale Price Index，WPI）也叫作生产者价格指数（Producer Price Index，PPI），它指的是利用统计学方法，以企业所购买商品的价格为样本而编制的价格指数。优点在于能够反映生产者的成本变化，进而预测消费者价格的变动方向。但与普通家庭的生活不存在直接联系。其计算公式是：

$$WPI = \frac{\sum_{i=1}^{n} P_i^1 \cdot Q_i^0}{\sum_{i=1}^{n} P_i^0 \cdot Q_i^0} \times 100 \tag{8-2}$$

式中字母所代表含义与式（8－1）相同。

（三）国民生产总值平减指数

国民生产总值平减指数（GNP Deflator）也叫作国民生产总值缩减指数或国民生产总值价格指数，它是指按照现行价格指数计算的国民生产总值（名义国民生产总值）与按不变价格计算的国民生产总值（实际国民生产总值）的比率。即：

$$GNP\text{平减指数} = \frac{\text{名义}\,GNP}{\text{实际}\,GNP} \times 100 \tag{8-3}$$

国民生产总值平减指数中所含样本，不仅包括消费品和劳务，而且包括资本品和进出口商品等所有的商品和劳务，因此，是一个能够全面反映一个国家整体价格水平变动的指数，但由于编制该指数需要大量的统计数据，因此，无法经常性地编制和公布，一般是1年只能公布一次到两次。

（四）艾尔奇安和克莱因的理想指数

鉴于以上三种价格指数存在的缺陷，尤其是没有考虑资产价格的缺陷，1973年，阿尔门·A. 艾尔奇安（A. A. Alchian）和本杰明·克莱因（B. Klein）提出了一个包含所有资产的理想价格指数。① 其计算公式是：

$$P_{AB} = \frac{W_B}{W_A} = \frac{\sum_{i=1}^{n} P_B(i) \cdot Q_B(i)}{\sum_{i=1}^{n} P_A(i) \cdot Q_A(i)} \tag{8-4}$$

式中，P_{AB}表示B期对A期的物价指数；$P_B(i)$表示B期各项资产的价格；$Q_B(i)$表示B期各项资产的数量；$P_A(i)$为A期各项资产价格；$Q_A(i)$为A期各项资产数量。

① Alchian, A. A. and B. Klein (1973), "On a Correct Measure of Inflation," Journal of Money, Credit, and Banking 5 (1), February, Part 1, pp. 173－191.

二、通货膨胀率或通货紧缩率

有了上述这些价格指数，我们便可以计算通货膨胀率（Inflation Rate）或通货紧缩率（Deflation Rate）。

通货膨胀率或通货紧缩率即价格指数的增长率，它是反映通货膨胀或通货紧缩程度的一个指标。其计算公式是（以消费者价格指数为例）：

$$\text{通货膨胀率或通货紧缩率} = \frac{\text{报告期}\,CPI - \text{基期}\,CPI}{\text{基期}\,CPI} \times 100\% \qquad (8-5)$$

由此可见，通货膨胀率或通货紧缩率并不就是价格指数，即它不是价格的上升率，而是价格指数的上升率。

以通货膨胀情况为例，假如 $CPI_{2010}=120$，$CPI_{2011}=126$，则 2011 年的通货膨胀率为：$\pi = \frac{CPI_{2011} - CPI_{2010}}{CPI_{2010}} \times 100\% = 5\%$

三、通货膨胀缺口与通货紧缩缺口

最初，为估计通货膨胀发生的可能性，由凯恩斯在《如何筹措战费》（1940 年）中提出了通货膨胀缺口（Inflationary Gap）概念。通货膨胀缺口是指高于充分就业的总需求与充分就业的总需求之间的差额。它要说明的是市场上对商品和劳务消费的过度需求情况，当过度需求的压力加大而又没有其他方法可以缓和和释放时，通货膨胀就可能现实地发生。

由凯恩斯的通货膨胀缺口，我们可以得出通货紧缩缺口（Deflationary Gap）的概念，它指的是应该低于充分就业的总需求与充分就业的总需求之间的差额。

第三节　通货膨胀的成因及其治理

一、通货膨胀的成因

（一）需求拉上说

需求拉上说的主要特征是从总需求层面来解释通货膨胀。需求拉上说是 20 世纪 50 年代以前最有影响力的通货膨胀理论，也是最早解释通货膨胀的理论。需求拉上说认为，经济生活中之所以会出现通货膨胀，是由商品与劳务的总需求量超过商品与劳务的总供给量，产生需求过剩所致，而过剩需求又是由货币供给过度引起的，因此，有人将需求拉上说简单归结为“过多的货币追逐过少的商品”。

需求拉上说的思想如图 8－1 所示。

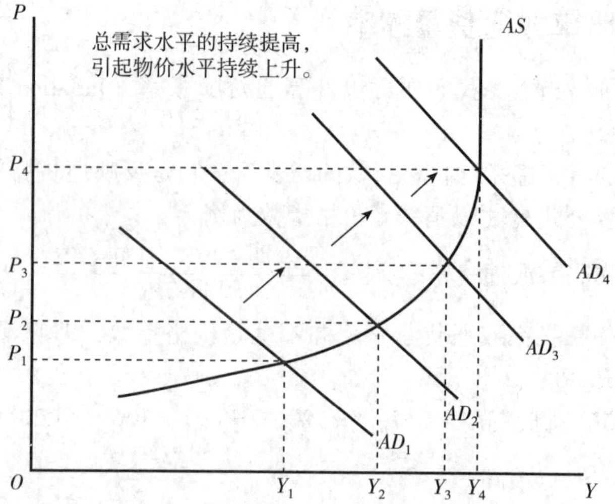

图 8－1　需求拉上说的通货膨胀形成过程

图 8－1 中，横轴代表总产出或国民收入（Y），纵轴代表价格水平（P）。社会总供给曲线 AS 可按社会的就业状况而分成三个阶段：水平、向右上方倾斜和垂直。

1. 总供给曲线呈近似水平状态，这意味着供给弹性很大，这是因为这时社会上存在着大量的闲置资源或失业，故总供给的增加能力很大。当总需求从 AD_1 增至 AD_2 时，国民收入有较大增加，而物价上涨较小。

2. 总供给曲线向右上方倾斜，表示社会逐步接近充分就业状态，这意味着社会上闲置的资源已很少，故总供给的增加能力也较小，此时为扩大产量而增加的需求会促使产量和生产要素资源价格同时上涨。因此，当总需求从 AD_2 增至 AD_3 时，国民收入虽也增加，但增加幅度减缓，同时物价开始较快上涨。这个阶段被凯恩斯称为“半通货膨胀（Semi－inflation）”。

3. 总供给曲线垂直，表示社会的生产资源已经达到充分就业的状态，即不存在任何闲置的资源，Y_4 已经是充分就业条件下的国民收入，这时的总供给曲线也就成为无弹性的曲线。在这种情况下，当总需求从 AD_4 进一步提高时，只会导致物价的上涨，而国民收入不再增加。这个阶段才是凯恩斯所谓的“真正通货膨胀（True－inflation）”。

至于是什么原因导致总需求超过总供给，从而造成了通货膨胀，不同的学派有不同的解释。传统货币数量论和现代货币数量论都认为货币因素即货币数量的过度增加是导致总需求过剩，从而引起通货膨胀的根本原因，这称为货币需求论。而凯恩斯主义则认为总需求的过剩是由于消费、投资、政府支出等实际因素过度增加所引起的，这种思想又称为“实际需求论”。

（二）成本推动说

20 世纪 50 年代以后，西方国家的经济运行呈现出需求拉上说所不能解释的新现象，即物价水平持续上涨和失业率居高不下并存。在这种背景下，经济学家们开始从供给层面来探讨通货膨胀的成因，这样便形成了通货膨胀的成本推动说。成本推动说认为，即使不存在对商品和劳务的过度需求，也有可能会出现通货膨胀，因为通货膨胀的根源在于成本的增加引起的供给减少，通货膨胀就是在总需求不变的情况下，由于生产要素价格（包括工资、租金、利润以及利息）上涨，致使生产成本上升，从而导致物价总水平持续上涨的现象。更进一步，成本推动说认为，生产成本的提高主要是由两个方面的原因造成的，一是实力强大的工会迫使货币工资增长率超过劳动生产率的增长率，从而引起成本增加，价格上升，价格的上升又会使工会提高工资，价格进一步上升。如此循环往复，最终形成工资—价格“螺旋式”上升；二是垄断组织为了获取垄断利润而人为抬高产品价格。由此可见，成本推动说又可细分为工资成本推动和利润推动。

成本推动说的思想可用图 8－2 解释。在图 8－2 中，横轴同样代表总产出或国民收入 Y，纵轴代表价格水平 P，Y_f为充分就业条件下的国民收入。最初，社会总供给曲线为 AS_1，在总需求不变的条件下，由于生产要素的价格提高，生产成本上升，总供给曲线从 AS_1上移至 AS_2，最后至 AS_3，价格水平由 P_1上升到 P_2，最后到 P_3，国民收入由 Y_f最终降至 Y_2。国民收入之所以下降是因为生产成本提高会导致失业增加，从而引致产量的损失，物价水平却上升。

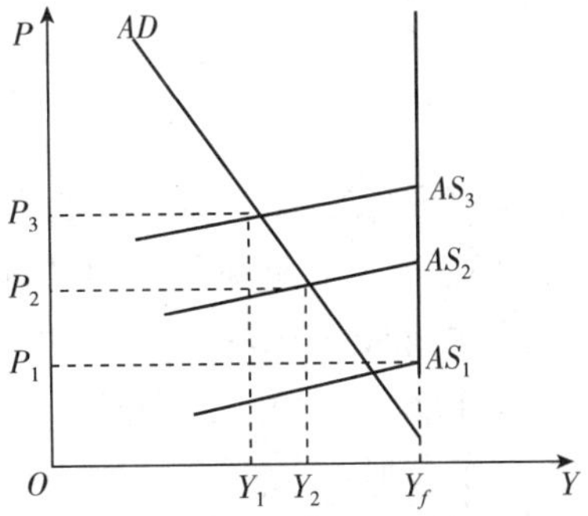

图 8－2　成本推动说的通货膨胀形成过程

1973—1975 年，美国陷入“滞胀”，而“滞胀”就是供给方面通货膨胀的典型结果。并且，美国这个时期的通货膨胀与国际原材料，比如石油输出国组织提高原油价格有关，因此，成本推动型通货膨胀并不仅仅由工资推动和利润推动，生产资料（原材料、中间产品等）价格的上涨也是从供给方面引发通货膨胀的原因之一。

（三）供求混合推动说

供求混合推动说的主要特征是将供给和需求两个方面的因素统一考虑，来研究通货膨胀的成因，认为通货膨胀是需求拉上和成本推动两股力量共同作用的结果。

供求混合推动说的观点如图 8－3 所示。

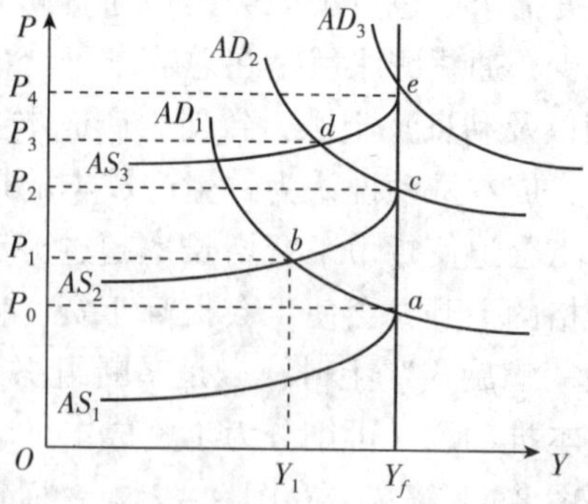

图8－3　供求混合推动说的通货膨胀形成过程

图8－3中，横轴同样代表总产出或国民收入Y，纵轴代表价格水平P，Y_f为充分就业条件下的国民收入。假如由成本推动使得AS_1移动到AS_2，若总需求不变，价格总水平由P_0上升到P_1，产出由Y_f降至Y_1，经济均衡点由a点移到b点。

假如政府采用扩张性货币政策刺激经济，总需求曲线AD_1便会移动到AD_2，产出由Y_1增加至Y_f，但物价水平也因此上升到P_2。依此类推，在总供给和总需求交替上升后，经济均衡点的变动途径是$a \to b \to c \to d \to e$，物价水平的变动途径是$P_0 \to P_1 \to P_2 \to P_3 \to P_4$。

（四）结构说

20世纪60年代，一些经济学家研究发现，即使在社会总供给和社会总需求平衡状态下，也可能会因经济结构的失衡而产生通货膨胀，即结构型通货膨胀，因此，结构说的基本特征是强调结构因素在通货膨胀形成中的作用。

结构说最初由保罗·斯屈坦（P. Streeten）、朱利奥·奥利维拉（J. H. G. Olivera）和鲍莫尔创立，20世纪70年代，乔夫尼·梅纳德（G. Maynard）、威利·里杰克海姆（W. Van Rijekeghem）和奥德·奥克鲁斯特（O. Aukrust）等人对其进行了进一步的发展。实际上，结构说的思想渊源是舒尔茨的需求移动说（Demand－shift Inflation）。

1959年，在需求拉上说与成本推进说争论过程中，查尔斯·L. 舒尔茨（C. L. Schultze）发表了《最近美国的通货膨胀》一文，认为，即使经济中不存在过多的总需求，只要需求在部门之间发生移动，即总需求发生结构变化，也会引起通货膨胀。这就是著名的“需求移动说”。舒尔茨认为，由于社会经济结构的不断变化，新的产业不断发展，旧的产业逐渐衰落，为此，一部分需求逐渐转向兴旺产业部门，引起新兴产业部门的工资及物价上涨，而衰退部门的工资物价由于价格刚性，却不会下降。

20世纪70年代，梅纳德和里杰克海姆在舒尔茨思想的基础上，认为，通货膨胀的原因在于：（1）工业部门与服务部门生产率的增长速度差异（服务部门的生产率增长慢于工业部门）；（2）这两大部门间价格弹性和收入弹性的差异；（3）这两大部门一致的货币工资增长率；（4）价格和工资的刚性（Rigidity）。

后来，“斯堪的纳维亚国家”经济学家奥克鲁斯特又将结构说运用到通货膨胀的国际传递研究中来，建立了“斯堪的纳维亚通货膨胀模型”，后来，G. 埃德格伦、K. O. 法克森、C. E. 奥德纳对其进行了扩展和完善。该模型主要被用于解释通货膨胀如何从发达经济体传导到开放经济中的小国。该模型也被称为“北欧模型”或“小国模型”。

为了展开分析，该模型首先将一国经济部门分为开放经济部门和封闭经济部门。开放经济部门是指那些产品主要用于出口，或者是存在进口替代品竞争的部门；封闭部门是指那些受政府保护等原因与国际市场不存在直接联系的部门。

北欧模型假定小国为世界市场价格的接受者，假如开放经济部门的收入分配结构不变，那么这些部门工人的工资就取决于该部门的劳动生产率增长率和世界市场上的通货膨胀率。在这种情况下，世界市场上价格的上涨，必然会影响到小国的开放经济部门，即这些部门工人的工资会相应上涨。一旦开放部门的工资上涨，封闭部门的工资水平也必然会向开放部门看齐，结果封闭部门的工资成本上升，产品价格提高，这样，便会在这些小国爆发通货膨胀。

由此，北欧模型认为，开放经济中的小国的通货膨胀率决定于三个因素，即世界通货膨胀率、开放部门与封闭部门之间劳动生产率的差异程度和开放部门和非开放部门在国民经济中各自所占比重。

二、通货膨胀的影响

（一）对经济增长的影响

经济增长与通货膨胀之间究竟是一种什么关系，是经济学家和经济政策制定者都十分关注的一个重要问题。

关于通货膨胀对经济的影响问题，经济学界存在着激烈的争论，主要观点大致可分为以下三种：可以促进经济增长的促进论；损害经济增长的促退论和不影响经济增长的中性论。

1. 促进论

支持促进论的学者大多遵循凯恩斯有效需求分析的传统，认为现实经济中通常存在着有效需求不足的问题，这使得实际产出低于潜在产出，因此，实施扩张性宏观经济政策在使物价水平上升的同时，能够通过投资、消费的增长拉动经济增长。具体表现为：

（1）通胀的直接表现是政府过量发行货币，这部分过剩的货币成为政府的增量财政收入，如果政府能够将这些收入用于实际投资，并且只要政府支出增加大于民间消费或投资的减少，那么，就可以通过乘数效应促进经济增长；

（2）在通货膨胀的初期，人们通常会存在一种“货币幻觉”（Money Illusion）。货币幻觉是由费雪在 1928 年提出的用于解释通货膨胀的一个概念，在存在货币幻觉的情况下，人们通常只看到名义货币工资的增加，而忽视货币实际购买力的下降，从而做出错误的消费策略安排，即增加消费，消费的增加会促进经济增长；

（3）通货膨胀引起的货币的实际购买力下降，使得人们不愿意持有过多的现金，而增加当期消费或对实物资产的需求，导致消费和投资的增长，进而带动经济增长。

2. 促退论

与促进论观点恰恰相反。促退论者认为从长期来看，通货膨胀会导致低效率并进而损害经济增长。其理由为：

（1）虽然在短期内人们会为避免遭受购买力下降的损失而增加当期消费和投资，刺激经济增长。但这会导致人们的储蓄倾向下降，社会储蓄率下降，从而使投资率和经济增长率下降。另外，由于通货膨胀会减少人们的实际可支配收入，因此，当期消费和投资也未必能够增加。

（2）在通货膨胀日趋严重的情况下，社会经济生活中的不确定性会随之增加，价格信号失灵，在这种背景下，人们就不敢贸然投资，投资率的下降最终会制约经济增长。

（3）在超额累进税率制度下，通货膨胀会使得企业和个人的名义收入提高，而名义收入的提高意味着他们必须承担更高的税负，增加其实际税收负担，这会影响生产的积极性，从而不利于经济增长。

3. 中性论

在各理论流派中，持中性观点的主要是货币中性论者和理性预期学派，货币中性论者认为，货币仅仅是罩在实体经济上的一层面纱，通货膨胀最终只表现为物价水平的上涨，而不会影响经济增长；理性预期学派则认为，社会公众理性预期的存在，使得他们会很快对通货膨胀做出合理的行为调整，从而使通货膨胀的各种影响相互抵消，因此通货膨胀对经济增长既不会产生促进作用，也不会造成伤害。

（二）对就业的影响

通货膨胀和失业之间的关系是经济学的基本问题，但至今仍存在着争论。

对于通货膨胀和失业之间关系的直观表述就是菲利普斯曲线。1958 年，经济学家菲利普斯教授描绘的著名的菲利普斯曲线证明了货币工资率和失业率之间此消彼长的关系。1960 年，萨缪尔森和索罗对菲利普斯曲线进行修正，他们将原始菲利普斯曲线中货币工资率与失业率之间的关系，修正为通货膨胀率和失业率之间的关系，并得出了通货膨胀率和失业率之间存在替代关系的结论，即失业率高通货膨胀率低，通货膨胀率低失业率高。1967 年和 1968 年，艾德曼德·费尔普斯（E. S. Phelps）和弗里德曼将菲利普斯曲线修正为“附加预期的菲利普斯曲线”，把菲利普斯曲线划分为长期和短期，并借助适应性预期理论、自然失业率假说解释了短期菲利普斯曲线的有效性和长期菲利普斯曲线的无效性，即短期内存在通货膨胀率和失业率之间的替代关系，长期中这种关系并不存在，长期菲利普斯曲线表现为一条垂直线。1972—1973 年，以罗伯特·E. 卢卡斯（R. E. Lucas）、托马斯·J. 萨金特（T. J. Sargent）为代表的理性预期学派又用理性预期理论彻底否定了菲利普斯曲线的理论价值和实践意义，提出著名的卢卡斯批判（Lucas Critique），认为无论是短期还是长期，菲利普斯曲线都表现为一条垂直线。但是，有关菲利普斯曲线的争论从没有停止，新凯恩斯主义者为了维护凯恩斯学派的主流地位，在吸收货币主义学派和理性预期学派的基础上，对菲利普斯曲线又做出了新的论证。①

（三）对财富分配的影响

一般来说，通货膨胀会在财富的分配方面产生如下影响。

① J. M. Roberts, “New Keynesian Economics and the Phillips Curve,” Journal of Money, Credit, and Banking 27 (November 1995), pp. 975－984.

1. 实际财富持有者得利，货币财富持有者受损。实际财富诸如贵金属、珠宝、不动产等在通货膨胀时期价格上涨，而货币财富诸如现金、银行存款等因物价上涨而下跌，从而使实际财富持有者获利，货币财富持有者受损。

2. 债务人获利，债权人受损。债务人在债务到期时按债务的名义价值进行偿还，当通货膨胀发生时，同量货币的实际购买力已经下降，所以，债权人的利益受到了损害。当然若预期未来通货膨胀率将上升，为防止这种损失，债权人通常会采用浮动利率贷款或在借款合同中附加通货膨胀条款，那么这种收入再分配效应也就不存在了。

3. 浮动收入者得利，固定收入者受损。在通货膨胀过程中，那些领取租金、养老金、退休金以及白领阶层和公共雇员等固定收入阶层会因通货膨胀使实际收入下降。企业主等浮动收入者，若收入上涨幅度大于工资和原材料价格的上涨幅度，则会获得超额收入。

4. 政府得利，居民受损。政府一方面通过通货膨胀税（Inflation Tax）占有了一部分实际资源，另一方面，政府通过发行国债可以成为大的债务人，在累进税率制度下，又可以成为浮动收入者。

所谓通货膨胀税是指政府通过增发货币引起通货膨胀而获得的超额收入。之所以将其称为通货膨胀税，是因为当政府用这部分增发货币购买社会物资后，市场上的商品数量会相应减少，价格水平就会上升，社会公众会因此而遭受损失，并且其损失部分，恰好是政府的所得。

5. 雇主得利，劳动者受损。通货膨胀到来后，劳动者因对通货膨胀的预期调整会受到多方面因素的制约，所以其名义工资的变动通常滞后于价格变动，这是因为，雇主这时完全可以推迟对劳动者名义工资的调整，或者根本就不对劳动者的工资进行调整。

（四）对社会经济运行体系的影响

1. 通货膨胀带来的价格波动使投资者、生产者难以作出准确的判断和决策，在这种背景下，他们的投资和生产意愿就会受到影响；同时，通货膨胀通常会造成资源错配，出现投资少、周期短、见效快的加工工业膨胀，而投资大、周期长、见效慢的基础工业萎缩滞后的结构性问题；另外，由于通货膨胀条件下社会公众要不断根据价格的变化随时做出策略上的调整，因此会增加菜单成本（Menu Cost）和皮鞋成本（Shoe Leather Cost）。所有这一切，都有损社会资源的配置效率。

2. 恶性通货膨胀的爆发有可能会导致社会公众的信心丧失，在这种情况下，社会信用体系可能会出现危机，最终有可能会影响到社会经济的稳定。

三、通货膨胀的治理

由于通货膨胀的出现是不可预期的、具有长期性，并且形成原因复杂，因此，政府必须通过多方面的政策安排，针对通货膨胀的不同情况来予以治理、以减少通货膨胀对经济社会发展的负面影响。

（一）紧缩的财政货币政策

紧缩的货币和财政政策主要针对需求拉上型的通货膨胀。需求拉上型的通货膨胀的根本原因在于货币供给量过多，因此，实行紧缩的财政货币政策有助于压缩需求，重新使社会总供给和社会总需求达到平衡，治理通货膨胀。财政政策方面，政府可以通过压缩公共开支、减少财政支出、提高税率、开征新税种、增加财政收入等措施来控制社会总需求。货币政策方面，主要通过提高利率、存款准备金率、再贴现率等手段，减少社会信用规模及货币供给量。

紧缩性的财政货币政策虽然能够治理需求拉上型的通货膨胀，但同时也会导致产出减少、失业率提高、经济增长减缓，因此，它所实现的宏观经济均衡是尚未实现充分就业状态下的均衡。

（二）供给管理政策

供给管理政策主要是用来治理成本推动型通货膨胀。目的在于通过发展生产，增加经济中有效供给来抑制物价水平上涨和控制通货膨胀。具体措施是通过大幅度降低税率、改善投资结构、鼓励企业技术创新、提高生产技术水平、提高资源的利用效率以刺激储蓄和投资来增加商品和服务的供给，解决社会总供给和社会总需求之间的矛盾，达到治理通货膨胀的目的。与紧缩需求的财政货币政策相比，供给管理政策的优点是在降低物价的同时不致引发失业的增加和经济增长的减缓。

（三）物价和收入政策

物价和收入政策主要也是用于治理成本推动型通货膨胀。工资和物价的上升是推进通货膨胀的原因之一，因此，政府有必要对各种生产要素的收入增长率进行限制，特别是工资增长率。使工资增长率不至于超过劳动生产率的增长幅度，与此同时还必须控制物价水平的过快上升。这需要政府拟定物价和工资标准，劳资双方共同遵守。

物价政策指的是政府直接控制价格的政策。收入政策是指通过控制工资的增长来控制收入和产品成本的增长，进而控制物价水平的政策。

控制收入和价格可采用自愿性和强制性两种措施来实现。自愿性的做法即政府通过劝导的方式使劳资双方自愿约束价格和工资的变动，它适用于通货膨胀程度较轻的情况。而强制性的做法是指政府采取一定的措施，冻结工资、冻结物价。

20 世纪 70 年代开始在巴西、以色列、芬兰等国家采用的收入指数化政策值得借鉴。所谓收入指数化是将工资、储蓄和债券的利息、租金、养老金、保险金和各种社会福利津贴等名义收入与消费物价指数紧密联系起来，使各种名义收入按物价指数滑动或根据物价指数对各种收入进行调整。

（四）国际收支政策与国际紧缩政策

与传统的通货膨胀相比，当代通货膨胀具有了世界性和长期性的特征，当某一个国家发生通货膨胀后，往往会通过外贸等国际间的经济往来向其他国家传播，所以采用外贸与国际收支政策是有必要的。这样不仅能够制止本国内通货膨胀，也能够遏制国际通货膨胀传播。但是，这种国际性的通货膨胀必须依赖国际间的协调与合作，仅靠一国的力量往往是不够的。

（五）货币制度改革

当通货膨胀已经成为恶性通货膨胀时，就应该通过货币制度改革来加以制止。这是因为当一国（地区）出现恶性通货膨胀时，原来的货币制度已经失去了信用基础，处于或接近崩溃的边缘。在这种情况下，通过货币制度改革，废弃旧币，发行新币并制定保证新币币值稳定措施，是比较有效的措施。

第四节　通货紧缩及其治理

一、通货紧缩的成因

第二次世界大战以后，许多西方国家更多的时候是处于通货膨胀之中，因此，他们对通货紧缩问题的专门论述不多，多是在研究1929—1933年大萧条过程中或研究通货膨胀问题时，把通货紧缩作为它的对立面捎带论及。由此形成了我们在介绍金融脆弱性和金融危机时将要提到的费雪的“债务—通货紧缩论”、凯恩斯等人的有效需求不足论、货币主义学派的货币供给收缩论等，20世纪90年代以后一些国家和地区通货紧缩的出现，引起了东西方经济学家们的重视。

综合国内外经济学家的观点，我们可将通货紧缩的一般原因概括为：

1. 紧缩性的财政货币政策

一国（地区）的通货紧缩的爆发通常和该国（地区）前期实行的过度紧缩性的财政货币政策有关。紧缩性的货币财政政策降低了货币供应量，削减了公共开支，减少了转移支付，结果造成了商品市场和货币市场的失衡，出现“过多的商品追求过少的货币”，从而引起政策紧缩性的通货紧缩。

2. 经济周期的变化

在经济处于繁荣的高峰阶段时，盲目投资，低水平的重复建设等现象会大量出现，导致商品供过于求，出现物价的持续下降，引发周期性的通货紧缩。

3. 投资和消费的有效需求不足

当人们形成一种悲观预期，预计经济运行形势继续不佳时，投资和消费需求都会减少，而总需求的减少会使物价下跌，形成需求拉下性通货紧缩。

4. 新技术的采用和劳动生产率的提高

技术进步以及新技术在生产上的广泛应用，会大幅度地提高劳动生产率，降低生产成本，导致商品价格的下降，这样便会出现成本压低性的通货紧缩。

5. 金融体系效率的降低

如果在经济过热时，银行信贷盲目扩张，造成大量坏账，形成大量不良资产，金融机构自然会“惜贷”和“慎贷”，再加上企业和居民不良预期形成的投资热情下降，必然会导致信贷萎缩，这样就会减少社会总需求，导致通货紧缩。

6. 体制和制度因素

体制（企业体制，保障体制等）的变化通常会改变人们的稳定预期，如果人们预期将来收入会减少，支出将增加，那么人们自然会选择预防性支出，减少有效需求不足，有效需求的减少促使物价下降，最终出现体制性的通货紧缩。

7. 汇率制度的缺陷

当一个国家（地区）在实行盯住固定汇率制度下，出现本币汇率高估的话，就会使得本国水平和劳务在国际市场的竞争力下降，从而会导致出口下降，国内商品过剩，企业经营困难，社会需求减少，这样物价就会持续下跌，最终形成外部冲击性的通货紧缩。

8. 国际性通货紧缩的传递

对于一个开放性的国家（地区）来说，国际性的经济衰退也会引起该国（地区）爆发输入性的通货紧缩。

二、通货紧缩的影响

通货紧缩与通货膨胀都属于货币金融领域的一种病态，相比通货膨胀来说，通货紧缩对经济发展的危害比通货膨胀更严重。

（一）通货紧缩会造成经济衰退

从影响经济增长的三个因素消费、投资和出口来说，通货紧缩导致的物价水平的持续下降，实际货币购买力上升，一方面会使社会公众产生物价会进一步下降的预期，这时他们就会持币待购，增加当期储蓄，导致消费萎缩；另一方面，通货紧缩所带来的不确定性和实际利率水平的上升，会影响投资者的心理预期和贷款成本，投资者的贷款、投资热情就会下降，导致投资减少。虽然通货紧缩带来的物价水平下降有可能增加出口，但由于投资减少，生产下降，出口也会下降。消费、投资和出口的下降必然会导致经济的衰退。

（二）通货紧缩容易引发银行危机

一方面，物价水平的下降会使实际利率上升，作为债务人的企业付息压力加重，严重时甚至会引起企业亏损和破产。这样企业的还款能力下降，银行贷款难以及时回收，再加上通货紧缩爆发后，抵押资产价值的下降，都会使银行的不良资产增加；另一方面，不确定性的增加使银行很难寻找到具有良好预期的项目，“惜贷”或“慎贷”倾向就会加重，这不但会影响银行的业务和盈利能力，同时也使企业更难以得到贷款，生产会进一步萎缩，经济陷入螺旋式的恶性循环之中。一旦社会公众失去了对银行的信心，大量挤兑，银行危机的爆发不可避免。

（三）通货紧缩容易引起失业的增加

如前所言，通货紧缩通常伴随着经济的衰退，经济衰退所引发的悲观预期以及经济运行的不确定性等都会使生产者减少生产甚至是停产，这样就会减少对原材料的购买和劳动力的雇佣，就业形势因此就会恶化，加剧劳动力供求矛盾。

（四）通货紧缩会降低社会财富的增加和积累能力

首先，在通货紧缩情况下，企业销售困难，利润降低，而债务率却因通货紧缩而上升。这样企业的财富便会大量缩水，财富积累能力大幅下降。

其次，通货紧缩带来的失业率上升、失业下岗工人的增加，会使城乡居民的货币收入出现下降，同时，家庭财富也会因价格水平的下降而出现价值贬值。

最后，通货紧缩会使国家财富缩水。通货紧缩引起的生产萎缩、经济衰退和城乡居民收入的下降，无形中会减少国家税收，导致国家财富增量锐减，另外由于物价水平的下降，国家的存量财富价值也会大幅缩水。

三、通货紧缩的治理

通货紧缩不仅对社会经济的破坏性影响比通货膨胀严重，而且就治理方面来说，也要比通货膨胀的治理困难得多，必须多管齐下，讲求多种政策的组合搭配以拉动社会总需求。

（一）扩张性的货币政策

克鲁格曼认为，在治理通货紧缩过程中货币政策的主要任务就是要打破长期以来在公众心目中形成的，中央银行的货币政策目标是反通货膨胀这种“预期陷阱（Expectation Trap）”，公布一个长期目标通货膨胀率，使社会公众形成一种通货膨胀预期。为此，中央银行应实施扩张性的货币政策，降低利率，加大基础货币投放，增加货币供给，从而刺激社会总需求。

（二）扩张性的财政政策

实行扩张性的财政政策包括增加财政支出增加财政投资，并通过乘数效应带动民间投资，从而增加社会总投资；降低税率，减轻税负，刺激企业增加投资；通过转移支付制度增加城乡居民收入从而刺激公众的消费需求；优化财政支出结构。

（三）结构性调整

实行经济结构调整，压缩投资过度、重复建设的过剩部门或行业的规模，鼓励新兴产业的发展，改变经济增长方式，优化产业、行业和产品结构，引导社会消费结构的升级换代，适当改善国民收入分配结构，提高低收入人群的收入水平。

（四）完善社会保障体系

通过建立和健全社会保障体系，改变社会公众对收入的悲观预期，提高他们的消费欲望。

本章小结

综合各方观点，我们可以将通货膨胀定义为因流通中货币过多而引起的货币贬值、一般价格水平持续上涨的经济现象。按照不同的标准和方法，我们可以对通货膨胀进行不同的分类。理论界对通货紧缩的含义存在着不同的表述，还没有统一的认识，甚至是有着很大的争议。我们大致可以将国内外经济学家们对通货紧缩的定义归纳为“单要素论”“双要素论”和“三要素论”三类。与通货膨胀一样，按照不同的标准，我们可以将通货紧缩分为不同的类型。

目前世界上许多国家都是用价格指数来衡量价格水平变动情况。常用的价格指数主要有消费者价格指数、批发物价指数、国民生产总值平减指数。鉴于以上三种价格指数存在的缺陷，尤其是没有考虑资产价格的缺陷，1973 年，阿尔门·A. 艾尔奇安和本杰明·克莱因提出了一个包含所有资产的理想价格指数。除此之外，我们还可以用通货膨胀（紧缩）率和通货膨胀（紧缩）缺口来衡量通货膨胀（紧缩）的程度。

西方用来解释通货膨胀产生原因的理论主要有需求拉上说、成本推动说、供求混合推动说和结构说。

关于通货膨胀对经济的影响问题，经济学界存在着激烈的争论，主要观点大致可分为以下三种：可以促进经济增长的促进论；损害经济增长的促退论和不影响经济增长的中性论。对于通货膨胀和失业之间关系的直观表述就是菲利普斯曲线。通货膨胀对财富分配的影响主要表现为实际财富持有者得利，货币财富持有者受损；债务人获利，债权人受损；浮动收入者得利，固定收入者受损；政府得利，居民受损；雇主得利，劳动者受损。与此同时，通货膨胀还会对社会经济运行体系产生影响。

由于通货膨胀产生的原因多种多样，因此，对通货膨胀的治理也有着不同的政策选择，这包括紧缩的财政货币政策、供给管理政策、物价和收入政策、国际收支政策与国际紧缩政策和货币制度改革。

综合国内外经济学家的观点，我们可将通货紧缩的一般原因概括为紧缩性的财政货币政策、经济周期的变化、投资和消费的有效需求不足、新技术的采用和劳动生产率的提高、体制和制度因素、汇率制度的缺陷以及国际性通货紧缩的传递。

通货紧缩与通货膨胀都属于货币金融领域的一种病态，相比通货膨胀来说，通货紧缩对经济发展的危害比通货膨胀更严重。通货紧缩会造成经济衰退、容易引发银行危机、容易引起失业的增加、会降低社会财富的增加和积累能力。

就通货紧缩的治理来说，必须多管齐下，讲求多种政策的组合搭配以拉动社会总需求。这包括扩张性的财政货币政策、结构性调整和完善社会保障体系。

本章复习思考题

1. 你是如何理解通货膨胀和通货紧缩的含义的？
2. 衡量通货膨胀和通货紧缩的指标有哪些？
3. 通货膨胀和通货紧缩的成因是什么？
4. 通货膨胀和通货紧缩有什么影响？如何治理？

第九章

中央银行及其货币政策

本章重要术语

中央银行　单一中央银行制度　复合中央银行制度　跨国中央银行制度
准中央银行制度　发行基金　最终贷款者　再贴现　货币发行的信用保证原则
货币发行的弹性原则　黄金外汇占款　货币政策

第一节　中央银行概述

一、中央银行的产生及性质

中央银行是一个国家整个金融体系的核心，它经政府的授权，通过其业务的开展和职能的发挥，影响着全社会的货币供给量，影响着微观经济主体的行为，并最终影响着宏观经济的运行，是全国金融的枢纽。

（一）中央银行的产生

1. 中央银行存在的客观必然性

从性质上说，中央银行隶属于政府干预的范畴，它代表政府制定并贯彻执行货币政策，从而实现对宏观经济运行的干预和调节，但即便是在主张自由价格机制的古典经济框架内，中央银行还是被容忍和接纳下来，这足以说明中央银行是商品经济和货币信用制度发展到一定阶段的必然产物，有其存在的客观必然性。

在 18 世纪后半叶到 19 世纪初的这段时间里，受产业革命的推动，银行业在西方得到了飞速的发展。银行业的发展，一方面促进了资本主义经济的增长，但同时也产生出一系列的制约因素和矛盾，由此也决定了建立中央银行制度的必要性。

（1）统一银行券发行的需要。在中央银行产生之前，一个国家和地区的银行券是由带有逐利性特征的商业银行分散发行的，由此便产生出了如下问题。首先，商业银行为了追逐发行收益而大量发行银行券，最终导致银行券种类繁多，货币流通费用增加，货币流通混乱；其次，由于各发行银行券的银行的信誉不同，导致有些信誉差的商业银行发行的银行券无法兑现，失去了其流通的基础，更有甚者，将银行故意设在偏僻地区以逃避客户兑现，最终引发了大范围的信用危机和银行危机，给整个社会带来了极大的混乱。在这种情况下，急需一个具有权威性的机构垄断银行券的发行权，以稳定货币流通。

（2）最终贷款人的需要。受经济运行不确定性的影响，商业银行在其经营过程中不免会出现资金周转不灵、清偿能力不足等状况，虽然各商业银行也保留有相应的准备金以备不时之需，但这无法抵御银行的清偿能力危机，结果是极有可能产生银行挤兑，造成银行倒闭破产，银行的倒闭破产又会由于其多米诺骨牌效应引发一连串的银行倒闭，导致信用萎缩影响经济的发展，危及社会的安定。因此，客观上需要一个信誉良好、实力强大的机构能够在商业银行出现资金周转困难时为其提供必要的信贷支持，维护社会公众对银行体系的信心，以防止银行危机的爆发，保证银行体系的安全稳定。

（3）集中票据清算的需要。在现代经济运行过程中，企业与企业的债权债务关系，最终必然反映为银行与银行之间的债权债务关系。随着经济的不断发展和规模的不断扩大，银行与银行之间的债权债务关系变得日益复杂，商业银行每天需要处理大量的票据以完成债务的结清，依靠商业银行自身来完成这样的结算会面临极大的成本约束，导致结算效率的降低，影响经济的正常运行。为此，需要建立一个具有权威性的、公正性的清算中心，集中进行票据的清算，降低结算成本，提高结算效率。

（4）金融监督管理的需要。金融业是一个高风险的行业，金融业的稳健运行对整个国民经济来说具有非常重要的意义，与此同时，金融业也是充满了竞争的行业。为了保证金融活动主体之间平等有序的竞争，保证金融体系的安全，需要由政府授权的机构来制定相应的规则，约束金融主体的行为，实现对金融的监督和管理。虽然现在已经有一些国家将银行监管的权力从中央银行中移出，成立了专门的机构，但更多的国家和地区，尤其是发展中国家的中央银行仍在执行着监督管理的职能。

2. 中央银行产生的途径

虽然作为经营货币资金的银行迄今已有几千年的历史，但中央银行却是在 17 世纪才产生的。综观世界中央银行史不难发现，中央银行主要是通过两条途径建立起来的。一是由政府将某家私人股份性质的商业银行改组成为现代意义上的中央银行，如瑞典国家银行、英格兰银行、法兰西银行等；二是政府直接出资建立中央银行，世界上包括美国在内的大多数国家的中央银行都是通过这种方式建立起来的。

理论界一般认为，历史上最早以中央银行命名的金融机构成立于 1656 年，1668 年成为国家银行的瑞典国家银行（瑞典利克斯银行）。但由于该银行并没有能够全面执行现代中央银行的职能，因此，理论界又认为，现代中央银行的真正代表是英格兰银行，英格兰银行已被公认为是世界现代中央银行的鼻祖。

英格兰银行在 1694 年成立时是一家私人股份性质的商业银行，它在成立之初便和政府有着千丝万缕的联系，它接受政府的存款、向政府提供贷款，并享受政府在银行券发行方面所赋予它的特权，目的在于解决英国政府的财政赤字问题。1844 年由当时英国首相皮尔主持通过的《英格兰银行条例》（《皮尔条例》），最终将货币的发行权几乎全部赋予了英格兰银行，垄断货币的发行权最终确立了英格兰银行的中央银行地位。后来，英格兰银行还分别于1854年和1872年成为英国的票据清算中心和最终贷款人。

（二）中央银行的性质

理论界一般认为，中央银行的性质是由其在国民经济中所处的地位决定的，相对于商业银行来说，中央银行是一个具有二重性的金融机构。

1. 中央银行是政府机关

中央银行是政府机关主要是由以下几个方面的因素决定的。

首先，从中央银行的产生途径上看，中央银行的建立和政府有着密切的关系。按照第一条途径建立的中央银行，即私人股份性质的商业银行转变为中央银行，通常是建立在政府不断赋予其特权基础上的，没有政府的支持，商业银行是不可能转化为中央银行的。通过第二条途径建立的中央银行本身就是由政府出资建立的，是政府全资附属的中央银行。

其次，从中央银行的隶属关系来看，世界各国的中央银行不是直接隶属于政府，就是隶属于政府的某职能部门。例如，我国的中央银行——中国人民银行隶属于国务院，美国联邦储备系统隶属于国会，日本银行隶属于大藏省等。

最后，中央银行还要在特定情况下为政府提供必要的融资，代表政府制定、贯彻执行货币政策，并承担有许多来自政府方面的事务性工作等。

需要注意的是，虽然中央银行与政府有着千丝万缕的联系，具有政府机关的性质，但出于货币币值和经济运行稳定等方面的考虑，许多经济学者主张应当尽量保持中央银行的独立性。

中央银行的独立性是指中央银行在决策机构的设置、决策权力的划分、预算支出审批、货币政策目标的确定和货币政策工具的采用等方面具有自主的权力，避免来自政府及相关部门的干扰。自主权力越大，中央银行的独立性越强。

2. 中央银行是特殊的金融机构

首先，中央银行是金融机构。中央银行和普通商业银行一样，也是经营货币资金的机构，从事的是货币信用活动，开办有存款、放款等基本的银行业务。

其次，中央银行是特殊的金融机构。虽然中央银行是金融机构，但又不同于一般意义上的商业银行，有其特殊性。这种特殊性体现在：

（1）中央银行不以营利为目的，而是以金融管理者的身份，调节金融的运行。

（2）中央银行处于超然地位。现代意义上的中央银行是专门行使中央银行职能的金融机构，它不从事商业银行所经营的一般银行业务，不与商业银行进行竞争。

（3）中央银行对所吸收的存款一般不支付利息。由于中央银行并不以营利为目的，因此，对吸收的金融机构存款和政府财政性的存款一般不计付利息。

（4）中央银行的资产有极强的流动性。为了有效实现调节金融运行的目的，中央银行一般不会进行长期资产业务的开展。

（5）中央银行不直接对工商企业和居民家庭提供金融服务，而是以政府和金融机构为服务对象。

（6）中央银行在国外不能设立分行，只能设立代表处或代理处。

二、中央银行的类型

虽然现在世界上绝大多数的国家都建立了中央银行，但由于各个国家政治、经济、社会、文化等方面的差异，中央银行存在着不同的制度类型。

（一）单一中央银行制度

单一中央银行制度是指在一个国家只设立一家中央银行，专门行使中央银行全部职能的中央银行制度。世界上大多数国家实行的都是这种制度。该制度一般具有组织完善、机构健全、权力集中、职能齐全、采取分支行制度等特点。

（二）复合中央银行制度

复合中央银行制度是指在一个国家设立有中央和地方两级相对独立的中央银行，按规定分别行使金融管理权的中央银行制度。中央一级的中央银行主要负责制定并贯彻执行涵盖全国的金融政策，地方中央银行则是在上一级机构的领导下，相对独立地执行中央银行的职能，并在有关本地区的金融政策安排方面有发言权。这种制度通常存在于联邦制的国家，这是和这些国家的政治体制、历史和文化密切联系在一起的，典型代表是美国和德国。

（三）跨国中央银行制度

跨国中央银行制度是指两个或两个以上的主权独立国家，出于共同利益的考虑，共同拥有一家中央银行的制度。跨国中央银行主要执行发行统一的货币、制定执行统一的货币政策、为成员国政府提供服务等方面的职能。这种制度通常和某一货币联盟有关，如西非货币联盟、中非货币联盟等实行的都是跨国中央银行制度。另外，成立于1998 年7 月1 日的欧洲中央银行也是一个跨国银行，是一个超越国家主权的机构。欧洲中央银行是根据1992 年的《马斯特里赫特条约》规定成立的，其前身是设在法兰克福的欧洲货币局，欧洲央行的职能是维护货币的稳定，管理主导利率、货币的储备和发行以及制定欧洲货币政策。

（四）准中央银行制度

准中央银行制度是指一个国家或地区没有建立通常意义上的中央银行，而是由政府授权的商业银行或专门的机构执行中央银行相关职能，或者是虽建立了中央银行，却不具备中央银行的基本职能，只属于中央银行的初级形式的制度类型。世界上只有少数国家和地区实行准中央银行制度。

例如，新加坡是由金融管理局和货币委员会两个机构共同行使中央银行的职能，其中金融管理局被称为“不发行货币的中央银行”，它执行的是除货币发行之外的中央银行的主要职能，而货币委员会则专门执行货币发行的职责。在中国香港，金融管理局负责制定和执行货币政策，而货币发行的职能则由汇丰银行、渣打银行和中国银行香港分行三家商业银行执行。除此之外，实行这种制度的还有斐济、马尔代夫、伯利兹、利比里亚、莱索托等国家和地区。

三、中央银行的职能

1. 中央银行是发行的银行

发行的银行是中央银行的首要职能。中央银行发行的银行，是指中央银行建立了中央银行的国家的唯一具有货币发行权的银行①。垄断货币发行权通常被看作是中央银行区别于商业银行的最重要的标志。

中央银行垄断货币发行权的意义。首先，中央垄断货币发行权能够避免因货币分散发行所导致的货币流通的混乱。其次，中央银行垄断货币发行权能够使其更加有效地贯彻实施货币政策。中央银行是一个国家货币政策的制定者和实施者，其业务开展的过程本身就是其实施货币政策的过程，一方面作为中央银行负债的货币发行是经济领域中流通的所有货币的基础，货币发行的多少会影响到流通中的货币量，从而影响经济的运行状况；另一方面，中央银行货币发行的多少还会影响商业银行信用创造能力，进而影响货币供给量，最终影响宏观经济的运行。总之，只有中央银行垄断了货币的发行权，才能够根据经济运行的变化，及时调整货币发行策略以灵活调节货币流通量，调节经济运行。

2. 中央银行是银行的银行

所谓中央银行是银行的银行，是指中央银行为以商业银行为主体的金融机构提供金融服务。中央银行提供的服务包括以下三个部分。

（1）集中存款准备金。商业银行及其他金融机构的负债资金不能全部用于资产业务的开展，按照各国现行制度的规定，它们应当向中央银行缴存一定的存款准备金，这既包括由中央银行规定提取比率的法定存款准备金，也包括商业银行等相关金融机构自愿缴存的超额准备金。

最早将法定存款准备金集中于中央银行的是英国，但将法定存款准备金的缴存作为一项法律制度被确定下来的国家是美国，在 1913 年美国政府颁布的联邦储备法中规定，商业银行等吸收存款的金融机构必须向中央银行缴存法定存款准备金。

中央银行最初实行法定存款准备金制度的目的在于保证商业银行的清偿能力，以此防备银行挤兑，从而保护存款者的利益，维护银行体系的安全与稳定。而今，法定存款准备金已经成为现代中央银行的一个重要货币政策工具，中央银行可以根据宏观经济态势，通过调整法定存款准备金率来调节经济的运行。在有些国家，中央银行根据存款类别的不同规定有不同的法定存款准备金率。

商业银行等金融机构向中央银行自愿缴存超过法定存款准备金的超额准备金，更多是为了结算的方便、同业拆借的便利，当然，它们也可以因此而获得一部分利息收入。

中央银行通过集中存款准备金而成为一个国家的现金准备中心。

（2）最终贷款者。最终贷款者是一国政府为了维护金融体系的安全稳定而赋予中央银行的一项职责，它是指中央银行负有在商业银行等金融机构出现资金周转困难时，向

① 在有些国家，如美国、日本等，主币是由中央银行发行，而辅币则是由财政部发行。

其提供必要的信贷资金支持的责任。

中央银行向商业银行等金融机构提供信贷资金支持的方式主要有两种，即再抵押和再贴现。

再抵押是中央银行根据商业银行等金融机构的要求，依据其提供的票据、有价证券等抵押品为其提供贷款。

再贴现是中央银行应商业银行等金融机构的要求，买进其通过开展贴现业务买入的未到期票据或短期政府债券，为其提供融资。

中央银行由于执行最终贷款者的职能而成为一个国家的信贷中心。

（3）组织商业银行的票据清算。在现代金融体系中，商业银行之间的债权债务是通过中央银行来清算的。存款准备金制度的安排，使各商业银行在中央银行开设了存款准备金账户，中央银行组织商业银行资金清算，就是通过对各商业银行在中央银行开设的存款准备金账户中余额的划转来实现的，具体包括同城或者同一地区的资金清算和异地资金清算。同城或者同一地区的商业银行票据清算一般是通过票据交易所来完成的，但最终必须由中央银行集中清算交易的差额。商业银行的异地资金清算则是由中央银行一手办理的。

由中央银行来组织商业银行的票据清算，不仅解决了商业银行资金办理清算所面临的成本问题，提高了结算的效率，而且可以全面地了解商业银行的经营状况及社会资金的运行情况，实现对商业银行的监督管理和对信用的调节与控制。

中央银行组织商业银行等金融机构清算职能的发挥，使其成为一个国家的清算中心。

3. 中央银行是政府的银行

中央银行是政府的银行是指中央银行作为政府职能部门，代表政府制定并贯彻执行货币政策，为政府提供相应的金融服务，并承担政府的相关工作。主要表现在：

（1）代理国库。这主要是指中央银行利用政府财政在中央银行开立的账户，经办政府财政预算收支，充当政府财政的出纳。这包括办理政府预算收支的缴纳、拨付工作，随时向政府财政反映政府预算的收支情况等。

（2）为政府财政提供融资，提供信贷支持。中央银行为政府财政提供信贷支持主要有两种方式。

①直接给政府财政提供贷款或透支。直接给政府财政提供贷款或财政透支的主要目的是解决财政先支后收所产生的资金临时性短缺问题或财政赤字问题。当然，由于中央银行向政府财政直接贷款或透支最终会导致货币发行的增加，有可能引发货币流通的混乱，因此，在世界上有些国家已经不再允许中央银行提供这种贷款，政府财政出现赤字或短暂的不平衡后一般是通过发行政府债券来解决，但这并不排除在非常情况下中央银行向政府财政提供贷款的可能。

②购买政府发行的债券。这既包括中央银行在发行市场上认购政府债券，即直接购买，也包括在流通市场上买入政府债券，即间接购买。直接购买使认购资金直接流入国库，形成了政府的财政收入，实际上相当于给政府财政直接提供了信贷；间接购买虽然

不会直接形成政府的财政收入，不是直接给政府财政提供信贷，但它无形中扩大了政府债券市场的容量，为政府增加债券的发行提供了条件。

（3）代理政府债券的发行及还本付息事宜。

（4）代表政府掌管黄金及外汇储备，通过买卖黄金和外汇来保证汇率和币值的稳定，实现国际收支的平衡。

（5）代表政府制定并监督执行金融管理法规，实施对银行业的监管，主要包括：对金融机构市场准入的监管、业务运营监管和市场退出监管等。

（6）代表政府制定并贯彻执行货币政策。

（7）代表政府参加国际性的金融组织，参与国际金融活动。

（8）充当政府的金融顾问，为政府进行经济金融决策提供相关的信息。

四、中央银行的主要业务

中央银行的职能是借助于其业务的开展来实现的。和商业银行一样，中央银行所从事的业务大致可分为负债业务、资产业务和中间业务三大类。

（一）中央银行的负债业务

中央银行的负债业务指的是形成中央银行资金来源的业务，它是中央银行开展资产业务的基础。

1. 中央银行的资本构成

从中央银行资本金的来源角度，我们可以将中央银行的资本构成分成以下几种情况：

（1）国有资本。即中央银行的资本全部属于国家所有。具体包含两种情况：一是中央银行直接由政府财政拨款建立；二是由政府出资收购私人性质的商业银行的股份，并将该银行改组成为中央银行。

（2）股份资本。这是就股份制的中央银行而言的，按照政府是否在中央银行持有股份划分。股份制中央银行分为两种情况：一是包含政府股份的公私股份中央银行；二是无政府股份的私人股份中央银行。但无论政府在中央银行中是否持有股份，持有股份多少，政府对中央银行都会拥有直接的控制和监督权，私人持股者除了会受到持股比例的限制之外，既无决策权，也无经营管理权，只有按规定取得股息的权利。

（3）无资本金。无资本金是指中央银行在建立之时没有资本金。典型代表是韩国中央银行。

2. 中央银行的货币发行业务

货币发行是中央银行最重要的一项负债业务，也是中央银行一项最大的资金来源。中央银行是通过开展资产业务将货币发行出去的，再贷款、再贴现、购买证券和黄金外汇占款是中央银行发行货币的主要渠道。

如前所言，在现代信用货币制度下，中央银行是一个国家唯一具有货币发行权的机构。但这并不意味着中央银行可以毫无约束地去发行货币，中央银行的货币发行必须遵循一定的原则。具体来说，除集中垄断发行原则外，中央银行一般要按照以下原则来发行货币。

（1）信用保证原则。货币发行的信用保证原则，也称为消极原则，指的是中央银行发行货币需要有一定的发行准备，以保证中央银行超脱于政府干预，防止因货币量发行过多导致货币流通混乱。

在现代信用货币制度下，由于信用货币并不能够严格执行贮藏手段的功能，不能自发地调节流通中的货币量，多余的货币会沉淀在流通领域中，引起货币贬值，引发通货膨胀，因此，货币发行必须有一个客观的限制，有一定的发行准备。

中央银行发行货币的准备主要包括两类：一是现金准备，如黄金、外汇等；二是证券准备，如短期商业票据、政府发行的国库券和公债券等。

（2）弹性供应原则。货币发行的弹性原则也称为积极原则或经济发行原则。这一原则是指中央银行货币发行要具有一定的伸缩弹性，具体就是说，中央银行货币的发行一方面要遵循信用保证原则，防止货币发行过多，但同时要适应社会经济发展的客观需要的变化，适时对货币发行量进行调整，以防止货币发行不足，导致经济萎缩。一般情况下，中央银行要随着生产和流通的发展，商品和劳务交易规模的扩大，相应增加货币发行数量，当然，货币发行的这种增加要保持适度。为了能够较好地贯彻这一原则，中央银行就必须经常研究市场发展的动向及规律，对未来的经济走势进行及时准确的研判，从而使货币发行适应经济发展的客观需要。

3. 中央银行的存款业务

（1）集中商业银行等金融机构存款准备金。集中商业银行等金融机构的存款准备金存款，是中央银行的一项最大存款业务，包括中央银行所吸收的存款准备金存款包括法定存款准备金存款和超额准备金存款两部分。集中存款准备金不仅增加了中央银行的资金来源，增强了中央银行的资金实力，而且使中央银行可以通过调整法定存款准备金率的水平以影响货币供给量。

（2）财政性存款。中央银行吸收财政性存款是中央银行代理国库业务的结果，它既包括来自政府财政的存款，也包括来自政府部门和公共部门的存款。由中央银行吸收财政性存款一般不支付利息，因此，筹资成本较低。中央银行吸收的财政性存款是仅次于存款准备金存款的一类存款。

（3）外国存款。中央银行吸收的外国存款主要表现为外国中央银行或外国政府的存款。外国中央银行或外国政府之所以会在他国中央银行存款主要是为了结算的方便。

4. 其他负债业务

其他负债业务是指中央银行所从事的除上述主要负债业务以外的业务。

从世界各国中央银行的现实运行来看，在主要的负债业务之外，还有一些其他负债业务，但在具体项目上存在一定差异。一般包括邮政储蓄存款等内容。所谓邮政储蓄存款，是指邮政机构办理的以个人为主要对象的储蓄存款业务。邮政储蓄存款由邮政机构吸收，然后转存中央银行，最终形成中央银行的资金来源。

（二）中央银行的资产业务

中央银行的资产业务，是指中央银行将其通过负债业务所筹集的资金再加以运用的业务。中央银行通过资产业务的开展，执行了货币发行等方面的职能。

1. 再贷款业务

再贷款业务就是中央银行向商业银行等金融机构和政府财政提供贷款的业务，之所以称为再贷款主要是同商业银行提供贷款相区别。其中，对商业银行等金融机构的贷款是中央银行最重要的贷款，通过发放贷款，中央银行执行了其最终贷款人的职能。商业银行等金融机构取得这种贷款一般需要提供有价证券和商业票据等抵押品。对政府财政提供的贷款主要是为了解决财政收支的不平衡问题。

除向本国商业银行等金融机构和政府财政提供的贷款之外，中央银行还会对外国银行及国际金融机构提供贷款。

2. 再贴现业务

再贴现业务，是指中央银行买进商业银行等金融机构的未到期票据或短期政府债券，为其提供融资，以满足它们对短期资金需求的业务。在办理再贴现业务时，中央银行通常会对再贴现的数量以及可用于再贴现的票据等方面进行严格的规定。

3. 证券购买业务

在现代中央银行的业务中，证券购买业务是中央银行的一项重要资产业务，各国中央银行几乎都开办有这种业务。中央银行在公开市场上购买证券目的并不在于盈利，而是通过公开市场上证券的购买调节货币供求，影响整个国民经济的运行。

中央银行主要通过两种方式来购买证券。一是不带任何附加条件的一般性购买；二是以回购协议方式购买。

需要注意的是，中央银行在购买证券的同时也会出售证券，通过证券的购买和出售，中央银行最终调节了经济的运行，这就是中央银行的公开市场政策。一般地，货币银行学的教材里通常将中央银行资产业务中的购买证券业务称为证券买卖业务，这似乎和中央银行的资产业务是中央银行的资金运用业务产生了矛盾，因此，本教材在此将其修正为中央银行购买证券业务，以供大家讨论。

4. 黄金外汇占款

由于中央银行受政府的授权集中全国的黄金、外汇储备，因此，中央银行必然要利用本币去收购黄金和外汇，由此就必然会造成对本币的占用。所谓黄金外汇占款就是中央银行因收购黄金、外汇，进行黄金、外汇的储备而造成的对本币的占用。由此可见，一国黄金、外汇储备的增加，虽然表明该国有较强的国际支付能力和经济实力，但由于黄金、外汇储备会造成对本币的占用，黄金、外汇储备越多，造成的对本币的占用越多，这无形中会给该国带来通货膨胀压力。从这个意义上说，一个国家的黄金、外汇储备规模应当与本国经济发展的客观需要相适应，并且必须保持适当的结构。

5. 其他资产业务

其他资产业务，是指中央银行从事的，除上述四项业务以外的资产业务。从现实来看，中央银行从事的其他资产业务在各国之间不尽相同，甚至在一个国家的不同时期也有可能存在着差异，一般指的是一国中央银行在国外的资产。

（三）中央银行的中间业务

中央银行的中间业务通常也被称为中央银行的资金清算业务，即中央银行凭借其全国清算中心的地位，为商业银行等金融机构办理资金划拨清算及资金异地转移等方面的金融服务的业务。如前所言，办理商业银行等金融机构之间的债务清算是中央银行的一项重要职能。

中央银行的资金清算业务大致可以分为三类：一是以票据交换所为核心的轧平债务差额的业务；二是以中央银行为核心的集中清算债务差额的业务；三是以中央银行为核心所进行的资金异地转移业务。

由于中央银行的中间业务并不影响中央银行的资产和负债，因此，该业务并不能在中央银行的资产负债表中反映出来。

第二节　中央银行的货币政策

中央银行通过制定及贯彻执行货币政策使其任务得以完成，职能得以实现，并且，从某种意义上说，中央银行的一切活动都是围绕着货币政策来进行的，是为中央银行的货币政策服务的，甚至于中央银行的某些活动本身就是货币政策的一部分。因此，我们可以说，制定并贯彻执行货币政策是现代中央银行的核心任务。

一、货币政策的含义及其主要内容

（一）货币政策的含义

所谓货币政策是指，中央银行为了实现特定的经济目标，运用一定的政策工具来调节利率、货币供给量等一系列经济变量，从而直接调控金融运行，间接影响整个经济运行的方针和措施的总称。

在一些专业文献中，人们通常将货币政策等同于金融政策。实际上，货币政策和金融政策并不是同一概念，二者既有联系，又有区别。

（二）货币政策的主要内容

理论界一般认为，货币政策应包含五部分内容。

首先，我们可以从货币政策的含义中看到货币政策的三部分核心内容，即货币政策目标、货币政策工具和货币政策中介指标。其中，货币政策中介指标指的是货币供给量、利率等一系列的经济变量。之所以将这三部分内容列为核心内容，是因为有了这三部分内容，中央银行就可以进行简单的货币政策操作，如图 9－1 所示。

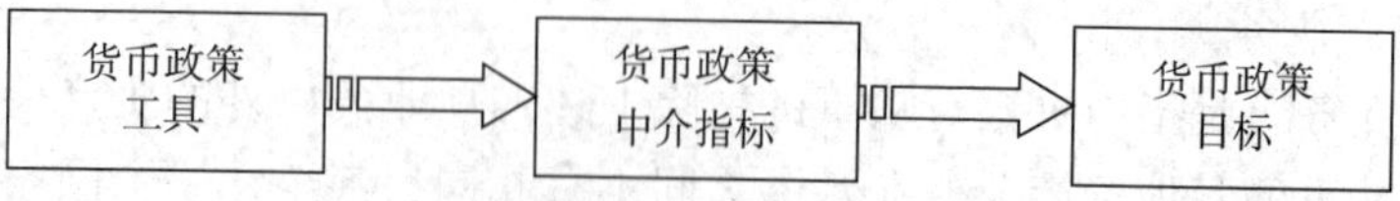

图 9－1　中央银行货币政策的简易操作

其次，在一个完整的货币政策理论中，除了上述三部分核心内容之外，还包括货币政策传导机制和货币政策效应两部分内容。

二、货币政策最终目标

货币政策目标是中央银行进行货币政策操作最终要实现的目的，因此，也有人将其称为货币政策最终目标。

(一) 理论上的货币政策目标

理论界在承认各国中央银行货币政策目标存在差异的同时，通常把中央银行的货币政策目标确定为稳定物价（币值）、经济增长、充分就业和国际收支平衡四个方面。

1. 稳定物价

稳定物价通常是世界各国中央银行货币政策目标中的首要目标。稳定物价，即中央银行采用一定的货币政策手段，实现一般物价水平的相对稳定，使其不出现剧烈的波动。稳定物价通常包括三个方面的含义：

第一，稳定物价是指一般物价水平的稳定，并不排除个别商品或劳务价格的变动。

第二，稳定物价是将一般物价水平控制在一个合理的范围之内，并不意味着冻结物价。当然，在不同的国家和一国经济发展的不同时期，该范围会存在一定差异，正因为如此，对于怎样做才算物价稳定，经济学家们有着不同的解释。

第三，物价不稳定应包括物价上涨和物价下跌两种情况，稳定物价既包含了防止物价上涨，控制通货膨胀这层含义，同时也意味着防止物价持续下跌，控制通货紧缩。

2. 经济增长

对于何为经济增长，理论界的认识经历了一个不断完善的发展过程。

(1) 经济增长是国民生产总值（GNP）的增加。因此，经济增长可以用国民生产总值的增长率来衡量。

(2) 经济增长是一国人均国民生产总值的增加。因此，衡量一国经济增长的指标是人均国民生产总值的实际增长率，这也是当前世界大多数国家现实中衡量经济增长的一个指标。

(3) 经济增长是一国商品生产和劳务提供能力的提高。

(4) 经济增长包括经济增长的数量和质量两个方面的含义。经济单方面的数量扩张有可能破坏经济进一步增长的环境，影响经济增长的质量。经济增长应当是可持续的经济增长或者说是经济发展。

在此应当说明的是，经济增长更多是政府所追求的目标。中央银行并不一定不关注经济增长问题，只是认为货币政策操作所实现的物价稳定及其相关问题能够为长期经济增长作出更大的贡献①。由此可见，稳定物价才是中央银行追求的目标，中央银行是借助于物价稳定目标的实现，来实现经济增长。

3. 充分就业

中央银行货币政策的所谓充分就业目标，是指中央银行通过货币政策的操作提供就

---

① [英] 莱昂纳尔·普莱斯等著：《现代中央银行业务》，经济科学出版社，2000 年版。

业位置，使那些有工作能力和工作意愿的人可以以合理的条件随时找到工作。当然，按照现代经济理论，自愿失业和摩擦性失业通常被排斥在真正意义上的失业之外，也就是说，如果一个国家仅存在着自愿失业和摩擦性失业，这个国家实际上已经实现了充分就业。

和经济增长目标一样，中央银行虽然可以通过实施扩张性的货币政策，刺激需求，增加就业，但就业状况的好坏更多是政府所关注的事情。

4. 国际收支平衡

国际收支平衡之所以成为中央银行的货币政策目标，是因为无论是国际收支的顺差还是逆差，如果超出一定的限度，都会影响一个国家的正常经济运行。理论界一般认为，中央银行可以通过货币政策的操作，如变动利率和汇率，来消除顺差和逆差，实现国际收支的平衡。国际收支平衡，是指一国在一定时期对他国的全部货币收支相抵，略有顺差或逆差的状态。

但我们应当看到的是，现实中各国中央银行货币政策目标的选择，又经常和理论上的界定存在一定的差异。

（二）货币政策目标的现实选择

从现实来看，虽然有些国家的中央银行，如美国的联邦储备体系，是将四大目标同时作为自己的货币政策目标，但大多数国家的中央银行通常是选择理论上的四大目标中的一个到两个作为现实的货币政策目标选择，并且，“对大多数国家的中央银行而言，货币政策的目标是保持币值的稳定和较低的通货膨胀”。①

例如，我国在1995年《中国人民银行法》颁布之前，中国人民银行的货币政策目标是“稳定物价，发展经济”的双目标体系，在《中国人民银行法》中则将中国人民银行的货币政策目标界定为“稳定币值，并以此促进经济增长”这样的单一目标；而在德国，长期以来，德意志联邦银行则始终将稳定马克币值作为其货币政策的唯一目标，与德国相类似的还有澳大利亚。

理论界一般认为，之所以会出现理论目标与现实目标相悖的情况，是因为货币政策的四大理论目标之间存在着矛盾与冲突。

（三）货币政策目标之间的矛盾与冲突

1. 稳定物价与充分就业之间的矛盾

对于稳定物价与充分就业两大目标之间的矛盾，国内理论界通常是用经济学中著名的菲利普斯曲线来解释的。

菲利普斯曲线是由英国经济学家菲利普斯描绘的，用来表示失业率和货币工资增长率关系的一条曲线，后来被人们用来说明失业率和物价上涨率之间的关系。

1958年，菲利普斯在《1861—1957年英国的失业和货币工资增长率之间的关系》一文中，借助英国1861—1913年、1913—1948年、1948—1957年的统计资料，对英国这三个时期的失业率和货币工资增长率进行实证分析，绘制了著名的菲利普斯曲线，并

① 【英】莱昂纳尔·普莱斯等著：《现代中央银行业务》，经济科学出版社，2000年版。

得出结论，失业率和货币工资增长率之间存在着一种此消彼长的负相关关系。

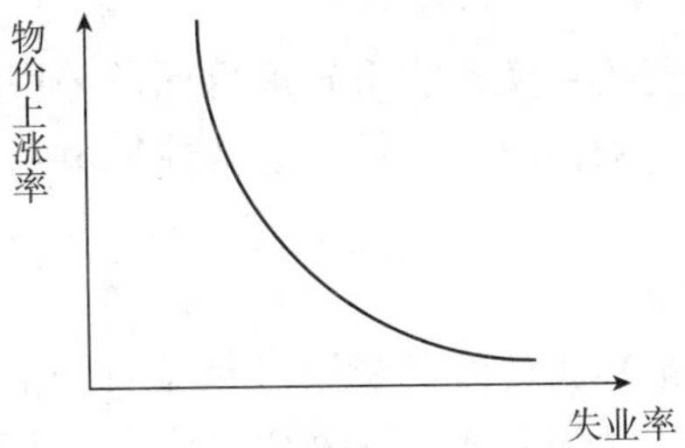

图 9－2　菲利普斯曲线

由菲利普斯曲线可以看出，中央银行要想通过货币政策的操作实现物价的稳定，就必须以失业为代价；相反，中央银行要实现充分就业，就会造成通货膨胀。

2. 稳定物价和经济增长之间的矛盾

虽然在西方经济学家那里，对于稳定物价和经济增长之间的关系的描述存在着不同的观点①。但从不可兑现纸币流通后的经济运行实践来看，经济增长通常会伴随着物价的上涨。这是因为，经济的增长需要货币资本的推动，经济增长目标的实现意味着要加大货币的发行，增加货币的供给。一旦货币发行超过一定限度，就极有可能导致通货膨胀。这意味着，一国中央银行很难兼顾稳定物价和经济增长这两个目标。

3. 稳定物价与国际收支平衡之间的矛盾

对于一个开放型经济的国家，从静态来说，如果本国物价稳定，而他国存在着通货膨胀，就会使本国的出口增加，进口减少，最终使国际收支失衡。从动态上讲，针对本国存在的通货膨胀状况，中央银行一般会提高利率水平来治理通货膨胀，实现物价的稳定，但利率水平的提高会吸引国际游资的流入，并且，还会使出口下降，进口增加，最后也会打破原有的国际收支平衡状态，出现国际收支失衡，虽然国际游资的流入会在一定程度上弥补贸易逆差状况，但到期偿还外债所引起的国际储备的下降，还是会导致国际收支的失衡。由此可见，中央银行很难同时实现稳定物价与国际收支平衡这两个目标。

4. 经济增长与国际收支平衡之间的矛盾

在一个开放型经济里，一国的经济增长必然会带来国内居民需求的增加，这不仅包括对国内商品需求的增加，而且也包括对国外商品需求，即进口品需求的增加，最终使得进口增加，进口增加则会使国际收支失衡，与此同时，一国为了实现经济增长的目的，一般会大力吸引外资，而外资的大量流入同样会导致国际收支失衡。经济增长与国际收支平衡之间矛盾的存在，使得中央银行很难在二者之间找到一个最佳结合点。

---

① 西方经济学家对物价稳定和经济增长之间关系主要存在两种观点：(1) 凯恩斯主义学派认为，适度的通货膨胀会刺激经济增长。(2) 古典学派认为，只有物价的稳定，才能保持经济的正常增长。马克思认为，经济增长能够使物价稳定。

三、货币政策工具

货币政策工具是中央银行为了实现货币政策目标所采用的手段。综合来看，中央银行的货币政策工具通常包括一般性政策工具、选择性货币政策工具、直接信用管制和间接信用控制四大类。

（一）一般性货币政策工具

一般性货币政策工具也被称为传统的货币政策工具，俗称“三大法宝”，指的是法定存款准备金政策、再贴现政策和公开市场政策，其特点是通过对货币供给量的总量调节，影响一国的整体经济的运行。

1. 法定存款准备金政策

法定存款准备金政策，是指中央银行在法律所赋予的权限范围之内，通过规定和调整法定存款准备金率来影响商业银行等金融机构的派生存款创造能力，进而影响货币供给量的政策。在经济过热条件下，中央银行通常会提高法定存款准备金率，以抑制商业银行等金融机构的派生存款创造能力，给过热的经济降温；与此相反，当经济衰退时，中央银行则会降低法定存款准备金率，以避免衰退的经济走向萧条，或者是促使经济的复苏。

与其他货币政策工具相比，法定存款准备金政策的特点在于法定存款准备金率的规定与调整能够对货币供应量产生迅速而有力的影响，能够起到立竿见影的效果。但这也意味着它会对经济运行产生过于强烈的影响，有可能引起经济的剧烈波动，因此，法定存款准备金政策一般不宜成为日常操作的工具。从 20 世纪 80 年代以来，在一些西方国家，由于公开市场业务的广泛运用等原因，该政策工具已经开始呈弱化之势①。

2. 再贴现政策

再贴现政策通常被看作是中央银行最早采用的货币政策工具，它是中央银行在为商业银行等金融机构办理再贴现时所采用的政策，它是通过对再贴现进行条件上的规定以及调整这些规定来使用该种货币政策工具，从而影响市场货币供求。

为了使再贴现政策能够发挥作用，达到调控的目的，中央银行通常是从两个方面对再贴现进行规定：一是规定和调整再贴现率；二是规定可以向中央银行申请再贴现的票据和金融机构的资格。

规定和调整再贴现率是再贴现政策的主要方面，它主要适用于对市场货币供求的短期调整，因此属于短期政策，具体来说，它是通过两条途径来影响市场货币供求的。

首先，中央银行通过再贴现率的规定和调整，提高或降低商业银行等金融机构的再贴现（融资）成本，从而影响其信贷及投资规模，最终影响货币供求。例如，中央银行提高再贴现率会加大商业银行等金融机构从中央银行再贴现的成本，这会使它们减少从中央银行的再贴现，收缩对客户贷款和投资的规模。

其次，由于中央银行的再贴现率是基准利率，再贴现率的调整必然会带来市场利率

① 黄达主编：《货币银行学》，中国人民大学出版社，1999 年版。

的变动，从而改变市场的货币供求关系。

当经济出现过热时，中央银行一般会提高再贴现率；相反，在经济衰退时，便会降低再贴现率。

规定可以向中央银行申请再贴现的票据和金融机构的资格属于长期政策，中央银行借助于这种再贴现资格条件的规定，可以影响商业银行等金融机构的资金构成，从而影响市场资金的流向，实现对市场资金的结构性调节，达到调整经济结构的目的。

中央银行的再贴现政策虽然可以发挥上述作用，但也存在着局限性。

（1）中央银行处于被动地位。向中央银行申请再贴现仅仅是商业银行等金融机构向外融资的一种手段，而并非唯一手段，它们可以在再贴现以外寻找到筹措资金的途径，增加从其他融资渠道的筹资，因此，中央银行调整再贴现率未必能够很好地影响商业银行等金融机构的准备金规模，以及其贷款和投资行为，这最终会降低再贴现政策的效果。

（2）再贴现率的调整是有一定限度的，超过这个限度，它可能不再起作用。例如，在经济繁荣时，由于存在良好的利润预期，中央银行提高再贴现率也未必能够抑制商业银行等金融机构从中央银行再贴现的规模；相反，也不一定能够使商业银行等金融机构增加从中央银行的再贴现。

（3）再贴现率的调整仅仅会对市场利率的总水平产生影响，而不会改变利率的结构。

（4）再贴现率的频繁变动会引起经济的剧烈波动，虽然这种波动不如法定存款准备金政策的影响那么强烈，但这也使得再贴现政策同样不宜成为日常操作的工具。

3. 公开市场政策

公开市场政策，是20世纪80年代以来西方发达国家中央银行的主要货币政策工具。

公开市场政策也称为公开市场政策或公开市场操作，它是指中央银行通过在金融市场上买进或卖出有价证券来调节货币供给量的政策。一般地，当经济出现过热时，中央银行可以在金融市场上卖出有价证券以回笼货币；相反，当经济出现衰退时，中央银行可以在金融市场上买进有价证券来加大基础货币的投放。

在西方市场经济国家，中央银行买卖的有价证券通常是政府债券，而在信用及金融市场不太发达的国家，中央银行仅仅买卖政府债券，还不足以调节整个国家的货币供给量，因此，它们会在买卖政府债券的基础上，增加商业票据、地方政府债券、外汇等有价证券的买卖。

理论界认为，与法定存款准备金政策和再贴现政策相比，公开市场政策一般具有以下几个方面的优越性：

（1）主动性。相对于再贴现政策而言，中央银行在执行公开市场政策时可以主动出击，不用考虑商业银行等金融机构是否配合，因为其进行货币政策操作并不是为了盈利，可以高价买入，低价卖出。

（2）直接性。相对于法定存款准备金政策和再贴现政策来说，中央银行进行公开市场操作的过程，就是基础货币的吞吐过程，它能够直接影响商业银行等金融机构的准备金规模，因此，能够直接影响货币供给量。

（3）微调性。相对于法定存款准备金政策和再贴现政策来说，中央银行在公开市场政策执行过程中，可以随时确定和调整买卖有价证券的数量，因此，不会对经济运行产生过于剧烈的影响。

（4）经常性。正是由于公开市场政策具有微调的特征，因此，中央银行可以进行经常的操作，而不像法定存款准备金政策和再贴现政策那样不宜成为日常操作的工具。

（5）连续性。由于同样的原因，中央银行可以对公开市场政策进行连续性的操作。

（6）灵活性。在公开市场政策操作过程中，中央银行可以随时改变买卖的方向、数量、方式和种类，因此，具有较强的灵活性。

正是因为公开市场政策存在上述这些优越性，才使得它能够成为一种比较理想的货币政策工具。当然，公开市场政策优越性的发挥必须建立在以下条件之上：

（1）中央银行必须有较强的独立性，以保证在有价证券买卖方向的自主性。

（2）中央银行必须具有强大的资金实力，以便于能够对整个金融市场进行控制和干预。

（3）必须存在一个全国统一的、独立的金融市场。

（4）金融市场上流通的有价证券必须达到一定的规模，期限结构必须合理。

（5）必须有其他政策工具的配合。

（二）选择性货币政策工具

选择性货币政策工具也叫作择类性的货币政策工具，是中央银行在对某些特殊领域中的信用量进行调节时所采用的货币政策工具。其主要特点在于：通过选择性货币政策工具的运用，中央银行可以对社会信用量进行结构调节。尤其在经济失衡是由某些特殊领域的信用状况所引起时，该类货币政策工具有较大发挥作用的余地。

按照领域的不同，选择性货币政策工具通常包括以下几种：

1. 消费领域信用控制

消费领域信用控制是指中央银行根据市场需求状况的变化对消费领域中高档耐用消费品的销售融资予以调控，以实现抑制过度需求或刺激消费目的的政策。

具体的措施包括：规定以分期付款方式购买高档耐用消费品时的首期付款额、规定分期付款的最长期限等。

2. 不动产领域信用控制

不动产领域信用控制是指中央银行就商业银行等金融机构对社会公众贷款购买住房或对住宅开发商提供贷款进行限制的政策。与消费领域信用控制相似，其主要手段包括规定以分期付款方式购买住房时的首期付款额、分期付款的最长期限、金融机构对住宅开发商提供贷款的最高限额等。不动产领域信用控制的目的在于：控制不动产领域的信用规模，防止不动产领域的过度投机行为。

3. 证券市场领域信用控制

证券市场领域信用控制是指中央银行对于在信用交易过程中商业银行提供的，以证券作抵押的贷款进行控制的政策。最常见的措施是实行证券保证金制度，即要求投资者在利用信用交易方式购买证券时，必须拥有一定的保证金。中央银行可以根据证券市场的运行状况，随时调整保证金比例，目的在于防止证券交易中的过度投机行为。

4. 预缴进口保证金

预缴进口保证金制度是中央银行为了抑制进口而在进出口领域所采取的政策措施。它一般是用于那些存在国际收支逆差的国家。其做法同证券市场领域信用控制中采用的方法极其相似，即要求进口商必须按照进口总额的一定比例，向中央银行缴存外汇保证金。

(三) 直接信用管制

直接信用管制是中央银行以行政命令等方式，直接对商业银行等金融机构的业务活动进行严格限制的政策。具体的措施包括：

1. 信用配额

信用配额是指中央银行根据金融和经济发展的需要，对商业银行等金融机构的信用规模进行分配，规定其最高限额，目的在于实现信贷资金的合理分配，保持经济的协调发展。

2. 直接干预

直接干预是指中央银行为了实现金融体系的稳定，通过制定严格的法律来对商业银行等金融机构的微观经营行为做出硬性的规定。具体包括规定贷款额度和使用方向、限制对活期存款的吸收等。

3. 流动性比率

流动性比率是中央银行为了限制商业银行等金融机构的信用扩张能力，保证商业银行等金融机构的流动性而规定的，要求商业银行等金融机构应保持的流动资产占存款或总资产的比率。中央银行对商业银行等金融机构进行流动资产比率的规定，可以影响其资产业务的安排，如减少长期放款，增加短期放款，持有一部分随时应付提现的资金等。

4. 利率限制

利率限制是中央银行为了防止商业银行等金融机构通过哄抬利率的方式吸收存款或发放贷款而规定的，在其吸收定期存款和储蓄存款时所能支付的最高利率或发放贷款时的最低利率。例如，美国颁布的《第 Q 项条例》就曾规定，商业银行不得对吸收的活期存款支付利息，同时对定期存款和储蓄存款规定了利率高限。

(四) 间接信用控制

间接信用控制是中央银行采用非指令性的措施，指导和影响商业银行等金融机构经营行为，进而调节信用规模的一类货币政策工具。主要包括道义劝告和窗口指导两种形式。

1. 道义劝告

道义劝告是中央银行利用自己的声誉、地位和威望，劝告商业银行等金融机构调整其放款的数量或投资的方向，以配合中央银行货币政策的操作，达到控制信用的目的。

由于道义劝告不具有法律效力，因此，不听劝告的商业银行等金融机构并不会因此而受到法律的制裁，这也决定了道义劝告并不是中央银行强有力的政策手段。但与此同时，由于中央银行可以利用自己的最终贷款者的地位对那些不听劝告的商业银行等金融机构实行惩罚性利率等方面的措施，因此，道义劝告也能够在一定程度上发挥它的效力。

2. 窗口指导

窗口指导政策最早由日本银行采用，它是指中央银行根据经济运行的态势和货币政策的要求，以指导的方式规定商业银行等金融机构的每季度贷款增减额的货币政策。和道义劝告一样，虽然并不具有法律效力，但通过中央银行最终贷款者等职能的发挥，窗口指导同样具有对商业银行等金融机构的约束力，从而能够起到控制信用的目的。

四、货币政策中介指标

（一）货币政策中介指标的含义

货币政策中介指标指的是介于货币政策工具与货币政策最终目标之间的一系列经济变量，如利率、货币供给量等。

（二）设置货币政策中介指标的必要性

从货币政策工具的运用到货币政策最终目标的实现，存在着一个较长的时滞，这个时滞在西方发达国家通常需要6个月到1年，在我们国家大致需要1年半的时间。这意味着我们要观察和检验货币政策工具运用得是否得当，能否实现货币政策最终目标要等到6个月、1年，甚至是1年半以后，结果可能是错误的货币政策工具的使用已经使宏观经济遭到了极大的破坏。因此，我们有必要在货币政策工具与货币政策最终目标之间选择和设置一系列可以量化和日常操作的经济指标，由中央银行对其进行控制和调节，中央银行通过对它们的控制和调节，以及对这些变量变动的分析，能够时常对货币政策操作情况进行观察、检验，并及时对货币政策进行调整，测定和控制货币政策的实施程度和方向，目的在于保证货币政策最终目标的顺利实现。

（三）选取货币政策中介指标所需要的条件

虽然我们有必要在货币政策工具和货币政策最终目标之间选择和设置货币政策中介指标，但为了使其能够很好地发挥效用，在众多经济变量中所选取的货币政策中介指标一般应具备以下条件：

1. 可测性

可测性要求中央银行所选取的货币政策中介指标必须有明确的定义，并且能够定量化，目的是使中央银行能够及时方便地收集到它的数据资料，及时地对其进行分析和判断。

2. 可控性

可控性是指中央银行选取的这些货币政策中介指标必须能够被其所控制，即中央银行能够通过各种货币政策工具的运用引起这些指标的明显的变化，因为只有这样，中央银行才能及时准确地掌握和控制这些指标的变动状况和变动趋势，把握货币政策的实施情况，以保证货币政策最终目标的实现。

3. 相关性

相关性是指中央银行所选取的这些货币政策中介指标与货币政策最终目标之间必须存在着密切的联系，高度的相关。这意味着，只要中央银行通过货币政策工具的使用将这些指标调整到位，货币政策最终目标的实现就指日可待了。

4. 适应性

适应性是指中央银行所选取的这些货币政策中介指标必须与本国的经济、金融体制相适应，必须能够符合本国经济金融的发展阶段和运行特点。这意味着，在货币政策中介指标的选取上，并不存在所有国家中央银行普遍适用的指标，货币政策中介指标的选取必须要考虑国情。

5. 抗干扰性

抗干扰性是指中央银行所选取的这些货币政策中介指标应当能够免受来自其他方面因素的干扰。之所以选择具有抗干扰性的经济变量作为货币政策中介指标，是因为缺乏抗干扰性的货币政策指标会影响中央银行对货币政策操作力度的把握。当然，由于经济变量之间关联性的存在，要想选择出完全具有抗干扰性的货币政策指标是非常困难的一件事情，因此，在现实货币政策中介指标的选择过程中，只能是选择那些受干扰程度较低的中介指标。

（四）西方国家常用的货币政策中介指标

如前所言，在各个国家并不存在完全统一的货币政策中介指标，但在西方国家较为常用的货币政策中介指标主要包括短期利率、货币供给量、超额准备金和基础货币。其中，超额准备金和基础货币通常被看作是近期指标或操作目标，短期利率和货币供给量则被认为是远期指标或中介目标。这些经济变量之所以能够成为中央银行的货币政策中介指标，是因为它们基本上具备了货币政策中介指标应当满足的条件，尤其是可测性、可控性和相关性。

最后需要注意的是，货币政策中介指标并不是一成不变的。由于外在环境的改变，西方国家的中央银行也时常调整对货币政策中介指标的选择。例如，20 世纪 70 年代之前，西方各国中央银行奉行的是凯恩斯学派建议的短期利率；但 20 世纪 70—80 年代，它们又将货币学派的货币供给量当作了货币政策中介指标；20 世纪 90 年代以来，由于金融创新使货币供给量变得难以把握，许多国家的中央银行又纷纷放弃了货币供给量这个指标，而把通货膨胀率作为中央银行的主要货币政策中介指标。另外，一些实行开放经济的小国通常是将汇率作为中央银行的货币政策中介指标。具体做法是实行盯住固定汇率制度，即由中央银行确定本国货币和某一强势货币的汇率水平，并通过货币政策的操作来保持这一水平。

五、货币政策传导机制理论

货币政策传导机制指的是货币政策工具的运用，导致微观经济主体的行为变化，引起宏观经济变量的变动，最终实现货币政策目标的机理。对货币政策传导机制问题的分析，形成了货币政策传导机制理论。

（一）凯恩斯的货币政策传导机制理论

凯恩斯的货币政策传导机制理论认为，货币供给量的增加会产生货币与债券之间的替代效应。一旦人们手中持有的货币量超过其意愿持有量，他们便会用多余的货币去购买债券，这时，债券的价格会因为对债券需求的增加而上涨，利率会因此而降低；利率的降低会刺激投资，从而引起投资增加，投资的增加通过乘数效应，最后引起国民收入的增加。

凯恩斯的货币政策传导机制理论如下所示：

$$M_s \uparrow \rightarrow i \downarrow \rightarrow I \uparrow \rightarrow E \uparrow \rightarrow Y \uparrow$$

M_s 为货币供给量，i 为利率，I 为投资，E 为总支出，Y 为国民收入，↑为增长。

（二）汉森和希克斯的货币政策传导机制理论

汉森和希克斯认为，凯恩斯的货币政策传导机制理论只是进行了货币市场对商品市场的初始分析，而没有能够反映两个市场之间的相互作用，因此，只是对货币政策传导进行了局部均衡分析。考虑到这一点，后来，汉森和希克斯对凯恩斯的货币政策传导机制理论进行了发展和补充，从而实现了对货币政策传导问题的一般均衡分析。

1. 在产出水平不变的条件下，货币供给的增加，引起利率的下降；下降的利率使投资增加，最终引起总支出和国民收入增加。

2. 国民收入的增加，引起了人们对货币需求的增加，在货币供给量不变的情况下，货币需求的增加会使下降的利率上升。

3. 利率的上升又会使人们对货币的需求下降，在货币供给不变的前提下，利率又会下降。

4. 经过这种往复不断的调整变动，货币的供给与需求最终会逼近一个均衡点。在这个均衡点上，同时实现了商品市场和货币市场的均衡。

（三）汇率渠道

随着经济全球化进程的加快和浮动汇率的出现，汇率对净出口的影响已经成为一个备受关注的货币政策传导机制。

货币政策传导机制的汇率渠道是指货币政策的变动通过影响货币供给量，影响到国内利率，利率的变化引起汇率的波动，进而对净出口产生影响的过程。

约翰·B. 泰勒（J. B. Taylor）、莫里斯·奥伯斯特菲尔德（M. Obstfeld）和肯奈斯·罗格夫（K. Rogoff）认为货币供应量的增加使利率下降，此时，与用外币计价的存款相比，国内的本币存款吸引力降低，导致其相对价值下跌，即本币贬值。本币的贬值会造成本国商品相对于外国商品便宜，因而，会增加净出口 NX，总产出会增加。

$$M \uparrow \rightarrow i \downarrow \rightarrow P \uparrow \rightarrow e \downarrow \rightarrow NX \uparrow \rightarrow Y \uparrow \quad \uparrow\text{：增长；}\downarrow\text{：下降。}$$

（四）托宾的 q 理论

托宾的 q 理论的重要贡献在于它把资本市场、资本市场上资产的价格，尤其是股票价格纳入了对货币政策传导机制的描述中。托宾认为沟通货币和金融中介机构一方与实体经济一方联系的不是货币数量或利率，而是资产价格以及与资产价格相关的利率结构等因素。

货币量（M）的变化会直接或间接影响到股票的价格（P_E），股票价格的变动会引起q值（企业市场价值与资本重置成本的比率）的变化，q的变化又会影响实际投资，并最终影响实体经济和产出。即：当货币供给增加时，人们将发现他们所持有的货币超过其意愿持有量，于是可能会加大对股票的购买，股票价格上升，从而q值增大，上市公司投资增加。

$$M\uparrow \rightarrow P_E\uparrow \rightarrow q\uparrow \rightarrow I\uparrow \rightarrow Y\uparrow \quad \uparrow\text{：增长。}$$

（五）莫迪利安尼的财富效应论

莫迪利安尼的财富效应论认为，消费支出是由消费者毕生的财富决定的，财富由人力资本、实物资本以及金融财富构成，而金融财富的一个重要组成部分就是普通股。因此，当货币扩张导致股价上升时，金融资产的价值也随之上升，导致消费者财富增加，从而消费上升。由此可得：

$$M\uparrow \rightarrow P_E\uparrow \rightarrow \text{财富}\uparrow \rightarrow \text{毕生财富}\uparrow \rightarrow \text{消费}\uparrow \rightarrow Y\uparrow \quad \uparrow\text{：增长。}$$

（六）米什金的流动性效应理论

美国经济学家弗雷德里克·S. 米什金（F. S. Mishkin）认为，货币量的增加会引起个人财富的增加，但并不一定会增加消费，尤其是耐用消费品的支出。这是因为当人们需要流动性时，就只能卖掉耐用消费品，这样他们就很容易遭受损失，就有可能陷入财务困境。相反，由于金融资产流动性强，如果人们拥有金融资产，他们便可以很容易地卖掉手中的金融资产。因此，当个人财富增加时，金融资产持有增加，个人对自己发生财务危机的可能性的估计就会下降。在这样的前提下，消费者才会增加耐用消费品和住房的支出，全社会总收入才会因此而增加。

$$M\uparrow \rightarrow V\uparrow \rightarrow D\downarrow \rightarrow C\uparrow \rightarrow Y\uparrow$$

其中，V代表金融资产价值；D代表陷入财务困境的可能性；C代表耐用消费品和住房消费支出；↑代表增长；↓代表下降。

（七）伯南克等人的信贷传导机制理论

本·S. 伯南克（B. S. Benanke）和阿兰·S. 布林德（A. S. Blinder）认为，信息非对称和其他摩擦因素的存在干扰了金融市场的调节功能，由此产生出了“外在融资溢价”现象，即企业外部筹资的资金成本（如发行债券等）与内部筹资的机会成本之间裂痕加大。“外在融资溢价”现象意味着净损失成本。影响外在融资溢价的因素包括贷款人评估，监视和筹集资金的预期成本，以及由信息不对称引起的借款人对他的未来前景比贷款人拥有更多的信息等。

按照信贷传导机制理论的观点，货币政策不仅影响到一般利率水平，而且还影响到外在融资溢价的大小。外在融资溢价的变化比单独利率变化能够更好地解释货币政策效应的强度、时间和构成。

伯南克和布林德认为，有两个渠道可以解释货币政策行为与外在融资溢价之间的联系。

1. 资产负债表渠道

伯南克和布林德认为，当借款人所面临的外在融资溢价取决于借款人金融地位时，货币政策就可以通过资产负债渠道进行传导。当中央银行货币政策操作不仅影响到市场利率，而且还直接或间接影响到借款人金融地位时，就出现了货币政策传导的资产负债渠道。

货币政策可以通过以下几条途径影响公司的资产负债表：

（1）货币供给量的增加使股票价格上升，从而增加了公司的资产净值，逆向选择和道德风险下降，银行贷款规模扩大，投资增加，最终引起总需求上升。

M↑→P_E↑→净值↑→贷款↑→I↑→Y↑　↑：增长；↓：下降。

（2）货币供给量的增加改善了公司的资产负债表，因为它增加了公司的现金流，降低了逆向选择和道德风险，于是形成了另外一条资产负债表渠道。

M↑→i↓→现金流↑→贷款↑→I↑→Y↑　↑：增长；↓：下降。

（3）由于债务一般是事先确定的，利率通常是固定的，因此，通货膨胀率的变化会使债务的实际价值减少，降低企业的债务负担，然而却不会降低公司资产的实际价值。所以，货币扩张会使公司实际净资产价值增加，降低逆向选择和道德风险，从而使投资和总产出增加。

M↑→净值↑→贷款↑→I↑→Y↑　↑：增长；↓：下降。

2. 银行贷款渠道

伯南克和布林德认为，商业银行在金融体系中扮演着特殊的角色，它们不仅为大型企业提供间接融资，更加重要的是它们能够为一些无法在资本市场进行融资的中小型企业提供信贷资金。在这种情况下，扩张性货币政策将增加银行的准备金，从而使得银行的信贷规模扩大，信贷规模的扩大将刺激企业投资和公众消费。当中央银行实施扩张性的货币政策后，例如，采用公开市场业务增加商业银行的头寸，使商业银行可供贷款的资金数量上升，就会增加银行贷款的供给，通过银行借贷渠道使企业增加投资，扩大生产，产生经济扩张的效应。

M↑→银行存款↑→银行贷款↑→I↑→Y↑　↑：增长。

（八）货币学派的货币政策传导机制理论

与凯恩斯学派的货币政策传导机制理论不同，货币学派的货币政策传导机制理论并不重视利率在货币政策传导机制中的作用，因为货币学派认为，虽然货币供给量的增加最初会引起利率的下降，但最终名义利率却会因货币收入的增加和物价的上涨而上升，实际利率则会回到并且稳定在原有水平上。货币学派认为，在整个货币政策传导过程中，货币供给量能够产生直接的效果。

货币学派货币政策传导机制理论的思路是：

1. 由于货币需求函数具有内在稳定性，因此，货币供给量的增加会使人们手中持有的货币增加，这时，人们就会加大支出，用于对货币资产、金融资产、非金融资产和人力资本的投资。

2. 不同取向的投资会引起不同资产的相对收益（价格）的改变，人们就会根据这种变动相应调整自己的资产结构。如果人们用多余的货币增加对金融资产的购买，就会导致金融资产价格上涨，收益相对下降。

3. 金融资产收益的下降，会使人们增加对实际资产的投资，对实际资产投资的增加又会使实际产出增加，价格上升。

4. 由于 Y 是价格和实际产出的乘积，因此，资产结构的调整必然会最终影响总收入。

5. 通过资产结构的不断调整，不同资产的收益率（价格）的比率又会趋于相对稳定。

货币学派的货币政策传导机制理论的思路可用下面的式子进行简单描述。

$$M\uparrow \rightarrow E\uparrow \rightarrow I\uparrow \rightarrow Y\uparrow \quad \uparrow\text{：增长。}$$

六、货币政策效应

对于货币政策效应的评价，我们可以从数量效应和时间效应两个方面入手。

（一）货币政策的数量效应

对货币政策的数量效应的评价，实际上就是评价货币政策发挥效力的大小。货币政策数量效应的大小可以用货币政策实施实际达到的效果与预期效果之间的偏离程度来衡量。

例如，对货币紧缩政策的数量效应的评价，我们可以从以下几个方面予以考虑。

1. 如果该项政策的实施在紧缩货币供给、治理通货膨胀的同时，又没有引起经济增长率的大幅下滑，那么，这说明该项政策的实施取得了非常好的效果。

2. 如果该项政策的实施在紧缩货币供给、治理通货膨胀的同时，也使得经济增长速度放缓，那么，对于该项政策的效果要视其对通货膨胀的治理程度和对经济增长的影响程度的对比情况而定。

3. 如果该项政策的实施不但没有能够治理通货膨胀，同时又引起了经济增长速度的放缓甚至是衰退，那么，该项政策便是无效的。

（二）货币政策的时间效应

在货币政策理论中，货币政策的时间效应就是货币政策时滞问题，它表明的是货币政策发挥效力的快慢。

货币政策时滞是指从中央银行认识到应当制定新的货币政策到该项新政策见效为止所经历的时间。一般而言，货币政策时滞越长，货币政策的效果越差；货币政策时滞越短，货币政策效果越好。

货币政策时滞可分为内部时滞和外部时滞两部分。

1. 内部时滞

内部时滞是指中央银行根据外在经济环境的变化认识到应当制定新的货币政策，到制定出新的货币政策之间的时间间隔。内部时滞又由认识时滞和行动时滞两部分组成。

（1）认识时滞。认识时滞是指从外在经济环境发生变化到中央银行认识到应根据形势的变化制定新政策为止这段时间。认识时滞的长短主要取决于中央银行对形势的判断能力和应变能力。

（2）行动时滞。行动时滞是指从中央银行认识到需要制定新的货币政策到政策制定出来为止这段时间。行动时滞的长短主要取决于中央银行的决策能力和决策效率，同时也取决于中央银行的独立性。

2. 外部时滞

外部时滞是指从中央银行制定出新的货币政策到该政策发挥效应为止所经历的时间间隔。外部时滞通常又由中期时滞、决策时滞和作用时滞三部分组成。

（1）中期时滞。中期时滞是指从中央银行制定出新的货币政策，到商业银行等金融机构根据新的货币政策制定和调整信贷政策所经历的时间。中期时滞的长短主要取决于商业银行等金融机构的反应程度及其决策效率。

（2）决策时滞。决策时滞是指从商业银行等金融机构制定出新的信贷政策，到微观经济主体根据新的信贷政策改变自己的储蓄、消费、投资等经济行为之间所存在的时间间隔。决策时滞的长短主要决定于微观经济主体的信息掌握程度和金融市场的发达程度。

（3）作用时滞。作用时滞是指从微观经济主体的行为改变到对宏观经济变量产生影响所经历的时间。

（三）影响货币政策效应的主要因素

1. 微观经济主体的预期

理性预期学派认为，由于理性预期的存在，对中央银行任何一项货币政策的出台，微观经济主体都会很快做出反应，并及时采取相应的对策，从而使货币政策不能发挥其效应。但从现实来看，由于微观经济主体的预期并非是完全理性的，再加上微观经济主体针对中央银行的货币政策采取相应的对策需要一定的时间，因此，货币政策还是能够产生效应的。但微观经济主体的预期的确也能够使货币政策的效应打折扣，要想使货币政策能够更好地发挥效应，中央银行必须考虑到微观经济主体预期对货币政策的影响。

2. 货币流通速度

货币流通速度是单位货币在一定时期里能够媒介商品和劳务交易的次数，表现为一定时期待实现价值的商品和劳务的总值与货币量的比例。这说明，货币流通速度与货币数量是成反比例变化的，货币流通速度越快，流通中需要的货币量越少；相反，流通中所需要的货币量就越多。

货币流通速度和货币量的上述关系决定了中央银行在制定货币政策时，必须考虑到货币流通速度的变化，否则，如果忽视了其哪怕是微小的变动，或者是未能预测到其变动幅度，就极有可能使货币政策失效或效果打折扣。但同时我们不得不承认的是，现实经济生活中的货币流通速度是很难准确计量的，正因为如此，货币流通速度会限制货币政策的有效性。

3. 政治周期

无论你是否愿意接受这个事实，在任何国家和地区，政治与经济的关系都是非常密切的，这也使各国的现实经济周期呈现出了非常明显的政治周期的特色，在这种条件下，中央银行的货币政策必然会受到来自政治周期的干扰。例如政府的目标更多是集中在短期经济增长上，因为这样可以给它带来好的政绩，但实现经济增长一般需要扩张性的货币政策来予以保证，由于中央银行不可能具有完全意义上的独立性，因此便极有可能会出现政府挤压中央银行的现象，从而使中央银行违背自己的意愿而调整货币政策。

4. 社会利益集团

由于任何一项货币政策的贯彻实施都有可能给不同的阶层、集团、部门和地方的利益带来一定的影响，因此，这些社会利益集团必然会在自己利益受损时对中央银行做出强烈的反应，这无形中会对中央银行形成压力，当这种压力达到一定程度时，中央银行就有可能被迫对货币政策进行调整。

5. 金融创新

有关金融创新对货币政策效应的影响参见本教材第十一章。

本章小结

中央银行是一个国家整个金融体系的核心，它经政府的授权，通过其业务的开展和职能的发挥，影响着全社会的货币供给量，影响着微观经济主体的行为，并最终影响着宏观经济的运行，是全国金融的枢纽。中央银行的存在有其客观必然性，这可体现在统一银行券发行的需要，最终贷款人的需要，集中票据清算的需要，以及金融监督管理的需要四个方面。纵观世界中央银行史不难发现，中央银行主要是通过两条途径建立起来的。一是由政府将某家私人股份性质的商业银行改组成为现代意义上的中央银行，如瑞典国家银行、英格兰银行、法兰西银行等；二是政府直接出资建立中央银行，世界上包括美国在内的大多数国家的中央银行都是通过这种方式建立起来的。理论界一般认为，中央银行的性质是由其在国民经济中所处的地位决定的，相对于商业银行来说，中央银行是一个具有二重性的金融机构，即中央银行既是政府机关，又是特殊的金融机构。由于各个国家政治、经济、社会、文化等方面的差异，中央银行存在着不同的制度类型，其中包括：单一中央银行制度、复合中央银行制度、跨国中央银行制度、准中央银行制度。众所周知，中央银行的职能体现在三个方面：中央银行是发行的银行；中央银行是银行的银行；中央银行是政府的银行。中央银行的职能是借助于其业务的开展来实现的。和商业银行一样，中央银行所从事的业务大致可分为负债业务、资产业务和中间业务三大类。

制定并贯彻执行货币政策是现代中央银行的核心任务。所谓货币政策是指，中央银行为了实现特定的经济目标，运用一定的政策工具来调节利率、货币供给量等一系列经济变量，从而直接调控金融运行，间接影响整个经济运行的方针和措施的总称。理论界一般认为，货币政策应包含五部分内容。首先，我们可以从货币政策的含义中看到货币政策的三部分核心内容，即货币政策目标、货币政策工具和货币政策中介指标。其中，货币政策中介指标指的是货币供给量、利率等一系列的经济变量。其次，在一个完整的货币政策理论中，除了上述三部分核心内容之外，还包括货币政策传导机制和货币政策效应两部分内容。通常中央银行的货币政策目标被确定为稳定物价（币值）、经济增长、充分就业和国际收支平衡四个方面。货币政策的这些目标之间是存在着矛盾与冲突的，无论是货币政策目标之间，稳定物价和经济增长之间，稳定物价与国际收支平衡之间，还是经济增长与国际收支平衡之间都存在着不同的矛盾与冲突。货币政策工具是中央银行为了实现货币政策目标所采用的手段。综合来看，中央银行的货币政策工具通常包括一般性政策工具、选择性货币政策工具、直接信用管制和间接信用控制四大类。一般性货币政策工具也被称为传统的货币政策工具，俗称“三大法宝”，指的是法定存款准备金政策、再贴现政策和公开市场政策。选择性货币政策工具也叫作择类性的货币政策工具，是中央银行在对某些特殊领域中的信用量进行调节时所采用的货币政策工具。按照领域的不同，选择性货币政策工具通常包括消费领域信用控制、不动产领域信用控制、证券市场领域信用控制和预缴进口保证金四种。直接信用管制是中央银行以行政命令等方式，直接对商业银行等金融机构的业务活动进行严格限制的政策。具体的措施包括：信用配额、直接干预、流动性比率以及利率限制。间接信用控制是中央银行采用非指令性的措施，指导和影响商业银行等金融机构经营行为，进而调节信用规模的一类货币政策工具。主要包括道义劝告和窗口指导两种形式。

货币政策中介指标指的是介于货币政策工具与货币政策最终目标之间的一系列经济变量，如利率、货币供给量等。鉴于货币政策工具的运用到货币政策最终目标的实现，存在着一个较长的时滞，我们有必要在货币政策工具与货币政策最终目标之间选择和设置一系列可以量化和日常操作的经济指标，目的在于保证货币政策最终目标的顺利实现。在众多经济变量中所选取的货币政策中介指标一般应具备以下条件：①可测性；②可控性；③相关性；④适应性；⑤抗干扰性。货币政策传导机制指的是货币政策工具的运用，导致微观经济主体的行为变化，引起宏观经济变量的变动，最终实现货币政策目标的机理。对货币政策传导机制问题的分析，形成了货币政策传导机制理论，这些理论有凯恩斯的货币政策传导机制理论；汉森和希克斯的货币政策传导机制理论；汇率渠道；托宾的 q 理论；莫迪利安尼的财富效应论；米什金的流动性效应理论；伯南克等人的信贷传导机制理论；货币学派的货币政策传导机制理论。对于货币政策效应的评价，我们可以从数量效应和时间效应两个方面入手。对货币政策的数量效应的评价，实际上就是评价货币政策发挥效力的大小。货币政策数量效应的大小可以用货币政策实施实际达到的效果与预期效果之间的偏离程度来衡量。在货币政策理论中，货币政策的时间效应就是货币政策时滞问题，它表明的是货币政策发挥效力的快慢。货币政策时滞是指从中央银行认识到应当制定新的货币政策到该项新政策见效为止所经历的时间。货币政策时滞可分为内部时滞和外部时滞两部分。微观经济主体的预期、货币流通速度、政治周期、社会利益集团以及金融创新等很多因素都对货币政策效应产生影响。

本章复习思考题

1. 什么是中央银行？为什么说中央银行是一个具有二重性的金融机构？
2. 中央银行存在着哪些不同的制度类型？
3. 中央银行有哪些职能？

4. 中央银行的主要业务有哪些？各大类业务的具体构成是怎样的？

5. 货币政策的含义是什么？货币政策应包括哪几部分主要内容？

6. 货币政策的目标有哪些？

7. 货币政策工具包括哪几类？它们的含义和特点分别是什么？

8. 选取货币政策中介指标所需要的条件有哪些？

9. 什么是托宾的 q 理论？它的贡献主要表现在什么方面？

10. 按照伯南克和布林德的理论应该怎样解释货币政策行为与外在融资溢价之间的联系？

11. 对货币紧缩政策的数量效应的评价我们可以从哪几个方面考虑？

12. 影响货币政策效应的主要因素有哪些？

第十章

金融稳定与金融监管

本章重要术语

金融脆弱性　金融内在脆弱性假说　安全边界说　金融危机　货币危机
银行业危机　债务危机　系统性危机　经济周期理论　货币主义理论
金融监管　科斯定理　金融独立性　金融异化　官方金融安全网　金融国际化
双边谅解监管备忘录　多边论坛　并表监管原则

第一节　金融脆弱性

一、金融脆弱性的含义与衡量指标

（一）金融脆弱性的含义

有关金融脆弱性（Financial Fragility）的研究最早可追溯到卡尔·马克思（K. Marx）、凯恩斯、费雪等人有关货币脆弱性的描述，但对金融脆弱性问题进行系统性研究则始于20世纪80年代初。1982年，美国经济学家海曼·P. 明斯基（H. P. Minsky）在“The Financial Fragility Hypothesis: Capitalist Progress and the Behavior of the Economy”中首先提出了“金融脆弱性假说”。①

对于金融脆弱性的含义，理论界有着各种不同的解释，甚至可以说还处于一种模糊状态。

1. 西方学者对金融脆弱性的界定

（1）I. P. 戴维斯认为：“金融脆弱性是用来描述金融市场上出现的这样一种冲击：它们可以导致信贷市场或资产市场上价格和流量发生无法预测的变化，使金融公司面临倒闭的危险，这种危险反过来又不断扩大蔓延以致支解支付机制及金融体系提供资本的

---

① 明斯基有关金融脆弱性假说的研究开始于1963年。他在1963年的“Can ‘It’ Happen Again? Essays on Instability and Finance”中便提出了“金融不稳定假说”。因此，直到现在，人们有时把明斯基的理论称为“金融脆弱性假说（Financial Fragility Hypothesis）”，有时又称为“金融不稳定假说（Financial Instability Hypothesis）”。

能力。”[①]

（2）米·阿格利塔把金融脆弱性看作“微观经济行为与由这种行为所决定的宏观经济状况之间的一种特殊关系。”更确切地说，可以看作“下面这种经济状况所显现的或然性：即个体经济主体对它们感觉到的风险的理性反应，远远不会通过多样化的方式更合理地分配风险，而是导致普遍增加不安全感。”[②]

（3）明斯基认为，金融内在脆弱性是由金融业高负债经营的行业特点决定的，是其更容易失败的本性。这被称为狭义上的金融脆弱性或金融内在脆弱性。

2. 国内学者对金融脆弱性的界定

1997 年东南亚金融危机激发了国内学者研究金融脆弱性问题的兴趣，在此研究过程中，逐渐产生出了金融脆弱性的定义。

（1）黄金老在综合西方学者各种观点的基础上认为，“高负债经营的行业特点决定了金融业具有更容易失败的本性。这是狭义的金融脆弱性，有时称之为‘金融内在脆弱性’。广义上的金融脆弱性，则是指一种趋于高风险的金融状态，泛指一切融资领域中的风险积聚，包括信贷融资和金融市场融资。”并认为，“早期，主要从狭义上理解金融脆弱性，现在更多的是从广义上来理解。”[③]

（2）伍志文从金融制度学的角度提出了金融脆弱性概念，认为金融脆弱性即金融制度或金融体系的脆弱性，是在内外因的共同作用下使金融组织、金融市场和金融监管三个子系统功能耦合、互相适应的金融体系稳健性状态受到破坏，金融制度结构出现非均衡导致风险积聚，金融体系丧失部分或全部功能的状态。[④]

（3）孙立坚等人从费雪的“完全市场”描述出发，认为金融体系的脆弱性就是指金融体系的基本功能无法得到正常发挥的状态。[⑤]

当前在理论界比较认同的是黄金老对金融脆弱性的定义。

为了增进对金融脆弱性的了解，我们有必要区分金融脆弱性、金融风险（Financial Risk）和金融危机（Financial Crises）。

首先，虽然金融脆弱性与金融风险存在着密切的联系，但二者还是有着一定的区别。所谓风险指的是未来结果的不确定性，而金融脆弱性指的是风险不断累积所形成的状态。

其次，金融脆弱性并不完全等同于金融危机，金融脆弱性只是金融危机爆发的一种可能性，而非必然性。金融危机是金融脆弱性累积到一定程度的结果，是金融风险的集中性释放。正是从这个意义上讲，如果我们能够通过采取相应的措施减少或消除金融脆弱性，可能会避免金融危机的爆发。

---

① 转引自姜磊、杨娟（2002），金融体系的脆弱性与国际金融体制的创新，《天津商学院学报》第 4 期。

② 同上。

③ 黄金老（2001），《金融自由化与金融脆弱性》，中国城市出版社。

④ 伍志文（2003），我国银行体系脆弱性的理论分析及实证考察，《金融论坛》第 1 期。

⑤ 孙立坚、牛晓梦、李安心（2004），金融脆弱性对实体经济影响研究，《财经研究》第 1 期。

（二）衡量金融脆弱性的指标

就像对金融脆弱性的认识还处于模糊状态一样，关于衡量金融脆弱性的指标的描述也是多种多样。

1. 衡量狭义金融脆弱性的指标

综合各种观点，衡量狭义金融脆弱性的指标主要包括：（1）金融中介机构的清偿能力；（2）金融中介机构的不良资产比率；（3）金融中介机构的盈利能力；（4）金融中介机构的流动性要求；（5）金融中介机构的管理和内控制度；（6）金融中介机构经营的外部环境，如 GDP 增长率、工业运行指数、国际收支状况、财政收支状况、公司负债状况、企业破产率等。

进入 20 世纪 90 年代以后，有西方经济学家开始使用资产定价模型，如资本资产定价模型、期权定价模型等来估算金融中介机构的脆弱性状况。

2. 衡量广义金融脆弱性的指标

表 10－1 列举的是不同预测模型中揭示的金融危机预警指标，由于金融危机是金融脆弱性累积到一定程度的结果，因此，金融危机指标本身就是反映金融脆弱性的指标，并且是反映广义金融脆弱性的指标。

表 10－1　金融危机的预警指标（宏观方面）

金融危机预测模型	模型指标
Calvo－Goldstein（1995）金融危机预测模型	（1）短期债务与外汇储备比例失调；（2）巨额经常项目逆差；（3）消费比例过大；（4）预算赤字大；（5）短期资本流入比例过高；（6）本币汇率高估；（7）货币供给量迅速增加
Graciela Kaminsky，Saul Licondo 和 Carmen M. Reinhart（1998）的货币危机预测模型	（1）本币实际汇率连续 12 个月高于历史平均水平 10% 以上；（2）通货膨胀率在 10 个月内的平均水平高于历史平均水平 8% 以上；（3）外汇储备额；（4）出口额；（5）贸易差额；（6）产量；（7）股票指数；（8）M_2 对官方储备比率连续 12 个月的上升后急速下降；（9）实际 M_2；（10）名义私人部门信贷总额；（11）M_2 对 M_1 比率
Demirgüc－Kunt 和 Detragiache（1997）的银行危机预测模型	（1）GDP 增长率；（2）投资占 GDP 比例；（3）财政收支；（4）年通货膨胀率；（5）M_2/M_1 比率；（6）高利率；（7）资本外流的易动性；（8）无效的法律实施等 12 项指标
IMF（1998）货币危机风险指标预测模型	本币实际利率、信用总额和 M_2/官方储备比率

资料来源：IMF，Working Paper，July 1997，July 1998；IMF，Annual Report，1998. 转引自黄金老（2001），《金融自由化与金融脆弱性》中国城市出版社。

二、金融脆弱性理论

（一）基于信贷市场脆弱性的解释

1. 明斯基的金融内在脆弱性假说

明斯基在经济周期的长波理论基础上，从企业的角度对信贷市场的脆弱性作了系统阐述，认为由于私人信用创造机构特别是商业银行和其他相关贷款人的内在特性，使得它们经常会面临周期性危机和破产浪潮，这种困境会传递到经济体的各个组成部分，最终产生经济危机。

在分析中，明斯基把借款企业分成套期保值企业、投机性企业和庞兹企业三类。

套期保值借款企业（Hedge – Financed Firm）的特点是，其投资项目的收益率大于贷款利率，预期收入足以能够偿还贷款的本息，它们是根据自己未来的收入现金流来融资，因此，这类企业是最安全的借款人。

投机性借款企业（Speculative – Financed Firm）的特点是，其投资项目的预期收入总量大于债务本金，但前期的预期收入小于债务本金，大于债务利息，而后期的预期收入足以偿还所有的债务本金和利息。与套期保值的借款企业相比，这类企业的融资风险要大，因为这类企业为偿还债务，前期有可能要重组其债务结构，或者出卖其资产，由于此时的市场条件与借款时可能并不相同，因此，其会面临市场利率上升或资产价格下降导致其财务状况恶化的风险。

庞兹借款企业（Ponzi Firm）的特点是，其投资项目的预期收入总量上大于债务额，但最终还款前一期的每一时期里，它的预期收入不仅小于到期的债务本金，甚至小于债务的利息。由此可见，这类的融资风险要远远大于前两类借款企业，因为为了实现持续经营，它必须用“后来者”的资金当作投资收益支付给那些“先来者”。随着债务规模的不断扩大，企业将最终无力偿还全部的债务本金和利息。

明斯基认为，借款企业的结构变化与经济周期有着密切的联系。在经济周期的起点上，绝大多数的借款企业是套期保值的企业，但随着经济不断繁荣，借款企业的盈利预期就会提高，借款就会增加。这样，借款企业中后两类的企业就会变得越来越多，第一类借款企业越来越少，金融脆弱性随之增强。

至于为什么会出现上述周而复始的现象，明斯基提出了代际遗忘解释（Generation Ignorance Argument）和竞争压力的解释（Rivairy Pressure Argument）。所谓代际遗忘是指银行经常会因眼前的利益欲望而忘记过去危机时的痛苦经历。竞争压力则是指银行面对竞争压力会经常做出不慎重的贷款决策。

2. 克瑞格的“安全边界说”

继明斯基之后，简·克瑞格（J. A. Kregal）在 1997 年的“Margins of Safety and Weight of the Argument in Generating Financial Fragility”中从银行角度研究了信贷市场的脆弱性，提出了“安全边界（Margins of Safety）”概念。所谓“安全边界”可理解为银行在贷款中收取的风险报酬，当由于不测事件使得未来没有重复过去的良好信用记录时，为银行提供一种安全保护。

按照“摩根规则（JP Morgan Rule）”，银行在决定是否提供贷款给借款企业时，主要依据的是借款企业过去的信用记录（Credit History），而不太关注未来的预期。这意味着银行家对借款企业本身“信用风险”的重视远远超过了对贷款项目风险评价的重视。

经济繁荣时期，具有良好信用记录的人会越来越多，银行家赋予借款人良好信用记录的权重就会越来越高，“安全边界”相应降低；与此同时，借款企业也会因经济的繁荣而对自己的还款能力充满自信，增加从银行的借款，这样，“安全边界”不断被侵蚀，金融脆弱性就缓慢地、难以察觉地产生了。正因为如此，克瑞格指出银行不恰当的评估方法是导致信贷市场脆弱的主要原因。

3. 来自信息经济学的解释

近年来，一些国外学者开始运用信息经济学、博弈论等方法来研究金融脆弱性问题，认为信息非对称下的逆向选择和道德风险是导致金融脆弱性的主要原因。

我们在第三章曾经指出，金融中介机构存在的必要性之一就在于金融中介机构能够在一定程度上克服信息非对称，解决逆向选择和道德风险问题。但这是建立在以下假定基础之上的。(1) 存款者对金融中介机构有着足够的信心；(2) 金融中介机构能够高效地对借款人进行筛选和监督。但事实上，信息非对称无处不在，在存款者和金融中介机构之间同样存在信息非对称，因此，上述两个假定条件通常是不成立的。在这种情况下，存款者的信心丧失和金融中介机构自身所存在的内在问题都有可能使金融风险不断产生和累积，从而加剧金融脆弱性。

首先，1983 年，戴蒙德和戴维格在《银行挤兑、存款保险和流动性》一文中，基于信息非对称的信息经济学理论和博弈论，提出了著名的银行挤兑模型（D－D 模型）。该模型认为，银行体系脆弱性的存在是因为银行市场上存在多种平衡，而银行借短贷长的期限转换机制使得银行有可能处于“挤兑式”的平衡之中。当存款者对银行失去信心时，就会产生挤兑，并且一旦挤兑发生，理性的存款者会迅速加入挤兑的行列中，从而产生博弈论中说的“囚徒困境”（Prisoner's Dilemma），从而导致集体非理性，最终酿成银行危机。正因为如此，该模型认为，银行体系脆弱性主要源于存款者对流动性要求的不确定性以及银行的资产较之负债缺乏流动性之间的矛盾。主要源于存款人对银行信任程度的不确定性以及银行资产较之负债缺乏流动性的特性。

其次，由于信息的不完备性，在金融中介机构对借款人的筛选和监督方面未必能够始终保证高效率。因为在金融中介机构与存款者之间以及金融中介机构与借款人之间都存在信息非对称，都有可能滋生逆向选择和道德风险。

在向借款人提供贷款之前，由于信息非对称，约瑟夫·E. 斯蒂格利茨（J. E. Stiglitz）和安德鲁·韦斯（A. Wiss）就认为，对于贷款人来说，借款人对于所投资项目的风险状况更为了解。在这种情况下，为避免贷款损失，金融中介机构往往会提高利率或实行信贷配给，而当利率提高到一定程度后，反而使得那些风险低、信誉好的借款人因不愿承受如此高的利息负担而减少从金融中介机构的借款，积极到金融中介机构借款的恰恰是那些还款能力差的借款人，借款人的平均风险程度会进一步上升，为此，金融中介机构又会进一步提高利率……如此循环下去，最终的结果只能是金融风险变得越来越大，金融脆弱性变得越来越强。而对信贷配给来说，杰克·M. 古特恩泰格（J. M. Guttentag）和理查德·J. 赫润（R. J. Herring）认为，信贷配给现象随着不确定性的提高而提高，银行体系的脆弱性也会随之提高。[①]

在向借款人提供的贷款之中，由于官方金融安全网的存在、金融中介机构管理者奖惩制度安排上的不对称性以及金融中介机构资产负债表的结构特性等原因，使得金融中介机构有着较强的疏于对借款人进行仔细筛选的倾向。

（二）基于金融市场脆弱性的解释

金融市场脆弱性被认为主要是来自金融资产价格的波动性及波动性的联动效应[②]。而金融资产价格波动的重要原因又在于金融交易过程中普遍存在的信息的非对称。这是因为，按照估值原理，金融资产定价的基础依据的是一定贴现率折算的金融资产未来现金流的现值，以及影响这一预期现金流的各种因素。而这两者都难以为零散的金融资产持有者所知，除此之外，由于不同的金融资产价格还会受到各自市场的特殊因素的影响，因此，金融资产价格经常会处于过度波动之中，并且，由于金融资产价格波动的联动性效应，最终可能会引发系统性危机。

1. 股市的过度波动性

有关金融市场脆弱性的传统解释是股市的过度波动性。早在100多年前的《资本论》中，马克思就曾对股市的过度投机性进行过深刻的阐述，认为当时的上市公司是因为无力实现高于社会平均利润率的业绩水平，才到股市融资，这最终决定了股票价格的波动性，并且正是这种波动性才最终吸引了投资。

应当说，影响股市波动的因素多种多样，理论界对此的讨论很多，但莫衷一是。目前各方经济文献中对于股市过度波动性具有代表性的解释主要有以下几个方面的观点。

（1）非理性过度投机。持这种观点的经济学家主要是明斯基和查尔斯·P. 金德尔伯格（C. P. Kindleberger）。该理论强调的是市场集体行为的非理性导致的过度投机对资产价格的影响。他们认为，在股票市场上存在着凯恩斯描述的“花车乐队效应（Bandwagen Effect）”，即当经济繁荣时，良好的预期促使投资者大量举债进行投机活动，幼稚的投资者开始涌向资产价格的“花车乐队”，从而推动市场上资产的价格不断攀升，资产的价格已经无法用基础经济因素来解释，此时金融脆弱性被投资者的乐观预期所掩盖。但是一旦经济步入停滞甚至下降期，累积起来的矛盾便会迅速激化。当到了某个临界点，投资者的投资所产生的现金流不足以偿付债务本息时，而投机性资产的损失恐惧促使放贷者急速收回其贷款，收缩信贷。清偿债务的压力迫使债务人大幅降价抛售资产，导致资产价格整体崩溃。1998年俄罗斯金融危机期间，美国太平洋投资管理公司经济学家保罗·麦考利（P. McCulley）把这种资产价格急速下降、信贷枯竭的恶性爆发称为“明斯基时刻（Minsky Moment）”或“明斯基拐点”。金德尔伯格将这个过程描述为：疯狂—惊恐—崩溃。

（2）宏观经济的不稳定。宏观经济对股票市场价格的作用是通过影响投资者的预期

---

① J. M. Guttentag & R. J. Herring（1984），Credit Rationing and Financial Disorder，The Journal of Finance，Vol. XXXIX，No. 5. December.

② Philippe Jorion and Sarkis. Joseph. Khoury，1996，Financial Risk Management：Demestic and International Dimension，Blackwell，UK.

来实现的。理论上讲，股票价格代表的是对未来收益的预期，是按一定贴现率计算的未来收益的现值。因此，任何能够影响未来收入预期或市场贴现率的宏观经济因素的变化都可能引起股市的剧烈波动。

（3）市场操纵行为。市场操纵行为是指利用庞大的资金、违规的操作方式、内幕信息等对于本应由市场供求关系决定的证券价格进行操纵，诱使他人购买证券以便从中牟利的行为。市场操纵行为的存在无疑会加剧证券价格的波动。

（4）交易和市场结构的某些技术性特征的影响。交易制度中任何便利高卖低买的技术性安排都有可能加剧股票价格的剧烈波动。例如融资融券交易方式使得投资者可以从事大规模股票交易，从而会推动市场价格急剧变化，另外，20 世纪 70 年代以来的层出不穷的金融创新，尤其是金融工具的创新等都可能会加剧股票市场的波动。

（5）投资者个体的非理性行为。西方学者戴维·M. 克瑞普斯（D. M. Kreps）认为，股票市场本身就是一个“使价格不稳定的投机”，股票市场上投资者的个体理性行为足以导致整个市场的周期性崩溃，即无论股票市场与实物经济是否相称，如果投资者对股市预期乐观，则股票价格将会持续上涨直至极度不合理后导致市场崩溃；相反，如果投资者的预期悲观，则恐慌性抛售仍足以摧毁健康的股票市场。这就是资产价格波动的“周期性崩溃”解释。

2. 汇率的过度波动性

从广义上讲，汇率的过度波动（Excessive Volatility）包括固定汇率制度下的汇率过度波动和浮动汇率制度下的汇率过度波动两种情况。

固定汇率制下的汇率过度波动指的是一国（或地区）货币的对外价值在短期内出现非意愿性的变化，使得固定的汇率水平难以维持。这种情况常被称为“货币危机（Currency Crisis）”。

浮动汇率制下的汇率过度波动是指市场汇率的波动幅度超出了真实经济因素所能够解释的范围。20 世纪 70 年代以后，随着世界各国放弃固定利率，实行浮动利率，汇率的过度波动性已经成为金融市场脆弱性的一个重要来源。

对于浮动汇率制下的汇率过度波动，鲁迪格·多恩布什（Rudiger Dornbusch）在其 1976 年发表在《政治经济学杂志》上的论文《期望和汇率动态学》（*Expectations and Exchange Rate Dynamics*）中进行的描述是：当市场受到外部冲击时，货币市场和商品市场的调整速度存在很大的差异。一般情况下，商品市场价格的调整速度较慢，过程较长，呈黏性状态，称之为黏性价格。而金融市场的价格调整速度较快，这意味着作为金融市场上外汇资产价格的汇率对冲击的反应也很快，它几乎是即刻完成的。汇率对外部冲击做出的过度调整，即汇率预期变动偏离了在价格完全弹性情况下调整到位后的购买力平价汇率，这种现象称之为汇率超调（Exchange Rate Overshooting）。所谓超调是指一个变量对给定扰动做出的短期反应超过了其长期稳定均衡值，并因而被一个相反的调节所跟随。

当然，在固定汇率制度下同样可能出现汇率波动过度问题。固定汇率制下的汇率过度波动一般源于政府汇率政策的失误，即政府将其汇率固定在与其宏观经济政策不相符合的水平上。当市场参与者对汇率的稳定性失去信心时，他们便会在市场上大量抛售该国货币，从而导致该国货币大幅贬值，货币危机就此爆发。虽然该国政府可以动用外汇储备或其他政策进行调控，但尤其对于那些外汇储备有限的国家（地区）来说，面对国际金融市场上巨额的投机资金，往往会显得力不从心。

从当前国际金融市场的现实看，无论是浮动汇率制下还是固定汇率制下的汇率过度波动，都与国际游资的投机行为有着密切联系，尤其是伴随着大量金融衍生工具的出现和金融市场的国际化，国际游资的投机炒作已成为引起汇率巨幅波动的重要原因。

3. 金融市场价格波动的关联性

金融市场价格波动的关联性即金融资产风险的传染性（Financial Risk Contagiosity）。由于金融活动中复杂的债权债务关系，再加上金融市场的日渐一体化和全球化，金融市场价格之间波动的联动性日益明显，而这种联动性增加了金融市场风险，加剧了金融市场脆弱性。正如斯蒂格利茨所言，一旦某个金融机构的金融资产价格发生贬损以至于其不能保持正常的流动性头寸，则单个或局部的金融困难很快便演变成了全局性的金融动荡。

第二节　金融危机

一、金融危机的含义与类型

（一）金融危机的含义

20 世纪 80 年代以来一系列金融危机的爆发，尤其是 2007 年夏美国次贷危机的爆发，使得金融危机（Financial Crisis）这个词开始弥漫于我们的生活，我们逐渐了解到了这种金融经济现象，但给金融危机下定义却是一件非常困难的事情。正如戈德史密斯所描述的，金融危机“就像漂亮妇女们（在我们的文化里），难以定义，但遇到时却极易识别”。[①] 的确，当金融危机爆发时，它会影响到经济的各个领域，所以每个人很容易就能感受到它。

当前最流行的金融危机定义便来自戈德史密斯。他将金融危机定义为“全部或大部分金融指标——短期利率、资产（证券、房地产、土地）价格、商业破产数和金融机构倒闭数的急剧、短暂和超周期的恶化”。[②] 其特征是人们基于预期资产价格下降而大量抛出不动产或长期金融资产，将其转换成货币。

（二）金融危机的类型

根据 IMF 在《世界经济展望 1998》中的分类，金融危机被分成了如下四种类型，即货币危机、银行业危机、债务危机和系统性危机。

1. 货币危机

---

① Goldsmith, R. W. (1982). Comment' on Hyman P Minsky's The Financial Instability Hypothesis: Capitalists Processes and the Behaviour of the Economy. Kindleberger and Laffargue, eds., Financial Crises.

② 同上。

货币危机（Currency Crisis）是指当某种货币由于受到投机性袭击等方面的原因，出现非意愿性的持续性贬值，或迫使一国（地区）货币当局动用大量外汇储备或大幅度地提高利率以保证币值稳定。

2. 银行业危机

银行业（Banking Crisis）是指由于真实的或潜在的银行破产导致银行不能如期偿付债务，或迫使政府出面，提供大规模援助，以避免违约现象的发生，一家银行的危机发展到一定程度，可能波及其他银行，从而引起整个银行业的危机。

3. 债务危机

债务危机（Foreign Debt Crisis）是指由于某些原因导致一国（地区）不能按照事先约定偿还债务（包括主权债和私人债）的情形，债务危机有可能会引起国家破产。

4. 系统性危机

系统性危机（Systematic Financial Crisis）是指主要的金融领域都出现严重混乱，如货币危机、银行业危机、股市崩溃以及外债危机的同时或相继发生。

虽然一国（地区）危机的爆发肇始于货币危机、银行业危机或债务危机，但通常会最终演变为系统性危机。

二、当代金融危机的特征

与传统的金融危机相比，当代金融危机呈现出了以下几方面的特征。

（一）超周期性和超前性

从历史上看，传统金融危机通常表现为周期性金融危机，是由经济运行周期性波动引发的金融危机，因此伴随着经济周期波动而出现高峰、低谷。当代金融危机则呈现出了鲜明的超周期性和超前性。随着经济社会货币化、资本化、证券化、虚拟化及全球化的发展，虚拟经济与实体经济严重脱节，整个经济变成了一座倒金字塔，金融主导经济的现象非常突出，这造成了当代危机通常是先发生在金融领域。从这个角度讲，虚拟经济与实体经济的矛盾是当代金融危机爆发的根本原因。

（二）连锁性和传染性

随着金融国际化、全球化的日益深入，全球经济、金融、贸易关系的日益紧密，国际资本，尤其是国际游资在世界范围的频繁流动，当代金融危机呈现出了广泛的连锁性和传染性。一个国家（地区）爆发的金融危机会产生"多米诺骨牌效应（Domino Effect）"，迅速地波及周边国家甚至整个世界，引发区域性或全球性的金融危机。例如，1994 年底因墨西哥比索贬值引起的金融危机，就迅速波及拉丁美洲的其他国家，引起巴西、智利等国资金大量外流；1997 年泰国金融危机爆发后，迅速波及东南亚各国，菲律宾、印度尼西亚、马来西亚、缅甸和新加坡等国，上述国家的货币均出现不同程度的贬值，并引发了包括美国在内的全球主要金融市场的动荡；2007 年的美国次贷危机也迅速传递到了欧盟、整个欧洲，甚至于整个世界。

（三）具有生成上的潜伏性和内源性

当代金融危机多发生于较早进行市场化改革的新兴市场经济国家、转轨国家等一些发展中国家。这些国家危机的爆发表面上看似突然，实际上是长期潜伏的综合性经济危机的总爆发。

首先，爆发金融危机的国家和地区大都未能执行一个渐进、有序的金融自由化、国际化战略，在国内金融体系还不完善的情况下，不顾本国经济的承受能力和金融监管能力而过早地开放金融市场；

其次，在这些国家长期存在着政府对经济的过分干预与保护，使得市场经济的作用大大受到抑制；

再次，在这些国家存在着汇率制度的严重扭曲，最直接、最核心的体现是，在开放资本市场的情况下，固守已经僵化的盯住汇率制度，未能根据国际、国内经济环境的改变来做出及时的调整；

最后，金融监管与金融创新存在严重的不适应性，突出表现是忽略本国金融监管理念、手段和措施的滞后性，一味模仿发达经济体盲目发展金融指数化产品，导致金融市场上投机盛行。

（四）爆发的频率加快

20 世纪 80 年代以前，金融危机的爆发在很大程度上是一种偶然现象，其频率和影响范围、程度都比较有限。1929—1933 年的世界经济“大萧条”恐怕是仅有的一次波及面较广的金融危机。但进入 20 世纪 80 年代以来，金融危机的爆发频率明显增快。

表 10－2　20 世纪 80 年代以来的金融危机

1982 年	拉美爆发国际债务危机
80 年代中期	美国储蓄贷款协会危机
1987 年 10 月 19 日	黑色星期一（全球股灾）
80 年代末	日本泡沫经济大崩溃
1992—1993 年	欧洲货币体系危机
1994 年	墨西哥金融危机
1995 年 2 月 26 日	巴林银行事件等
1997 年初	阿尔巴尼亚金融风暴
1997 年 7 月	亚洲金融危机
1998 年	俄罗斯金融危机
1999 年	巴西金融危机
2000 年	土耳其金融危机
2001 年	阿根廷金融危机
2007 年	美国次级抵押贷款危机
2008 年	越南金融危机

（五）国际游资的投机炒作是导火索

所谓国际游资（Refugee Capital）俗称热钱（Hot Money），它是为追求高额利润或保值而在国际间频繁移动的短期资金，它一般具有规模巨大、停留时间短、反应灵敏、脆弱性高和破坏性强等特征。从当代爆发金融危机的国家（地区）看，国际游资通过外汇和股票市场，利用金融衍生工具所进行的投机性操作往往是一国（地区）货币金融体系紊乱的罪魁祸首。

（六）货币危机成为爆发点

如前所言，所谓货币危机指的是一国或地区货币的对外价值在一段并不长的时间内受到非意愿性的剧烈贬值。货币危机的出现通常会对一国（地区）的经济、金融、社会造成极大的负面影响，最终演变成为全面性的金融危机，甚至是经济危机和社会政治危机。

三、金融危机理论

由于金融危机与金融脆弱性是紧密相连的，因此，经济学家们有关金融危机问题的描述是相同的。

（一）马克思经济学的金融危机理论

一个多世纪前，马克思在其著名著作《资本论》中，对金融危机进行了科学、精辟、细致的描述，时至今日，马克思有关金融危机的思想体系仍旧是我们解析金融危机的理论源泉。①

简单归纳一下，我们可以将马克思的金融危机理论粗略归纳为：

1. 马克思对金融危机的阐释源于对经济危机的分析

马克思认为，经济危机是“商品生产较之市场容量大量过剩的现象”，“是社会再生产发生困难”的表现。经济危机要经历经济繁荣、生产过剩、危机和萧条、复苏四个阶段。经济危机的第一阶段表现为金融危机，金融危机导致资本循环中断，生产出来的商品销售不畅，资金不能回流，进一步引发了产业危机。而产业危机会导致大量企业破产和大规模失业，这又会引发严重的社会危机，造成社会动荡。

2. 马克思对金融危机进行了性质上的划分

马克思在《资本论》中写道：“货币危机是任何普遍的生产危机和商业危机的一个特殊阶段，应同那种也称为货币危机的特种危机区分开来。后者可以单独产生，只是对工业和商业产生反作用。这种危机的运动中心是货币资本，因此它的直接范围是银行、交易所和财政。”在此，马克思将货币金融危机分为两种类型：伴随经济危机发生的货币金融危机和独立的货币金融危机。

3. 独立的货币金融危机生成的可能性

（1）商品买和卖在时间和空间上的分离。“流通之所以能够打破产品交换的时间、

① 诺贝尔经济学奖得主、美国著名经济学家保罗·A. 萨缪尔森等人也承认：“19 世纪的思想家，没有一个像马克思那样对人类产生如此直接、深思熟虑和巨大的影响。”“同我们所概略考察过的大多数早期的理论不同的是，马克思主义的理论在今天仍具有生命力并起着至关重要的作用”。美国次贷危机爆发后，马克思的《资本论》再度畅销，一名德国的出版社经理说：“马克思再一次成为了时髦。我们又有了对这场金融危机感到恼火的新一代读者，他们认识到新自由主义最终证明是一个虚假的梦。”西方学者科斯塔斯·拉帕维托萨斯在 2008 年底接受《国际社会主义评论》采访时指出：“马克思的观点对于理解和讨论当前的金融危机是有重要指导意义的。”

空间和个人的限制，正是因为它把这里存在的换出自己的劳动产品和换进别人的劳动产品这二者之间的直接的同一性，分裂成买和卖这二者之间的对立。”这种对立就包含着中断或危机的可能性，并且，“一旦劳动的社会性质表现为商品的货币存在，从而表现为一个处于现实生产之外的东西，独立的货币危机或作为现实危机尖锐化的货币危机，就是不可避免的。”

（2）货币执行支付手段职能。“如果货币作为支付手段发挥作用的结果是彼此的债权相互抵消，也就是说作为支付手段的货币中潜在包含的矛盾没有成为现实；因而，如果危机的这两种抽象形式本身并没有实际地表现出来，那就不会有危机。”“这种货币危机只有在一个接一个的支付的锁链和抵销支付的人为制度获得充分发展的地方，才会发生。当这一机构整个被打乱的时候，不问其原因如何，货币就会突然地从计算货币的纯粹观念形态变成坚硬的货币”，这种情况下，货币作为支付手段所包含的矛盾才会爆炸式地展现出来。

4. 独立的货币金融危机的现实性源于虚拟资本的自我膨胀

独立的货币金融危机是不以经济危机爆发为条件的金融危机，它产生的现实条件来自金融系统内部的紊乱。随着资本主义的发展，信用、银行金融和在信用基础上发展起来的虚拟资本交易日益重要，形成所谓“信用经济”“金融经济”“虚拟经济”。特别是虚拟资本如债券、股票、汇票等的发展有暂时超越和背离生产系统而发展的趋势。这时，货币与虚拟资本、商品与信用货币的对立显露出来，其矛盾的积累导致了货币金融危机。因此，虚拟资本的自我膨胀运动是独立的货币金融危机形成的主要机制。

5. 独立的货币金融危机的扩散性

马克思不仅对独立的货币金融危机的可能性、现实性进行了阐述，他同时也已经认识到资本的国际流动对资本主义世界金融危机的影响。马克思指出：“在普遍危机的时刻，支付差额对每个国家来说，至少对每个商业发达国家来说，都是逆差，不过，这种情况总像排炮一样，按照支付的序列，先后在这些国家里发生；并且，在一个国家比如英国爆发危机……接着就在一切国家发生同样的总崩溃。”

6. 金融危机的根源在于资本主义的制度安排，在于资本的逐利性，在于资本家对利润的贪欲

马克思在《资本论》注释中曾引用过这样一段话：“资本害怕没有利润或利润太少，就像自然界害怕真空一样。一旦有适当的利润，资本家就胆大起来。如果有 10% 的利润，它就保证到处被使用；有 20% 的利润，就活泼起来；有 50% 的利润，它铤而走险；为了 100% 的利润，它敢践踏一切人间法律；有 300% 的利润，它就敢犯任何罪行，甚至冒绞首的危险。”

7. 金融危机的治理

美国《外交》（*Diplomacy*）杂志 2009 年 5—6 月发表加拿大多伦多约克大学政治学教授里欧·帕里奇（Leo Panith）题为《完全摩登马克思》（*Thoroughly Modern Marx*）的文章说，马克思的《资本论》近来在全球热销，反映了这次经济危机导致许多资本主义信徒出现了意识形态的迷失。帕里奇认为，马克思在 150 年前就准确预言了当今资本主

义全球化的出现及其后果——即这次金融海啸的发生；更重要的是，他还为此预留了解救的“药方”，值得我们今天作为参考。马克思为今天的危机开出的第一个“药方”，是建立工会和工人政党。在今天，他会鼓励人们成立新的利益共同体、协会和组织，用于抵抗资本主义的现状，并开始抉择如何更好地满足自己的需求。马克思开出的第二个“药方”，将会是号召金融市场的公有化，并“通过拥有国家资本和独享垄断权的国家银行，把信贷集中在国家手里”。马克思的第三个“药方”，将会是提倡打破“以资本主义市场解决一切问题”的逻辑，转而利用国家集权的机构解决诸如气候变化等问题。最后，在第四个“药方”中，马克思会呼吁世界各经济体，为了应付目前的金融危机，应以团结一致的行动取代钩心斗角。[①]

（二）西方经济学的金融危机理论

1. 西方经济学的传统金融危机理论

西方经济学体系中传统金融危机理论主要指的是20世纪30年代到70年代末左右的金融发展理论。西方经济学体系中的传统金融危机理论由两部分组成，即经济周期理论和货币主义理论。

（1）经济周期理论。最早从经济周期角度研究金融危机的经济学家是费雪。1933年，费雪在对“大萧条”（The Great Depression）的解析中建立了著名的“债务—通货紧缩论”（Debt - Deflation Theory）。费雪认为，经济高涨时期投资的增加主要是靠银行信贷来实现的，经济的繁荣带来了货币供给的增加、物价的上涨和利润水平的提升，这一方面会刺激投资，另一方面会进一步扩张信贷，直到“过度负债状态”。当经济萧条时，企业销售下降，流动性不足，偿还能力下降，此时，企业便不得不为清偿债务而低价销售商品，而低价销售商品又会降低整个社会货币流通速度，造成物价水平进一步下降，企业债务负担进一步增加，引起企业破产和利润水平下降，造成产出和就业水平下降；破产、失业又促成了人们的悲观预期和信心的丧失，货币流通速度进一步下降。这样周而复始，最终形成了“债务—通货紧缩”的恶性循环。

费雪的思想影响了后来的一大批经济学家，他们曾先后以费雪的理论为基础，对金融危机经济周期理论进行了发展和完善。

首先是明斯基，他在费雪的分析基础上，1963年，明斯基提出了“金融脆弱性假说”。明斯基认为，在一个完整的经济周期中，从衰退中复苏的经济趋向于一个从套期保值融资单位支配的金融结构转向一个由投机融资单位和庞兹融资单位占很大比重的金融结构，从而，在经济走向繁荣的过程中，有利于稳定的金融关系将会向造成不稳定的金融关系过渡，这种经济周期的存在使整个金融体系充满了内在的不稳定性。[②]

同样是从经济周期角度出发，1978年，金德尔伯格对金融危机的形成过程进行了如下描述：第一个阶段，宏观经济体系的外部冲击改变了获利机会，使预期发生变化，部分经济主体开始采取异常行为。第二个阶段，经济活动达到顶峰，制造出设备投资、金

① 转引自侯惠勤，辛向阳，国际金融危机中马克思主义的复兴，新华网 - 《红旗文稿》，2010 - 6 - 25。
② 孙景宇．金融危机形成理论的虚拟化——综述与评价［J］．当代经济科学，2004（5）．

融投资将会一直持续扩张的假象，金融交易膨胀。银行贷款、货币供应量的增加支撑、刺激着景气。第三个阶段，出现资产过度交易及投机行为，资产价格暴涨。为了达到上述目的而必要的资金不能完全到位时，往往采用信用交易或分期付款的形式。第四个阶段，市场行情异常狂热，出现投机过旺（即“泡沫经济”）。第五个阶段，资金需求显著增大，货币的流通速度增加，利率上升。企业资金周转出现困难，一旦资产价格上升势头停止，投机家们便纷纷抛售实物资产或金融资产。资产价格骤然下挫，交易过度的经济主体因金融头寸不足而倒闭。金融机构停止发放以上述资产作担保的贷款，开始着手回收贷款。一部分金融机构因大量不良资产的拖累而破产。第六个阶段，如果金融、财政当局没有从宏观和微观的角度采取相应的对策，则会迅速出现金融缩水，从而陷入金融危机①。金德尔伯格的上述思想被理论界称为“过度交易论”。

将费雪的“债务—通货紧缩”理论置于核心地位的著名经济学家之一是托宾。1980年，托宾提出了银行体系关键论。托宾认为，在费雪所描述的“债务—通货紧缩”过程中，银行发挥着关键作用。在“过度负债状态”下，假如银行更多提供贷款的话，“债务—通货紧缩”过程便可以得到避免，但问题是在“过度负债状态”下，经济金融扩张引起的风险累积使得银行为免遭贷款损失而不愿提供贷款，甚至是提高利率，减少贷款。银行这种紧缩信贷的行为会进一步加剧金融体系的崩溃。

除此之外，1996 年，马丁 · H. 沃尔夫森（M. H. Wolfson）的论文“Irving Fisher's debt – deflation theory：its relevance to current conditions”对费雪“债务—通货紧缩”理论在当代经济背景下的适用性进行了研究。沃尔夫森认为，在银行不愿提供贷款或减少贷款的情况下债务人低价出售资产偿还债务，而低价出售资产一方面会引起债务人资产负债率提高，另一方面使债务人按降价后的资产估价的净资产减少，这两者都最终削弱了债务人的负债承受能力，增加了债务人的债务负担。在预期价格会进一步下降的情况下，债务人便会产生提前变卖资产还债的倾向。如此循环下去，“债务—通货紧缩”过程必然会出现。

1992 年，克里斯蒂安 · 苏特（Christian Suter）从经济周期角度提出了世界经济中的债务周期（Debt Cycles in The World Economy）概念。苏特对这个周期的描述是，随着经济的繁荣，国际借贷开始扩张，存在资本剩余的中心国对资本短缺的边缘国的外债逐渐增多，债务的累积导致债务国偿债压力日渐沉重，并最终丧失偿债能力，最终陷入债务危机。为了清理债务，债权国与债务国进行谈判并达成协议，债务国获得继续从国际市场融资的机会，直至债务周期的第一阶段，即国际信贷繁荣的来临。

（2）货币主义的金融危机理论。1963 年，货币主义者米尔顿 · 弗里德曼（M. Friedman）和安娜 · J. 施瓦兹（A. J. Schwartz）在其著名著作《1867—1960 年的美国货币史》中，在对 1929—1933 年大萧条爆发原因的解释中认为，导致金融危机的根本原因在于政府货币政策的失误。他们指出，货币需求是一个稳定的函数，因此，引起物价和产出变化的因素是货币供给，而货币供给则是由政府的货币政策决定的，所以

① 刘霞辉. 资产价格波动与宏观经济稳定［J］. 经济研究，2002（4）.

说，金融危机的根源是政府的货币政策。具体而言，弗里德曼等人认为，美联储在大萧条期间错误地执行紧缩的货币政策是大危机的罪魁祸首。

1972 年，布伦纳和梅尔泽的论文《弗里德曼的货币理论》中对弗里德曼等人的上述观点进行了进一步的阐述，提出了货币存量增速理论（Theory of Decreasing Money Stock）。布伦纳和梅尔泽认为，对金融危机具有重大影响的货币存量增速。即便是在经济运行平稳的情况下，因中央银行货币供给控制不当所导致的货币过度紧缩，同样也会引发金融危机。这是因为突发性的大幅度货币紧缩会迫使银行为维持足够的流动性而出售资产以保持所需的储备货币，这样便会导致资产价格的下降和利率的上升，增加了银行筹资成本，危及银行偿付能力，存款人信心因此会受到打击。如果这种情况得不到有效改善的话，就会最终导致大批银行因失去流动性和偿付能力而倒闭破产，引发金融危机。

2. 西方经济学的现代金融危机理论

20 世纪 70 年代末 80 年代初以来，尤其是 20 世纪 90 年代以来的金融危机和以往发生的金融危机具有不同的特征。面对这种新情况，逐渐产生出了现代金融危机理论。它指的是 20 世纪 70 年代末以来的西方经济学货币金融理论。

理论界一般习惯于将现代金融危机理论分为四个阶段，分别将其称之为第一代金融（货币）危机理论、第二代金融（货币）危机理论、第三代金融（货币）理论和第四代金融危机理论。

（1）第一代金融（货币）危机理论。第一代金融（货币）危机理论也被称为第一代金融（货币）模型，它是基于墨西哥（1973—1982）和阿根廷（1978—1981）等国家所发生的货币危机而建立的金融（货币）危机理论。它由保罗·R. 克鲁格曼（P. R. Krugman）首先建立，后经罗伯特·P. 弗拉德（R. P. Flood）、彼特·M. 加伯（Peter M. Garber）等人的完善与发展而最终形成。

在投机者能够完全预见到货币当局会为维持固定汇率而对货币供给采取冲销政策的假定前提下，克鲁格曼认为，货币危机的根源在于政府财政赤字货币化政策与盯住固定汇率制度的汇率政策之间的不协调性。

政府财政赤字货币化意味着，为了弥补财政赤字，货币当局会毫无节制地持续发行货币，大量增发货币会使本币面临贬值的压力。假如政府为了维持固定汇率而在市场上大量抛售外汇，投机者又能够不受限制地增持外汇的话，便会出现理性的投机攻击，投机者大量抛售本币而增持外币。在这种情况下，无论外汇储备的规模有多大，总有一天会导致官方外汇储备枯竭，货币危机就此爆发，固定汇率制度就此崩溃。

由此可见，在第一代金融（货币）模型中主要强调的是宏观基本面和投机攻击这两个因素。

（2）第二代金融（货币）危机理论。第二代金融（货币）危机理论或模型起源于第一代金融（货币）危机理论对 1992—1993 年欧洲货币体系危机的解释乏力。因为在危机发生时，有些国家有着充足的外汇储备，并且也不存在第一代金融（货币）危机理论所说的宏观政策上的不一致性。

针对第一代金融（货币）危机理论的不足，以莫里斯·奥布斯特菲尔德（M. Obstfeld）为代表的第二代金融（货币）危机理论认为，多重均衡和危机的自促成（serf-fulfilling）性质——投机者的信念和预期最终可能导致政府捍卫或放弃固定汇率。

首先，奥布斯特菲尔德等人认为，政府的不同政策选择会产生不同的均衡结果。而政府在进行政策选择时遵循的是成本收益分析，即政府是否会捍卫固定汇率取决于政府对维护汇率所产生成本与收益的权衡，而捍卫固定汇率的成本与收益又和投机者的预期及由此引起的行为变化有关，面对投机者的不同预期和行为，政府会做出不同的政策选择，因此，是否捍卫固定汇率是政府和投机者的一个博弈过程。这样，市场就表现出多重均衡。一种情况是市场没有贬值预期，盯住汇率得以维持，货币危机不会发生；另一种情况是投资者意识到政府的偏好函数是非线性的，一旦大规模的货币攻击发生，政府就会放弃原来的承诺，此时便会产生另一种均衡——货币危机。

其次，第二代金融（货币）危机理论认为，金融（货币）危机有自我实现的性质。他们认为，投机者之所以会发起货币攻击，并非因为基本面的恶化，而是由于贬值预期的自我实现所导致的，即使当前基本面尚且良好，但如果投机者意识到当前的经济政策和长期的经济基本面不相一致，投机攻击也可能发生。例如，如果投机者意识到由于维持固定汇率而解决将来上升的失业率的政治成本过于高昂，政府可能会放弃对固定汇率制的保护，汇率贬值是一个必然结果，只是不知道何时贬值，为了不致成为最后一个撤离者，投机者们可能现在就会卖出本币，羊群效应（Herd Effect）随之产生，大规模的货币攻击就此开始。由此可见，即使失业并不是现在的一个真正问题，货币攻击还是可能发生。结果是失业状况提前恶化，政府维护固定汇率的成本增加，政府只好放弃对固定汇率的维护，货币危机提前到来，因而预期的作用使货币危机具有自促成的性质。

（3）第三代金融危机理论。1997 年的亚洲金融危机呈现出许多新的特征，危机发生前，危机发生国既没有实行第一代模型强调的扩张性财政货币政策，也不存在第二代模型关注的失业或政府债务问题，这在一定程度上对第一、第二代金融危机模型提出了挑战。在这一背景下，第三代金融危机理论便应运而生了。许多学者开始逐渐从货币政策、汇率体制、财政政策、公共政策等传统的宏观经济分析框架中走出来，开始从金融中介、非对称信息等方面分析金融危机。但时至今日，第三代金融危机理论还没有形成一个完整统一的分析框架，包含许多零散的理论观点，但基本上是围绕两条思路，即道德风险和银行挤兑，来展开对金融危机原因的分析。

①道德风险危机理论。1998 年克鲁格曼就认为，亚洲金融危机是由亚洲国家经济体制方面存在内在缺陷，即政府的腐败和企业的投机行为所引致的道德风险，是道德风险引起的国内银行不良贷款的增加，最终引发了金融危机。而道德风险主要产生于政府对企业和金融机构的隐性担保，以及政府同这些企业和机构的裙带关系。由于这种制度缺陷导致了金融中介机构具有非常强的从事风险投资的欲望，它们很少顾及投资项目的贷款风险，从而造成经济发展过程中的投资膨胀，大量资金流向股票和房地产市场，形成了金融过度（Financial Excess）下的经济泡沫。当泡沫破裂时，将引发金融危机。

②银行挤兑理论。1998 年，罗伯托·常（R. Chang）和安哲思·维拉斯克

（A. Velasco）通过一个开放经济中的戴蒙德—戴维格（Diamond—Dybvig）模型最终证明了：在汇率固定且中央银行承担最后贷款人角色的情况下，对银行的挤兑将转化为对中央银行的挤兑，即货币危机。他们认为，当一国外汇流动性不足时，脆弱的金融体系容易遭到“恐慌性”的投机冲击。一旦境外投资者和境内外币存款者觉察到银行的流动性不足问题，他们就会将已到期的长期贷款业务转化为短期贷款业务，或者对已到期的短期债务不再展期。由于一部分投资者出于安全起见开始撤离，其他投资者担心这会导致银行流动性不足的问题更为严重，因而也开始撤离。在“羊群效应”（Herd Effect）作用下，普通的流动性不足问题就可能演变成大规模的货币危机。①

（4）第四代金融危机理论。第四代金融危机理论也被称为金融危机制度理论。它着重于对金融危机产生原因的更深层次的分析，即制度在金融危机形成过程中的作用，试图解决什么样的制度下更易发生不一致的经济政策、外汇储备的损失、过度借贷及羊群行为等现象的问题。第四代金融危机理论认为，政府财政赤字所引起的基本面恶化、自我实现的预期、银行部门的信贷过度扩张等，只不过是金融危机爆发的浅层次原因，更深层次的原因是制度问题。目前，金融危机的制度模型还只是处于理论的探索阶段，但它有望使金融危机理论的研究更加走向深入。

四、金融危机的影响②

从历次爆发危机的国家（地区）的现实来看，金融危机的确会对一国（地区）社会、经济、政治甚至是文化等方方面面产生极大的影响。其危害主要包括：

（一）影响金融中介机构的正常经营

金融危机爆发后，首当其冲受到冲击的是金融中介机构。金融危机无一例外地会伴随着大量金融中介机构的破产、倒闭或重组。即使一些金融中介机构会幸免于难，经营上也会变得困难重重，主要体现为盈利能力下降、不规范竞争增多、金融体系的整体信誉下降，融资成本增加。

（二）加重财政的负担

由于金融在经济中的特殊地位以及与千家万户的密切联系，在爆发金融危机时，政府肯定会出面救助，注入大量的财政资金。

（三）降低货币政策效果

金融危机引起的金融体系的不稳定会打乱货币政策工具和货币政策目标之间的正常联系，损害货币政策的传导机制。

极端情况下，金融危机发生后，居民出于对国内金融体系安全的担心，会将本币资产转换为外币资产，引起广泛的货币替代和资产替代，这会导致货币需求的不稳定性和汇率的波动性，甚至会出现令人头痛的通货紧缩效应。

（四）引起债务紧缩效应

按照货币主义学派的观点，金融（银行）危机有可能通过两个途径引起债务的紧缩

① 孙景宇（2004），金融危机形成理论的虚拟化——综述与评价，《当代经济科学》第5期。

② 黄金老（2001），《金融自由化与金融脆弱性》，中国城市出版社。

效应：一是减少银行股东的财富；二是银行收回贷款会引起货币供给下降。而米什金的观点则是金融危机会使逆向选择和道德风险加重，这时，金融市场难以向有生产投资机会的人们提供资金，并导致经济活动急剧萎缩。

（五）打压经济增长

金融危机的种种不利影响最终都会影响到一国（地区）的经济增长，造成经济增长率的下降。

五、金融危机的防范与治理

鉴于金融危机存在的上述不利影响，理论界一直致力于对金融危机的对策研究。但由于金融危机问题涉及面极广，因此，研究金融危机的防范与治理问题并不是件容易的事。综合看来，防范和治理金融危机的对策主要应包括以下几点。

1. 加强对金融危机问题的研究，提高金融风险的防范意识，不要让防范金融危机仅仅停留在文字和口头上，而要切实落到实处，尤其是相关管理和监管部门必须从职业道德高度来对待金融危机问题。

2. 保持合理且稳定的宏观经济政策环境，严肃财经纪律，坚决杜绝腐败和国有资产的流失，开源节流，避免出现超过一个国家国内金融承受能力的巨额财政赤字，为健康的金融体系提供一个良好的外部环境。

3. 提高本国的金融素质，降低金融体系的脆弱性，保证金融的健康发展。提高本国的金融素质是防范金融风险、防范金融危机的根本，因为高素质的金融体系一方面可以避免从内部引发金融体系的剧烈动荡和崩溃，同时能够自动吸纳和消化来自外部的冲击，因此，这是防范金融危机，保证金融体系安全的重要内容。

金融中介机构是一国金融（体系）的核心，它是现实金融活动中的主体，因此，提高本国金融素质，关键是要有一个健全的金融中介机构体系。为此：

（1）必须着力改善金融中介机构的经营环境，提高其盈利能力；

（2）深化金融中介机构体系的改革，既要减少政府对金融中介机构的过度干预，又要加强对它的把握与控制，正确处理好政府干预与市场约束的关系；

（3）化解金融中介机构的存量不良资产，控制金融中介机构的增量不良资产，保证金融中介机构的健康稳健运行，维护社会公众对金融体系的信心；

（4）优化金融结构，大力发展多层次但健康有序的资本市场体系，培育多形式的金融中介机构。

4. 加强金融监管，防止系统性金融风险。2007 年的美国次贷危机的爆发已经证明市场原教旨主义（Market Fundamentalism）思想的局限性。这要求我们必须正确对待金融监管在整个金融运行中的作用，在新的国际背景和金融经济形势下，必须要有适当的监管理念和监管思路与方法，既不能为讲求所谓的效率而放松金融监管，同时又不能因监管而牺牲金融体系的创新能力和发展能力。通过金融监管防止非系统的金融风险演化为系统性的金融风险。

5. 加强各项金融法律、法规的建设，为金融中介机构依法经营，加强信贷管理提供了必要的法律保障。

6. 选择适当的金融开放进程。按照当前的主流思想，金融开放是必然的选择，但即使实现金融开放也必须充分考虑本国国情及当前的经济、金融、监管等各个方面的现实，积极吸取金融开放国家（地区）的经验教训，站在国家而非部门、集团甚至是个人立场上认真把握好金融开放的时机和战略安排，谨慎从事。

7. 防范与隔绝外来冲击。从近几十年来的金融危机现实看，金融国际化背景下国际游资的投机炒作对一国（地区）金融体系的外来冲击不可小视，因此，为防范金融危机，就必须在国际规则允许的范围内防范与隔绝外来的冲击。

首先，应建立健全的金融危机预警系统和危机处理机制，做到能够对金融危机进行及早预报，以便采取相应的措施，避免金融危机的爆发或减轻金融危机所带来的危害。在金融危机预警系统建立的过程中，一方面要从本国实际出发，选取那些敏感度较高的指标构成指标体系，科学地确定每项指标的权重；另一方面要时常对金融风险预警系统进行压力测试，并对预警系统作出及时的修正。按照英格兰银行首席经济学家查尔斯·古德哈特（C. Goodhart）教授提出的所谓48 小时法则，当危机将要爆发时，政府最多只有48 小时的时间（考虑到周六和周日以及世界各国的不同时区）来决定是否限制危机如何处理和如何执行战略，因此，处理机制必须要考虑其可靠性，可行性等多个方面，不能够滞留于形式。

其次，根据国情，采取一定的措施控制资本项目的交易，尤其要注意对国际游资这种国际短期资本的监控。资本控制包括直接的数量控制和间接的税收，前者是指对金融机构所持有的外债头寸进行直接限制，比如禁止离岸借贷或非贸易性的外汇融资等；后者的主要形式是托宾税（Tobin Tax），即对短期的国际资本交易征税（要求外国投资者对来自基金投资的利息收入付税），提高本国居民的境外融资成本，用于限制投机。

8. 保证国内与国际货币政策的独立性，建立起真正的有管理的人民币汇率制度，在遵循基本原则的基础上，要使汇率的波动与本国经济的变动情况相一致。

9. 正确处理好实体经济与虚拟经济的关系，防止泡沫经济。虚拟经济的运行必须要有一个坚实的实体经济基础，否则，它就会以泡沫经济或金融危机的形式破坏正常运行的价值系统，使整个经济陷入混乱状态。

10. 加强国际间的安全合作，建立与国际金融组织及各国（地区）相关部门的及时磋商机制，通过信息共享，建立起共同防范、预警和处置国际性金融突发事件的机制；寻求地区合作，扩大区域货币合作协议，建立金融危机后的相互援助机制。

第三节　金融监管

一、金融监管的发展路径

从历史角度来看，金融监管经历了一个“放松—管制—再放松—再管制（监管）”的发展过程。

20 世纪 30 年代之前的整个世界金融体系处于“自由银行时代”，金融运行几乎不受任何监管，由于不断的银行危机的爆发，尤其是世界经济危机的爆发，20 世纪 30 年代开始，以美国为首，世界各国逐渐建立起了它们的金融管制体系，从而使整个世界金融进入了管制时代，到 20 世纪七八十年代，受经济自由主义思想的引导，各国政府纷纷放松了对金融的管制，整个世界掀起了金融自由化的浪潮，由于各方面的原因，放松金融管制的结果是连续不断的金融危机的爆发，从南美地区金融危机、日本的股市、房地产泡沫破灭，到墨西哥金融危机、东南亚金融危机，再到美国次贷危机，金融危机的爆发频率明显加快，外部效应日益变大，在这种情况下，各国政府和整个国际社会重新又把金融监管问题提到了议事日程。

对于金融监管的这种发展路径，美国经济学家凯恩将其称为“管制辩证法”。

二、金融监管的含义

为了正确理解金融监管的含义，我们有必要区分一下金融管制和金融监管。

按照监管理念的不同，我们可以将整个金融监管分为 20 世纪 30 年代到 70 年代的金融监管和 20 世纪八九十年代以来的金融监管两大阶段。前者称为金融管制（Financial Control）或狭义金融监管，后者称为金融监管（Financial Regulation 或 Financial Supervision）或广义金融监管。

金融管制是狭义的金融监管，是金融监管的早期形式，它是在非市场条件下或不完善的市场经济环境里，政府在特定的发展阶段上，为实现特定的宏观控制目标而采取的非市场化的措施。具体是指政府或权力机构通过严格限制金融机构的市场准入、经营业务范围、控制金融产品的价格等方式，即限制金融机构的活动来防范金融风险，保证金融体系的稳定。金融管制主要包括利率管制、外汇管制或汇率管制、贷款规模控制等内容。

广义金融监管是指为了维护金融体系的安全与稳定，保护存款者及社会公众的利益，提高金融的运行效率，由政府通过专门的机构，或由金融行业组织，或被监管者自身等所制定的一系列制度安排或者所采取的行动。

三、金融监管存在的基础

（一）金融监管存在的一般基础

对于金融监管的必要性的分析，最早是建立在政府管制论基础上的，而政府管制的必要性又是以社会利益论为基础。因此，所谓金融监管的一般基础就是社会利益论在金融领域中的运用。

社会利益论认为市场是存在缺陷的，管制是减少或消除市场缺陷从而保护公众的手段。市场缺陷的前提是：自然垄断、外部效应和信息非对称。

市场缺陷可能发生的这些前提在金融领域有着充分的体现，突出表现在①：

1. 金融体系的负的外部性影响

所谓外部性，是指生产和提供一种产品或劳务的社会费用（或利益）与私人费用（或所得）之间存在的偏差。

金融体系的运行的外部性有正外部性和负外部性之分。

金融体系的正的外部性突出体现为，金融体系功能的发挥，可以最终促进储蓄向投资的转化，刺激经济的增长。

金融体系的负的外部性是指，金融机构的倒闭破产及其连锁反应，对社会公众及宏观经济增长所造成的破坏性的影响。

金融机构是典型的负债经营企业，它联系着广大的工商企业和居民家庭，在这种情况下，一家金融机构的倒闭会使社会各阶层，包括债权人、存款者等蒙受重大损失，更为严重的是，一家金融机构的倒闭破产，会产生多米诺骨牌效应，导致一连串的金融机构倒闭，最终会通过货币信用紧缩破坏经济增长的基础。

按照福利经济学的观点，外部性问题可以通过征收“庇古税”来进行补偿，但这并不适用于金融领域，面对金融活动的巨大杠杆效应，个别金融机构的利益与整个社会经济的利益之间的不对称，“庇古税”也会变得无能为力。

科斯定理从交易成本的角度证明，外部性问题不可能通过市场机制的自由交换来予以消除，因为这里存在着非常高的交易费用。因此，金融体系的负外部性只有通过市场以外的力量来解决。

2. 金融体系的公共产品特性

在现代经济中，金融机构具有非常强的渗透性和扩散性功能，金融体系越来越成为整个国民经济的神经中枢和宏观经济的调节机构。

但一个稳定、公平和有效的金融体系对整个社会经济而言是一种公共产品：首先，金融机构开展经营的资金来源于社会公众的储蓄；其次，金融机构的资金运用又是面向社会公众，金融机构的行为、经营状况、业绩对社会公众有着直接的影响。

对于具有公共产品特性的金融体系来说，“搭便车问题”的产生是不可避免的，即人们通常缺乏对金融体系进行监督管理的动力，而是乐于享受在他人监督下的金融体系

---

① 白宏宇，张荔．百年来的金融监管：理论演化、实践变迁及前景展望［J］．国际金融研究，2000（1）．

所提供的良好金融服务。根据公共财政理论，金融体系的这一特性，决定了对金融体系的监督管理职责只能由代表全民利益的政府来承担。

3. 金融机构的自由竞争悖论

理论界一般认为，一般工商企业的自由竞争原则并不一定适用于金融业。这是因为，一方面，金融机构之间自由竞争的结果，最终会发展到高度的集中垄断，垄断不仅会损害金融体系的运行效率和消费者福利，同时也容易滋生政治上的腐败现象；另一方面，金融机构之间自由竞争的结果是优胜劣汰，而金融机构的被淘汰可能具有很强的扩散效应，会导致整个金融体系的不稳定，最终危及整个经济体系的稳定。因此，理论界一般认为，对于金融机构而言，自由竞争并不必然导致效率的提高；相反，自由竞争和稳定之间则存在着明显的替代性。

4. 金融交易中的信息非对称

金融是货币资金的跨时交易，其间存在着大量的不确定性，存在着许多金融风险，另外，在现实的金融交易过程中，信息在交易双方的分布又是极其不均衡的，金融机构和筹资者往往掌握着较完备的信息，而存款者和投资者一般拥有不完备的信息。信息非对称的存在不免会产生道德风险和逆向选择现象，而道德风险和逆向选择现象的存在则会使社会公众减少对金融交易的参与，金融交易会因此而萎缩，金融市场运行效率会因此而下降。

（二）金融监管存在的特殊基础

后来，随着制度经济学的发展，理论界开始从对现代金融制度的剖析层面来研究金融监管的必要性。

从实证角度看，现代金融制度是具有两面性的：金融制度运行良好时，经济就能保持强劲的增长；而一旦金融制度出了问题，就会爆发危机，延缓经济增长。我们在强调金融制度的积极作用的同时，也不得不看到现代金融制度的缺陷。

从金融制度的形成机制来看，金融制度是经济过程的派生制度，经济制度决定金融制度，金融制度服务于经济运行。这也决定了，金融制度必须与经济的发展相适应。但鉴于金融在现代经济中的核心地位，各国政府往往会干预金融制度的安排，使其符合政府政策及目的。金融制度的政府安排极有可能改变金融制度的运行轨迹，最终导致金融制度与经济制度的不相适应，从而造成金融制度的人为缺陷。这在发达国家通常表现为金融制度的发展滞后于经济制度的发展，在发展中国家则表现为金融制度的发展超前于经济制度的发展。

现在人们更热衷于对人为的正式金融制度安排的批评，而对非正式金融制度安排的自然缺陷往往认识不足，忽视了非正式金融制度安排的风险自增强功能。

非正式金融制度安排的自然缺陷主要是基于金融的独立性而产生的。

所谓金融的独立性是指随着金融业的不断发展，金融活动逐渐脱离现实的生产过程，而成为一个相对独立的领域，并形成了特殊规律和运作方式。

应当说，金融的独立性是经济发展过程中的必然现象或客观要求，也是经济过程自然演进的结果。但这种独立性发展超过一定限度，就产生了强烈的金融异化现象。

所谓金融异化是指金融业和金融活动背离为经济活动服务而自我膨胀的畸形发展现象。

脱离经济制度控制的金融制度的独立性（脱离为经济服务的自我发展）最终产生了经济泡沫。

除此之外，非正式金融制度的自然缺陷也和其高负债条件下的逐利性有着密切的联系。

（三）金融监管存在的现实基础

20世纪八九十年代以来的金融监管，一方面和该阶段上频繁发生的金融危机有关，同时也同传统金融管制对金融自由化的不适应性有着密切的联系。

1. 金融危机

如前所述，金融危机指的是全部或大部分金融指标——短期利率、资产（证券、房地产、土地）价格、商业破产数和金融机构倒闭数的急剧、短暂和超周期的恶化，是基于人们预期资产价格的下降而抛出不动产或长期金融资产，将其转换成货币。

金融危机一般可分为货币危机、银行危机、外债危机、系统性金融危机，但现实中更多是系统性金融危机。

从金融监管的发展过程看，金融监管总是与金融风险的总释放——金融危机有着密切联系，这是因为，金融危机的代价是高昂的，金融危机爆发后，无论是金融机构本身，还是财政、货币以至于社会稳定、国家安全都会受到强烈的冲击。

2. 传统金融管制

对传统金融管制提出挑战的主要是金融自由化以及由此引发的层出不穷的金融创新。

虽然金融监管的基础没有因金融自由化而动摇，但金融自由化的确使传统的金融管制体系越来越不能适应金融运行的状况，对其提出了严峻的挑战。主要体现在以下几个方面：

（1）不能适应金融日渐混业化的新情况。金融自由化以前的金融行业有着专业化的分工，金融机构之间的业务有着明确的划分，与此相适应，金融监管采取了机构型监管体制，即不同的金融业务分别由不同的机构进行监管。机构型监管的优点是专业性比较强，但面对金融自由化后的金融混业经营局面，它的缺陷也日益暴露了出来。

①容易因领域界限不清和责任不明而产生监管缺失的现象；

②缺乏对金融机构的清偿力以及资产组合风险等方面的总体控制和评价。

（2）传统金融管制条件下建立的官方金融安全网存在缺陷。在传统金融管制条件下，各国金融监管当局为了防范金融风险，维护金融体系的安全与稳定，纷纷建立了包括存款保险制度、资产负债表限制、最终贷款人机制等在内的官方金融安全网。

总体而言，官方金融安全网的确能够在一定程度上保证金融体系的安全稳定，但它并非十全十美，很容易产生道德风险。例如存款保险制度，它的最大缺陷是，过多的保险会引发存款者和银行的道德风险，使经济主体的行为脱离市场规则。

①面对政府建立的存款保险制度，存款者往往会忽视对银行的选择。

②由于政府提供了存款保险制度，银行就会更加积极地去从事高风险、高收益项目的投资。

③由于存款保险金的缴纳构成了银行成本的一部分，因而银行存在着逃避存款保险制度的动机，它们会减少对存款的吸收，而到金融市场上去冒险借入资金。

（3）传统的金融管制主要限于对国内金融业的监管，疏忽了对跨国银行的监管。20世纪70年代以来，伴随着跨国公司的大量涌现，跨国银行进入了一个全面发展和迅速扩张的时代。跨国银行实际上是跨国公司的一种特殊形式，它是指在两个或两个以上国家拥有分支机构，开展跨国金融业务的银行。跨国银行的发展促进了金融的全球化，实现了国际金融资本的相互渗透和激烈的竞争，与国内银行也不同，跨国银行除了会面临与国内银行相似的风险之外，往往还涉及日渐频繁的国家风险和汇率风险，并且使金融风险的爆发呈现出国际化特征。这使得一国金融监管当局对跨国银行业务的监管显得力不从心。更何况，在传统金融管制体制下，由于母国和东道国双方的有意宽容，使跨国银行实际上处于金融监管的相对真空地带。

（4）传统金融管制体制存在着各国金融监管的法律制度不规范，宽严不一的问题。如上所言，在传统金融管制条件中各国金融监管当局更加关注的是对国内银行业的监管。在这种情况下，各国的金融监管基本是各自为战，很少存在金融监管在国际间的合作与协调，结果是各国在金融监管法规的宽严程度上存在较大差异。各国金融监管法规的宽严不一会产生如下结果。

①金融监管法规宽严程度上的不同，给有关金融机构尤其是跨国银行的经营管理带来了相当程度上的不便，导致跨国银行经营管理成本上升；

②给国际投机资本留下了活动的空间，这是因为如果一个国家金融监管过于严厉，国际投机资本就会将业务移往监管宽松的国家和地区；

③监管制度的差异导致各国金融竞争力的差异，这有可能导致各国过度放松金融监管的恶性竞争。原监管较严厉的国家为了留住那些国际资本，有可能会放松金融管制。

四、金融监管的目标与原则

（一）金融监管的目标

所谓金融监管的目标，就是对金融领域实施监管最终所要达到的目的。

从金融监管的实践来看，世界各国几乎无一例外地都对监管目标进行了规定，并且为了确保监管目标的权威性和稳定性，世界各国政府还将监管目标写入了其金融法律法规中。

世界银行专家米拉德·朗（Millard Long）、迪米瑞·威塔（Dimitri Vittas）认为，金融监管最终需要实现三个目标，即稳定性、效率性和公平性，其中，金融体系的安全性与稳定性是金融监管的核心，而效率性是金融监管的生命，并且认为，金融监管的艺术在于从三个目标之间寻求平衡①。从这个意义上说，金融监管所要达到的目标不应是单一的，而应该是多层次的有机体系。该体系由下列要素目标组成。②

1. 维护金融体系的安全与稳定

金融是现代经济的核心，金融体系的安全与稳定对一国经济的发展具有重要意义，它是衡量一个国家金融业是否健康发展的重要标志。正因为如此，这个目标通常是各个国家金融监管的首要目标。为此，金融监管者必须采取有效措施促使金融机构依法稳健经营，降低和防范金融风险，防止金融机构倒闭和“传染效应”。

2. 保护存款人、投资者和其他社会公众的利益

这是因为，相对于金融机构和金融市场来说，存款人、投资者及其他社会公众在信息取得、资金规模、经济地位等各方面都居于弱势地位，但他们同时又是金融业的支撑者，是金融业生存和发展的基础，所以，金融监管机构对这些社会弱者的利益提供保护，除应采取确保一个稳健、安全的金融体系的监管措施之外，还应依法予以特殊保护，要把保护他们的利益作为金融监管的一个重要目标。实际上，随着消费者保护运动的全球普及以及法律观念的提高，对金融业社会弱者利益的特殊保护，已日益成为各国金融立法关注的重点，以保护投资者利益为核心的证券市场信息披露制度作为证券法的核心已为世界各国所认同。

3. 促进金融体系公平、有效竞争，提高金融体系的运行效率

金融监管意在防范和化解金融风险，但并不能因此而抑制了金融机构的竞争活力，因为竞争是市场经济的基本法则，没有竞争，金融机构便失去了经营活力，金融运行效率便会降低。因此，各国金融监管当局都把促进金融体系公平、有效竞争，提高金融体系的效率作为金融监管的目标之一。为了实现这个目标，金融监管当局一方面要依法为金融机构提供公平竞争的环境，从而使金融活动主体拥有平等的机会和权力，另一方面也要采取一些提高效率的监管措施，如减少银行开业的限制、更多地发挥市场机制的作用等。

（二）金融监管的原则

金融监管的原则即实施金融监管过程中各活动主体的行为准则。虽然世界各国在具体表述上会存在一定差异，但都对金融监管的原则进行了相应的规定。综合各国的情况来看，金融监管原则主要包括：

1. 依法监管的原则

依法监管的原则是指金融监管机构必须依照法律规定和法定程序来实施对金融机构的监管。依法监管的目的是避免金融监管行为的随意性，避免金融监管机构超越权限，侵害被监管者的合法权益，保证金融监管的合法性、权威性、严肃性、强制性和连贯性。为了保证依法监管原则的顺利实施，政府必须通过法律赋予金融监管机构相应的权

① Millard Long，Dimitri Vittas，Financial Regulation：Changing the Rules of the Game，EDI Development Studies，p. 61（1992）.

② 张忠军．金融监管法论［M］．北京：法律出版社，1998.

力，并且要约束和监督监管者的监管行为。

2. 公平、公正、公开的原则

公平、公正、公开的原则是指金融监管当局在将有关金融监管法律、法规等公之于众的基础上，对于各监管对象应当一视同仁，公平对待。

公开有关监管法律法规和制度的目的在于：（1）提高金融监管的透明度，使金融机构明确金融监管的监管要求，保证监管的公正性，避免监管的随意性；（2）便于金融机构的自律管理和内部控制；（3）便于社会公众对金融机构的监督。

公平的原则可以使金融机构之间开展公平合理的竞争。

3. 适度监管的原则

适度监管的原则是指金融监管必须以保证金融的市场调节为前提，不能因监管而压抑了金融机构的竞争、创新与发展活力，破坏金融市场运行的效率。

适度监管原则的目的主要是避免过度监管。所谓过度监管是指监管者出于自身声誉和利益等方面的考虑而超过合理限度来实施监管的现象。

贯彻适度监管的原则需做到：（1）摒弃政府外部监管万能的思想，应认识到政府缺陷的存在；（2）政府监管不能完全代替市场的作用，在不存在市场缺陷的情况下，监管者最好不要介入；（3）政府监管应尽量避免对金融机构经营行为的直接干预；（4）在政府监管的同时，应充分发挥金融同业组织自律、金融机构内部控制、社会中介机构以及社会公众监督的作用。

4. 审慎监管的原则

审慎监管的原则实际上就是会计中的谨慎原则在金融监管领域中的运用。审慎监管所关注的是金融机构的经营稳健性及其健康程度，强调对金融机构的资产负债表、资本充足性、资产质量、流动性、内部治理结构和内控制度等审慎指标的分析和监控，其核心是风险管理，即它是通过防范和控制金融风险，防止系统性金融风险的爆发来保证金融机构稳健运行。

5. 持续监管的原则

持续监管的原则要求，监管机构必须对金融机构的日常业务经营情况进行连续的、动态的分析和监控，因为只有这样，金融监管机构才能及时、全面地了解和掌握金融机构的风险状况，从而防范和控制风险，防止因个别金融机构倒闭而产生的系统风险。

6. 高效监管的原则

金融监管并非免费的午餐，金融监管的组织实施是有成本的。为此，金融监管必须能够通过一定的措施来保证以最低的成本来实现监管的目标，提高监管的效率。

五、金融监管的内容

与金融活动主体的经营活动相对应，金融监管的内容包括市场准入监管、业务运营监管和市场退出监管三个部分。

（一）市场准入监管

市场准入监管是金融监管的首要环节，把好市场准入关是保证金融业稳健运行和整个金融体系安全的重要基础。

市场准入监管是指金融监管主体对具备资格的金融活动主体进入金融市场、经营金融产品、提供金融服务的审查批准过程。市场准入监管的目的是防止不合格的金融活动主体进入金融市场，保持金融市场运行秩序的合理性。金融监管的市场准入具体又包括三方面的内容：机构准入、业务准入、高级管理人员准入。

（二）业务运营监管

业务运营监管是指金融监管主体对金融活动主体的经营活动进行的监管。主要监管其业务经营的合法合规性、资本充足性、资产质量的稳妥可靠性、流动性、盈利性、内部管理水平和内部控制制度的健全性。业务运营监管一般采取现场检查和非现场检查的方法。

（三）市场退出监管

市场退出监管是指金融监管主体（通常是金融监管当局）对金融活动主体退出金融业、破产倒闭或合（兼）并、变更等的管理。按照退出的原因，可将退出分为两类：主动退出和被动退出。

1. 主动退出是指金融活动主体因分立、合并或者出现公司章程规定的事由需要解散，因此而退出市场的。其主要特点是“主动地自行要求解散”。

2. 被动退出是指由于法定的理由，如由法院宣布破产或因严重违规、资不抵债等原因而遭关闭，金融监管当局将从事金融活动的机构依法关闭，取消其经营金融业务的资格，金融活动主体就此退出金融市场。

六、金融监管的国际协调与合作

（一）金融监管国际协调与合作的背景：金融国际化趋势

金融监管国际协调与合作的背景是金融国际化。进入20世纪70年代以来，随着跨国公司的不断涌现，为跨国公司提供服务的金融活动也呈现出了国际化的态势。

所谓金融国际化是指一国的金融活动跨出了国界，融入整个世界经济之中，从而在金融中介机构、金融市场以及金融立法、交易习惯等方面日益与国际惯例相一致的过程和形态。

随着金融活动的国际化，金融风险也开始国际化了，因此，金融国际化对世界经济金融运行格局，特别是各国金融监管产生了极大的影响，提出了严峻的挑战。

第一，由于世界各国金融监管政策与态度的不一致性，出现了许多金融监管漏洞和矛盾，无形中为国际资金进行监管套利（Regulation Arbitrage）提供了土壤，给各国金融监管带来了困难，加大了金融运行的风险。

第二，在金融国际化背景下，至少在危机爆发前，世界各国为了吸引外资，发展本国经济，竞相放宽监管的条件和标准，疏于对国际资金进行监管。这被斯蒂格利茨称为“各国力争下游”。①

① 约瑟夫·斯蒂格利茨．全球监管协作并非必要条件［N］．金融时报，2010-02-12.

第三，金融国际化加剧了监管者与被监管者之间的信息非对称。监管者与被监管者之间的信息非对称问题一直是困扰监管者和监管效率的问题，金融国际化进一步强化了这种非对称性，例如国际金融活动国际化背景下的金融中介机构组织和业务的日趋复杂、国际金融交易的表外化倾向等，这便增加了监管的难度。

第四，国际金融活动中的集团化和业务的混业化与分业监管之间的矛盾日渐突出。在国际金融活动中，由于发达市场经济国家放松金融管制，其金融中介机构的业务的混业化和集团化趋势越来越明显，而与此相对，世界上大多数国家实行的仍旧是分业监管的模式，二者之间的这种矛盾关系自然会影响金融监管的有效性。

（二）金融监管国际协调与合作的形式与组织

1. 金融监管国际协调与合作的形式

从近年来的国际实践来看，到目前为止，金融监管国际协调与合作所采取的形式主要包括：

（1）双边谅解监管备忘录。即两个国家（地区）就金融监管某一领域的问题进行探讨，并取得共识，通过签订协议的方式来明确双方在这一问题上的责任与义务。

（2）多边论坛。即由参加同一国际组织或某项活动的多个国家之间就某一监管问题进行磋商，最后签署并发布相关声明或文件。

（3）统一监管标准。即通过彼此协调和交流的方式，在参加同一国际组织或某项活动的多个国家之间制定统一的监管标准，由成员国监管当局接受、遵守。

（4）统一监管。即在货币联盟的各成员国中建立一个统一的监管机构实现“跨国监管”。

2. 金融监管的国际协调与合作组织

目前，金融监管的国际协调与合作组织主要包括：国际货币基金组织（IMF）、巴塞尔银行监管委员会（Basel Committee on Banking Supervision，BCBS，简称巴塞尔委员会）、国际证券委员会组织（International Organization of Securities Commissions，IOSCO）和国际保险监督官协会（The International Association of Insurance Supervisors，IAIS）、国际会计准则委员会（IASC）等。

（三）金融监管国际协调与合作的基本内容

1. 信息交流与共享

两国或者多国之间的信息交流与共享是金融监管国际协调与合作的重要前提条件和最基本的内容，它能够更好地帮助有关各方了解情况和解决分歧，找到问题和风险的根源。交流的信息包括各国的宏观经济运行状况、金融监管的动向以及汇率与外汇市场干预等金融政策的制定等方面。信息交换可以由监管机构直接交流，也可以通过国际性的金融监管机构，如 IMF 来进行。

2. 确立金融监管的国际标准

确立金融监管的国际标准是金融监管国际协调与合作尤其是通过国际组织进行监管合作的一项不可缺少的内容，也是国际社会一直在极力倡导的金融监管国际化的最终目的。这样做的目的在于尽力消除各国在监管措施、尺度等各方面所存在的差异，降低监管成本，堵塞各国间的监管漏洞。

3. 管辖权的确定与协调

管辖权的确定与协调目的在于确定母国和东道国在对跨国银行监管时的监管范围和监管责任，这是国际金融监管规则所规定的一项重要内容，对实现跨国银行的监管具有非常重要的意义。正因为如此，自 1975 年以来，巴塞尔银行监管委员会一直在为此做着努力。

4. 并表监管的原则

1979 年 3 月，巴塞尔委员会的《对银行国际业务的并表监管》中首次提出并表监管的原则，所谓并表监管（Consolidated Supervision）原则要求母行和母国监管当局除了根据银行或银行集团全球业务规模控制资本充足率外，还应当在合并资产负债表的基础上，按照审慎原则对银行或银行集团在全球范围内的所有业务进行风险和资本充足性管理，通过实施并表监管可以使一家银行不论在何处经营都能得到有效监管。目前并表监管已经成为国际社会所普遍承认的一项国际金融监管协调与合作内容。

5. 政策的相互协调

在信息交流的基础上，各国可以在经济金融政策等方面采取一致行动，这是金融监管国际协调与合作的最高形式，往往可以很快起到明显效果。每个国家在确定自己的政策的同时应当考虑其他国家的目标和政策立场，避免政策所带来的溢出效应，寻求共同目标价值。同时，各国应对政策工具及其规模和运用做出合理的时间安排，以避免同其他国家产生矛盾和冲突。

6. 危机管理

危机管理是指针对金融领域突发的、影响特别严重的事件，各国应该协调和采取共同的政策以避免危机的传播，寻求政策合力共同解决金融风险。这是一种偶然的、临时性的协调形式，目的在于防止各国独善其身的政策以及政策实施不当使危机变得更加严重。

（四）金融监管国际协调与合作面临的困难及其前景

1. 金融监管国际协调与合作面临的困难

一系列金融危机的爆发，特别是次贷危机的爆发使得全球各主要经济体和国际组织都在深刻反省国际金融监管体系的漏洞，并开始大力倡导金融监管的国际协调与合作问题，并陆续提出了一系列加强金融监管国际合作与协调的方案。在 2009 年 9 月召开的 G20 金融峰会上，二十国集团已经在金融监管的国际协调方面迈出重要一步，各国在提高银行资本标准、限制金融业薪酬等方面基本达成共识，并承诺到 2010 年年底前制定银行资本标准，到 2011 年前采用新巴塞尔协议（BASELⅢ）。尽管如此，金融监管的国际合作与协调仍然存在很多问题。

（1）金融监管问题是一个可能会涉及国家利益的问题，因此，各国肯定会在金融监管协调与合作问题上遵循国家利益至上的原则，也就是说，能否参与以及如何参与金融监管国际协调与合作，关键还要看它能否给参与国带来收益。

（2）和国际社会采用一致的监管标准，采取一致的联合行动意味着各国监管政策选择权的丧失。在这种背景下，参与国能否作出让步，这对任何一个国家来说都会是一件非常困难的事情。

（3）各国金融业发展水平以及发展目标等的不同，尤其是发达国家与发展中国家之间的差异，无形中会增加金融监管国际协调与合作的困难。国际三大金融监管协调组织试图以“最低标准”的方式来抹平各国差异的做法一方面可能会降低监管的效率，另一方面也无法实现金融监管国际协调与合作要实现的避免监管套利的目的。

（4）更为主要的是，三大国际金融监管协调组织在很大程度上属于多边论坛性质，其所建立的所谓国际规则不具任何法律效力和压力。

2. 金融监管国际协调与合作的前景

首先，从现在整个国际社会的发展态势看，金融监管国际协调与合作会是国际关系中的一个热门话题，它会经常出现在诸如G20金融峰会这样的国际论坛上，成为整个国际社会倡导的一个目标。

其次，如哥伦比亚大学教授斯蒂格利茨所言，“对有效全球协作的快速实现感到悲观”，使斯蒂格利茨教授感到悲观的主要理由是，各国都在掂量自己的计划，评估因纳入国际金融监管统一框架而给自己国家金融业竞争力所带来的影响，并且在到底应当建立一个什么样的监管框架上各国也有着很大的分歧，因为“任何一国政府都不愿用这些问题惹怒本国银行业的大人物”。[①] 当然，斯蒂格利茨教授也认为，这是“远好于推迟和无效监管的第三选择”。[②]

本章小结

有关金融脆弱性的研究由来已久，但对于金融脆弱性的含义，理论界有着各种不同的解释，甚至可以说还处于一种模糊状态。西方学者如I. P. 戴维斯、米·阿格利塔、明斯基，与国内学者如黄金老、伍志文、孙立坚等对金融脆弱性的界定都有着不同的看法。当前在理论界比较认同的是黄金老对金融脆弱性的定义：狭义的金融脆弱性是指高负债经营的行业特点决定了金融业具有更容易失败的本性；广义上的金融脆弱性，则是指一种趋于高风险的金融状态，泛指一切融资领域中的风险积聚，包括信贷融资和金融市场融资。就像对金融脆弱性的认识还处于模糊状态一样，关于衡量金融脆弱性的指标的描述也是多种多样。金融脆弱性理论大致可以分为基于信贷市场脆弱性的解释和基于金融市场脆弱性的解释两大类。前者包括明斯基的金融内在脆弱性假说、克瑞格的“安全边界说”和来自信息经济学的解释；后者则从股市的过度波动性、汇率的过度波动性以及金融市场价格波动的关联性方面分析。

当前最流行的金融危机定义来自戈德史密斯。他将金融危机定义为“全部或大部分金融指标——短期利率、资产（证券、房地产、土地）价格、商业破产数和金融机构倒

① 约瑟夫·斯蒂格利茨，全球监管协作并非必要条件，《金融时报》2010. 2. 12。

② 同上。

闭数的急剧、短暂和超周期的恶化”。其特征是人们基于预期资产价格下降而大量抛出不动产或长期金融资产，换成货币。根据IMF在《世界经济展望1998》中的分类，金融危机被分成了如下四种类型，即货币危机、银行业危机、债务危机和系统性危机。与传统的金融危机相比，当代金融危机呈现出了超周期性和超前性、连锁性和传染性、具有生成上的潜伏性和内源性、爆发的频率加快、国际游资的投机炒作是导火索、货币危机成为爆发点的特征。由于金融危机与金融脆弱性是紧密相连的，因此，经济学家们有关金融危机问题的描述是相同的。马克思经济学与西方经济学的金融危机理论都有自己独到的见解。西方经济学的金融危机理论包括西方经济学的传统金融危机理论和西方经济学的现代金融危机理论。其中西方经济学体系中的传统金融危机理论由两部分组成，即经济周期理论和货币主义理论，现代金融危机理论分为四个阶段，涵盖了第一至四代金融（货币）危机理论。金融危机会对一国（地区）社会、经济、政治甚至是文化等方方面面产生极大的影响。其危害主要包括：影响金融中介机构的正常经营、加重财政负担、降低货币政策效果、引起债务紧缩效应、打压经济增长。鉴于金融危机存在的上述不利影响，理论界一直致力于对金融危机的对策研究，总结并得到了不少有用的结论。

按照监管理念的不同，我们可以将整个金融监管分为20世纪30年代到70年代的金融监管和20世纪八九十年代以来的金融监管两大阶段。前者称为金融管制或狭义金融监管，后者称为金融监管或广义金融监管。金融管制是狭义的金融监管，是金融监管的早期形式，它是在非市场条件下或不完善的市场经济环境里，政府在特定的发展阶段上，为实现特定的宏观控制目标而采取的非市场化的措施。广义金融监管是指为了维护金融体系的安全与稳定，保护存款者及社会公众的利益，提高金融的运行效率，由政府通过专门的机构，或由金融行业组织，或被监管者自身等所制定的一系列制度安排或者所采取的行动。金融监管有其存在的一般、特殊及现实基础。所谓金融监管的目标，就是对金融领域实施监管最终所要达到的目的。世界银行专家米拉德·朗（Millard Long）、迪米瑞·威塔（Dimitri Vittas）认为，金融监管最终需要实现三个目标，即稳定性、效率性和公平性，其中，金融体系的安全性与稳定性是金融监管的核心，而效率性是金融监管的生命，并且认为，金融监管的艺术在于从三个目标之间寻求平衡。金融监管的原则主要包括：依法监管的原则；公平、公正、公开的原则；适度监管的原则；审慎监管的原则；持续监管的原则；高效监管的原则。与金融活动主体的经营活动相对应，金融监管的内容包括市场准入监管、业务运营监管和市场退出监管三个部分。金融监管国际协调与合作的背景是金融国际化。从近年来的国际实践来看，到目前为止，金融监管国际协调与合作所采取的形式主要有双边谅解监管备忘录、多边论坛、统一监管标准、统一监管等。金融监管国际协调与合作的基本内容包括：信息交流与共享、确立金融监管的国际标准、管辖权的确定与协调、并表监管的原则、政策的相互协调以及危机管理等方面。金融监管国际协调与合作既充满前景又面临着多方面的困难。

本章复习思考题

1. 什么叫金融脆弱性，国内外学者对它各有怎样的界定？
2. 金融脆弱性与金融风险的联系和区别是什么？
3. 衡量金融脆弱性的指标有哪些？
4. 基于金融市场脆弱性的解释包含哪些方面的内容？
5. 什么是金融危机？金融危机包括几种类型？
6. 与传统的金融危机相比，当代金融危机呈现出了哪几方面的特征？
7. 从经济周期角度金德尔伯格对金融危机的形成过程进行了怎样的描述？
8. 西方经济学的现代金融危机理论分为哪几个阶段？含义各是什么？
9. 金融危机的危害有哪些？
10. 防范和治理金融危机的对策有哪些？
11. 金融监管的含义是什么？
12. 为什么说传统的金融管制已经越来越不能适应金融运行的状况？
13. 金融监管的目标与原则分别是什么？
14. 金融监管的国际合作与协调仍然存在着哪些问题？

第十一章

金融体系创新与发展

本章重要术语

金融创新　技术推进论　货币因素论　财富增长论　制度改革论　约束诱致论　规避管制论　交易成本论　大额可转让定期存单　可转让支付命令账户　超级可转让支付命令账户　自动转账服务账户　货币市场存款账户　货币市场存款单协定账户　股金提款单账户　现金管理账户　远距离遥控服务　报表储蓄存款公开账户　退休储蓄账户　401（K）退休账户　克欧计划退休账户　个人退休存款账户　回购协议　资产证券化　表外业务　金融发展　戈德史密斯指标　麦金农指标　肖的金融深化指标　金-莱文指标　金融压制理论　金融深化理论　金融约束论

第一节　金融体系创新

一、金融体系创新的背景

如西方学者塞米茨（A. W. Sametz）所说，如果不了解不断变化的基础性经济和金融状况的背景和影响，就不可能解释整个金融体系创新的过程①。金融体系创新的产生及其发展演变有着深厚的经济和金融基础。十国集团中央银行编写小组1986年编写的《近年来国际银行业的创新》报告（“克罗斯报告”）认为，促成金融体系创新浪潮的因素主要有：变动中的金融管制环境，不断发展的技术，动荡不定的市场，国际收支经常项目平衡的变动，以及金融机构之间日益增长的竞争等。而西方经济学家万·豪恩（J. C. Van Horne）则认为金融体系创新主要是源于经济学等领域的以下六种变化，即：（1）通货膨胀率和利率的变化；（2）管制和规避管制的变化；（3）税收的变化；（4）技术的变化（进步）；（5）经济活动水平的变化；（6）学术研究上的变化，并且认为，通货膨胀率和利率的变化是引起金融产品（工具）创新的关键因素，而技术上的变

① 见《新帕尔格雷夫经济学大辞典》，“金融创新”词条。

化是金融体系创新过程的重要影响因素。①

由此可见，金融创新是多种因素共同作用的结果。有关金融创新的背景的描述可见第二章“金融衍生工具产生和发展的原因”这部分内容，在此不予赘述。

二、金融体系创新的主要理论

应当说，到目前为止，经济理论界并没有形成一个充分的、独立的金融创新理论体系，国外有关金融创新问题的研究主要集中在对金融创新的动因的研究上，在这方面，西方经济学家们基于对大量金融创新现象的理论研究，提出了许多不同的观点。

（一）韩农等的“技术推进”论

韩农和麦道威在实证分析的基础上认为，新技术，尤其是计算机技术、通信技术及其在金融领域的广泛应用，是推动金融体系创新的主要原因。

（二）弗里德曼的“货币因素”论

货币主义学派的代表人物米尔顿·弗里德曼认为，金融体系创新主要是货币方面因素推动的结果，货币方面的因素在这个时期的表现，就是由20世纪70年代的通货膨胀所导致的汇率、利率等金融资产价格的剧烈波动，金融体系创新就是人们为抵御通货膨胀，避免价格变动的风险所做出的必然选择，正因为如此，这个时期才产生了诸如可转让支付命令账户、浮动利息债券、外汇期货等新型金融工具。

（三）格林包姆等的“财富增长”论

格林包姆（S. I. Greenbum）和海伍德（C. F. Haywood）在对美国金融业的发展历史的研究后认为，经济增长所带来的财富的增加是促成金融体系创新的主要因素。其逻辑思路是：技术的进步→经济的增长→财富的增加→避险愿望增加→对金融业的要求增加→金融体系创新。

（四）诺斯等的“制度改革”论

制度学派的代表人物诺斯（D. North）、戴维斯（L. E. Davies）等认为，金融体系创新并非20世纪电子时代的产物，从经济发展史的角度来看，金融体系创新和社会制度是紧密相连的，它实际上是和经济制度相互影响、互为因果的一种制度变革。因此，金融体系创新应当包含金融体系中的一切因制度变革所引起的变动，这当然也包括被视为金融压制一部分的存款保险制度及其他一些由政府为某种目的所制定的新的规章制度。

（五）西尔柏等的“约束诱致”论

美国经济学家西尔柏（W. L. Silber）等人认为，金融业回避或摆脱来自内部和外部的制约是金融体系创新的主要原因。按照西尔柏的观点，美国1970—1982年金融体系创新的近60%都可以用“约束诱致”论来解释。

西尔柏认为，金融体系创新实际上是微观金融组织对来自内部和外部制约的一种反应，微观金融组织之所以会积极地进行金融创新，其目的就在于努力消除或减轻内部的和外部的经营约束，实现利润最大化的目标。

① 洪伟力：《西方理论与中国金融创新的评价》，《世界经济文汇》，1997年第4期。

外部制约是指来自金融管理当局的金融压制，以及金融市场的约束。在西尔柏等人看来，外部制约一方面有可能使微观金融组织的效率下降，另一方面有可能使微观金融组织的机会成本上升。

内部制约主要指来自微观金融组织为保证流动性和安全性而制定的一系列规章制度的约束，如流动资产比率、期限管理、比例管理等。

（六）凯恩的“规避管制”论

美国经济学家凯恩（E. J. Kane）认为，金融体系创新主要是因金融机构为获取利润而回避政府的管制所引起的。

在凯恩的分析中，他将金融体系创新看作是微观金融机构和政府之间斗争的过程和结果，金融体系创新是通过政府和微观金融机构之间的博弈来进行的。凯恩认为，金融机构对来自政府的管制所造成的利润的下降的直接反应就是，通过创新来规避管制以使损失降到最低；而政府则会针对金融创新来改变管制的手段和规则，以便保证对金融活动的控制权。政府新的管制又会引发新的金融创新，如此不断往复，不断交替，最终形成一个动态的创新与管制的博弈过程。

（七）希克斯等的“交易成本”论

金融创新的“交易成本”论是由西方经济学家希克斯（J. R. Hicks）和尼汉斯（J. Niehans）于1976年提出来的。希克斯和尼汉斯认为，支配金融体系创新的首要因素是降低交易成本，金融体系创新的实质是金融机构对技术进步带来的交易成本下降的反应，交易成本降低之所以成为金融创新的首要动机，是因为交易成本的高低最终决定了金融体系创新是否具有实际价值。

希克斯等人的逻辑推理是：交易成本是影响货币需求的重要因素，它的变化会最终改变微观经济主体的货币需求预期，交易成本的降低会使货币向更高的形式演变，会产生新的交易媒介和金融工具，因此，金融体系创新的过程实际上就是不断降低金融交易成本的过程。

三、金融体系创新的影响

20世纪60年代以来的金融创新从根本上改变着整个世界金融业的结构，赋予了金融业新的含义，对世界各国的经济社会的发展，尤其是金融业的运行产生了深远的影响。

（一）金融创新对货币供给的影响

1. 金融创新扩大了货币供给的主体

传统理论一般认为，货币供给的主体有两个，即中央银行和商业银行，就其作用而言，中央银行创造出了信用货币，而商业银行则创造出了存款货币。金融创新的结果之一就是扩大了货币供给的主体。

如前所言，金融创新活动一方面使大量非银行性质的金融机构产生出来，并且使各金融机构之间的业务边界日益模糊。金融机构的同质化，使商业银行和非银行性质金融机构之间在创造存款货币这个功能上不再存在本质的区别，现在除了商业银行能够创造存款货币之外，各种非银行性质的金融机构同样具有这重功能，并且随着金融创新的不断深入，非银行性质的金融机构的这重功能还在不断地增强。因此，现代金融体系中的货币供给主体已经不再仅局限于中央银行和商业银行，货币供给的主体多元化了。

2. 金融创新增大了货币乘数并最终增大了金融体系供给货币的能力

金融创新对货币乘数的影响主要表现为新型金融工具的产生对货币乘数的影响上。

按照货币金融理论，货币乘数是除基础货币以外能够影响货币供给量的另外一个重要变量，而影响货币乘数的因素主要包括法定存款准备金率、超额准备金率、通货比率（现金漏损率）以及定期存款与活期存款的比率，金融创新对货币乘数的影响就是通过对这些因素的影响而产生的。

（1）金融创新使法定存款准备金率降低，法定存款准备金的提取额度下降。从实践角度看，鉴于存款的流动性差异，各国中央银行大都对不同的存款规定了不同的法定存款准备金率。一般地，流动性较强的存款，如活期存款往往适用于较高的法定存款准备金率；而流动性较差的存款，如定期存款则适用于较低的法定存款准备金率。

金融创新过程中产生的大量介于活期存款和定期存款之间的新型存款账户，一方面为存款客户提供了方便从而降低了他们的活期存款比例，另一方面这些新型账户适用的是低于活期存款的法定存款准备金率，这势必会使法定存款准备金的实际提取额度下降，最终影响货币供给能力。

（2）金融创新使超额准备金减少，货币乘数加大。金融创新主要是通过以下几个方面影响使金融机构减少超额准备金的：①金融创新带来的金融工具流动性的增强，使金融机构能够很容易、很方便地获取资金以弥补准备金的不足；②金融创新使得社会公众持有通货的机会成本增大，从而减弱了其对通货的偏好，金融机构没有必要保持太多的库存现金来应付公众提现的需要。

（3）金融创新降低了通货比率。金融创新后大量新型金融工具的出现会减少社会公众的通货持有量，这是因为：①新型金融工具带来的金融资产整体收益的提高，加大了公众手持通货的机会成本；②支付清算系统的创新加快了支付清算的速度，降低了支付清算的成本。

（4）金融创新引起定期存款与活期存款比率的变化，使货币乘数具有不定性。一方面，由于金融市场创新过程中产生的大量银行存款以外的新型金融工具能够为社会公众带来更多的收益，因此，社会公众有可能将部分定期存款转换为证券类的金融工具，最终导致银行定期存款比率下降，法定存款准备金减少，货币乘数加大；另一方面，银行创新的新型定期存款工具可能会使公众增加定期存款的比率，从而使法定存款准备金增加，货币乘数下降。

3. 金融创新增加了货币定义和计量的难度

金融创新后新型金融工具的不断涌现，加大了金融资产之间的替代性，NOW、ATS、MMMF 等账户都能够在一定程度上代替货币或执行货币的某些功能，货币的外延在不断扩大，活期存款、定期存款和储蓄存款之间、广义货币和狭义货币之间的界限日渐模糊，本国货币和外国货币的差异在不断消失，在这种情况下，如何对货币进行定义，如何对货币进行精确的计量的问题便成为各国理论界以及中央银行需要关注的问题。为适应这种情况，一些国家的中央银行不断地在修正着货币层次的划分，例如美国在1971—1986年就曾对货币层次进行过六次修改。

（二）金融创新对货币需求的影响

金融创新对货币需求的影响主要体现在以下几个方面：

1. 金融创新改变了社会公众的货币需求动机，使货币需求的结构发生了变化。金融创新过程中涌现出的大量极具货币性、多功能的新型金融工具，既满足了人们的交易需求，也迎合了人们的投资需要，这势必改变人们的货币需求动机，从而影响货币需求的结构，通常是减少交易动机和预防动机的货币需求，增加投机动机的货币需求。

2. 金融创新使货币需求的稳定性下降。金融创新对货币需求稳定的影响主要表现在货币需求的利率弹性的改变上。一方面，由于货币需求结构的改变，投机性货币需求的增加，而投机性货币需求主要取决于机会成本和投资者的预期等因素，对利率的变动会十分敏感，市场利率的任何变化都有可能引起投机者的行为的改变，从而改变人们的投机性货币需求；另一方面，由于金融创新带来的金融机构业务的多样化，利差收入在整个金融机构的盈利构成中的比重逐渐下降，而非利差的表外业务的收入比重在不断上升，这使得金融机构的货币需求的利率弹性相对下降。总之，金融创新加大了货币需求的利率弹性的变动幅度，最终导致货币需求的稳定性下降。

3. 金融创新改变了货币的流通速度。（1）由于金融创新创造出了大量的狭义货币（M_1）的替代品，并且带动了M_1向具有高度替代性的新型金融工具的转移，因此，金融创新最终减少了社会公众对货币的需求，加快了货币流通速度。（2）金融创新对广义货币（M_2）的流通速度同样产生了影响，但效果不易确定。

（三）金融创新对货币政策的影响

1. 金融创新对货币政策中介指标选择的影响

金融创新主要是通过影响货币政策中介指标的选取标准——可测性、可控性和相关性来施加影响的。

（1）金融创新削弱了货币政策中介指标的可测性。金融创新对货币政策中介指标可测性的影响主要表现在，金融创新条件下的货币政策中介指标的含义越来越模糊，观测和分析越来越困难。如前所言，随着金融创新后新型金融工具的出现以及金融资产之间替代性的提高，货币的外延不断扩大，传统的货币定义受到严峻挑战，这自然会影响到货币供应量作为货币政策中介指标的科学性，影响到货币政治性的效果。

（2）金融创新降低了货币政策中介指标的可控性。金融创新对货币政策中介指标可控性的影响主要表现在，金融创新在一定程度上增强了货币政策中介指标的内生性特征，削弱了货币政策中介指标和政策工具之间的联系，增大了中央银行控制中介指标的难度。

（3）金融创新弱化了货币政策中介指标的相关性。中央银行货币政策的顺利实施，是建立在货币乘数稳定和货币需求函数稳定基础之上的，因为只有货币乘数稳定和货币需求函数稳定，才能够证明基础货币和货币供应量之间、货币供应量和宏观经济运行之间存在着密切的联系，只有这样，中央银行的货币政策操作才能产生应有的效应。但金融创新所造成的货币乘数和货币需求函数不稳定在一定程度上割断了基础货币—货币供应量—宏观经济变量之间的联系，这说明，中央银行即便能够控制基础货币，也不一定能够控制货币供应量，也不一定能够实现对宏观经济运行的调节。与此同时，金融创新引起的货币需求利率弹性的降低，也在一定程度上削弱了利率作为货币政策中介指标的有效性。

2. 金融创新对货币政策传导机制的影响

（1）金融创新削弱了货币政策传导的微观基础。首先，伴随着金融市场的不断创新和发展，诸如欧洲货币市场这样的国际金融市场无形中为各国金融机构提供了“避难所”，这在一定程度上增加了中央银行执行货币政策的难度，削弱了中央银行对于本国货币的调控能力。“避难所”的存在意味着当中央银行的货币调控不利于本国金融机构时，本国金融机构便会逃入“避难所”，以此逃避本国政策的管制，其结果是使得本国中央银行的货币政策失效。

其次，金融创新带来的金融机构的多元化和同质化，使得能够经营活期存款业务，创造派生存款的金融机构大量涌现，这无疑削弱了作为中央银行货币政策传导的主要载体商业银行的作用，最终使得以控制商业银行信用创造能力为核心的传统货币政策操作失效。另外，伴随金融创新而开展的有利于原来货币政策控制范围以外的新业务等，也削弱了中央银行的宏观调控能力。

（2）金融创新增加了货币政策时滞的不确定性。按照货币金融理论，在中央银行货币政策的传递过程中是存在时滞的，时滞的存在会影响货币政策的实施效果。金融创新在很大程度上改变了整个金融结构和金融运行规律，它使得货币需求函数更加具有不确定性，金融工具间的替代性更强，金融资产结构更加复杂多变，大规模的资金转移更加频繁，所有这一切，都可能会影响到货币政策时滞，增加货币政策时滞的不确定性，使中央银行在策略把握上更加困难。

3. 金融创新对货币政策工具的影响

（1）金融创新的过程实际上是金融主体逐渐突破传统金融管制的过程，金融创新后，隶属于金融管制的像利率最高限、信贷配额、业务边界的界定等直接信用控制之类的货币政策工具基本已经失效，目前，西方发达经济国家的中央银行已很少使用或放弃了这些政策工具。

（2）金融创新对法定存款准备金制度的影响。由于商业银行在中央银行的法定存款准备金存款是没有利息的，因此金融创新对存款准备金制度的影响，主要表现为商业银行利用金融创新来少缴或不缴法定存款准备金，以逃避法定存款准备金制度的限制。

①商业银行通过创造如回购协议、MMMF 等这样的不受法定存款准备金约束的非存款性工具，或借助于金融工具的创新来调整自己的负债结构，使其负债结构适用相对较低的存款准备金要求，从而减少法定存款准备金的缴纳以逃避存款准备金制度的限制。

②商业银行通过建立不受法定存款准备金制度限制的新机构，如成立子公司或附属机构的方法来逃避存款准备金制度的约束。

（3）金融创新对再贴现政策的影响。首先，由于金融工具的创新，如资产证券化等，进一步拓宽了商业银行再贴现窗口以外融资的渠道，因此，金融创新进一步强化了中央银行在实施再贴现政策过程的被动地位。

其次，金融创新逐渐突破了再贴现政策的诸种限制，从而使一些再贴现的规定失去了意义。例如，为了逃避合格票据的规定，现在更多的金融机构是以政府债券作抵押从中央银行借入资金，除此之外，金融创新很容易就能够创新出新型票据来满足中央银行再贴现的要求。正因为如此，目前发达市场经济国家的中央银行大多已经不再对再贴现进行严格的规定，最终使再贴现日益自由化。

（4）金融创新对公开市场政策的影响。金融创新对公开市场业务的影响突出表现为：金融创新强化了中央银行公开市场政策。具体表现在以下几个方面：

首先，金融市场创新为中央银行实施公开市场政策提供了更加灵活有效的手段和场所。一方面，政府可以利用资产证券化来创造新的金融工具，从而能够为中央银行进行公开市场操作提供更加多样化的买卖对象；另一方面，金融市场的创新还创造出了如回购这样的灵活有效的买卖方式，从而能够使中央银行更加方便地进行公开市场操作。

其次，金融创新使中央银行的公开市场政策能够更直接地影响金融机构的行为，从而能够更好地实现政策执行的效果。以政府信誉作基础的各种债券具有期限短、安全性高、收益稳定等特点，因此，为了优化其资产结构，金融机构有在其资产构成中增加政府债券比重的偏好，而金融创新中的证券化趋势，恰好能够为金融机构调整自己的资产负债结构提供便利。金融机构增加持有政府债券的结果使得金融机构对金融市场的依赖性增强，这非常有利于中央银行公开市场政策的操作和操作效果的提高。

最后，金融创新使中央银行可以通过公开市场政策间接影响社会公众的行为。金融市场及工具的创新，为社会公众进入市场进行投资提供了便利，在投资过程中，他们自然会对经济信息、金融市场的动态等表现出极大的关注，以此来形成自己的预期，并采取相应的策略安排，在这种情况下，中央银行便可以通过公开市场政策来影响金融市场上的证券价格，来改变社会公众的预期，间接影响他们的行为，从而在更深层次上影响社会信用总量。

（四）金融创新与金融风险

如前所言，金融创新通常被理论界称作是金融领域的一场革命，金融创新也确实对整个世界金融业产生了重大的影响，它改变了世界金融业的结构及运行规律，它提高了金融业的运行效率，并为政府、企业、金融机构和居民家庭提供了丰富的避险工具和手段。但需要注意的是，金融创新也在转移和分散风险的同时制造了新的、更大的风险。

1. 金融创新加大了金融机构的经营风险。金融创新过程中的同质化趋势，使金融机构的竞争加剧，由于利差收入的缩小，金融机构不得不从事高风险的金融业务，这势必增大金融机构的经营风险，降低金融机构的信用等级。

2. 金融创新使表外风险增加。与金融创新相伴随的是大量表外业务的出现，这些表外业务在使金融机构规避了金融管理当局的监管、增加金融机构盈利的同时，也使金融机构承担了相应的表外风险，这些风险随时都有可能转化为真实风险。

3. 金融创新增加了金融的系统性风险。金融创新的结果之一是金融的同质化和金融市场的国际化，这使得国内各金融机构之间、本国金融机构与外国金融机构之间以及国内金融市场和国际金融市场之间的联系日益密切，依赖性增强。在这种情况下，任何一个国家和地区金融体系出现问题，都有可能产生金融风险的国际传递，迅速殃及其他国家和地区，甚至是整个世界金融体系，危及国际金融体系的安全。

4. 金融创新为金融投机提供了新的工具和场所，从而加大了金融市场风险。这突出表现在金融衍生工具的产生与发展上。金融衍生工具因避险而产生，但同时也制造出更大的风险，巴林银行事件、大和银行事件等可充分证明这一点。

总之，金融创新改变了整个世界金融以及经济社会的面貌，它既有积极的作用，又有负面的影响，因此，我们必须正确对待金融创新，对其进行全面客观的评价。

四、金融体系创新的内容

理论界一般认为，金融创新主要包括金融业务创新、金融市场创新和金融制度创新三部分内容。

（一）金融业务的创新

按照金融业务的内容进行划分，我们可以将金融业务的创新分为负债业务的创新、资产业务的创新和中间业务的创新。

1. 负债业务的创新

负债业务的创新是基于20世纪60年代整个金融体系中资金来源方面的激烈竞争所引发的“脱媒”（Disintermediation）危机而展开的，主要表现为大量新型负债工具的出现。这些新型负债工具的出现既让银行规避了来自政府的管制，又为其获取更多的负债资金开辟了道路。

（1）大额可转让定期存单（Interest - bearing Negotiable Certificates of Deposits，CDs）。大额可转让定期存单是商业银行负债业务由被动变主动、由消极变积极的一个明显表现，它的产生既满足了存款人对流动性和高收益的要求，同时又满足了商业银行稳定负债资金的需要。因有关大额可转让定期存单的相关内容在上面章节已经做过介绍，所以，在此不予赘述。

（2）可转让支付命令账户（Negotiable Order of Withdrawal Account，NOW）。20世纪80年代以前，按照美国法律的规定，储蓄银行是不允许客户就储蓄存款开列支票来办理转账支付业务的。为了规避这一法律限制，吸引更多的存款客户，马萨诸塞州互助储蓄银行在1972年6月创办了一种新型账户，即可转让支付命令账户。随着后来《1980年银行法》（即《存款机构放松管制和货币控制法》）的颁布，现在美国几乎所有的商业银行及其他金融机构都可经营这种存款账户。

可转让支付命令账户是一种多功能的付息储蓄账户。借助于存款账户，存款人既可利用可自由转让流通的支付命令代替传统的支票来完成提款或完成对第三者的转账支付，同时又可得到由商业银行就其存款余额所支付的储蓄利息。可转让支付命令账户的多功能性，使其具有了活期存款账户和储蓄存款账户的双重优点，深受客户的欢迎。

对于可转让支付命令账户，美国金融管理当局曾规定了利率最高限与最低存款额度，但随着1986年3月后《第Q项条例》的废止，这些方面的限制已经不复存在，并且使近似于可转让支付命令账户的自动转账服务账户（ATS）合法化了。

（3）超级可转让支付命令账户（Super Negotiable Order of Withdrawal Account，Super NOW Accounts）。超级可转让支付命令账户也称为“优息支票账户”，是经美国存款机构管制委员会于1983年1月正式批准开办的，从可转让支付命令账户演化而来的一种存款账户。其特点主要表现在：

①存户仅限于个人和非营利机构，一般来说，工商企业不得开立账户；②存款金额的起点为2500美元，如果存款余额低于2500美元，则改按可转让支付命令账户的利率支付利息，无最高利率的限制；③存款客户一般应在提款前的若干天通知银行；④存款客户可以不受任何限制地开出支付命令；⑤利率一般高于可转让支付命令账户的利率。

20世纪90年代后，对于存款客户而言，超级可转让支付命令账户与可转让支付命令账户已经不存在实质上的区别，正因为如此，许多居民家庭及个人只选择其中一个账户，并不为了些许的利率差别而频繁更换账户。

（4）自动转账服务账户（Automatic Transfer Service，ATS）。自动转账服务账户是在电话转账服务（Telephone Transfer Service，TTS）的基础上发展起来的，近似于可转让支付命令账户的一种新型结算账户。

电话转账服务（TTS）于1975年4月经联邦储备体系批准，由其会员银行开办，是指存款客户可以在银行同时开立两个存款账户：无息的活期存款账户和有息的储蓄账户，存款余额通常是保留在储蓄账户中以取得利息，而活期存款账户上始终保持一美元的存款余额，当存款客户需要开立支票进行支付时，可通过电话通知开户银行，银行会将其所需要的款项从储蓄账户转到支票账户开列支票办理转账，完成对第三者的支付。

1978年11月，电话转账服务被美国商业银行和互助储蓄银行正式发展为自动转账服务，存款客户同样是在银行开立储蓄账户和活期存款账户两个账户，同电话转账服务所不同的是，客户享受商业银行的自动转账服务，无须电话通知银行就可开出支票，银行收到存款客户开出的要求付款的支票时，银行便会立即将相应的款项从储蓄账户转到活期存款账户上，自动转账。

存款客户开设自动转账账户，享受自动转账服务，需要支付一定的服务费。而商业银行则必须交纳存款准备金，但准备率不同于储蓄存款。

（5）货币市场存款账户（Money Market Deposit Accounts，MMDAs）。货币市场存款账户是于1982年12月经美国存款机构放松管制委员会（Deposit Institution Deregulation Committee，DIDC）批准，由商业银行、储蓄银行与贷款协会等金融机构经营的，兼具储蓄存款和活期存款的功能，近似于货币市场共同基金的一种存款账户。

由20世纪70年代物价持续上升所引起的金融市场利率提高以及美国金融管理当局对商业银行的硬性利率管制，诱发大批的商业银行存款客户提取存款转向证券投资。在这种背景下，首先是一些投资银行率先设立了一种合作性质的货币市场共同基金（Money Market mutual Funds，MMMFs）。该基金通过个人买入股权的方式吸收他们手中的短期闲置资金，组成投资基金份额，然后将其投资于大额可转让定期存单、短期政府债券（国库券）等流动性较强、收益稳定的货币市场工具。当客户想要提款时，在提前若干天（通常为7天）通知银行的前提下，可以通过出售该基金股权的方法达到提款的目的，随时出售，随时取款，手续非常简便。货币市场共同基金的高回报率（1978—1983年期间，该基金的回报率在10%左右，而同期的储蓄存款利率在5.25%～5.5%）及便利性使许多银行客户将其存款转投向货币市场共同基金以谋求更高的收益，进而引发了严重“脱媒”（Disintermediation）现象。这促使商业银行迫切要求政府放松管制，在各金融机构间营造公平竞争的氛围以扭转自己在资金来源竞争方面所处的不利地位。终于在1982年12月，美国存款机构管制委员会正式批准了商业银行、储蓄银行及储蓄与贷款协会开办货币市场存款账户。同时对该存款账户做出了一些规定，这主要包括：①无存户对象的限制。个人、非营利机构和工商企业都可以开户；②有存款限额限制。存款客户必须保证平均2500美元的最低存款余额；③无存款最高利率的限制。但利率要按照货币市场的利率随时进行调整，每天按复利（Daily Compound）计息；④无准备金限制。和普通支票存款账户不同，商业银行吸收的这种存款可以免交准备金；⑤有使用账户的次数限制。客户利用该存款账户进行收付，每月不得超过6次，而使用支票进行付款的次数不能超过3次，同时使用支票提款每月不得超过一定的张数。

（6）货币市场存款单（Money Market Certificates，MMC）。货币市场存款单是由美国商业银行以及储蓄机构从1978年6月开始开办的一种新型定期存单。其特点是：①期限短，通常是6个月；②存入额要求低，1978年刚开办时规定的最低存入额为10000美元，1983年又将这一额度改为2500美元；③按同期限的国库券利率为基准计息；④不可转让。

（7）协定账户（Nagotiable Account，NA）。协定账户是一种可以在活期存款账户、可转让支付命令账户、货币市场共同基金账户之间进行自动转账的账户。

一般做法是：首先，银行就活期存款账户和可转让支付命令账户规定好一个最低存款余额，然后，根据银行与存款客户事先已达成的协议，存款客户可授权银行将其款项存放于活期存款账户、可转让支付命令账户和货币市场共同基金账户中的任何一个账户之中，当活期存款账户和可支付命令账户中的存款余额超出规定的最低余额时，银行会将多余的款项自动转入该存款客户的货币市场共同基金账户，以便于客户取得较高的利息收益；当活期存款账户和可支付命令账户的存款余额低于最低余额要求时，银行也会自动将该存款客户在货币市场共同基金账户上的一定款项，转入活期存款账户和可转让支付命令账户，以补足最低余额。

（8）股金提款单账户（Share Draft Account，SDA）。股金提款单账户也称为股金汇票账户，是1974年8月由美国联邦信用合作社为逃避利率管制而开办的一种新型账户。这种账户允许合作社社员利用其在合作社的存款作为股金开立股金账户。在需要支付时，可以开出股金汇票代替支票对第三者支付转账或开出提款单代替支票进行提现，而在未支付或提现时，属于储蓄存款账户，存款者可以取得利息收入。因此，该账户实际上既可使用支票办理支付，也可取得利息收入的活期存款账户，即支付利息的支票账户。建立股金提款单账户，存户可以随时开出提款单，代替支票提现或用作支付转账。需要支付或提现时，便随即开出提款单（支付命令书），通知银行付款。由于这种账户方便灵活又有利息收入，因此，很快各州的信用合作社纷纷效仿，开办了此项业务。

（9）现金管理账户（Currency Management Account，CMA）。随着技术的进步，西方国家出现了一种把存款账户与其他账户合并，为客户自动提供一系列交易支付等多样化服务的新型账户，在美国将这种账户称为现金管理账户。利用该账户，客户既可以使用信用卡，也可以开出支票办理结算，而且可以用账户中的有价证券作担保进行一定数量的融资。

具体而言就是，客户可在金融机构开立一个现金管理账户、一个用一定数额有价证券（通常为2万美元）作担保的“押金账户”（它作为客户以信用形式买卖证券的押金），同时还可开立一个货币市场互助基金账户、一份信用卡和货币市场互助基金与押金账户相联系的银行支票账户。其操作过程大致是：银行将客户押金账户的资金自动投资于货币市场互助基金。当客户开出支票纳税或支付时，银行会首先减少其在货币市场互助基金的尚未投资的现金余额，如果其货币市场互助基金账户中的余额不足以用于支付，银行就会自动从客户的押金账户中提出一笔贷款用于支付。结果是客户不仅有一个可获利息的支票账户，而且还可凭此开出支票获取贷款。在每月月底，客户都会收到一份记载其全部交易或支付情况的清单。

银行通过对客户贷款收取利息，代客户转账、投资收取手续费和管理费，以及现金管理账户的年费。

（10）远距离遥控服务（Remote Service Units，RSU）。远距离遥控服务是1974年1月经过美国储蓄贷款协会认可创办的，通过银行的远距离遥控服务，客户可利用安装在街头和零售商店里的终端机提款或取款，并且还可以进行转账支付。

（11）报表储蓄存款（Statement Savings Deposits）。报表储蓄存款是银行为了方便存款客户及时核对账目而开办的，定期为其提供报表清单服务的一种储蓄存款类型。其一般做法是：存款客户平时将储蓄存款的余额都存放在计算机中，按照规定，银行会在一定的时间（通常是一个月）为客户寄送存款清单资料，具体包括客户存取款的时间和次数、应得利息以及存款余额等内容。

（12）公开账户（Open Account，OA）。公开账户也称为开放账户或开口账户，是银行为方便客户零存整付而推出的、供客户选择的一类存款计划。为了应付未来可预期的大额开支需要，客户可以在支付之前就拟定相应的存款计划，然后按照要求定期有规律地将固定的货币存入公开账户，一定时期之后，客户便可将其全部存款一次性提出用于支付账单等。

一般客户要开立公开账户，必须事先与银行签订协议，确定存款期限，存款到期前，客户通常是不能提款的，即使银行同意提前支取，客户也要至少提前14天通知银行以备银行准备款项，并且银行会因客户违约而扣罚利息。公开账户存款利率的高低，要视存款期限长短和存款金额大小而定。

（13）退休储蓄账户（Retirement Saving Account）。鉴于西方发达国家的人口老龄化现状、社会公众对社会保障体系的不信任，加之退休储蓄账户中存款余额的非常高的稳定性特征对商业银行形成的吸引力，退休储蓄账户的增长速度明显加快，成为银行非常重视的资金来源，同时，基于退休储蓄账户的固定利率，在市场利率上升时，这部分存款也确实为银行带来了丰厚的利润。

退休储蓄账户旨在为个人退休后退休金的支付而吸收个人存款。该账户的开办与发展和一个国家的退休养老计划安排、税收制度及年龄结构等许多方面有着密切的关系。

在美国，养老计划分为公共养老计划和私人养老计划两部分。退休储蓄账户主要就是针对这些养老计划开办的有关个人退休存款账户，主要包括401（K）退休账户、“克欧计划退休账户”以及个人退休账户等。银行等金融机构及某些雇主都可以提供这种存款服务。

①401（K）退休账户。401（K）退休账户是以美国国税法401（K）条款命名的延期付税的雇员退休储蓄账户，它通常是由雇主建立。具体做法是首先扣除参加雇员的一定比例的收入存入延期付税的退休账户，而雇主为鼓励雇员参加，也会预付相当于雇员预付金额的全部或一部分，雇员在退休时或最多7年内即得100%的预付金，并且所有的预付金都是延期付税。当然，雇员在退休前一般不能支取预付金，但如遇特殊情况而其他资产又已用完，也可以在退休前提前取款。

②“克欧计划退休账户”（Keogh Plan Retirement Account）。在1962年，美国国会就曾经授权金融机构开办了专门为自我就业者（全职或半职从事个体经营而不从事公司业务的就业者）服务的、以参议员Eugene James Keogh的名字命名的“克欧计划退休账户”（也称为自我就业退休计划）。它要求自我就业者每年要将净收入的一定比例（规定的或可选择的）存入“克欧计划退休账户”，如有雇员还要为雇员存入相当的部分。有的退休账户允许自我就业者在退休前从账户中借款或取款（雇主又是雇员的除外），但必须在5年内归还贷款，并且要支付利息和税收。退休时可提取100%的预付金，具体取款办法有：从“克欧计划退休账户”中一次性提取（要纳税）；按年取款（要纳税）；转入个人退休存款账户并享受延期付税。

③个人退休存款账户（Individual Retirement Account，IRA）是指每年预存个人收入（就业收入及非就业收入）的退休金账户。针对具体情况，年预付金可以享受全部或部分免税，但对于只有非就业收入而无就业收入的个人不准开立个人退休存款账户；对于已参加其他退休计划的个人及无工作的配偶均可享受预付金的免税待遇，而对于参加其他退休计划的个人及配偶是否享受减免税要视其年收入情况而定，但未免税的预付金及盈利享受延期付税；作为个人退休存款账户的存款者，他还可采取其他延期付税的投资形式或利用展期（Rollover）规则将存款取出并在60天内转存到另一个个人退休存款账户，获得提前支取而又不遭受罚金的便利。

（14）回购协议（Repurchase Agreement）。回购协议是指商业银行等为筹集资金而卖出所持有的证券，在出售的同时与证券的买方签署的，约定在将来某一时间按照事先约定好的价格再将证券购回的一份协议。

在回购协议市场上，出售证券的一方通常是商业银行、政府和证券商等，而购买证券的一方主要是企业。

2. 资产业务的创新

20 世纪 60 年代以来的资产业务创新，除消费贷款、住房贷款等新型贷款的出现之外，突出的表现就是资产证券化，它被认为是近几十年来世界金融领域中最重要和发展迅速的一项资产业务创新。

资产证券化的起源最早可以追溯到 20 世纪 60 年代末的美国。美国首先在 1968 年推出了世界上最早的抵押贷款债券，后来又在 1983 年针对投资者对金融工具不同的期限要求，设计发行了抵押保证债券，到 1990 年，在美国 3 万多亿美元尚未偿还的住宅抵押贷款中，50% 以上已经实现了证券化。现在，资产证券化已成为美国资本市场上最重要的融资工具之一，遍及应收账款、版权专利费、信用卡、汽车贷款、消费品分期付款等领域。金融管制的放松和《巴塞尔协议》的实施，也大大刺激了资产证券化在世界各国的发展①。

（1）资产证券化的含义。所谓资产证券化（Asset-backed Securities，ABS）通常是指发起人将各种流动性较差的不良资产分类整理为一系列资产组合，并将其出售给证券特别载体 SPV（Special Purpose Vehicle），然后再由该载体以购买的这些组合不良资产作担保发行可以在金融市场上流通的，高信用等级的债券或证券，经由证券承销商出售给投资者，收回资金的技术和过程。由此可见，资产证券化的过程实际上就是将银行资产项目下的贷款、应收账款等转换为可流通的金融市场证券的过程。

（2）资产证券化的意义。资产证券化的意义主要表现在：

①可以降低信用较差金融机构的筹资成本。对于那些信用等级较低的金融机构来说，通过发行存款或债务凭证来筹集资金，成本通常会很高。与此相对，由于资产证券化过程中不良资产为担保的证券的信誉等级较高，投资者愿意购买，这些金融机构便可以低成本地获得资金。

②可以使金融机构扩大业务能力，实现规模经济。

③能够使金融机构的资产负债表更具流动性。

④可以降低金融机构的资产负债率，提高资本充足率。

⑤可以降低金融机构的风险。

3. 中间业务的创新

伴随着金融竞争的日益加剧等方面的原因，20 世纪 60 年代，尤其是 20 世纪七八十年代以来，西方商业银行开始将盈利点由原来的资产负债业务转向中间业务，由此也带来了银行中间业务的创新，这些创新优化了银行的业务结构，提高了中间业务在银行盈利中的比重，增加了银行的盈利，增强了银行的竞争实力。例如，在德国商业银行 1992 年的总收入中，60% 来自中间业务。

商业银行创新的中间业务主要包括信托业务，租赁业务、银行卡业务以及表外业务等，但表外业务的创新是近二三十年来表现最突出、影响最大的中间业务创新。

---

① 耿明斋等：《我国信贷资产证券化的思考》，《经济学动态》2002 年第 7 期。

所谓表外业务（Off - Balance - Sheet Activities，OBS）是指商业银行从事的，不在银行资产负债表中予以记载并且不会影响银行资产负债总额的那些业务。从这个意义来说，表外业务应当有广义和狭义之分，广义表外业务是在银行传统中间业务（结算、承兑、信用证等业务）的基础上再加上银行的狭义表外业务；狭义表外业务除了传统意义上的信用证等中间业务之外，主要指的是那些在金融创新过程中产生的中间业务，如互换、金融期权、金融期货、票据发行便利等，目前人们通常提及的，是狭义的银行表外业务。

传统的中间业务是伴随着商业银行的出现便存在的，而狭义的银行表外业务则是在20世纪70年代以后才逐渐产生并发展起来的，它是银行传统中间业务的发展和延伸，是新型的商业银行中间业务，商业银行表外业务迅速发展的主要原因在于，它不但可以给银行带来收益，而且可以逃避金融管理当局有关资本充足度的规定。从西方国家商业银行实际情况来看，许多国家商业银行的表外业务量已经远远超过其表内业务量。例如，1988年美国花旗银行、美洲银行等五大银行集团的表外业务所涉及的资产已经达到其表内业务的2.82倍。但需要注意的是，商业银行的表外业务在为银行带来盈利的同时，同资产负债表内业务一样，也会面临利率风险、信用风险和流动性风险。因此，在测定银行风险时，不仅要评估银行的表内风险，更加重要的是要注意对表外业务风险的估价。

综合来看，商业银行的狭义表外业务主要包括担保、承诺和金融工具的创新三大部分。

（1）担保。担保即是指商业银行为某一交易活动中的第三者的现行债务承担付款义务，并且承担现行的风险。具体的担保业务主要包括：①为某交易活动中的第三者的现行债务提供资金支持；②在第三者无力履行债务义务时，商业银行承担偿还款项的义务。担保主要包括备用信用证、跟单信用证、贷款担保、履约担保、投标保证以及票据承兑等。

（2）承诺。承诺通常可以分为可撤销的承诺和不可撤销的承诺两类。

可撤销的承诺是指银行由于某种原因，例如，潜在借款者的信贷质量恶化，可以放弃履行原来允诺要履行的义务而又不致遭受惩罚的承诺。

不可撤销的承诺是指银行必须在任何情况下都要履行原来已经允诺了的义务的承诺。

具体的承诺业务主要包括贷款承诺、票据发行便利等。

（3）金融工具的创新。银行在开展中间业务过程中的金融工具创新主要包括金融期货、金融期权、互换以及利率远期协议等。

4. 支付清算系统的创新

支付清算业务是银行中间业务的重要组成部分，银行通过开展支付清算业务在为客户提供便利的同时，也加速了自身资金的周转，拓展了资产和负债业务。

传统的支付清算是借助于支票、汇票、本票、信用卡、联行往来、邮政汇兑等来实现的。支付清算系统的创新主要经历了两个阶段：（1）对原有支付和清算系统进行改良；（2）利用电子计算机转账系统来完成支付结算。

（二）金融市场的创新

金融市场的创新主要包括市场工具的创新和理论的创新两个方面。

1. 金融市场工具的创新

金融市场工具的创新一方面表现为在欧洲货币市场等国际金融市场出现了诸如多种货币贷款、平行贷款、背对背贷款以及浮动利率债券等新型金融工具，另一方面则表现为自20世纪70年代以来逐渐产生并发展起来的金融衍生工具。

2. 金融市场理论的创新

随着金融衍生工具和金融衍生工具交易市场的发展，经济金融学家们对金融衍生工具定价理论的研究也取得了极大的进展，建立了相应的定价模型。最著名的要属1973年由美国经济学家罗伯特·莫顿（R. C. Merton）、迈伦·斯科尔斯（M. Scholes）和费雪·布莱克（F. Black）提出的期权定价模型，他们也因此获得了1997年的诺贝尔经济学奖。

（三）金融制度的创新

（1）非银行性质金融机构的大量产生和跨国银行的出现。20世纪30年代以前，世界各国金融机构体系的主要组成部分是商业银行，第二次世界大战后，为医治战争创伤，恢复经济，非银行性质的金融机构如雨后春笋般产生，如各种各样的保险公司、养老基金、住宅金融机构、投资基金等。并且，伴随着“二战”以后跨国公司的产生和发展，为了给跨国公司提供金融服务，跨国银行也应运而生了。

（2）金融机构之间的同质化趋势。受金融自由化思想的影响，20世纪70年代以来，世界各国纷纷放松了对金融机构的管制，解除管制的结果使得各种金融机构之间在所从事的业务上已经没有多少差别，业务交叉现象非常明显，金融机构所提供的金融服务呈现出同质和相似的特性。

（3）金融监管趋于审慎化和国际化。持续不断的金融创新冲破了传统金融管制的藩篱，面对金融自由化，传统的合规性监管受到了严重的挑战，如何既做到令行禁止，又保证激励相容的审慎性监管开始受到整个世界和各国政府的重视，与此同时，由于金融全球化条件下金融危机的国际性传递，各国政府还加强了金融监管的国际协调和合作。

第二节　金融发展理论

一、金融发展的含义

在20世纪50年代以前的发展经济学理论体系中，西方经济学家并没有将金融及金融发展问题作为核心内容进行专门研究，从现有资料上看，西方经济学家关注金融发展问题是从20世纪50年代开始的，其标志是，1955年和1956年美国经济学家约翰·G.格利、爱德华·S.肖发表的论文《经济发展的金融方面》和《金融中介机构与储蓄—投资过程》，随后金融发展理论便成为发展经济学的一个重要方面，受到许多经济学家的重视①。

虽然有许多经济学家在研究金融发展问题，但在金融发展的内涵上却并没有形成统一的认识，更加重要的是，西方经济学家在谈论金融发展问题时，大都将金融发展等同于金融增长。例如，戈德史密斯在其著名的《金融结构与金融发展》一书中将金融发展定义为一国金融结构（各种金融工具和金融机构的相对规模）的变化后，虽然也认识到了不能简单地从规模角度衡量金融发展，但他更多的是通过一个简单量化的金融相关率来考察金融发展问题，而在一定意义上忽略了对金融发展的质的方面的研究；而格利和肖则更加直接采用了金融增长的概念，他们认为金融增长指的是各类金融资产的增多和各类金融机构的设立②。

与此相对，在发展经济学体系中，经济学家们则对经济增长和经济发展进行了“小心谨慎”的区分和界定，认为，“经济增长和经济发展两个术语在一些时候是可以互相换用的，但它们之间有着根本的区别”③。经济增长注重的是经济规模的扩大以及数量的扩张，而经济发展则除经济增长之外，还包括持续不断的结构高度化演进④。经济增长是经济发展的必要前提，但并不必然实现经济的发展，在世界各国，没有发展的增长甚至于“虚假的增长”是非常多见的。

由此决定了金融增长和金融发展之间存在着类似的关系。金融增长一般表现为金融资产规模的扩大和金融机构数量的增加，而金融发展则主要指的是金融结构的优化和储蓄向投资转化效率的提高，单纯片面的金融粗放型增长往往具有较强的诱惑性，给人们造成一种繁荣的假象，但这可能恰好是金融危机的前奏。

基于以上认识，国内理论界对金融发展进行了如下的描述：

金融发展指的是“在金融增长的前提下，一国金融状态从传统社会走向现代社会的一个渐进过程，它包括整个金融在制度、运行及调控机制等上层建筑和运作条件、对象等经济基础的各个领域和各个层次中的深刻变革。具体说，金融发展应包括以下几方面的含义：(1) 金融发展是一国金融总量增长在一个相当长时期内保持持续发展的一种状态；(2) 金融发展的主体能从金融发展中得到更加能促进发展的合理报酬；(3) 从量上讲，金融发展是金融结构不断优化的运动或结果；(4) 从质上讲，金融发展存在着社会准则和政府政策目标的约束；(5) 金融发展实质上是一种金融行为和部分意义上的社会政治行为与一种经济行为的某种方式的结合”⑤。

二、衡量金融发展状况的指标

在西方金融发展理论中，关于如何衡量一个国家金融发展程度的问题，西方经济学家提出了许多相应的指标。

---

① 张杰：《中国金融成长的经济分析》，中国经济出版社，1995 年版。

② 曹龙骐：《货币银行学》，高等教育出版社，2000 年 8 月版。

③ ［美］吉利斯等：《发展经济学》，中国人民大学出版社，1998 年版。

④ 张杰：《中国金融成长的经济分析》，中国经济出版社，1995 年版。

⑤ 刘鸿儒主编：《新金融辞海》（“金融发展”词条），改革出版社，1995 年版。

（一）戈德史密斯指标

戈德史密斯指标即金融相关率（Financial Interrelation Ratio，FIR），它是由美国经济学家戈德史密斯提出的衡量一个国家金融发展程度的指标。

因为戈德史密斯认为金融发展即是一国金融结构的变化，所以衡量一个国家的金融发展状况，实际上就是衡量该国的金融结构状态。为此，戈德史密斯首先提出了五个数量指标来比较各国金融结构的异同，即①金融资产总额与物质资产总额的比重；②金融资产与负债在各种金融机构之间的分布；③金融资产和负债在金融机构与非金融机构之间的分布；④由金融机构发行和持有的金融工具总额；⑤各经济部门拥有的金融资产与负债总额。但由于利用这些指标对各国金融结构进行比较分析时，可能会遇到统计资料不全的问题，因此，戈德史密斯又将其统一为金融相关率这样一个指标。

在戈德史密斯看来，所谓金融相关率指的是一定时期内社会活动总量与经济活动总量的比率，用公式可将其表示：

$$FIR = F_T/W_T \tag{11-1}$$

其中，FIR（Financial Interrelation Ratio）指金融相关率，F_T指一定时期内金融活动的总量，W_T指的是一定时期经济活动的总量。

戈德史密斯认为，金融相关率可以大致衡量任何一个国家在任何时期的金融发展状况。正因为如此，目前，金融相关率的提出为后来有关衡量一国金融发展程度的指标问题的研究奠定了基础，并且已经成为金融比较分析中衡量一个国家金融深化程度的重要指标，但由于统计资料等方面的原因使得 FIR 的计算较为复杂，所以人们大多采用的是经过简化了的计算公式：

$$FIR = (M_2 + L + S)/GNP \tag{11-2}$$

其中，M_2指金融负债，L、S 分别表示银行资产和有价证券，$L+S$ 便是金融资产，GNP 是国民生产总值。

戈德史密斯认为，在经济发展过程中，因为一国的金融上层建筑的发展要快于该国国民生产和国民财富基础结构的发展，因此，各个国家的金融相关率都呈上升趋势，但同时他也认为，当经济发展到某一阶段（金融相关率达到 1～1.5）时，该比率会停止上升。

（二）麦金农指标

麦金农在衡量一国金融发展水平时所采用的指标是 M_2/GNP，它指的是银行货币负债对国民生产总值的比率，麦金农认为，该指标是反映经济发展过程中货币体系重要性及其实际规模的最简单的标尺①。现在，M_2/GNP 已经成为国际上常用的反映一国金融化程度的指标。

（三）肖的金融深化指标

肖在其金融深化理论中提出的，衡量一国金融深化程度的指标主要有以下四个：（1）金融资产和金融工具，包括金融的存量、流量和结构，金融工具的种类和数量及其

① 罗纳德·I. 麦金农：《经济发展中的货币与资本》，上海三联出版社，1998 年版。

在不同金融市场上的分布和构成：M_2/GNP；（2）金融体系，包括有组织的货币体系、银行系统和其他国内金融机构；（3）金融资产价格：利率和汇率；（4）金融市场及其垄断或竞争程度：市场融资结构、市场准入、市场分割、资本流动自由化等。在上述4方面中，金融资产的价格尤其是利率一般被视为金融深化与否的最明显的表现①。

（四）金–莱文指标②

西方经济学家金（R. G. King）和莱文（R. Levine）于1993年，在对77个国家1960—1989年的状况进行研究后，构造了四个衡量金融发展水平的指标，以分析金融发展水平是否能够反映长期经济增长、资本积累和生产率增长。这四个金融发展指标是：

1. DEPTH［（金融）深度］。它是指经济活动的正规金融中介部门的规模，通常用金融体系对GDP的流动负债比率，即（现金+银行和非银行金融机构的活期以及有息负债）/GDP来表示。这是一个反映正规金融部门动员国内储蓄程度的指标，通常情况下，该指标越大，金融的发展水平就越高。

2. BANK。即商业银行信贷在总的信用余额中的相对份额，通常用银行信贷/（商业银行信贷+中央银行信贷）来表示。这一指标试图说明，和中央银行相比，商业银行在分散风险、流动风险管理和信息管理方面更有优势。

3. PRIVATE。这指的是分配给非金融私人企业或部门的信贷与扣除提供给银行的信贷后的总信贷的比率，即私人部门信贷/国内总信贷（扣除给银行的信贷）。

4. PRIVY。这是指提供给非金融私人企业（或非金融私人部门）的信贷与GDP的比率。这个指标一般被用来说明如果银行系统满足于把储蓄基本上用于公共部门时，是不可能将资源有效地运用于生产性投资的。

后两个指标指银行系统允许向私人和公共部门贷款的相对数量，隐含假设是，将信贷分配给私人部门比分配给政府、国有企业等公共部门更能够发挥金融体系的管理风险、获取投资信息和分配资源、监督经理人和实现公司控制、动员储蓄和便利交易这五大功能。

三、金融发展与经济增长之间的关系

西方经济学家关于金融发展与经济增长之间关系问题的研究，是伴随着金融发展理论的建立和发展而开始和逐步演化的。

（一）帕特里克的观点

传统的金融理论一般认为，金融是为适应实际部门的融资需要而产生的，因此，其作用必然是滞后的和被动的。

作为对传统金融理论的发展，1966年，经济学家帕特里克（H. T. Patrick）在其《欠发达国家的金融发展与经济增长》一文中提出了需求带动（Demand Following）型金

① 徐沛：《金融发展理论的演进和中国金融体制改革的反思》，《金融论坛》2002年第7期。

② 徐沛：《金融发展理论的演进和中国金融体制改革的反思》，《金融论坛》2002年第7期。黄金老：《金融自由化与金融脆弱性》，中国城市出版社，2001年9月版，第37页。

融发展和供给引导（Supply Leading）型金融发展的思想，对金融发展与经济增长的因果关系问题进行了描述。

帕特里克认为，相对于经济增长来说，金融发展既可能是被动的和相对滞后的，也可以是主动的和相对先行的。如果金融的发展，如金融机构的设立、金融服务的提供等是为了满足现实经济运行过程中投资者和储蓄者的需要，那么，金融发展便是需求带动型的，即它是由经济增长带动的，是实际经济部门增长的一种结果；相反，如果金融发展早于对金融服务的需求而产生，那么，金融发展就是供给引导型的，即金融机构的提前设立、金融服务的超前提供等对经济增长起到的是主动和积极的影响。

（二）戈德史密斯的观点

1969 年，西方经济学家戈德史密斯（R. W. Goldsmith）在其《金融结构与金融发展》一书中建立了著名的金融结构理论，并对金融发展与经济增长的关系问题进行了相应的分析。在戈德史密斯看来，由于受当时经济增长理论和经济历史水平以及对于金融发展缺乏深入研究等方面的限制，对金融发展与经济增长之间的关系问题只能得出“未经证实”的结论：金融上层建筑能够促进和加速经济增长。这突出表现在：

1. 在企业间经营能力及前景分布不均衡和投资项目不可分割的前提下，因金融工具（包括股票、债券等初级金融工具以及存单、保险单等次级工具）和金融机构出现所引起的储蓄与投资功能的分离，能够为人们进行储蓄和投资提供更加有效的机制，从而能够扩大储蓄和投资规模，加速经济增长。

2. 金融机构通过开展业务实现了储蓄在潜在的投资项目之间的合理分配，从而能够有效地配置资源，提高资源的使用效率，这是比储蓄和投资总量规模的扩大更加重要的方面，金融发展对经济增长的作用程度是由金融上层建筑对储蓄的安排是否有效决定的。

与此同时，戈德史密斯认为，现代金融活动的主要形式是间接金融，企业所发行的股票、债券等初级金融工具无法替代金融机构发行的存单、保险单等次级工具，因为次级工具能够给储蓄者和投资者带来更多的好处。基于此，金融发展需要多样化的金融工具，而多样化的金融工具又依赖于金融机构的多样化，二者相辅相成，互相促进，最终推动了金融的发展。

（三）麦金农和肖的观点

1973 年美国经济学家罗纳德·I. 麦金农（R. I. Mckinnon）和爱德华·S. 肖（E. S. Shaw）分别出版了《经济发展中的货币与资本》和《经济发展中的金融深化》，将戈德史密斯的金融发展理念创造性地运用于对发展中国家经济发展问题的研究之中，提出了金融压制（Financial Repression）理论和金融深化（Financial Deepening）理论，在该理论中对金融发展和经济增长之间的关系进行了论述。

麦金农和肖认为，对于经济增长来说，一国的金融制度安排并非是中性的，它与经济增长息息相关，并且，它既有可能对经济增长起到促进作用，也有可能阻碍经济的增长。

首先，二者之间存在着一种相互促进和相互影响的关系，应当是一种良性循环状态。一方面，良好的金融制度安排可以通过有效地动员储蓄，增加投资，从而促进经济的增长；另一方面，经济的增长、社会成员收入的增加还会对金融服务提出更高的要求，从而会反过来刺激金融的发展。

其次，扭曲的金融制度安排可能会抑制一国的经济增长。

麦金农和肖认为，一国的金融制度究竟对经济增长是发挥促进作用还是阻滞作用，关键要看政府的政策安排和制度选择。如果一国政府采取金融压制政策，就必将导致利率、汇率等金融价格的扭曲，最终破坏经济增长。

四、金融压制与金融深化理论

（一）金融压制理论

金融压制理论最早是由美国经济学家罗纳德·I. 麦金农和爱德华·S. 肖提出并建立起来的，后经西班牙经济学家加尔比斯（V. Galbis）和美国经济学家金德尔伯格（C. P Kindleberger）、弗莱（M. J Fry）等的进一步研究，金融压制理论得到了进一步的完善和发展。

麦金农和肖认为，以发达经济为基础的传统货币金融理论是不适用于发展中国家的，因为与发达经济不同，发展中国家的经济金融制度的构造及其运行存在着金融压制的特点。这突出表现在：

1. 货币化程度较低。对于一国的货币化程度可用货币化率来进行衡量，所谓货币化率是指通常被表示为某一既定时点上，一定经济范围内通过货币支付的商品和劳务的价值占国民生产总值的比重。从这个角度说，绝大多数发展中国家，尤其是贫穷落后国家的经济尚处于原始状态，在人们的全部交易中，有相当多的产品和劳务并非通过货币来进行交易，自然经济色彩十分浓重。

2. 金融结构安排呈现出明显的二元性。在绝大多数的发展中国家中，既存在着分布于沿海大城市的按照现代经营管理原则经营的现代化金融机构，如现代商业银行、金融市场等，又有遍及小城镇和农村地区等经济落后地区的按照落后的旧经营方式经营的钱庄、当铺及高利贷组织等，从而形成了现代金融部门和落后金融部门并存的二元金融结构。

3. 货币和实质资本的不可替代性。在发达经济中，由于利率和投资的负相关关系，货币和实质资本是互相竞争的替代品，即当利率提高时，人们便会把实质资本转化为货币，减少投资；相反，则将货币转化为投资。与发达经济不同的是，发展中国家的货币和实质资本不是相互竞争的替代品，而是相互促进、相互补充的互补品。

4. 缺乏发达、完善的金融市场。这突出表现为金融工具的品种少、数量小，市场交易方式落后，交易活动呆滞，市场价格机制扭曲，市场管理薄弱，投机盛行，市场缺乏稳定性，大量的小企业和居民被排斥在市场之外等，在这种情况下，发展中国家的企业更多依赖的是内源融资。

5. 金融体系的发展不平衡，效率低下。发展中国家的金融体系主要是商业银行，非银行性质的金融机构的发展严重滞后，民间金融很少，缺乏竞争，并且金融事业往往由政府控制，官僚主义盛行。

发展中国家的这种经济金融制度特征决定了，政府往往会严格管制、压制金融，这突出表现在政府对利率、汇率等金融价格的管制上。除此之外，发展中国家政府还普遍实行了信贷配给、高存款准备金要求、较重的税收负担等，从而形成了发展中国家的金融压制局面。

在麦金农和肖看来，所谓金融压制即是指发展中国家政府或权力机构对金融市场实施过度的直接干预和管制政策，使金融市场上价格等因素发生严重扭曲，但又不能有效地抑制通货膨胀，从而造成“金融阻滞经济增长，经济停滞又反过来制约金融发展”这种恶性循环的经济现象。其表现形式主要包括：人为压低利率，通常表现为负的实际利率、高额存款准备金、信贷配给制度以及高估本币汇率等，最常见的当属人为压低利率等金融价格管制政策。

麦金农和肖认为，普遍存在的金融压制对发展中国家的经济增长产生了十分不利的影响：第一，负的实际利率降低了金融机构动员储蓄和为经济增长提供信贷服务的能力。第二，由负实际利率所导致的过度贷款需求和相对不足的信贷供给能力，迫使政府及其金融机构不得不进行信贷配给，而信贷配给一方面为政府和金融官员的腐败提供了机会；另一方面，在信贷资金紧缺的情况下，政府通常是通过信贷配给政策将稀缺资金配置到自己偏好的部门，这有可能造成投资的低效率，而其他部门因无法从正规金融市场上获取资金而转向高利贷、黑市等非正规金融市场，容易造成金融秩序的混乱。第三，由负实际利率所导致的过度贷款需求有可能引起货币的超额发行，导致通货膨胀。第四，负的实际利率不利于产业结构的优化，因为负实际利率引起融资成本的降低，而融资成本的降低，一方面使得效益差的企业或项目也可轻易获得资金，违反了择优限劣的原则；另一方面，刺激了资本密集型产业的发展而抑制了劳动密集型产业。第五，本国货币币值的高估很容易造成对外汇的过度需求和依赖，使国际收支状况恶化；反过来，为了改善国际收支状况，实现国际收支的平衡，政府又往往会对外汇市场实施进一步的管制政策，例如对中间产品的进口实行外汇管制、要求出口商将外汇换成本国货币等。

基于肖所描述的金融深化的四大效应①，国内有些金融学家还将金融压制对经济增长的影响归纳为“四个负效应”，即负收入效应、负储蓄效应、负投资效应和负就业效应②。

麦金农和肖认为，发展中国家金融压制现象的存在并非发展中国家政府的目标和主观愿望，根本的原因在于制度上的缺陷以及政府政策的失误。因此，发展中国家要发挥金融发展对经济增长的促进作用，实现金融发展和经济增长的互动，就必须进行金融改革，实现金融的深化。

---

① 见第13章：“金融深化理论”。

② 见黄达主编：《货币银行学》，中国人民大学出版社，2000年8月版，第383～384页。也可见王松奇等编著：《金融学》，中国金融出版社，1997年第一版，第642～643页。

（二）金融深化理论

麦金农和肖认为，因为发展中国家中普遍存在着金融制度安排与经济增长的恶性循环，从而阻滞了经济发展，所以，发展中国家政府要想打破这种恶性循环，实现经济的增长，就应当摒弃长期以来所奉行的金融压制策略，推行金融深化改革。虽然在对金融深化问题的研究上，麦金农和肖的着眼点是存在着一定的区别的，比如麦金农强调的是发展中国家企业的内源融资特征和实际现金余额需求同实际资本需求之间的互补关系，肖则是强调了金融中介机构的储蓄—投资转换功能，但二人在金融深化的许多方面的观点上是非常一致的，那便是：提高实际利率，实施金融自由化。

1. 肖的金融深化理论

在肖看来，所谓金融深化是指发展中国家政府消除利率管制，使其能够真实反映资金稀缺及供求状况，从而刺激储蓄、提高投资收益率，促进金融发展的过程。

肖认为，金融中介机构的重要功能就在于能够借助于多样化的金融资产来实现储蓄向投资的转化，而要实现这种转化，关键是要减少政府对金融的干预，提高实际利率，通过利率自由化来推进金融的发展。为此，发展中国家政府应当进行如下的策略安排：①推进货币深化；②进行金融体制的改革；③进行财政、税收和外贸体制的配套改革。

肖认为，金融的改革和深化会产生以下四个方面的积极效应。

（1）收入效应。一方面，经济单位持有的实际货币余额的增加，将扩大市场和投资，从而会引起收入的增加。

（2）储蓄效应。一方面，在储蓄倾向和税率一定的情况下，收入的增长可以增加储蓄；另一方面，实际利率的提高降低了通货膨胀率，增加了储蓄收益，从而有助于促进储蓄。

（3）投资效应。一方面，收入和储蓄的增加会相应增加投资，与此同时，金融深化还淘汰了低收益的投资项目，并使某些大公司丧失了信贷资金分配上的特权，遏制了腐败现象，因此有利于优化投资结构，提高投资收益。

（4）就业效应。金融深化所引起的实际利率的提高使资本变得昂贵，劳动力相对便宜，这会促使人们积极发展劳动密集型产业，从而增加就业。

2. 麦金农的金融深化理论

首先，麦金农认为，与发达国家货币与资本存在替代关系不同，在发展中国家，实际现金余额需求同实际资本需求之间存在一种互补关系①。麦金农认为，发展中国家大都具有经济上的分割性的特征，企业、政府和家庭等经济单位是相互隔绝的，这使得企业在进行融资安排时，通常依赖的是内源融资，这意味着企业要想购置资本扩大生产，必须首先积累一定的实际现金余额，企业的投资欲望越强，对实际现金余额的需求就会越大，实际现金余额积累越多，资本的形成就越快，实际投资率就会越高，就越能促进经济的增长，因此，货币和资本二者是互补品，而非替代品，它们之间存在着一种正相关的互补关系。

① 爱德华·S. 肖的研究也得出了同样的结论。

基于以上观点，麦金农认为，实际存款利率提高，则货币需求增加，而货币需求的增加使实际现金余额的积累扩大。由此可见，适度提高实际利率有助于投资，从而促进经济增长。因此，麦金农认为，金融深化应包括两个方面的内容："一是通过取消高额存款准备金、最高利息限制和命令规定的信贷配给，以保证正的和比较统一的实际利率；二是通过合适的经济措施来稳定物价水平。"①

其次，在经济发展问题上，麦金农认为，发展中国家经济发展滞后的一个重要原因是政府实行的利率限制政策所造成的货币存量的减少，因此，发展中国家政府实现经济发展的优先策略应当是通过实行金融自由化，提高实际利率来形成自给资金，而不能长期依赖外国资本。当然，金融自由化战略必须辅之以贸易自由化、财税制度改革以及正确的政府支出政策等。

五、发展中国家的金融自由化改革

受麦金农和肖等金融自由化思想的影响，20 世纪七八十年代以来，世界上许多发展中国家及新兴市场经济国家（以下统称为发展中国家）都开始了以金融自由化为核心内容，以金融发展为目标的金融自由化实践。这包括拉丁美洲的智利、阿根廷、巴西、墨西哥、委内瑞拉、乌拉圭等国，亚洲的马来西亚、印度尼西亚、新加坡、韩国、泰国、斯里兰卡、菲律宾、印度、土耳其等国，非洲的埃及、南非、加纳、赞比亚、肯尼亚、尼日利亚、突尼斯、马拉维、津巴布韦、博茨瓦纳等国。

（一）发展中国家金融自由化的主要内容

综合各国金融改革的实践可以发现，发展中国家金融自由化主要是围绕着减少政府对金融的干预而展开的，具体内容主要包括以下几个方面：

1. 放松利率管制，实现利率自由化

这是发展中国家金融自由化改革的核心，正因为如此，改革中几乎所有发展中国家都先后放松了事前对利率的种种限制，最终实现了利率自由化。

2. 降低存款准备金要求

应当说，适度的准备金要求既有利于金融当局对货币供应量的调节，又能保护存款者的利益。但在金融压制政策下，发展中国家政府经常将准备金比率定得很高，这既加大了银行的经营成本，同时也使银行的信贷能力萎缩，阻碍了金融的发展。因此，在金融自由化改革过程中，发展中国家政府纷纷调低了准备金比率。如马来西亚 1974 年的准备金比率是 10%，到 1979 年便降到了 5%，后来大体上保持在 3.5% ~6.5%，印度尼西亚也将准备金率由 1988 年的 15% 降低到了 2%。

3. 降低信贷配给的比重

如前所言，信贷配给曾经是发展中国家政府解决信贷资金供求失衡的常见手段，它不但是腐败现象的肥沃土壤，而且降低了投资的效率。为此，伴随着金融的自由化，各国政府逐步缩减了信贷配给，有些国家如拉美的智利、阿根廷、乌拉圭等，甚至完全放

① 张东祥．西方金融发展理论的演进及对中国金融发展的启示［J］．经济评论，2001（4）．

弃了信贷配给制度。

4. 降低金融机构准入的标准

在金融自由化以前，发展中国家不仅对国外金融机构，而且对国内金融机构的市场进入都设置了很多的障碍，这在很大程度上导致了金融业的高度垄断，影响了金融的服务质量和效率。因此，发展中国家在自由化过程中已经放宽或取消了金融机构市场准入方面的种种限制，尤其在外资金融机构的市场准入问题上表现明显。

5. 放宽对汇率的限制

从各国金融自由化的实践来看，在汇率制度改革方面，发展中国家一般表现得较为谨慎，这是因为在金融压制条件下发展中国家普遍存在着汇率管制和高估本国货币的现象，如果放开汇率，本币必然贬值，这很容易使那些对进口依赖较强的国家出现通货膨胀。

6. 大力发展资本市场并对外开放资本市场

资本市场不完善，企业融资渠道缺乏，过分依赖内源融资是制约发展中国家经济发展的重要因素。因此，大力发展资本市场，加大企业之间融资的比重，拓宽企业融资的渠道，自然就成为发展中国家金融自由化改革的重要内容，从各国的改革实践看，发展中国家在发展资本市场的同时还逐步在实施资本市场的开放策略，放松对外资金进入的限制。当然，就像汇率制度改革一样，发展中国家在资本市场开放问题上表现得较为迟缓。

除此之外，有些国家还实行了国有银行的私有化政策、允许设立全能银行和民营银行的政策等。

（二）发展中国家的金融自由化的效应

开始于20世纪七八十年代的发展中国家的金融自由化改革，引起了国内外许多经济学家对它的关注，经济学家们运用不同的样本、不同的模型，对其储蓄效应、投资效应、金融效应和经济增长效应等进行了计量验证。

1. 储蓄效应

从经济学家们验证的结果来看，在金融自由化是否存在储蓄效应的问题上争议最大。

有些经济学家经过论证证明了利率自由化的储蓄效应。例如弗莱（Fry）、沃曼（Warman）和瑟尔沃（Thirwall）等都认为，实际存款利率和储蓄之间存在着明显的正相关关系，由利率自由化带来的利率水平的上升，促进了储蓄，提高了投资效率，刺激了经济增长。

与此相对，其他一些经济学家的验证结果恰好相反。例如卡普塔（Gupta）的实证研究结果表明，利率和储蓄之间存在着正相关关系是很难得到证明的，甚至有些经济学家经过论证发现，有的国家在金融自由化后的储蓄是呈下降趋势的。

2. 投资效应

经济学家们对利率自由化的投资相应的论证是从规模效应和效率效应两个方面展开的。

（1）规模效应。关于利率自由化的投资规模效应，经济学家们的研究结果同样存在着一定的分歧，但综合经济学家的观点来看，利率自由化不存在明显的规模效应。

（2）效率效应。就利率自由化的效率效应，经济学家的论证得出了较为一致的结果：利率的自由化对于投资效率的提高具有明显的促进作用，即利率的上升促使资金由低效率部门向高效率部门流动，从而实现了资源的优化配置，提高了投资的效率。

（3）金融深化效应。经济学家们对于金融自由化的金融深化效应的研究结果同样表现出了高度的一致性，即他们认为，金融自由化最终使得发展中国家的金融质量得到了优化，这突出表现在 M_2/GDP 的增长和股票市场的发展上。

（4）经济增长效应。在金融自由化的经济增长问题上，经济学家们的实证研究几乎都证明了金融自由化对经济增长的推动作用。争论的焦点在于，随金融自由化所实行的财税、贸易体制改革等在经济增长方面的作用可能也发挥了一定的作用，但这并不影响"金融自由化促进了经济增长"这样的结论。

但是，虽然金融自由化改革发挥了一定的作用，并最终推动了发展中国家的经济增长，但自 20 世纪 80 年代以来频繁发生在发展中国家和新兴市场经济国家中的金融危机，使得人们不得不产生发展中国家是否是"送走了金融压制，迎来了金融危机"的疑问。西方经济学家威廉姆森（Williamson）的一项研究发现，在 1980—1997 年发生金融危机的 35 个国家中，有 24 个国家的金融危机同金融自由化有关，美国经济学家米什金（Mishkin）也认为，片面推行金融自由化是发展中国家发生金融危机的一个重要原因。

综合经济学家们的研究成果，我们应该认识到，金融自由化是一把双刃剑，金融的高效运行，需要发展中国家政府放弃金融压制，通过金融自由化来实现金融深化，但无条件的一味实行金融自由化改革是非常危险的一件事情，为了能够让金融自由化真正发挥其积极作用，我们有必要总结发展中国家金融自由化改革的经验与教训。

（三）发展中国家的金融自由化的经验教训

金融自由化的两面性使人们认识到，不顾条件的金融自由化不但不会带来经济的增长，反而会造成金融秩序的混乱，加剧金融的脆弱性，为金融危机的爆发埋下隐患。为此，经济学家们通过对发展中国家金融自由化实践的经验教训的总结，着力对金融自由化的安排进行了精心的设计。

最初，弗莱认为，金融自由化至少应具备两个前提条件，即宏观经济的稳定和适当的银行监管，后来他又将其扩展为五个条件，即充分谨慎的商业银行监管，物价水平的基本稳定，可承受的政府债务水平，竞争性的商业银行体系的存在，非歧视性的税收体系。

1993 年，世界银行认为，金融自由化的前提条件应包括以下四个方面：①宏观经济的稳定；②良好的财政纪律；③完善健全的法规、会计制度和管理体系；④歧视性政策的取消，包括利率高限、高准备金率等。

在综合多方面研究成果的基础上，我国学者黄金老将金融自由化的前提条件归结为 5 个方面，即"稳定的宏观经济环境，金融企业制度的初步确立，金融脆弱性的及时消除，良好的社会制度环境和金融监管框架的基本形成”①。

六、金融深化理论的发展

（一）金融自由化理论批判

由于麦金农和肖等的金融自由化理论在发展中国家的实践中暴露出许多问题，因此，该理论自然就受到了来自其他学者的批判。

1. 新凯恩斯学派的观点

从有效需求理论角度出发，20世纪八九十年代兴起的新凯恩斯学派认为，经济增长决定于有效需求，而有效需求既包含投资需求，又包含消费需求和出口需求。因此，金融自由化理论可能会引致如下结果。

（1）新凯恩斯学派认为，在储蓄和投资的关系上，是投资决定储蓄，而不是储蓄决定投资，因此，实际利率的提高使得企业因筹资成本的增加而减少投资，而投资的萎缩又会借助于乘数效应影响经济增长率。

（2）实际利率的提高在带来实际储蓄增加的同时，也导致了居民实际消费需求下降。

（3）与金融自由化相伴随的贸易及资本流动的自由化，可能会引起汇率的高估，从而抑制出口，使出口需求减少。

（4）实际利率提高所带来的收益增加极易使银行从事高风险项目的融资，从而增加金融体系的不稳定性。

2. 新结构主义学派的观点

20世纪80年代兴起的新结构主义学派从发展中国家的二元金融结构出发，强调了非正规信贷市场的重要性，就此展开对金融自由化理论的猛烈抨击。

新结构主义学派认为：①在发展中国家的二元金融结构中，非正规的信贷市场本身就是一个自由化的、有效率的市场，它无须交纳法定准备金，是一个极富竞争性和灵活性的市场，是能够更加有效地实现储蓄向投资转化的机制。金融自由化后实际利率的提高，促使更多的资金由非正规信贷市场流向正规信贷市场，由于正规信贷市场要按照规定交纳法定准备金，因此，存在着严重的资金漏损现象，再加上正规信贷市场的效率较低，所以上述资金的流动会使整个社会资金的使用效率下降。②实际存款利率水平的上升有可能最终使经济陷入通货膨胀的局面。这是因为，实际存款利率的上升无形中增加了企业融通流动资金的成本，供给便会下降，当利率上升所产生这种供给效应超过因利率上升而产生的对储蓄的需求效应时，国内商品市场上就会出现过度的需求，最终推动物价上涨，产生通货膨胀。③由于市场缺陷的存在，金融自由化会使一个国家的金融体系的不稳定性增加。

3. 金融约束论

20世纪90年代以后，随着信息经济学理论的不断发展，以斯蒂格利茨、赫尔曼

① 黄金老．金融自由化与金融脆弱性［M］．北京：中国城市出版社，2001.

（T. Hellmann）及默多克（K. Murdock）为代表的新凯恩斯主义学派，基于东亚和日本的经验，从金融市场的不完全（信息）性角度对金融自由化理论进行了批判，并就此提出了“金融约束论”，认为政府通过温和的金融压制来直接干预金融是非常必要的。

斯蒂格利茨认为，所谓金融约束（Financial Restraint）是指政府通过一系列的金融政策安排，限制银行业的竞争以及直接融资对银行融资的替代，并使存、贷款利率低于竞争性的均衡水平，从而为金融部门和生产部门创造一定的租金机会。可见，租金机会的创造是金融约束论的核心。

金融约束论者认为，有效市场的假定是以完全信息为前提的，但问题在于，现实中的金融市场通常是具有不完全信息或不完全的市场，由信息非对称导致的逆向选择、道德风险和代理行为等会使金融市场存在严重的缺陷。在这种条件下，政府的适当干预就变得特别重要。在宏观经济稳定、通货膨胀率较低并且可预测，实际利率为正并且稳定等前提条件下，包括利率控制在内的一套金融约束政策有助于金融市场的效率提高，从而促进经济增长。他们认为，由金融约束所创造的租金机会可能会产生以下的积极影响。

（1）租金机会的存在可以为银行创造一个持续而稳定的特许权价值（Franchise Value），从而使银行不会因短期的私利而冒险，使银行经营更加稳健、吸收存款和管理贷款组合风险的动力更强。

（2）租金机会的存在可以促使银行提供长期信贷。一般来说，为避免通货膨胀的风险，发展中国家的银行不愿意向企业提供长期信贷。“偿还期转换（Maturity Transformation）”则为解决这一问题提供了一种机制，即由政府来承担通货膨胀风险，银行则承担信用风险。

（3）政府实行的低贷款利率政策向企业转移了一部分租金，增加了企业的收益，提高了企业的股本份额。企业股本的变化可以向银行发送相关信息，从而有利于银行信贷决策的优化。另外，贷款利率的降低还有助于减少信贷市场上的逆向选择行为。

（4）政府的定向信贷政策，可以促使各企业间相互竞赛，以便能够获得或获得更多的租金，从而能够促进更多企业的发展。

（二）金融自由化的次序

针对发展中国家金融自由化过程中出现的种种现实问题以及人们对金融自由化的疑义和非议，麦金农和肖认为，金融自由化的理论是正确的，发展中国家金融自由化过程中所出现的宏观经济危机主要源于改革次序安排上的失误。为此，麦金农和肖近年来对金融自由化理论进行了必要的补充和修正，建立了金融自由化次序理论。他们认为，金融自由化并不是无条件的，同时也并不意味着全面放弃政府的监督，金融自由化存在一个最优次序的问题，应当采取渐进的策略，其中，财政政策、货币政策和外汇政策应如何排序的问题是至关重要的，并且，这种最优次序会因自由化国家初始条件的不同而存在差异。关于金融自由化的次序问题的研究主要表现在麦金农在1991年出版的《经济市场化的次序——向市场经济过渡时期的金融控制》一书中。

麦金农认为，发展中国家要顺利实现金融自由化，必须要按照本国的实际情况，做出次序上的合理安排。一般地讲，第一，财政控制要优先于金融自由化。在财政控制方面，一是要限制政府的支出以防止经常性财政赤字的出现，否则可能会导致通货膨胀或债务危机，二是要建立有效的税收部门和税收管理制度以保证政府能够征收基础广泛但又较低的税收；第二，开放国内资本市场。麦金农认为，为避免资本市场改革过程中可能发生的银行恐慌和金融崩溃，国内资本市场的开放必须要和政府稳定宏观经济的能力及成效相吻合，在开放的初始阶段特别要注意采取有力的措施来控制货币与信贷系统；第三，汇率自由化，实现货币的可自由兑换。货币的自由兑换应分为经常项目的兑换和资本项目的兑换两个阶段，逐步进行。在经常项目的自由兑换问题上，首先要注意，应对所有经常项目采用统一的汇率，不能存在多重汇率。其次，要逐步以透明的关税取代关税以外的其他直接控制。麦金农认为，资本项目的可自由兑换应是金融自由化过程的最后阶段，过早地取消对外资流入的汇率控制是非常危险的事情，它有可能会造成资本的外逃或外债的堆积，甚至是二者兼而有之。

本章小结

金融创新是多种因素共同作用的结果。到目前为止，经济理论界并没有形成一个充分的、独立的金融创新理论体系。国外有关金融创新问题的研究主要集中在对金融创新的动因的研究上。金融创新对货币供给，货币需求以及货币政策都产生了深远影响。金融创新对货币需求的影响主要体现在金融创新不仅改变了社会公众的货币需求动机，使货币需求的结构发生了变化，还使货币需求的稳定性下降，并且改变了货币的流通速度。金融创新主要是通过影响货币政策中介指标的选取标准——可测性、可控性和相关性来施加对货币政策的影响。金融创新对货币政策传导机制的影响表现在金融创新不仅削弱了货币政策传导的微观基础，而且增加了货币政策时滞的不确定性。另外金融创新对传统货币政策、法定存款准备金制度以及再贴现政策也存在着影响。金融创新对货币供给的影响表现在金融创新扩大了货币供给的主体，增大了货币乘数并最终增大了金融体系供给货币的能力，增加了货币定义和计量的难度。金融创新在转移和分散风险的同时也制造了新的、更大的风险。这些风险包括：金融创新加大了金融机构的经营风险；金融创新使表外风险增加；金融创新增加了金融的系统性风险。

金融创新加大了金融市场风险，这突出表现在金融衍生工具的产生与发展上。理论界一般认为，金融创新主要包括金融业务创新、金融市场创新和金融制度创新三部分内容。按照金融业务的内容进行划分，我们可以将金融业务的创新分为负债业务的创新、资产业务的创新和中间业务的创新。负债业务的创新主要表现为大量新型负债工具的出现。这些新型负债工具的出现既让银行规避了来自政府的管制，又为其获取更多的负债资金开辟了道路。20世纪60年代以来的资产业务创新，除消费贷款、住房贷款等新型贷款的出现之外，突出的表现就是资产证券化。商业银行创新的中间业务主要包括信托业务，租赁业务、银行卡业务以及表外业务等，但表外业务的创新是近二三十年来表现最突出、影响最大的中间业务创新。支付清算业务是银行中间业务的重要组成部分，支付清算系统的创新主要经历了两个阶段：(1) 对原有支付和清算系统进行改良；(2) 利用电子计算机转账系统来完成支付结算。金融市场的创新主要包括市场工具的创新和理论的创新两个方面。各国在金融制度方面也都进行了改革和创新。

在金融发展的内涵理论界还没有形成统一的认识，国内理论界对金融发展进行了如下的描述：金融发展指的是在金融增长的前提下，一国金融状态从传统社会走向现代社会的一个渐进过程，它包括整个金融在制度、运行及调控机制等上层建筑和运作条件、对象等经济基础的各个领域和各个层次中的深刻变革。在西方金融发展理论中，关于如何衡量一个国家金融发展程度的问题，西方经济学家提出了许多相应的指标，其中包括戈德史密斯指标、麦金农指标、肖的金融深化指标、金－莱文指标等。西方经济学家关于金融发展与经济增长之间关系问题的研究，是伴随着金融发展理论的建立和发展而开始和逐步演化的。帕特里克、戈德史密斯、麦金农和肖都在金融发展理论领域内提出了自己的见解。

在麦金农和肖看来，所谓金融压制即是指发展中国家政府或权力机构对金融市场实施过度的直接干预和管制政策，使金融市场上价格等因素发生严重扭曲，但又不能有效地抑制通货膨胀，从而造成“金融阻滞经济增长，经济停滞又反过来制约金融发展”这种恶性循环的经济现象。基于肖所描述的金融深化的四大效应，国内有些金融学家还将金融压制对经济增长的影响归纳为“四个负效应”，即负收入效应、负储蓄效应、负投资效应和负就业效应。麦金农和肖认为发展中国家政府要想打破这种恶性循环，实现经济的增长，就应当摒弃长期以来所奉行的金融压制策略，推行金融深化改革，并提出了金融深化理论。发展中国家金融自由化主要是围绕着减少政府对金融的干预而展开的，具体内容主要包括放松利率管制实现利率自由化、降低存款准备金要求、降低信贷配给的比重、降低金融机构准入的标准、放宽对汇率的限制、大力发展资本市场并对外开放资本市场六个方面。

经济学家们运用不同的样本和模型，对其储蓄效应、投资效应、金融效应和经济增长效应等金融自由化的效应进行了计量验证。金融自由化是一把双刃剑。金融自由化理论受到了来自新凯恩斯学派、新结构主义学派、金融约束论等学派学者的批判。针对发展中国家金融自由化过程中出现的种种现实问题以及人们对金融自由化的疑义和非议，麦金农和肖近年来对金融自由化理论进行了必要的补充和修正，建立了金融自由化次序理论：金融自由化并不是无条件的，同时也并不意味着全面放弃政府的监督，金融自由化存在一个最优次序的问题，应当采取渐进的策略，其中，财政政策、货币政策和外汇政策应如何排序的问题是至关重要的，并且，这种最优次序会因自由化国家初始条件的不同而存在差异。

本章复习思考题

1. 金融创新对金融业的运行产生了哪些方面的影响？
2. 什么叫资产证券化？资产证券化的意义主要表现在哪些方面？
3. 什么叫表外业务？商业银行的狭义表外业务主要包括哪几部分？

4. 金融制度创新的内容有哪些？

5. 金融增长与金融发展之间存在着怎样的关系？

6. 衡量金融发展状况的指标有哪些？

7. 金融发展与经济增长之间的关系是什么？

8. 什么是金融压制？麦金农和肖认为发展中国家的经济金融制度的构造及其运行存在着哪些金融压制的特点？

9. 麦金农和肖的金融深化理论包括哪些内容？

10. 发展中国家金融自由化改革的主要内容有哪些？

11. 经济学家是怎样对发展中国家的金融自由化的效应进行检验的？得出了怎样的研究成果？

12. 根据麦金农的观点，发展中国家要顺利实现金融自由化次序上的合理安排是怎样的？

第三篇　微观金融运行

第十二章

微观金融活动中的收益和风险

本章重要术语

货币时间价值　现值　终值　单利　复利　年百分率　复利频率　连续复利
有效年利率　内部收益率　净现值规则　票面利率　当期收益率　到期收益率
持有期收益率　预期收益率　资本的机会成本　再投资利率　风险　系统性风险
非系统性风险　信用风险　市场风险　操作风险　流动性风险　风险厌恶
风险溢酬　在险价值（VaR）　风险对冲　波动性　置信区间　标准差

第一节　微观经济主体金融活动的基本假设

现代社会中，大到国家政府、国际组织，中到企业、医院、学校等各种盈利与非盈利社会部门，小到家庭、个人，每一个社会主体都须臾离不开金融活动。各社会主体利用现代金融发展起来的丰富多彩的金融工具和金融技术，通过借入资金的融资活动，或者出借资金的投资活动配置资源，优化自己的生存和发展条件，实现各自不同的目的。根据参与金融活动目的的差异，可以把这些参与主体分为三大类：个人或家庭、企业和各种社会组织，以及政府部门。

对于个人或家庭而言，其参与金融活动的目的是为了当前和未来消费的需要，平衡其跨期的收入和消费开支的不平衡。比如一个刚刚毕业的大学生可能需要通过按揭贷款的形式获得银行的贷款，购买住房。而这些贷款则需要使用自己今后工作取得的收入逐渐偿还。一对正当盛年，薪酬很多的夫妇不能随意挥霍自己当前的收入，而应该把一些收入储蓄起来或进行一定程度的投资，以便应付自己未来养老的需要。因此对于一个个人或家庭来讲，在生命周期的不同阶段，有时需要借入资金融资，有时需要把自己的收入进行适当的投资以留待后用。

对于企业和各种社会组织而言，企业是以营利为目的，在自己的经营活动中，经常会为某些经营项目或经营活动筹集资金，也经常会有暂时不用的资金，需要通过一段时期的投资赚取适当的利润，以提高资金的使用效率，避免资金闲置而带来的机会成本。在各种社会组织中，不管是营利组织还是非营利组织，也都有经常的或长期或短期融资或投资的需要，以保证自己业务的正常开展。可以说，企业或各种社会组织参与金融活动融资或投资的最终目的乃是其持续经营达成组织目标的需要。

对于政府部门来说，其社会管理所需要的资金固然最终来自税收。但是，在日常的管理过程中也需要借助于金融市场的融资或投资技术，合理安排政府跨期的资金，以便政府资金的有效合理使用，推动政府绩效的提高。

金融活动的三大参与主体参与活动的目的不尽相同，但是，抛开具体的细节，他们在金融活动中所做的都是进行跨期资源配置的投资和融资活动。投资在于以当前的资源换取未来更多的资源，融资则是以支付未来更多的资源为条件，取得当前使用的资源。这样一来，无论是上面三类金融活动参与者中的哪一类，只要是投资，都希望用尽可能少的即期成本获取未来尽可能多的收益，而融资则希望以未来尽可能少的付出获得自己当前需要的资金。或者说，投资希望最大化未来的收益，融资则希望最小化未来的付出。另一方面，前面的课程中我们也曾讲到，金融活动这种跨期的资源配置是以当前确定的资源换取未来不确定的资源，当前是确定的，无风险的，而未来却是不确定的，有风险的。作为参与金融活动的投资者与融资者，合理的假设就是他们都是厌恶风险的。因此，另一个特别重要的问题就是不管是投资活动还是融资活动，都会希望尽可能地承担更小的风险。因此，投资活动的目标可以归结为在一定风险条件下的收益最大化，或者等价的，在一定收益条件下的风险最小化；而融资活动的目标则是一定融资目标下的成本最小化。而投资与融资其实是一个问题的两个方面，投资者的收益就是融资者付出的成本。因此，最终微观金融活动的研究都可以以投资活动的目标为依据。而投资的目标则归结为一定风险条件下的收益最大化，或者一定收益条件下的风险最小化。由于未来的收益是不确定的，是随机变量，因此，收益高低及风险的测度成为微观经济主体投融资活动关注的关键问题。

第二节　货币的时间价值

在前面的章节中，我们曾学到，借入资金需支付利息，贷出资金要有报酬。这说明，即使不考虑未来的不确定性，投资需获收益，借钱要付成本，也是必须遵循的经济学法则。现实中，资金的所有者即使把资金用于自己的经营活动，在未来计算利润时，也总是扣除假如不是自己使用，而是贷出这笔资金可能获得的利息才算是经营所得，好像货币经过一定的时间，就要求有所增值似的。实际上，这种价值增值，是借入资金者把借入的资金用做资本投入生产或流通等经营活动，创造出来并作为成本支付给贷放资金一方的报酬。价值增值的多少反映了报酬的高低。没有实际的经营活动，就没有价值增值。但是，由于这种随着时间的增值是与资金的所有权联系在一起的，资金所有者无论贷出资金与否，都把随时间增值看作自己理所当然的收入。与此相对应，资金的使用者，无论借入资金与否，也总是把资金随时间的升值看作必须扣除的成本。于是，货币随时间增值就成为人们考虑问题的出发点。货币经过一段时间增加的价值，称为货币的时间价值。

或者说，货币的时间价值是在不考虑风险的情况下，货币经过一定时间的投资和再投资增加的价值。也可以说，货币的时间价值是货币所有者无风险投资可以获得的收益，同时，是货币的使用者在确定的情况下使用资金的成本。由于有时间价值，在不同时点上同样数量的货币价值是不相同的，对它们进行大小比较时，就需换算到相同的时间基础上。

一、货币时间价值的计算

1. 利率的表述与计算方法

第七章中曾讲到，利率是衡量利息高低的尺度，在本金额既定的条件下，利率水平的高低决定着取得或支付利息的多少。简单说来，利率是单位时间内单位本金获得的利息。因此，计算利率的时候，首先要明确所使用的时间单位，以及单位时间内计息的次数，即计息频率。金融学上习惯的做法是以年为计算利率的时间单位。每年计息一次，计息期为1年，年计息频率为1；每季度计息一次，计息期为0.25年，年计息频率为4，如此等等。因此，当我们看到银行等金融机构挂牌的各种金融产品的利率报价时，如三个月期的存款利率为2%，100天期限理财产品利率为4%，等等，我们要清楚这些都是指该金融产品的名义年利率而言的。每一个计息期的利率应该用年名义利率除以年计息频率，如上面提到的三个月期存款利率为2%，暗含着其计息期为三个月，年计息频率为4，则其三个月期的利率为2%/4，即0.5%。除此之外，投资者投资一定期限所获总的利息的多少，还要视具体计算方法的不同计算得出。

利息计算中有两种基本方法：单利（simple interest）与复利（compound interest）。

单利是指对本金计算利息，而对已过计息期而不提取的利息不计利息。其计算公式是：

$$C = P \cdot r \cdot n \tag{12-1}$$

$$S = P(1 + r \cdot n) \tag{12-2}$$

式中，C 为利息额；P 为本金；n 为计息期数；S 为本利和。

例如，一笔为期5年，年利率为4%，每年计息一次的10万元存款，到期时可获得的利息为：

$$100000 \times 4\% \times 5 = 20000(\text{元})$$

我国定期储蓄存款就是按单利计算的。由上面的计算方法容易看出，单利计息，一定时间所获利息的多少不受单位时间内计息频率的影响。

复利是每过一个计息期，则将上期利息并入本金一并在接下来的计息期计算利息的方法。仍假定每年计息一次，第一年按本金计息；第一年末所得利息并入本金，第二年则按第一年末的本利和计息；第二年末的利息再并入本金在第三年计息；依此类推，直至信用契约期满。计算公式为：

$$S = P(1 + r)^n \tag{12-3}$$

$$C = S - P \tag{12-4}$$

若将上述实例按复利计算，则：

$$S = 100000 \times (1 + 4\%)^5 = 121665.29(\text{元})$$

$$C = 121665.29 - 100000 = 21665.29(\text{元})$$

改革开放前，我国对复利有一定的偏见，习惯把复利与剥削联系在一起。其实，只要承认利息存在的必要性，就应该承认复利的合理性。因为，按期结出的利息属于贷出者所有，借者使用的这部分是与本金部分一样属于贷出者的资产，理应一样支付利息。因此，相对于单利，复利更符合利息的经济学本意。

2. 终值与现值

一笔资金当前的价值称为现值（PV），按照一定的利率计算出来的未来的价值称为资金的终值（FV，也就是前面所说的本利和）。如果所用的利率是某种单利，称为单利终值；如果用复利计算，则称为复利终值。

为论述的方便，先假定年计息频率为 1，重新定义相关术语如下。

PV：现值或资金的初始数量（就是前面提到的 P）；

r：年利率；

n：所经历的年数；

FV：终值（就是前面提到的 S）。

则，单利终值的计算公式为

$$FV = PV(1 + r \cdot n) \tag{12-5}$$

复利终值的计算公式为

$$FV = PV(1 + r)^n \tag{12-6}$$

由于金融以及现实的经济生活中经常用的是复利，后面我们若不特别指出，都是在复利的意义上计算的。

例如，面值为 1000 元的国债，每年计息一次，年利率为 8%，那么这张债券 5 年后的终值应为 1469.32 元，即

$$\begin{aligned} FV &= PV\ (1+r)^n \\ &= 1000\ (1+8\%)^5 \\ &= 1469.32\ (\text{元}) \end{aligned}$$

式（12-6）是计算复利终值的一般公式。其中的（$1+r)^n$ 有时被称为复利终值系数。可以看出，利率越高，复利计算的年数越多，最初投资的未来价值增长越快，一定量投资的未来值越大。为便于计算，可编制类似表 12-1 所示的“复利终值系数表”备用。该表的第一行是利率 r，第一列是计息年数 n，相应的（$1+r)^n$ 值在其纵横相交处。

表 12-1　复利终值系数表

期数	1%	2%	3%	4%	5%	6%	7%	8%
1	1.0100	1.0200	1.0300	1.0400	1.0500	1.0600	1.0700	1.0800
2	1.0201	1.0404	1.0609	1.0816	1.1025	1.1236	1.1449	1.1664
3	1.0303	1.0612	1.0927	1.1249	1.1576	1.1910	1.2250	1.2597
4	1.0406	1.0824	1.1255	1.1699	1.2155	1.2625	1.3108	1.3605
5	1.0510	1.1041	1.1593	1.2167	1.2763	1.3382	1.4026	1.4693
6	1.0615	1.1262	1.1941	1.2653	1.3401	1.4185	1.5007	1.5869

通过该表可以查出，如果一项投资的年利率为6%，3年后1元钱的终值将变为1.191元。图12－1中的曲线描述了不同利率与持有年数之间的这种关系。

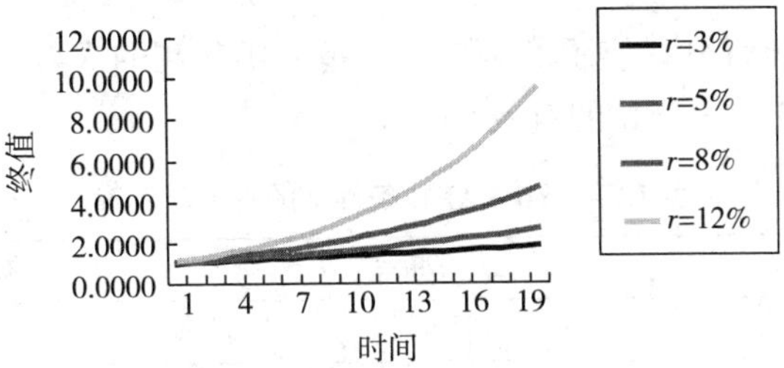

图12－1　1元钱的时间价值

现值是终值计算的逆运算。现实中，我们也经常会遇到已知某个未来的资金价值，推算其当前价值的情形。对于上面讲到的简单复利过程，现值的计算公式为：

$$PV = FV/(1+r)^n \tag{12-7}$$

3. 复利频率与连续复利

上面所述为年计息频率为1的情况。如果年计息频率不是1，而如前面所讲是2，4等其他情况，即每年计息2次，或每年计息4次等情况，终值现值的计算则需根据计息频率的变化做相应的调整。举例如下：

假设银行对某笔贷款报价为5.94%，每月复利一次，则年初贷款100元，年末需归还的本利和为：

$$FV = 100 \times \left(1 + \frac{5.94\%}{12}\right)^{12} = 107.37(\text{元})$$

如果这笔贷款是每年计息1次，年末需归还的本利和为：

$$FV = 100 \times (1 + 5.94\%) = 105.94(\text{元})$$

可见，同样的报价下，计息频率越大，累计利息越多。这也就是为什么我们前面把金融机构对利率的报价称为名义利率的原因——利率相同，复利频率不同，一笔资金经过一段时间后实际带来的利息不同。年名义利率也称为年百分率（annual percentage rate，APR）。这样一来，知道两笔资金适用的名义利率，比较它们实际收益率的高低，则必须把它们转化为同样的计息频率下才能比较。通常，我们是把各种不同计息频率的利率转化为与之等价的一年计息一次的利率进行比较。与某一名义利率（年百分率）等价的一年计息一次的利率称为该利率的有效年利率（effective annual rate，EFF）。

例如，5年期以上住房按揭贷款银行报价为基准年利率5.94%，此报价为年百分率。由于每月复利一次，真实的实际利率是按5.94%的1/12每月计算的，实际上是月利率4.95‰。我们可以计算出其有效年利率如下：

年初投资1元，年末终值为

$$FV = \left(1 + \frac{5.94\%}{12}\right)^{12} = 1.0736554$$

有效年利率正是这项数字减去1：

$EFF = 1.0736554 - 1 = 0.0736554$，或每年7.36554%

有效年利率的一般计算公式为

$$EFF(APR,m) = \left(1 + \frac{APR}{m}\right)^m - 1 \tag{12-8}$$

这里，APR 是以年百分率表示的利率，m 是一年复利的次数。表 12－2 显示了不同复利频率条件下对应于 6% APR 的有效年利率。

表 12－2　6%APR 条件下的有效年利率

复利周期	复利频率	有效年利率（%）
年	1	6.00000
半年	2	6.09000
季度	4	6.13636
月	12	6.16778
周	52	6.17998
日	365	6.18313
连续	∞	6.18365

随着复利频率的增加，有效年利率变得越来越大，但是它不会无限增大，而会趋近于一项极限。

连续复利时有下列终值计算公式成立：

$$FV = PV \cdot e^{nr} \tag{12-9}$$

与此相对应，已知终值求现值的公式为

$$PV = FV \cdot e^{-nr} \tag{12-10}$$

其中，n 为经历的年数，r 为年百分率。

在连续复利的情况下，有效年利率为

$$EFF = e^r - 1 \tag{12-11}$$

比如，在上述例子中，如果利息按照 6% 计连续复利，那么有效年利率就是 $e^{0.06} - 1 = 0.0618365$，或每年 6.18365%。

二、货币时间价值的应用

前已指出，货币的时间价值是货币所有者无风险投资可以获得的收益。在现实中，货币的时间价值就表现为一定经济环境下不同期限的无风险利率的高低。现实中，常常根据各种期限的国债的收益情况计算不同期限的无风险利率，因为一般都假定国债是无风险的。无风险利率随到期期限的变化而变化，这一关系称为无风险利率的期限结构。无风险利率的期限结构是现实的借贷、投资、金融交易等活动的参照标准。一笔资金的借出起码要取得同期限无风险利率下获得的收益，否则，就不会有人借出自己的资金；同样，融资者必须承担不低于同期限无风险利率的成本才能融进资金供自己使用。现就一些最简单的情况举例如下。

1. 已知现值计算终值

（1）偿还助学贷款。为支持贫困大学生顺利进入大学并完成学业，我国政府推出了大学生助学贷款政策。贫困家庭的学生，考上大学后可以申请银行贷款缴纳学费和支付自己的生活费用。学生在校期间，完全由政府贴息，大学毕业以后学生在一定年限内偿还贷款本金和毕业后应计的利息。假定一个大学本科生入学时一次申请贷款 30000 元，贷款期限 8 年，银行同期贷款基准利率，也就是这笔贷款的利率为每年复利一次，年利率 6%。学生毕业 8 年后一次性还清（当然，现实中，贷款的发放和偿还基本都是分期分次进行的，比这里的情况要复杂，但也不难计算）。计算到期应还资金总额。这就是一个已知现值求终值的问题。由于学生在校期间利息全由政府财政补贴，虽然贷款期限 8 年，但是对学生来讲，其计息期只有 4 年。因此，应还本息总和为

$$FV = PV \cdot (1+6\%)^4 = 30000\,(1+6\%)^4 = 37874.31\ (\text{元})$$

（2）按照不同利率计息再投资。假如你有一笔未来 2 年内闲置不用的资金 10 万元，希望通过购买定期国债等方式使其保值增值。如果当前的 1 年期和 2 年期定期国债的利率分别为 6% 和 7%，怎样做对你最有利呢？

这里的做法可以有多种，一是直接购买 2 年期定期国债，以固定利率 7% 投资两年。二是先购买 1 年期定期国债，1 年以后再以那时的 1 年期利率投资 1 年。第三种做法是在购买 1 年期定期国债的同时，在市场上签订一份远期投资合约，确定一年以后以合约确定的利率再投资一年。随着衍生金融工具市场的发展，还可以通过购买利率期货的方式规划自己的两年期投资。第二种做法中未来投资的利率称为再投资利率，这一做法的效果取决于你对再投资利率的预测以及预测的准确性，假定你认为一年后的 1 年期利率是 9%（当然，这种对未来的预测是有风险的，投资时需要考虑进去。但是，我们这里只考虑时间价值，风险对投资政策的影响留待后面考虑），我们可以以此为基础计算前两种方法下的投资报酬，哪种方法最后得到的报酬多，哪种方法就更有利。

以 7% 的固定利率投资两年：

$$FV_1 = 10000 \times (1+7\%)^2 = 11449\ (\text{元})$$

以 6% 的利率投资 1 年后，再以 9% 的利率投资 1 年：

$$FV_2 = 10000 \times (1+6\%) \times (1+9\%) = 11554\ (\text{元})$$

$FV_2 > FV_1$，第二种投资方法更有利。

如果一年后 1 年期利率远低于你的预测，第二种做法可能就会不如第一种做法。先投资一年加远期合约的方法，以及先投资一年加利率期货的方法，结果都是确定的。远期合约确定的一年后的 1 年期利率称为远期利率，现实中可以根据利率的期限结构求出未来的远期利率。在市场是有效市场的情况下，其与第一种做法的结果应该是相同的。

2. 现值折现及折现现金流决策规则

现实中的投资方案往往涉及多次现金投入，收益也常常是多次获得的。不同投资方案一般有着不同的投资总额，收益总额；资金投入、收益获取的时间，每次资金收付的数量、比例一般也各不相同。要评价投资方案是否可行，不同的投资方案孰优孰劣，就需要按照一定的标准把它们各自的现金流换算到同一时点上加以比较。这时，把投资方

案存续期间的现金流换算成现值是最自然，最合理的想法。根据未来的现金流推算现值的过程称为折现。折现为现实的投资决策提供了强有力的工具。

评价一个投资项目是否可行，最常用的决策规则是净现值规则。净现值规则就是在已知目标收益率的前提下，计算某一投资计划未来现金流的现值。如果该投资计划未来现金流的现值非负，则该投资计划可行；否则，该投资计划不可行。

假设市场上正在以 950 元的价格出售一种 5 年期附息国债。该国债的面额为 1000 元，票面利率 8%，每半年付息一次，第五年末归还本金。如果一个投资者的目标收益率是 9%，根据净现值规则我们可以判断是否应该购买该国债。分析如下：

如果购买该国债，未来 5 年内的现金流如下：

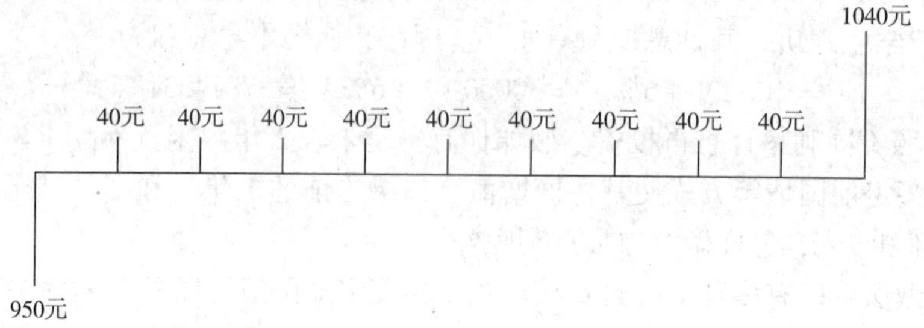

其中，950 元为买债券支付的资金，随后，每半年得到 40 元的利息（$1000\times\frac{8\%}{2}=40$），最后领取 40 元利息和 1000 元面额价值，共 1040 元。将这些现金流以投资者的目标收益率 9% 折现：

$$NPV=-950+\frac{40}{1+9\%}+\frac{40}{(1+9\%)^{2}}+\cdots+\frac{1040}{(1+9\%)^{10}}=-248.52(\text{元})$$

我们看到，此项投资的净现值为负值，说明达不到投资者的收益目标，因而不能购买该国债。

现实中，通常使用资本的机会成本作为投资者的目标收益率。所谓机会成本就是如果投资者不投资于相关项目，而投资于其他地方可以得到的收益率。比如投资于银行同期存单的利率，同期国债利率等。

除净现值规则外，在投资决策中经常使用的另一种规则是内部收益率规则。该规则实际上与净现值规则是等价的。

内部收益率规则是求出某项投资可能获得的收益率大小，然后与目标收益率比较，如果内部收益率在目标收益率之上，则投资，否则，就不投资。

让未来现金流的净现值等于零而求出的贴现率，就等于投资的内部收益率（internal rate of return，IRR）。仍然使用上面的例子，设购买国债的净现值为 0，则有：

$$NPV=-950+\frac{40}{1+k}+\frac{40}{(1+k)^{2}}+\cdots+\frac{1040}{(1+k)^{10}}=0$$

$$k=5\%$$

可以看出，如果投资者购买该国债，最后得到的收益率只是 5%，远小于目标收益率 9%，因而不能进行该项投资。

第三节　收益率的衡量方式

金融资产收益的高低用收益率来衡量，在前面的章节中，我们已经多次用到收益率的概念。我们知道，金融资产的收益率就是该金融资产带来的收益与其取得成本的比率。但是，由于现实中计算收益率时所用收益和成本的计算口径或方法不同，得到的收益率的含义和大小也不同。

一、票面利率

债券的票面利率是债券的票面收益与票面额的比率。对于附息债券，在其存续期内发行者定期对持有者支付定额利息，票面利率就是为了计算息票支付而运用于面值的利率。因此，一张面值为1000元，票面利率为8%进行年度支付的附息债券，每年支付给债券持有者的利息为80元（1000×8%）。如果该债券的到期期限为5年，那么在第5年末，发行者支付最后一笔80元的息票价值以及1000元的面值。

当债券以面值发行或已发行债券的市场价格等于债券面值时，债券的收益率就等于票面利率。但在多数情况下，由于市场利率的变化，债券的市场价格会不同于其面值，票面利率也就不等于债券的收益率，不能反映债券收益的高低。这时，就必须用另外的指标。

二、当期收益率

所谓当期收益率（Current Yield，简记为CY）指的是每年的息票价值与债券价格的比例。还以上面讲到的债券为例：假如该债券发行一年后，因市场利率下降，债券的价格上升为1080元。我们可以计算债券的当期收益率为：

$$CY = \frac{\text{息票价值}}{\text{债券价格}} = \frac{80}{1080} = 7.41\%$$

需要注意的是，由于当期收益率只考虑了息票收益，而没有把债券到期时获得的本金是债券面值，而不是债券的当期价格这一事实考虑在内，因而并不能反映债券的真实收益水平。为了更真实地反映债券的收益情况，我们需要考虑到期收益率。

三、到期收益率

到期收益率（Yield to Maturity）是使未来现金流的现值等于债券当前的市场价格的贴现率，用YTM表示。这一收益率是假定购买债券后持有到期所获得的平均报酬率，能较好地反映债券的收益，是评价债券收益高低时应用最广泛的指标。

我们可以通过下面的公式计算债券的到期收益率如下：

$$P = \sum_{i=1}^{n} \frac{C}{(1+YTM)^i} + \frac{F}{(1+YTM)^n} \qquad (12-12)$$

式中，P——债券当前的市场价格；

C——定期支付的利息；

F——债券面值；

n——距到期日的年数；

YTM——每年的到期收益率。

对上面讲到的债券，距到期时间还有 4 年，当前的市场价格为 1080 元，我们可以计算其到期收益率如下：

根据到期收益率公式：

$$1080 = \sum_{i=1}^{4} \frac{80}{(1 + YTM)^i} + \frac{1000}{(1 + YTM)^4}$$

可以用财务计算器，或 EXCEL 财务函数计算求出 $YTM = 6\%$。

对于到期一次支付的所谓零息债券，其到期收益率的计算简化为：

$$P = \frac{F}{(1 + YTM)^n} \quad (12-13)$$

式中字母的意义与式（12－12）相同。

对于一年计息若干次的债券，习惯上，年到期收益率就是年百分率。首先计算出每期到期收益率如何，乘以一年的计息次数就是该债券的年到期收益率。仍以上述债券为例，如果该债券每季度付息一次，则其到期收益率计算如下：

$$1080 = \sum_{i=1}^{4\times4} \frac{20}{(1 + YTM/4)^i} + \frac{1000}{(1 + YTM/4)^{16}}$$

可以求得，$YTM = 4\%$

四、持有期收益率

到期收益率虽能较好地反映债券的实际收益，但是，即使购买债券后持有到期，投资者实际获得的回报率与事先计算出来的到期收益率也可能不相等，因为期间获得的利息存在一个能否按原来的利率再投资的问题，存在再投资风险。何况购买的债券往往不等到期就卖出了。更加准确地反映投资债券收益大小的是持有期回报率（Holding Period Return，HPR）。债券的持有期回报率是在一定的持有期内债券带来的收益（包括利息收入和债券买卖差价造成的资本利得或损失）相对于债券期初价格的比率。

$$HPR = \frac{C + (P_1 - P_0)}{P_0} \quad (12-14)$$

式中，HPR——持有期回报率；

C——利息；

P_1——期末的价格；

P_0——期初的价格。

例 12－1：投资者以票面价值 1000 元购买一种半年付息一次且刚刚付过息的债券，该债券的票面利率为 8%。6 个月后收到利息并将债券卖出，出售价为 1074 元。求这半年内投资者的持有期收益率。

解：持有半年的收益率＝［40＋（1074－1000）］/1000＝11.4%

五、预期收益率

上面所讲的各种收益率都是在未来的现金流确定的情况下表示收益大小的方法。但是，现实中，多数投资未来可能获得的现金流是不确定的，会根据未来情势的变化而变化，可能取得各种不同的收益。这样，多数投资可能获得的收益率也是不确定的。也就是说，多数投资是有风险的，收益率是一个随机变量。假设一项投资的收益率是随机变量 $\tilde{r}$，其概率分布为 $P(r)$，其数学期望值反映了人们对其未来收益状况的总体预期。当然，这一期望值极少与未来实际实现的收益值相同，但是它却反映了我们对一切可能的有关信息分析后对投资获利能力的一种估计。这一期望值称为预期收益率，用 $E(\tilde{r})$ 表示，是风险投资收益高低的表述方法。假设 $\tilde{r}$ 取值为 r_i（$i=1, 2, \cdots, n$）的离散型随机变量，取 r_i 的概率为 p_i 如表12－3所示：

表12－3　投资的收益率及其概率分布

收益率	r_1	r_2	…	r_n
概率	p_1	p_2	…	p_n

则：$E(\tilde{r}) = \sum_{i=1}^{n} r_i \times p_i$

如果 $\tilde{r}$ 是连续性随机变量，预期收益率则是积分的结果。

总之，对于未来收益不确定的风险性投资，我们用预期收益率表示其收益的高低。

第四节　微观金融活动中的风险

一、风险的定义

作为跨期资源配置的金融活动，多数情况下投融资的结果是不确定的，具有风险性。这是除了时间价值之外，微观经济主体参与金融活动需要考虑的另外一个关键问题。《辞海》（1999年版缩印本）这样来定义“风险”一词：风险是指“人们在生产建设和日常生活中遭遇能导致人身伤亡、财产受损及其他经济损失的自然灾害、意外事故和其他不测事件的可能性。”在韦伯词典中，风险的定义是，“损失或伤害的可能性”。可见，中西方对风险的一般理解是相同的，都认为，如果事情的发展具有不确定性，而这种不确定性可能带来不利后果，就说有风险。这种一般理解和使用上的风险定义在财务和经济决策上常被称为纯粹风险。财务或金融活动结果的不确定性可能造成不希望承受的损失，也可能带来不曾奢望的收益。而这两者都会影响微观经济主体的经营与决策。也就是说，只要未来的结果不能确定，经济主体在诸如安排资金、制订计划等方面就会显得被动。因此，在金融领域，不宜使用一般意义上的纯粹风险的概念，而应该把未来结果的所有不确定性都考虑在内，不管这种不确定性带来的结果是有利的，还是不利的。考虑到这一原因，本书接受芝加哥学派创始人之一的美国经济学家奈特（Knight）的观点定义风险如下：风险（Risk）是可测度的未来事件的不确定性。

理解这个定义，应掌握以下几点：

第一，风险产生于不确定性，又不完全等同于不确定性。不确定性意味着未来可能发生的结果不止一个，但是事前不能确定哪种情况将会发生。最简单的不确定性事件也一定是这样的——可能发生的结果多于将会发生的结果。如果抛掷一枚硬币，可能出现正面，也可能出现反面，但是不可能既是正面，又是反面，两种可能性中只有一种情况最终成为事实，但是，事先我们并不知道到底会出现哪种情况。风险又不完全等同于不确定性。不确定性的情况有多种，对于有些不确定性，也许我们事先连究竟会有哪些结果可能发生都不知道；或者即使事先知道会有哪些结果发生，但却不能确定其中至少一种结果发生可能性的大小。也就是说，有些不确定性事先无法确定事件未来发生的概率分布。风险则不同，我们定义风险为可测度的未来事件的不确定性。说明风险是一种特殊的不确定性，它必须可以量化。这就要求，未来所有可能的结果以及各种结果发生的可能性的大小都能事先确定。用更专业化的语言来说，就是风险是事先知道未来事件发生的概率分布的不确定性。

第二，金融里讲的风险是与投资的未来收益的不确定性相关联的。一般来说，投资的未来收益是不确定的，我们可以事先估计其可能的大小，但却不能确知其大小到底为何。因为投资收益的取得在将来，而将来则可能遇到各种未曾预料的因素的影响。与风险有关的投资收益的不确定性必须是可以度量的，必须事先知道投资的未来收益的概率分布。

第三，风险是在一定的时间长度内界定的。每项投资都有自己的投资期限。有的投资时间仅一两天，如银行间的拆借；有些投资则长达数年，甚至数十年，如股票投资，房地产抵押贷款等。持有投资的时间长度不同，风险大小也不同。大多数情况下，持有投资的时间越长，风险越大，但是，现实中也有例外。有鉴于此，比较风险大小，必须是在同样的时间长度基础上。

二、风险的分类和识别

在金融决策和交易中，一般假定微观经济主体是风险厌恶的，没有谁愿意免费承担风险。风险需要补偿，这是微观金融活动的另一个重要原则。要使自己承担的风险得到适当的补偿，首先要搞清楚自己承担了哪些风险。因此，对风险的识别是风险管理的第一步。风险识别涉及风险的分类，金融风险有两类常用的分类方法，一类方法是按照风险发生的范围大小，将风险分为系统性风险和非系统性风险；另一类是按照风险的成因分为信用风险、市场风险、流动性风险、操作风险、国家风险和法律风险等。

（一）按风险发生的范围分类

1. 系统性风险（Systematic Risk）

系统性风险是由那些影响整个金融市场的风险因素引起的，是几乎所有经济主体都共同面临的未来收益的不确定性。这些风险因素包括经济周期、国家宏观经济政策的变动、经济危机、通货膨胀、国际国内政治局势的波动等。系统风险的基本特点是，系统风险会对市场上几乎所有金融变量的可能值产生影响，并且不能通过投资分散化等方式来消除或者减弱，而只能通过某些措施来转嫁或规避，因此，又称为不可分散风险。换言之，即使投资者持有一个充分分散化的投资组合，他也要承受系统风险。

2. 非系统性风险（Nonsystematic Risk）

非系统性风险也称可分散性风险，是一种仅对特定公司、特定行业、特定区域产生影响的风险。如公司经营管理失误、特定债务人违约、国家制定了针对某一行业的经济限制措施、某些地区发生地震等自然灾害等。非系统性风险由于只影响特定的经济主体，因而投资者可以通过分散化投资的方式来降低甚至消除。

（二）按风险的成因分类

1. 信用风险

信用风险也称为违约风险或爽约风险，是指债务人或交易对手未能履行合约所规定的义务，或者债务的信用质量发生变化，给债权人或金融产品持有者所带来的风险。信用风险的大小主要取决于交易对手的资信、财务状况和金融产品的信用等级。

贷款、证券都会产生信用风险。金融机构贷款和债券的信用风险主要源于借款人的违约，其可能的损失将是全部或部分票面价值和未付利息。对于上市交易的证券来说，信用风险所带来的损失也可能发生在实际违约之前，即由于信用质量发生变化，信用等级降低，导致证券价格变化所带来的损失。

2. 市场风险

市场风险又称为价格风险，是市场价格波动而引起的风险。市场风险可以进一步分为利率风险、汇率风险、股票价格风险和商品价格风险等。市场风险的管理技术是目前最为成熟的。

3. 操作风险

2004 年巴塞尔委员会通过的《巴塞尔新资本协议》中，操作风险被定义为“由于内部程序、人员、系统不充足或者运行失当，以及因为外部事件的冲击等导致直接或间接损失的可能性的风险。”按照此定义，操作风险可以分为人为因素引起的操作风险、内部操作流程因素引起的操作风险、系统因素引起的操作风险和外部事件引起的操作风险等四种类型。

（1）人为因素引起的操作风险主要是指操作失误、违法行为（员工内部欺诈、内外勾结）、关键人员流失、越权行为等因素所造成的风险。

（2）内部操作流程等因素引起的操作风险是指机构内部操作流程设计不合理或内部操作流程未能得到有效执行等原因而造成的风险。

（3）系统因素引起的操作风险是指机构的交易系统、信息系统等失灵或系统存在漏洞而给机构带来损失的风险。

（4）外部事件引起的操作风险主要是指外部因素的冲击而使机构遭受损失的风险。

综合来看，操作风险主要与企业或金融机构内部控制制度的不完善密切相关，是由于企业或金融机构内部控制不健全或失效、操作失误等原因引起的。

4. 流动性风险

流动性包括资产流动性（或称市场流动性）和公司流动性。资产流动性是指资产转化为现金的能力。流动性好的资产可以在不受大的损失的情况下迅速地转化为现金，成为现实的购买力。而流动性差的资产转化为现实的购买力则耗时费力，并可能付出大的价格折扣。公司流动性是指公司履行到期现金支付义务的能力，流动性好的公司或者具有充足的现金流入，或者拥有较多的流动性资产，或者因信誉良好，有较多的筹资渠道，能够很容易完成债务清偿等现金支付。

流动性风险指由于缺乏流动性而给经济主体造成损失的风险。对于一个企业来说，保持流动性是很重要的，流动性的好坏关系到企业生产经营能否正常进行，甚至能否生存下去。对国家和家庭来说，流动性风险也是不容忽视的。当然，保持流动性对金融机构特别是商业银行来说就尤其重要，流动性不足可以置金融机构于死地。

造成流动性风险的原因往往更加复杂，常常是其他风险综合影响的结果。如市场风险和信用风险的发生不仅可能直接影响金融机构的资产和收益而导致流动性风险，还可能引发“金融恐慌”而导致整个金融系统的流动性下降。

按成因划分，除上述四种风险之外，还有国家风险、法律风险等，但最常见、最重要的还是上述四种。值得注意的是，各种风险并不是相互独立互不相干的，它们相互作用，相互影响。

三、风险厌恶、风险溢酬和风险—收益权衡

到目前为止，我们讨论问题的前提是假定微观经济主体是风险厌恶者。理论上讲，人们对于风险的态度可以有三种：风险爱好、风险中性和风险厌恶。对于风险爱好者而言，他们喜欢不确定性的结果甚于确定性的结果，不确定性程度越高，给他们带来的效用越大；风险中性是指风险大小并不影响当事者的效用水平，只要其他条件相同，当事者获得的效用就相同，不会因风险的改变而改变；风险厌恶者则更喜欢确定性的结果，其他条件相同的情况下，确定性事件好于不确定性事件，确定性程度高的事件好于确定性程度低的事件。

假如有两种投资方式，期初投资100元，期末第一种投资方式本利总计可获得确定的110元，第二种投资方式本利总计的收益要视投资期间的具体情况而定，可能的数额为120元，110元，100元；这三种情况出现的概率都是1/3。第二种方式未来收益是不确定的，根据第十二章的知识，我们要用预期收益表述投资收益的大小。其预期总收益为$120\times1/3+110\times1/3+100\times1/3=110$（元）。由此可见，第二种方式的投资收益与第一种是相同的。在这种情况下，风险爱好者会选择第二种方式投资，因为结果的不确定性给他带来刺激，增加了他的效用；风险中性者对两种方式并无偏好，因为他所关心的只是可能的收益，风险大小既不增加，也不减少他的效用水平；风险厌恶者则会选择第一种方式，因为第一种方式在同样的收益水平下，还没有风险。

对微观经济主体风险厌恶的假定说明，为了减少自己承受的风险，投资者愿意支付

一定的费用；或者要使投资者承担一定的风险，就必须给予适当的补偿。购买保险就是一个为减少承担的风险而付费的例子。我们购买保险，实际上是付钱给保险公司，让保险公司承受我们的风险。显而易见的是，作为以盈利为目的的商业保险公司，它的收费必然比它预计的理赔支出要更多。与此相反，如果有人想要投资者承担风险，就需要为此给予投资者支付相应的报酬。因此，一项有风险的投资必须具有比无风险投资的收益率更高的预期收益率。用经济学术语来说，风险投资必须提供风险溢酬（Risk Premium）。一般而言，一项投资风险越高，风险溢酬就越高（见图 12 –2）。

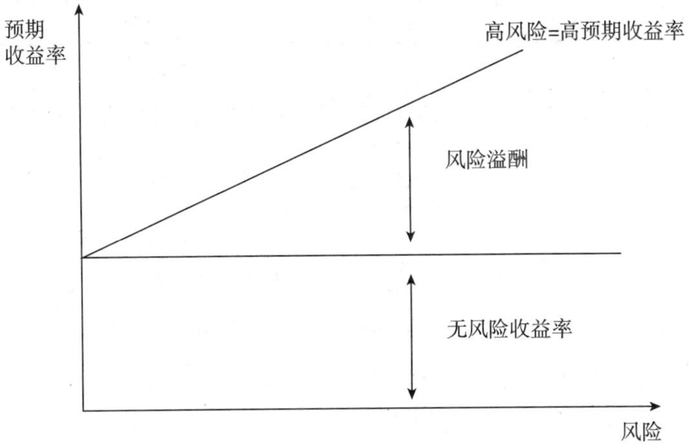

图 12 –2　风险与期望收益之间的权衡

广而言之，如果风险投资具有更高的风险溢酬，那么它们一定具有更高的期望收益。因此，在风险和期望收益之间存在权衡：要想获得更高的收益，就必须承担更大的风险；不想承受大的风险，就不要期望获得高的收益。如果有人告诉你他的投资具有巨大的收益，你应该意识到那十之八九是一项很冒险的投资。

第五节　风险的度量

有风险的投资需要风险溢酬，而风险溢酬的高低则要视所承担风险的大小而定。因此，合理的测度风险大小是权衡投资项目，决定投资取舍的重要环节。前面讲到，对于未来收益不确定的投资，其收益率是一个随机变量，我们用收益率的期望值，也就是期望收益率来表示投资收益的高低。而正如我们在概率论中所知道的那样，随机变量的平方差代表了随机变量的发散程度，也就代表了随机变量的波动性或不确定性的高低。因此，从马柯维茨发表其著名的论文《现代资产组合理论》（*Portfolio Selection*）以来，收益率的方差一直是人们最常用的衡量投资风险的方法。除此之外，人们还发展出来其他各种衡量和控制风险的方法，比如，在险价值（value at risk，VaR）就是投资机构出于控制在一段时间内发生的最大可能损失的需要，而发明的一种衡量风险大小的方法。

一、应用标准差（或方差）表示风险大小

当只考虑投资于单一的金融资产时，投资的收益水平和风险大小的计算是简单的。仍以表12－4的情况为例，假定某一金融资产收益率 $\tilde{r}$ 取值为 r_i（$i=1, 2, \cdots, n$）的离散型随机变量，取 r_i 的概率为 p_i，将表12－4重新列于此处：

表12－4　投资的收益率及其概率分布

收益率	r_1	r_2	…	r_n
概率	p_1	p_2	…	p_n

预期收益率 $E(\tilde{r}) = \sum_{i=1}^{n} r_i \times p_i$，表示资产收益的高低。而其方差与标准差为

$$\sigma^2 = \sum_{i=1}^{n} p_i [r_i - E(r)]^2 \qquad (12-15)$$

$$\sigma = \sqrt{\sum_{i=1}^{n} p_i [r_i - E(r)]^2} \qquad (12-16)$$

这一方差（标准差）就被用来表示此资产风险的高低。

例题：购买甲、乙两种股票，在未来可能出现的1、2、3、4四种经济情形下，其收益率 $\tilde{r}_A$ 和 $\tilde{r}_B$ 的可能取值如表12－5所示：

表12－5　A、B两股票收益率状况

经济情形 i	概率 P_i	r_A	r_B
1	30%	30%	15%
2	20%	15%	8%
3	30%	0	0
4	20%	－30%	－0.50%

可以求出：

$E(\tilde{r}_A) = 30\% \times 30\% + 20\% \times 15\% + 30\% \times 0 + 20\% \times (-30\%) = 6\%$

$\sigma_A = \sqrt{(30\%-6\%)^2 \times 30\% + (15\%-6\%)^2 \times 20\% + (0-6)^2 \times 30\% + (-30\%-6\%)^2 \times 20\%}$

$= 21.42\%$

$E(\tilde{r}_B) = 6\%$

$\sigma_B = 6.66\%$

由此可见，A、B两股票预期收益相同，但A比B的风险大了很多。

如果两个投资预期收益不同，可以用标准离差率衡量风险大小。标准离差率是收益变量的标准差与预期收益的比值。

二、用在险价值（VaR）衡量风险

标准差是度量投资风险最早被提出，也是最常用的指标。而在大多数情况下这一指

标也是适宜的，胜任的。但是，有些情况我们也需要不同的方法。有时我们不太关心可能结果的范围，而更关心最糟糕的结果会是怎样。比如，投资银行如果投资次级抵押贷款，相对于关心这种投资收益的波动范围有多大而言，投资银行也许更关心在最糟糕的情况下，这种投资给投资银行造成的最大损失会是怎样，投资银行会不会因此而破产，破产的可能性有多大，用来评估这种风险的指标是在险价值（VaR）。

在险价值（VaR）是指在一定概率水平 $\alpha\%$（置信水平）下，某一投资价值在未来特定时期内的最大可能损失。计算 VaR 实际上是在回答一个问题：在未来 N 天内，有 $\alpha\%$ 的把握认为损失不会超过多少。如某投资期限为 1 天，置信水平 99% 的 VaR 值为 10 万元，这意味着该投资未来 1 天内的损失只有 1% 的可能会超过 10 万元。或者说，有 99% 的把握认为该投资未来 1 天内的损失不会超过 1 万元。自从 20 世纪 80 年代后期 JP 摩根公司的内部风险管理部门提出 VaR 方法以来，VaR 方法得到广泛认可，并被迅速推广开来，成为金融机构进行市场风险管理的重要方法之一。

如果用公式来描述，VaR 可以表示为

$$Prob(\Delta\Pi < -VaR) = (100 - \alpha)\% \tag{12-17}$$

其中，$\Delta\Pi$ 为投资价值的未来变动，图 12－3 给出了相应的示意图。图中曲线为 $\Delta\Pi$ 的分布，左端为损失，右端为收益；而 VaR 实际上是 $\Delta\Pi$ 分布的 $(100-\alpha)\%$ 分位数。

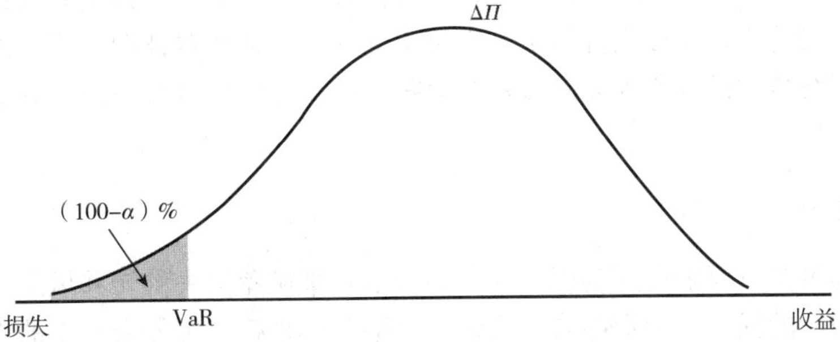

图 12－3　VaR 示意

从上述定义可见，VaR 实际上是将整体损失的可能性概括为一个简单的数字，能够让人立刻知道“最糟糕的情况会如何”。当然，计算 VaR 要知道时间长度 N，设定的置信水平以及投资未来价值变动 $\Delta\Pi$ 的分布特征。

当然，目前金融风险的测度方法也如金融领域的其他理论和技术一样，非常丰富。人们在不同条件下使用不同的测度方法。读者可以通过阅读进一步的专业书籍加以学习。

第六节　风险的控制与管理

作为风险厌恶的投资者，在正确地识别与度量风险之后，接下来的过程就是尽可能地减少所承担的风险。总的来看，风险管理控制策略主要有以下四种。

一、风险对冲

风险对冲（hedging），又称套期保值，是通过投资收益率具有负相关特性的两项投资来降低总风险的策略。这样，当一项投资表现拙劣时，另一项投资表现优异，总投资的收益相对稳定。

考虑同时投资于石油公司股票和航空公司股票的情形。石油价格上升对石油公司有利，石油公司的股票价格上涨；但这同时，由于购买石油的支出占了航空公司经营成本的大部分，航空公司利润下降，股票价格随之下降，反之亦然。这样的投资就是一种风险对冲策略。

在金融市场上，还经常利用远期协议或期货为持有的资产进行套期保值。比如，在持有某种股票的同时，签订一个未来以一定的价格出售股票的远期协议。这样就锁定了未来出售股票的价格，防止了股票价格下跌可能造成损失的可能性。当然，这样做也放弃了股票价格上升带来额外收益的可能性。

二、风险分散

风险分散是通过持有多样化的投资来分散和降低风险的策略。持有多种风险资产，而不是把全部投资集中于一项资产，可以降低投资风险而不降低预期收益，是马柯维茨在其资产组合理论中最早提出并给出了系统论证的。长期实践证明，资产的非系统性风险确可以通过分散化的投资加以降低乃至消除。这一点我们将在后面讲到资产组合理论时详细讨论。

三、投保

投保是通过支付保险费（为保险支付的价格）来避免损失的转移风险方法。实际上是用确定的较小的损失（为保险合约支付的保险费）来替代可能会遭受的更大损失。例如，现实中，我们很多人给自己拥有的汽车购买保险。假如购买的是汽车全险，保险大概3000元。你付出这3000多元，也就可以预防你在下一年汽车损坏、被盗等可能达十余万元，甚至更多的损失。

投保与对冲的区别在于，当你对冲风险时，在降低或消除了带来损失的可能性的同时，通常也会放弃获利的潜力；而在通过投保的方式减少风险时，在减少损失风险的同时，还保留了获利潜力。

四、风险补偿与准备

如果无法通过上述方式降低风险，市场主体对于承担的风险就要求与之相适应的风险溢酬，高风险要求高溢酬，低风险要求低溢酬。也就是在投资的初期把风险考虑在内，提出更高的收益率要求。风险准备则是针对预期的损失提取相应的准备金，以抵补未来可能发生的损失，保证机构的稳健运营，正像一般企业在财务上提取各种坏账准备一样。

本章小结

• 微观经济主体的金融活动包括筹集资金的融资活动和出借资金的投资活动，根本的目的是进行跨期的资源配置。投资的原则是在一定的风险水平下取得最大化的收益，或者在一定的收益水平下承担最小的风险；而融资的原则在于以最小的成本取得所需要的资金。

• 货币的时间价值是在不考虑风险的情况下，货币经过一定时间的投资和再投资而增加的价值，是投资者一段时间内出让资金使用权的无风险收益，同时是货币的使用者在确定的情况下使用资金的成本。

• 已知资金当前的价值计算出的其未来某一时点上的价值叫作资金的终值；已知资金未来某一时点上的价值计算其当前的价值称为求资金的现值。计算终值和现值所用的利率有两种：单利和复利。但是，复利更符合利息的经济学含义，在现实中用得更普遍。

• 当我们谈到资产的收益高低时，会用到各种类型的收益率，如票面利率、当期收益率、到期收益率、持有期收益率、年百分率、有效年利率、连续复利等。它们各有自己的含义，使用时需加注意。

• 考虑到未来收益的不确定性，在评价资产收益的高低时，必须把风险考虑在内，这时，我们用预期收益率反映投资收益的高低。

• 可以用净现值规则或内部报酬率规则对投资项目进行评价与决策。如果一个项目用其必要收益率折现出来的净现值为正值，该项目是可取的项目；用内部报酬率方法时，在计算出的内部报酬率大于项目的必要收益率时，项目可以采用。

• 一般把风险（Risk）定义为可测度的未来事件的不确定性。在金融里讲的风险是与金融资产未来收益的不确定性相关联的，是在一定的时间长度内界定的。

• 根据风险的范围可将其分为系统性风险和非系统性风险；另外，按照风险的成因可将其分为信用风险、市场风险、流动性风险、操作风险、国家风险和法律风险等。

• 微观经济主体对待风险的态度可以有风险爱好、风险中性和风险厌恶三种态度。我们讨论问题的前提是假定微观经济主体是风险厌恶者。

• 对于一项金融资产，一般用其未来收益率的数学期望值，即预期收益率表示收益的大小，而用收益随机变量的方差或标准差表示其风险的大小。除此之外，投资机构出于控制在一段时间内最大可能发生的损失的需要，还发展出了用在险价值（value at risk，VaR）衡量风险大小的方法。

• 基本的风险管理策略主要有：风险对冲，风险分散，投保，风险补偿与准备。

本章复习思考题

1. 银行有一种存款方式称为零存整取，即每隔一定时间存入一定数额的现金，等到积累到一定时限后，再把本利和一并取出。假设10年期零存整取是每月存入一定数量的现金，10年后提取，银行报出的利率为5%。如果每月存入100元，10年后存款者拥有的资金是多少？

2. 如果银行提供两种储蓄方式，一种支付8%的利率同时按年复利，另一种支付7.5%的利率但是按月复利。

（1）如果都是储蓄一年，你应该选用哪种储蓄方式？

（2）假设按年复利的储蓄账户仅提供1年期的存单，而且如果你提前取钱将损失全部利息，对这一额外信息你如何评价？

3. 下列APR的有效年利率是多少？

（1）按年复利12%的APR；

（2）按季度复利11%的APR；

（3）按月复利11%的APR；

（4）连续复利10%的APR。

4. 在下列复利时期内找出1000元一次性投资的未来价值。

（1）10年期按年复利的8%利率；

（2）10年期按半年复利的8%利率；

（3）10年期按月复利的8%利率；

（4）10年期连续复利的8%利率。

5. 为了按揭购房，你向银行申请了一笔期限为25年，总额40万元的商业贷款。假设银行报出的年利率为6%，使用12次等额月供还款方式。

（1）月供金额是多少？

（2）如果借款人每月仅能支付1000元月供，他可以获得的贷款规模为多大？

6. 有一张期限为10年，面额为1000元，票面利率为10%，每半年支付一次的附息债券。

（1）假设债券已发行2年。当前8年期每半年支付一次利息的债券的市场利率为9%，如果这张债券的市场价格为1050元，作为投资者，你是否应该买入？

（2）假如你按1050元的价格购买了该债券，该债券的当期收益率与到期收益率各是多少？

（3）你按1050元的价格购买债券一年，领取两次利息后，以1060元的价格卖掉了债券，你的年持有期收益率是多少？

7. 假如你是一位短期项目的管理者，正试图决定是否投资一项一年后可以获得1000万元的投资项目。该项目的总成本为950万元。除这个项目外，还有一个替代选择：用这笔钱购买1年期银行大额可转让定期存单，该存单将支付4%的年利率。

（1）假设1000万元的收入是有保证的（不存在得不到这笔钱的风险），那么用于决定该项目现金流的合理折现率是多少？

（2）如果按照4%的利率对现金流折现，那么该项目的现值是多少？你是否应当投资该项目？

（3）如果银行将 1 年期大额可转让定期存单利率增至 5.5%，又当如何？

8. 假设有一个 3 年期的项目，初始投资 10000 元，第一年末可收到现金流 500 元，第二年末可收到现金流 5500 元，第三年可收到现金流 6000 元。

（1）如果公司的资本成本是 10%，该项目能否接受？

（2）该项目的内部收益率是多大？

9. 什么是风险？风险与不确定性有何不同？

10. 什么是在险价值？用在险价值测度风险有何优势？

11. 主要有哪些风险管理策略？各种策略管理风险的原理是什么？

12. 由于受到前几年各种基金大幅盈利的诱惑，投资者甲于 2007 年初购买了 10 万元的股票指数基金。但是，天有不测风云，受美国次贷危机引发的金融危机的影响，这年整个资本市场一片萧条。甲的投资到年底只剩下 3 万元的市值。甲很是沮丧，他看到自己的邻居自己选购股票，虽然也几乎没有盈利，但也没有亏损如此之多。于是，他卖掉了基金，发誓自己好好研究各种股票行情，今后自己选购股票，再不把资金交给别人处理。这样，他于两年后的 2009 年自己选购了 5 只股票进行投资，但是，接近一年下来，他看到基金有了普遍的起色，他却又亏损了很多。试分析，甲在这个过程中，什么风险导致了他的亏损。

13. 假设有下列投资机会：你住处附近有一家书店要转手，整体盘下这家书店需要投入资金 10 万元。你决定盘下这家书店经营 5 年。

假如你确知，盘下这家书店后，今后五年里，你每年可以净得税后收入 6 万元，5 年后可以以现在的价格将书店转手。这是有风险的投资吗？

假如盘下这家书店后，有好、中、差三种情形。在好的情形下，你每年可以净得税后收入 8 万元；中的情形下，每年可以获得税后收入 6 万元；差的情形下，每年可以获得税后净利 4 万元。五年后仍可以以现在价格将书店转手。这是有风险的投资吗？试度量投资的收益水平和风险。

14. 购买甲、乙两种股票，在未来可能出现的 A、B、C、D 四种情形下，其收益率 r 的可能取值如下表所示：

	概率 P	$r_{甲}$	$r_{乙}$
A	30%	30%	15%
B	20%	15%	8%
C	30%	0	0
D	20%	-30%	-0.5%

投资者应选择哪种股票？

第十三章

金融资产的发行与交易

本章重要术语

一级市场　二级市场　私募发行　公募发行　承销　包销　代销　场内交易　场外交易　第三市场　第四市场　实物交割　平仓　初始保证金　维持保证金　盯市

微观经济主体的投资和融资是通过金融资产（也常称为金融工具）的买卖来实现的。前面章节中，我们已经介绍并学习了有关金融资产的一些相关知识。我们知道，金融资产可分为原生金融资产与衍生金融资产。本章我们介绍这两类金融资产在金融市场上的发行和交易过程。

第一节　原生金融资产的发行

原生金融资产的种类很多。在这里，我们主要介绍股票和债券的发行。这样做一方面可以简化问题；另一方面，股票和债券是直接金融市场上最活跃、最重要的资产，它们的发行和交易最具有代表性。

需要资金时，政府可以通过发行政府债券的方式筹集资金，公司既可以发行公司债券也可以发行股票筹集资金。发行人首次将证券出售给投资者的市场称为初级市场或一级市场。在初级市场上发行证券的方式分私募发行和公募发行。私募发行是面向少数特定投资者的发行。一般来讲，私募发行的认购者多与发行人有密切的关系，对发行者的信用有较深的了解。发行对象主要有两类：一是有所限定的个人投资者，一般情况是限于发行单位内部和有密切联系的单位的职工和股东；另一类是指定的机构投资者，如专业性基金，或与发行单位有密切业务往来的企业、公司等。如果发行的是债券，投资者通常要将债券持有到期。公募发行是指公开向社会非特定投资者的发行。这样发行的股票或债券首先向一般的投资公众出售，随后可以在二级市场上交易流通。

私募发行多采用发行者直接将证券出售给投资者的方式，而不需要投资银行承销。这样做一般可以节约发行成本。公募发行则多采用委托投资银行推销给投资者的间接发行方式。在一级市场上，投资银行起着重要的作用。

一、投资银行与承销

股票和债券的公开发行通常都是通过投资银行的承销（underwriting）来完成的。实际上，担当承销任务的投资银行通常不止一个。往往是一个主承销商与其他投资银行组成一个承销辛迪加，共同负责证券的发行。

投资银行为公司的证券上市出谋划策，为公司拟定发行计划，确定发行方式和发行价格，准备证券监管部门要求的文件，制作发行说明书等。当公司的发行申请被核准后，投资银行开始具体承销待发行的证券。

承销发行证券有包销和代销两种形式。包销方式是投资银行先从发行公司购买证券，然后再转卖给公众。在包销方式下，投资银行一般以略低的价格买进证券，再以较高的价格卖出，买卖差价即为投资银行的报酬。在包销模式下，承销商要承担没有按预计价格将证券全部出售的所有风险。

代销是投资银行同意代为发行公司向公众销售证券，但自己并不购买证券。在这种方式下，投资银行并不承担售完证券的担保责任，而是作为发行公司的代理机构尽可能地推销证券。如果在约定的期限内没有按照原定的发行数额售出，未售出的部分仍退还给发行者。这样，承销商不必承担不能按约定价格将证券销售给公众的风险，而是由证券发行人承担发行失败的风险。代销方式下，承销商的收入来自承销协议规定的承销费用。

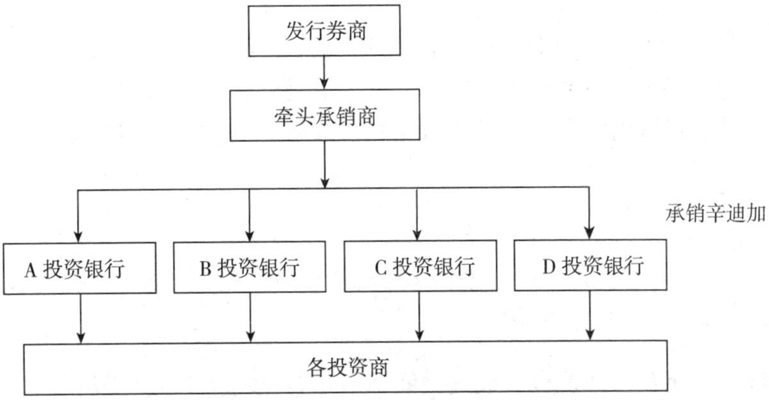

图 13－1　证券发行公司、承销辛迪加及投资者之间的关系

发行公司可通过谈判或竞价投标方式选择投资银行，其中谈判的方式更为普遍。如果是竞价投标的方式，由发行公司宣布发行证券的意图，并邀请投资银行提交承销投标书，这种投标过程可以降低发行成本。

二、首次公开发行（IPO）

对于首次公开发行的新证券，在履行了向证券监管机构的申请核准或注册报备（我国证券发行以前实行的是严格的审查核准制度，2020 年 3 月后改行注册制）程序后，投资银行就在证券发行目标区域组织“路演”，广为公布有关即将进行的发行信息。路演有两个目的：第一，吸引潜在的投资者，为他们提供有关信息；第二，为发行公司和承销商收集证券出售价格的信息。大量的投资者与承销商商谈他们购买首次公开发行证券的意向，这些预购表示称为预约。统计潜在投资者的过程称为预约准备。预约为发行公司提供有价值的信息。因为大的机构投资者对证券市场的需求、发行公司的前景、竞争者情况具有敏锐的洞察力。投资银行经常根据投资机构反馈的信息重新修订证券销售价格和销售数量的初次估算值。

为什么投资者会对投资银行表露自己的真实意向呢？他们少吐露点真情从而降低交易价格不是更有利吗？其实，在这里真实是最好的策略，因为真实地表达自己的意图才更可能得到自己意愿的数量。投资银行所分配的首次公开销售股票的数量，部分是根据投资者对预售所表露的兴趣的高低而定的。当一个公司希望获得较大数量的配额时，就需要表达出对证券前景的乐观情绪。另外，承销商要按照谈判价格把证券提供给投资者，这一价格往往偏低，以引导投资者参与预约过程并分享他们的信息。这样，首次公开发行的证券在公开证券市场交易时往往会发生大幅的上涨，从而给投资者带来可观的收益。

偏低的首次公开发行价格对所有投资者都有吸引力，然而发行方式却使机构投资者获得了更多的原始股。对此，有人认为这对中小投资者是不公平的。但是，这里的分析表明，这种发行分配方式是优质优价服务的最公平形式。因为，机构投资者提供了投资银行需要的服务，特别是提供了许多有价值的信息。据此分配证券大大提高了信息的收集及传播效率。

对首次公开发行进行适当的定价并非一件容易的事情，并且也并不是每次都能做到偏低定价。有些股票发行后表现很差，一上市就跌破发行价；有些甚至不能全部售完，承销商被迫把手中未售出的证券拿到二级市场亏本销售。显然，投资银行要承担承销的价格风险。

第二节　原始金融资产的交易

证券一旦向公众发行，投资者彼此之间即可进行交易。买卖已发行的证券是在二级市场上进行的，这包括：（1）国家和地区证券交易所；（2）场外市场；（3）在两个当事人之间的直接交易。

一、场内交易

场内交易是指通过证券交易所进行证券买卖流通的交易形式。证券交易所是由证券管理部门批准设立，设有固定场地、备有各种服务设施（如行情板、电视屏幕、电子计算机、电话、电传等），配备了必要的管理和服务人员，集中进行证券买卖的场所。我国有上海证券交易所和深圳证券交易所两家证券交易所。西方国家有各种类型的证券交易所。比如，在美国既有纽约股票交易所、美国股票交易所这种大型的国家级交易所，也有波士顿交易所、费城交易所等地区级的交易所。

证券交易所实行会员制，只有交易所的会员才能进入交易所进行交易。一般投资者只能委托有会员资格的证券商或经纪人代为买卖证券。交易所会员则通过提供这一服务赚取佣金。因此，交易所的会员资格或席位是有价值的资产。

能够在交易所交易的只是一部分证券。赋予某种证券在某个交易所进行交易的资格称为证券上市。各国的法律虽然很少直接对证券的上市作出明确规定，但各证券交易所为了提高本证券交易所交易证券的质量，都要求证券在本证券交易所交易之前办理申请上市手续，经审查合格后，才能在本证券交易所交易。证券交易所对在其中交易的证券还有连续信息披露等各种交易制度和规则的要求。

竞价买卖是场内交易中买卖证券的主要形式。在这种买卖形式下，买卖双方都是由若干人组成的群体，双方公开进行双向竞争的交易，即交易不仅在买卖双方之间有出价和要价的竞争，而且在买者群体和卖者群体内部也存在着激烈的竞争，最后在买方出价最高者和卖方出价最低者之间成交。在这种双方竞争中，买方可以自由地选择卖方，卖方也可以自由地选择买方，使交易比较公平，形成的价格比较合理。

大多数股票的交易是在交易所里进行的，而多数债券和其他固定收益证券则不然。多数国债的交易在场外交易市场进行。

二、场外交易

在交易所挂牌交易需要符合交易所的资格要求，还必须遵守一系列严格而复杂的规定。场外交易市场（Over - the - Counter，即 OTC 市场）则不然，任何证券都可以在场外交易市场进行交易。有些股票发行以后，因达不到在证券交易所上市的要求，只能在场外交易。有的股票即使上市了，也会因各种原因在证券交易所以外成交。随着金融市场管制的放松和金融自由化的推进以及现代科技的不断进步，场外交易日益活跃，交易量和交易方式日渐增多，是证券市场的重要组成部分。

场外交易市场与证券交易所相比，没有固定的集中场所，而是分散于各地，规模有大有小，由自营商（Dealers）来组织交易。自营商自己投入资金买入证券然后随时随地将自己的存货卖给客户，维持市场连续性和流动性，因而也被称作“做市商”（Market - Maker），买卖差价可以看作自营商提供以上服务的价格。但是，自营商又不像交易所的特种会员有义务维持市场的稳定，在价格大幅波动的情况下，这些“做市商”将会停止交易以避免更大的损失。

场外交易市场无法实行公开竞价，其价格是通过商议达成的，一般是自营商挂出各种证券的买入和卖出两种价格。场外交易比证券交易所上市所受的管制少，灵活方便，因而为中小型公司和具有发展潜质的公司提供了二级市场，特别是许多新科技型公司。

场外交易市场最初的效率比交易所市场要低得多。但是，随着现代信息技术的发展，场外交易市场的效率已今非昔比，现在的场外交易是由网络、电报、电话连接在一起的市场，其信息的传递、交易的便捷已经基本不输于交易所交易，而其灵活性则优于交易所。像美国的纳斯达克市场就是非常优秀的场外交易市场。

三、第三市场及第四市场

第三市场是指原来在证券交易所上市的股票移到场外进行交易而形成的市场，换言之，第三市场上交易的是既在证券交易所上市又在场外市场交易的股票，以区别于一般含义的柜台交易。

第三市场最早出现于20世纪60年代的美国。长期以来，美国的证券交易所都实行固定佣金制，而且未对大宗交易折扣佣金，导致买卖大宗上市股票的机构投资者（养老基金、保险公司、投资基金等）和一些个人投资者通过场外市场交易上市股票以降低交易费用，这种形式的交易随着20世纪60年代机构投资者的比重明显上升以及股票成交额的不断增大获得了迅速的发展，并形成专门的市场，该市场因佣金便宜，手续简单而备受投资者欢迎。但在1975年5月1日，美国的证券与交易委员会宣布取消固定佣金制，所有订单都开始实行协议佣金制，而且交易所内部积极改革，采用先进技术，提高服务质量，加快成交速度，从而使第三市场不像以前那样有吸引力了。

第四市场是指投资者之间直接进行在交易所上市的证券交易的市场，中间没有经纪人的介入，渴望避免向经纪人付费的大机构都可能加入这种直接交易。由于大机构的这种直接的交易利用电子交易网络（Electronic Communication Networks，ECNs）避开了经纪人环节，交易费用非常便宜，而且有些还允许用户进行匿名交易，从而满足了一些大机构投资者的需要，得到了很大的发展。

第三节　证券的信用交易——融资融券交易

投资者在证券市场上除了可以用自己的资金购买证券，或者把自己的证券拿来出售之外，还可以从证券公司那里借来资金购买证券，或者从证券公司那里借来证券并出售给其他的购买者。这种证券的交易活动是建立在投资者与作为其经纪人的证券公司之间的信用基础上的，因此，称为证券的信用交易，信用交易具体分为融资买进和融券卖出两种。融资是借钱买证券，证券公司借款给客户购买证券，客户到期偿还本息，客户向证券公司融资买进证券称为“买空”；融券是借证券来卖，然后以证券归还，证券公司出借证券给客户出售，客户到期返还相同种类和数量的证券并支付利息，客户向证券公司融券卖出称为“卖空”。我国以前禁止这种交易，2010年上半年开始试点，从而融资融券交易在我国也进入了市场操作阶段。公开资料显示，至2020年2月，我国沪深两市融资融券的余额已达到11247.98亿元，其中融资余额达到11092.74亿元，融券余额为155.24亿元。

融资融券交易是通过信用账户，利用保证金操作进行的。投资者要从事融资融券的交易，首先要在其经纪公司开立资金信用账户和证券信用账户，在信用账户中以一定的保证金为基础，可以从事多倍价值的交易。我们下面通过简单的案例说明证券信用交易的做法。

一、融券卖出

我国证券交易所规定融资、融券的保证金比例都是50%，维持担保比例是130%，追加担保物后的维持担保比例是150%。维持担保比例超过300%时，可以提取超出保证金可用余额的现金或抵充保证金的证券，但提取后维持担保比例不得低于300%。

假设投资者贾某认为股票A未来一段时间内价格将下跌，准备做空股票A。如果贾某信用账户中有现金50万元作为保证金。因融券的保证金比例是50%，贾某可融券卖出的最大金额为100万元（50万元÷50%＝100万元）。如果证券A的最近成交价为10元/股，贾某可以此价格融券卖出的最大数量为10万股（100万元÷10元/股＝10万股）。

上述委托成交后，贾某信用账户内保证金已全部占用，不能再进行新的融资融券交易。当日结算时证券公司垫付10万股证券A以完成交收，所得资金100万元划入贾某信用资金账户，该笔资金被冻结，除买券还券外不能动用。

至此，贾某与证券公司建立了债权债务关系，其融券负债将以数量记载，负债金额将以每日收盘价逐日计算。若该债券当日的收盘价为10元/股，维持担保比例为150%（现金150万元÷负债100万元＝150%）。

如果第二天证券A价格上涨，收盘价为11元/股，现金资产仍为150万元，负债则为110万元（10万股×11元＝110万元），维持担保比例为150万元÷110万元＝136%，已接近追加担保物的担保比例130%，但还不要求立即追加担保物。

如果第三天证券A的价格继续上涨，收盘价为12元/股，现金资产仍为150万元，负债则为120万元，维持担保比例约为125%，低于130%的标准。此时证券公司会通知贾某追加保证金，如果贾某未在规定的时间内追加，证券公司可以根据合同强制卖出证券以平仓，了结全部或部分债权债务。

如果在融券后的某些时间内，证券A的价格连续下跌，使得维持担保比例超过了300%，贾某则可以将超过300%的部分从现金信用账户中取出。

通过上述案例，我们已经看得很清楚，融券交易具有杠杆交易特征，投资者可以利用这一点在预测资产价格下跌时，操作盈利。但风险也更大。

二、融资买入

假设投资者甄某信用账户中有现金100万元作为保证金。经分析判断后，认为股票B未来一段时间内价格会上涨，准备融资买入。根据融资买入保证金的规定，贾某可融资的最大金额为200万元（100万元÷50%＝200万元）。如果证券B的最近成交价为5元/股，甄某以自有资金100万元和融资200万元共计300万元可以此价格融资买入的最大数量为60万股（300万元÷5元/股＝60万股）。

上述委托成交后，甄某信用账户内保证金已全部占用，不能再进行新的融资融券交易。当日结算时证券公司垫付200万元现金以完成交收，所得股票B共60万股划入证券公司客户信用交易担保证券账户，并在甄某信用证券账户中做明细记载。

至此，甄某与证券公司建立了债权债务关系。若该债券当日的收盘价为 5 元/股，则维持担保比例为 150%（资产 300 万元 ÷ 负债 200 万元 = 150%）。

如果第二天证券 B 价格上涨，收盘价为 5.4 元/股，资产为 324 万元（60 万股 ×5.4 元/股 =324 万元），融资负债仍为 200 万元，维持担保比例为 324 万元 ÷200 万元 =164%。

如果随后几天证券 B 的价格继续上涨，几天后收盘价为 11 元/股，资产为 660 万元，负债仍为 200 万元，维持担保比例为 330%，超过了 300%。此时甄某可以取走 60 万元。

如果证券 B 的价格连续下跌，使得维持担保比例低于 130%，甄某就会收到保证金催付通知。如果不能及时补偿保证金使维持担保比例达到 150%，证券公司可以强制卖出证券以平仓，了结全部或部分债权债务。

融资交易的杠杆特征，使得投资者可以利用价格的波动性放大自己的盈利，但是，与融券一样，风险也更大。

第四节　衍生金融资产的交易

一、远期和互换市场交易

远期和互换都是场外交易的衍生金融产品。远期金融合约主要在金融机构之间或金融机构与其客户之间通过谈判签署。已有的远期合约也可以在场外市场交易流通。但是，由于合约的非标准化特征，远期合约的流动性是较差的。

在早期的互换交易中，金融机构通常只充当经纪人的角色，帮助希望进行互换的客户寻找交易对手并协助谈判互换协议，赚取佣金。后来，金融机构（主要是银行）开始作为做市商参与其中，大大提高了互换市场的流动性，促进了互换市场的发展。另外，与远期合约的非标准化不同，互换市场很早就开始推动互换协议的标准化工作。1985 年，一些主要的互换银行成立了国际互换商协会（International Swaps Dealers Association，ISDA），并主持制定了互换交易的行业标准、协议范本和定义文件等。其后国际互换商协会于 1993 年更名为国际互换与衍生产品协会（International Swaps and Derivatives Association，ISDA），并继续推动互换交易的标准化，这极大地降低了市场参与者的风险，使互换市场成为增长速度最快的金融产品市场之一。

二、期货交易

期货是标准化的合约，在交易所内集中交易。合约规模、期限、交割地点、交割方式等都是交易所事先规定好的标准化条款。交易双方不直接接触，而是各自跟交易所的清算部或专设的清算公司结算。

期货合约的多头方或空头方可以将期货持有到期进行实物交割，也可在交割日之前再开一个相反的头寸，对冲结束其期货交易，而无须进行最后的实物交割。这叫作平仓。平仓的方式既克服了流动性差的问题，又比实物交割省事和灵活，因此，目前大多数期货（约占到99%）交易是通过平仓来结清头寸的。

期货合约是通过对保证金的操作进行交易的。不论是多头方还是空头方，都要建立一个保证金账户，必须交纳保证金。最初开仓交易时存入的资金数量称为初始保证金。初始保证金一般是合约价值的5%～15%，标的资产的价格变化越大，所要求的保证金就越多。

开始交易后，每天要根据交易者的盈亏对其保证金账户进行调整。如果是盈利，就将盈利金额加入其保证金账户；如果是亏损，则将亏损额从其保证金账户划出。这种每日结算称为盯市。盯市保证了随着期货价格的变化所实现的盈亏立即进入保证金账户。

为了保证保证金账户的资金余额不被用完，还设置了维持保证金的要求。维持保证金通常低于初始保证金。如果某交易者连续亏损，盯市的结果可能使其保证金余额低于维持保证金，经营者就会收到保证金催付通知，要求交易者在一个很短的期限内将保证金账户内的资金补足到初始保证金水平。如果交易者不能补足，经纪人会将交易者的部分头寸平仓到现在的保证金能满足要求为止。这种程序杜绝了交易者违约的可能，使期货交易可以安全进行。下面的例子是假想的两手黄金期货合约的多头的保证金的操作过程。本例中，合约规模为1000克黄金/手。初始保证金为每手合约20000元，总额为40000元；维持保证金为15000元，即总额为30000元，合约于6月4日星期一以400元/克的价格开仓，并于6月25日按392.30元/克的价格平仓。第二列的数据除第一个和最后一个外，为交易当天期货的收盘价。

表13－1　两张黄金期货合约多头的保证金操作

日期	期货价格	每日盈亏	累计盈亏	保证金账户余额	保证金催付
	400			40000	
6月4日	397	－600	－600	34000	
6月5日	396.1	－180	－780	32200	
6月6日	398.2	420	－360	36400	
6月7日	397.1	－220	－580	34200	
6月8日	396.7	－80	－660	33400	
6月11日	395.4	－260	－920	30800	
6月12日	393.3	－420	－1340	26600	13400
6月13日	393.6	60	－1280	40600	
6月14日	391.8	－360	－1640	37000	
6月15日	392.7	180	－1460	38800	
6月18日	387	－1140	－2600	27400	12600
6月19日	387	0	－2600	40000	
6月20日	388.1	220	－2380	42200	

续表

日期	期货价格	每日盈亏	累计盈亏	保证金账户余额	保证金催付
6月21日	388.7	120	-2260	43400	
6月22日	391	460	-1800	48000	
6月25日	392.3	260	-1540	50600	

三、期权交易

与期货交易不同，期权市场既包括各种标准化、集中化的交易所市场，也包括各种场外市场。在场外市场上，金融机构、大公司财务人员与基金经理往往通过互联网、电话等直接进行期权交易。外汇期权和利率期权的场外交易尤为活跃。

场外期权交易的优点是金融机构可以根据公司客户的需要订立期权合约。场外期权的执行价格和到期日不必与交易所内交易的期权相一致。场外期权交易的缺点是空头方违约的风险较大。为克服这一问题，市场交易者往往要求空头方提供抵押。

期权的交易所交易与期货交易有很多相似之处。期权合约也是标准化的，多头方可以持有到期进行实物交割，也可以在最后交易日结束之前进行反向交易，结清头寸。由于期权的多头方只有权利，没有必须执行的义务，因而不需要缴纳保证金；期权的空头方在开始期权交易时要缴纳初始保证金，之后随着市场价格的变化规定维持保证金的水平，在价格出现不利变化时，投资者需要追加保证金。期权保证金账户的操作方式，与投资者从事期货交易保证金的操作基本一样。当然，期权场内交易还有诸如头寸限额等一些具体规定，以保证期权交易的有序进行，防止违约的发生。

本章小结

• 发行人首次将证券出售给投资者的市场称为初级市场或一级市场。在初级市场上发行证券的方式分私募发行和公募发行。私募发行多采用发行者直接将证券出售给投资者的方式，而不需要投资银行承销。公募发行则多采用委托投资银行推销给投资者的间接发行方式。

• 投资银行承销发行证券有包销和代销两种形式。

• 买卖已发行的证券是在二级市场上进行的。二级市场包括场内交易市场、柜台交易市场、第三市场、第四市场。

• 远期和互换都是场外交易的衍生金融产品。由于合约的非标准化特征，远期合约的流动性是较差的。互换的标准化程度要高一些。

• 期货是标准化的合约，在交易所内集中交易。期货合约的交易是通过对保证金的操作进行的。

• 期权市场既包括各种标准化、集中化的交易所市场，也包括各种场外市场。

本章复习思考题

1. 原始金融资产的发行方式有哪些？这些发行方式各有什么特征与优缺点？
2. 投资银行承销证券时如何规避承销风险？
3. 场内交易市场与场外交易市场的交易方式和价格决定机制有什么不同？
4. 什么是融资融券交易？特征是什么？
5. 在期货交易中，交易所是怎样规避交易双方的违约风险的？
6. 期权交易的多头方为什么不用缴纳保证金？

高等学校金融学系列教材
货币银行学子系列

第十四章

金融资产价值评估

本章重要术语

一价定律　套利　无套利原则　理性预期理论　有效市场假说　纯折现债券
收益率曲线　折现红利模型　零增长模型　不变增长模型　市盈率　市盈率估价方法

金融市场上的决策最终都会归结为金融资产的价值评估问题。比如，如果要决定是否投资于某些股票或债券，首先需搞清楚这些股票或债券的市场价格是否真实地反映了其应有的价值。如果某些证券的价值被高估，市场价格超出了其应有的价值，可以想见，此类证券之后的价格运动必然呈现下跌趋势；相反，被低估的证券将呈现价格的上升趋势。低价买进，高价卖出盈利；高价买进，低价卖出亏损；这是所有商业活动的不二法则。买了价值被高估的证券正像买了性价比偏低的商品，投资者将因此而遭受损失；相反，买了价值被低估的证券则会收获高出市场水平的收益。因此，评估金融资产的基本价值，判断金融资产市场价格的高低，是微观金融的一项基本技能，是大部分金融决策的核心。

第一节　市场估价基本原理

一、一价定律与套利

一价定律是说，在充分竞争的市场上，如果两项资产相同，那么它们应该有同样的价格。同样的资产价格趋同，是由市场上的套利行为驱动的。所谓套利，就是利用市场上同样资产价格的不同，低价买入，高价卖出，投机牟利的行为。我国自古以来的经商活动就是一种套利行为。他们多数是利用不同地区之间同种商品价格的不同，在一地低价买入，到另一地高价卖出，赚取利润。在古代，由于交通不便，信息不通，市场分割严重，不同地区之间同种商品或资产价格不同是很正常的，往来于各地的商人通过贩卖盈利是一项重要的经济活动。即使在交通便利，信息传递迅捷无比的今天，商品市场、劳动力市场等一般市场还是不能杜绝市场分割、市场摩擦等问题。在市场不完善的情况下，总是可以寻找到套利机会，利用套利谋取利益。当然，也正是套利减少了同样商品或资产的价格差异，使并不统一的市场上的价格趋向统一。

与一般的市场不同，金融市场上的摩擦要小得多。20 世纪八九十年代以来的经济全球化和市场一体化的发展在金融领域表现得尤为突出。在日新月异的现代通信技术和金融交易技术的大力支撑下，金融市场越来越成为跨越国境的全球统一的市场体系。不管身在何处，随时都可以迅速了解全球各地金融资产价格的变化，随时都可以在足不出户的情况下完成数额巨大的金融交易。这一点在西方发达国家更是如此。即便是在我国这样市场开放程度还不算高的发展中国家，尽管从事跨国的金融资产交易还存在着一定的障碍，但是，在国家内部，金融交易成本和交易限制相对于其他市场也可说是微乎其微。因此，在金融理论上，我们一般把金融市场看作是一个无摩擦的市场。如果市场是无摩擦的，交易既无障碍，又无成本，那么一旦出现套利机会，投资者就会疯狂套利，使同一资产的价格迅速趋于一致，套利机会迅速消失。因此，我们把无套利原则作为金融学的一个基本原则。

一价定律是无套利原则的直接推论。在金融市场上存在着收益风险特征各异、种类繁多、数量巨大的各式各样的金融资产。通过选择金融资产的种类和数量，可以组成各种各样的资产组合。一价定律告诉我们，只要资产或组建的资产组合未来提供相同的现金流，那么，它们当前的价格就应该相同。这为我们通过比较金融资产未来的支付状况，用市场上已知价格的资产确定待估价值的资产价格奠定了基础。

二、理性预期理论

在一价定律前提下，评估某项金融资产的价值的过程演变为：第一，预测出待估价值资产未来的收益或现金流状况；第二，对照市场上与待估资产具有相同或类似未来收益特征的资产的市场价格确定待估资产的价值。由此可见，金融资产价值的评估还依赖于人们对资产未来现金流的预期。事实上，尽可能正确的预期对于经济社会中任何一个部门来说都是至关重要的。理性预期理论是经济学上有关预期形成的最有影响、使用最广泛的理论，也是很多其他理论或命题的前提。

理性预期（Rational Expectation）理论最早是美国经济学家约翰·穆斯（John Muth）总结提出的。该理论认为，经济当事人都是理性的，为避免损失和获取最大利益，他们会设法利用一切可获得的信息（过去的、现在的），利用一切有用的知识对所关心的经济变量在未来的可能取值和变动状况做出尽可能准确的预测。鉴于此，理性预期是在考虑了所有可得信息，并利用有关经济理论或经济模型对这些信息进行充分加工的基础上得出的结果。因此，理性预期等于基于所有可得信息的最优预期。或者说，理性预期是在有效地利用一切可得信息的前提下，对经济变量做出的长期平均来说最为准确的，而又与所使用的经济理论、模型相一致的预期。也可以说，经济当事人对未来虽不能做出完全精确的预期，但他们不会犯系统性错误，多次或许多人的平均值将是对的，或者说预期平均来说是正确的。在理性预期下，对于一个经济变量取值的理性预期就等于正确求出的该变量的数学期望，用数学形式表述如下：

$$X_t^e = E[X_t \mid I_{t-1}] \tag{14-1}$$

式中，X_t^e 为人们在 $t-1$ 时刻所做的对变量 X 在 t 时刻取值的预期，I_{t-1} 为 $t-1$ 时刻的信息集合。也就是说，X_t^e 是 X 建立在 $t-1$ 期的信息集合 I 的基础上的条件期望值。按照理性预期理论得出的结果是基于所有可得信息的最优结果。

理性预期理论为金融资产的定价提供了理论上的依据，它告诉我们，人们可以正确地预测金融资产未来的收益或现金流。

三、有效市场假说

将理性预期理论应用于金融资产的定价最终形成了金融学上的有效市场假说。或者说，有效市场假说就是理性预期理论在金融学上的具体应用。有效市场假说所持的观点是：一项资产的当前价格完全反映了所有的公开可得信息。更一般地，我们可以说，任何可用于预测资产表现的信息一定已经在资产的价格中被反映了出来。

为金融资产定价与判断金融资产可能带来的收益率高低事实上是一个问题的两个方面，或者说是同一个问题的两种提法。对于未来现金流已知的资产，一旦知道了其当前的价格就能够计算出它的收益率是多少；相反，知道了资产未来一段时间的收益率大小也就可以计算出它当前的价格是多少。当前价格高，未来的收益率低，当前的价格低，未来的收益率就高。因此，对于未来现金流一定的资产，说它们有相同的价格与说它们有相同的收益率是一样的。

有效市场假说意味着，对于在市场上交易的金融资产，其当前的市场价格就是对其价值的合理预期，这种市场的有效性来源于市场的有效竞争。我们知道，出于自身利益最大化的考虑，具有理性预期的市场参与者在做买卖金融资产的决策时，总是要收集尽可能多的相关信息，采用尽可能有效的经济理论或模型来估计资产的价值，判断市场价格偏高还是偏低，逢高卖出，逢低买进。在市场无摩擦的假定下，所有公开的信息对每一位参与者具有同样的可得性。但是，每一位市场参与者收集的信息会有所不同，而且各位参与者用来分析、处理信息的经济理论和方法也会有所不同，因为各个参与者的知识和能力水平不同，而且在做市场分析上投入的财力和精力也不相同。这样，每位参与者都会根据各自的分析得出在现有的价格水平下买卖资产的数量。这些决策的总和给予我们在现有价格水平下针对该种金融资产的全部供求数量。供大于求，价格将下降；求大于供，价格将上升，直至供需相等，市场达到均衡。因此，市场价格反映所有市场参与者观点的加权平均值。每位参与者对资产价值的判断会不同，但是作为市场均衡的市场价格是所有参与者的平均值，根据理性预期理论应该是资产价格的合理推断，因此，资产的价格反映了所有可得的信息。只有出现影响资产价格的新的信息时，资产价格才会发生变动，而且由于套利动机的驱使，资产的价格会迅速调整到位。

用收益率来表述这个问题，有效市场假说意味着金融市场上的现价水平所反映的资产收益率就是对资产收益率的最优预测。这一收益率是市场均衡的收益率，是充分考虑和运用了所有可得信息的收益率，是对资产收益状况的最佳估计。一价定律在收益率的表述下也就是同样的资产应该有同样的收益率。有了有效市场假说，我们就可以利用待估资产与市场上正在交易的资产的比较，求出其应有的收益率，至于资产收益率的具体求法，我们将在后面的资本资产定价理论中再做讨论。

在有了上述理论的情况下，金融资产的估价过程变得清晰起来。首先，我们可以正确地预测待估资产未来的收益或现金流状况；然后我们在市场上寻找与该资产的未来收益特征相同或相似的正在交易的资产，通过比较，求出资产的预期收益率，最后通过折现求出待估资产的应有价值。这是评估资产价值最常用的一种方法。当然，有些情况下，我们也可以直接由一价定律，利用无套利分析，通过与收益特征相同或相似的市场交易资产价格的比较直接得出待估资产的价值。

第二节　债券价值评估

作为固定收益证券，债券未来所带来的现金流的次数、数量、支付时间都是事先确定的。因此，评估债券的价值省去了预测未来的现金流的问题。只要确定了债券应有的收益率，以其对各现金流进行折现加总，就可以评估出债券的价值。

一、单一折现率下债券的价值评估

在只拥有单一无风险利率的世界里，计算任何未来现金流的现值都是容易的，从而评估债券的价值也同样容易，只要用单一的无风险利率作为折现率，对债券未来的现金流折现再加总就可以了。我们下面通过一个例子说明这个问题。

假设有一只在未来 3 年中每年支付 100 元的固定收益证券，如果当前的单一无风险利率为每年 6%，这一债券的价值就可以用现值公式计算如下：

$$PV = \sum_{i=1}^{3} \frac{100}{(1+6\%)^{i}} = 267.30(\text{元})$$

假设购买债券 1 小时后，无风险利率由 6% 上升到 7%。这时你希望出售该债券，债券可以卖到多少钱呢？在这种情况下，利率变了，来自债券的现金流没有变化。由于投资者购买其他金融资产可以得到 7% 的收益，要让他们购买这一债券，也必须使他们得到同样的收益才行。可以想见，债券的价格必须要下降，我们要改用 7% 作为折现率进行折现，以评估债券的价值。评估的结果就是可以卖到的价钱。计算的结果为 262.43 元。

可见，市场利率的变化将导致所有现存固定收益证券的市场价值反向变动。

由于市场利率的变化是不可预测的，随之而来的是，直至到期时固定收益证券的价值都是变动不居的。而且，在实践中，即使在这里讲的单一折现率情况下，债券价值的评估也并不如此简单。因为通常情况下，不同的期限有着不同的利率。利率随期限的变化关系也称为利率的期限结构。图 14－1 即是 2010 年 7 月 9 日中国银行间固定利率国债到期收益率随时间变化的曲线，也称到期收益率曲线。可以看出，随着期限延长，利率也随之提高。

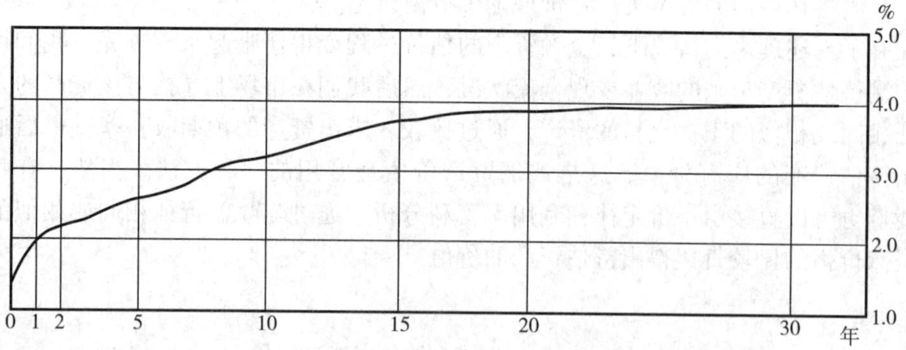

图 14－1　中国银行间固定利率国债到期收益率曲线①

当收益率因期限而异时，不同支付期的现金流要用不同的折现率求现值，然后再加总求解债券的价值。

二、纯折现债券与收益率曲线非水平时债券价值的评估

纯折现债券就是我们前面曾提到的零息债券，是在到期前没有任何利息和本金的支付，承诺在到期日一次性支付一笔现金的债券其所支付的现金称为债券的面值。纯折现债券的价值评估是其他各种债券价值评估的基础。因为无论债券所设计的现金流支付模式多么复杂，我们都可以将它们分解成不同支付日期的子现金流，分别对每项子现金流进行价值评估，然后进行加总，就得到债券的价值。

纯折现债券投资者在纯折现债券上赚取的利息是为该债券支付的价格与到期日得到的面值之间的差额。因此，对于 1 年到期面值为 1000 元，同时购买价格为 950 元的纯折现债券而言，赚取的利息是 1000 元与 950 元购买价格之间的 50 元差额。

纯折现债券的收益率是购买该债券并将其持有到期的投资者的年度化收益率。对于我们例子中的债券，其收益率为

$$\text{债券收益率} = \frac{\text{面值} - \text{价格}}{\text{价格}} = \frac{1000 - 950}{950} = 0.0526 \text{ 或 } 5.26\% \qquad (14-2)$$

如果债券的期限不是一年，我们将使用现值公式计算其年收益率。

假如现实中纯折现债券的价格集合如表 14－1 所示。在此状况下我们考虑上一节中讲到的接下来的三年里每年支付 100 元的债券的价值。

表 14－1　纯折现债券的价格与收益率

到期期限	按照 1 元面值报出的价格	收益率（每年）
1 年	0.95	5.26%
2 年	0.88	6.60%
3 年	0.80	7.72%

① 资料来源：中国债券信息网，2010 年 7 月 9 日。

这里我们有两种方式得到债券的正确价值：一是用表格中第二列的价格来计算各年所得现金流的价值，二是用第三行的收益率作为折现率计算现金流的价值，然后加总。

第一种方法计算如下：

第一年现金流的现值 $=100\times0.95=95.00$（元）

第二年现金流的现值 $=100\times0.88=88.00$（元）

第三年现金流的现值 $=100\times0.80=80.00$（元）

债券的价值 = 总现值 = 263 元

第二种方法计算如下：

第一年现金流的现值 $=100/1.0526=95.00$（元）

第二年现金流的现值 $=100/1.0660^2=88.00$（元）

第三年现金流的现值 $=100/1.0772^3=80.00$（元）

债券的价值 = 总现值 = 263 元

可以看出，在不同期限的收益率不同的情况下，各现金流要使用与之相匹配的收益率作为折现率进行折现，不能使用单一折现率。当然，我们可以求出与债券的支付的现金流等价的单一收益率，作为对债券收益高低的估价。

我们将本小节的结论总结如下：当收益率曲线非水平时，对固定收益金融资产进行价值评估要按照对应于纯折现债券到期期限的收益率对每项支付进行折现，然后进行加总。对于前面多次提到的附息债券以及其他支付现金流更复杂的其他债券，在收益率曲线非水平时，应该用同样的方式进行处理。

三、价值评估时债券收益率的选取

上面所讲两种情形只是告诉了我们在债券所提供的现金流给定，折现率一定的情况下，债券的价值怎样评估，虽然第二种情形下所使用的折现率不只一个。但是，在现实中投资者对于不同的债券具有不同的收益要求，即便这些债券的期限是相同的。比如，与没有违约风险的同样期限的国债相比，企业债券只有提供更高的收益率，投资者才会购买投资。除此之外，影响债券收益率的因素还有很多。这就告诉我们，对于不同性质的债券，在对它们进行价值评估时应使用与之相应的折现率，而不能仅仅局限于因期限而产生的差别。

对债券进行价值评估所使用的折现率就是投资者对债券投资所要求的收益率。这一收益率的选取应通过与市场上交易的性质相同或相似的债券的收益率的比较，通过差异调整来得到。具体的求解方法我们放到资本资产定价理论中介绍，这里介绍影响债券收益率的一些主要因素。这些因素主要有：

（一）违约风险

可以想见，违约风险越大，债券越不受欢迎，投资者因承担风险要求的补偿也越多，对债券要求的收益率就越高。这就是为什么同样期限的国债价格高于企业债，信誉卓著的大公司债价格高于小公司债券的原因。

（二）税收影响

对于购买不同债券所得的收入，国家的纳税要求是不同的。以美国为例，联邦政府所发行的联邦政府债券以及州及地方政府所发行的市政债券大多享有所得利息收入免征或减征所得税的待遇。而一般企业债券则要为利息收入缴纳所得税。在这种情况下，免税或减税的债券销售的价格就要高一些，要求的收益率相应要低。

（三）可赎回性

在现实中，有些债券具有可赎回性。也就是债券在发行时就已规定，发行者在债券最终到期前可以提前赎回。这其实是扩大了债券发行者的权利，增加了发行者的利益。因此，这样的债券一般出售价格会比较低，要求收益率较高。

（四）可转换性

还有一些债券在发行时规定，债券的持有者在一定的时间可以依据一定的条件将债券转换为公司的股票。这实际上是给债券持有者附加了一定的期权，这样的债券一般比性质、期限类似的债券的收益率要低，价格要高。

第三节　普通股的价值评估

与债券不同，持有普通股票的收入是不确定的。普通股票是典型的权益证券，代表作为股东的持有者对股份公司的所有权。股票带给其所有者的收入包括公司分红以及出售股票的价差收入。而这两者都是不确定的。股东能不能得到红利以及每年能得到多少红利，不仅取决于公司有没有盈利，还受公司股利政策的影响。如果公司亏损，股东一般就得不到分红；即使公司盈利甚至利润率还不低，如果公司的股利政策是少分或不分红，股东也得不到多少红利。至于出售股票的价差，常称为资本利得，由于股市变幻莫测，就具有更大的不确定性。这样一来，对普通股进行估值，首先就面临着对股票未来的现金流进行预测的问题。如果用折现方法评估股票的价值，第二个问题就是要确定合适的折现率。这要通过与相同或类似收益特征的资产的比较，通过差异调整求得。如果直接用一价定律，只要找出与待估股票收益相同的资产或资产组合的市场价格，也就得到了待估股票的价值。以下介绍常用的几个简单的普通股股票的股价模型。

一、折现红利模型

折现红利模型（discounted - dividend model，DDM）是把股票未来得到的所有现金流用与股票投资的风险相适应的必要收益率进行折现来评估股票的价值的方法。所用的折现率是经风险调整的收益率，也就是投资者要求的预期收益率，也称股票的市场资本化比率（market capitalization rate）。与债券估价时一样，收益率的决定问题我们留待后面讨论，这里假定是给定的，用 k 表示。

（一）无限持股条件下折现红利模型

我们首先假定投资者买进股票之后无限期持有。在这种情况下，投资者今后所得到的收益就只有分红，股利是投资者所能获得的唯一现金流量。这样，最一般的估价形式就是：

$$V=\frac{D_1}{(1+k)^1}+\frac{D_2}{(1+k)^2}+\frac{D_3}{(1+k)^3}+\cdots \quad 或$$

$$V=\sum_{i=1}^{\infty}\frac{D_i}{(1+k)^i} \tag{14-3}$$

其中，D_i为第 i 期获得的股利，需要预测得出。D_i的预测是很复杂的，但是，在现实中，人们总结出许多简化的计算方法。最简单的是所谓的零增长模型（Zero Growth Model），它假定每期期末支付的股利是相同的，增长率为零。

在零增长模型下，如果已知上一期每只股票支付的股利为 D_0，那么本期以及未来各期收到的股利也都等于 D_0，即

$$D_0=D_1=D_2=\cdots$$

显然，此状态下股票为投资者提供的未来现金流等于一笔终身年金。

$$V=\sum_{i=1}^{\infty}\frac{D_0}{(1+k)^i}=\frac{D_0}{k} \tag{14-4}$$

假定甲公司股票在未来无限期内每股每年支付 1.2 元股利，公司必要收益率为 8%。由公式（14-4）可知，公司股票每股的价值为 15 元（即 1.2/0.08）。如果公司在二级市场上的买卖价格低于 15 元，可以认为股票被低估，买入可以实现套利。反之，如果二级市场价格高于 15 元，则股票被高估，应卖空套利。

比零增长模型更进一步的是不变增长模型（Constant Growth Model），也就是假定股利每期按一个不变的增长率 g 增长。在不变增长假设状态下各期股利的一般形式为：

$$D_i=D_{i-1}(1+g)=D_0(1+g)^i$$

将 $D_i=D_0(1+g)^i$ 代入式（14-3），可得：

$$V=\sum_{i=1}^{\infty}\frac{D_0(1+g)^i}{(1+k)^i} \tag{14-5}$$

因为 D_0 为常量，假定 $k>g$，对公式（14-5）的右边求极限，可得：

$$V=D_0\frac{1+g}{k-g}=\frac{D_1}{k-g} \tag{14-6}$$

假定乙公司股票去年每股支付股利（D_0）为 1 元，预计未来股利以每年 10% 的比率（g）增长，该公司的必要收益率为 15%。根据公式（14-6）可求得股票的每股价值为：

$$V=\frac{1(1+10\%)}{0.15-0.10}=22(元)$$

如果二级市场的价格正好等于 22 元，说明市场定价恰如其分。否则即有套利机会。

公式（14-6）有一个重要的假设就是 $k>g$。显然，当 $k=g$ 或 $k<g$ 时，股票价值将出现无穷大或负值的情况，这是不符合实际的。实际上，股利的增长率一般是明显的小于股票的必要收益率的。

不仅零增长模式不符合市场的现实，即便是不变增长模型离实际情况也相差甚远。在实践中，人们还发展出多元增长模型等来预测股利，这里就不一一介绍了。

（二）有限持股条件下的价值评估

现实中，很少有人买了股票之后不再卖出而无限持有。假定投资者选择在 T 时刻卖出股票，这一行为对股票的价值贴现有何影响呢？

在有限持股状态下，投资者获得的现金流量包括 T 之前的所有现金流和 T 时刻出售股票得到的股价 P_T，所以根据股利贴现模型：

$$V = \sum_{i=1}^{T} \frac{D_i}{(1+k)^i} + \frac{P_T}{(1+k)^T} \tag{14-7}$$

在 T 时刻的预期价格 P_T 就等于 $T+1$ 时期开始的股利贴现值，即：

$$P_T = \sum_{i=T+1}^{\infty} \frac{D_i}{(1+k)^{i-T}} \tag{14-8}$$

将公式（14-8）代入公式（14-7），得：

$$V = \sum_{i=1}^{T} \frac{D_i}{(1+k)^i} + \frac{1}{(1+k)^T}\sum_{i=T+1}^{\infty} \frac{D_i}{(1+k)^{i-T}} = \sum_{i=1}^{\infty} \frac{D_i}{(1+k)^i} \tag{14-9}$$

可见，公式（14-9）的结果与公式（14-3）是完全一致的。据此，我们得出结论：投资者持股期限的长短不影响股票的价值。

二、市盈率估价方法

在股票的价值评估中，一种相对简单并得到广泛应用的方法是市盈率估价法。市盈率，又称价格收益比率，是每股价格与每股收益之间的比率，其计算公式为：

$$市盈率 = \frac{每股价格}{每股收益} \tag{14-10}$$

因此，每股价格 = 市盈率 × 每股收益。

如果我们能分别估计出股票的市盈率和每股收益，就能据此估计出股票的价值。如果我们知道一家企业最近的每股收益，并获得来自类似企业的市盈率数据，就可以大致估计出企业股票的价值。

假定甲企业的每股收益为 2 元，同样业务领域中的类似企业拥有平均值为 10 的市盈率，可以估计甲企业股票的价值如下：

$V_{甲}$ = 甲企业的每股收益 × 行业平均收益率

= 2 × 10 = 20

现实中，还常用一家企业的目标盈利乘以从其他类似公司推导出来的恰当的市盈率估计企业股票的价值。当然市盈率的使用要特别谨慎。市盈率的获取和推导方法也有多种。

本章小结

• 评估金融资产的基本价值，判断金融资产市场价格的高低，是微观金融的一项基本技能，是大部分金融决策的核心。

• 一价定律是说，在充分竞争的市场上，如果两项资产未来的收益相同，那么它们应该有同样的价格。一价定律是由市场套利行为的存在而强制实现的。

• 在金融理论上，我们一般把金融市场看作是一个无摩擦的市场，把无套利原则作为金融学的一个基本原则。这为我们通过比较金融资产未来的支付状况，用市场上已知价格的资产确定待估价值的资产价格奠定了基础。

• 在一价定律或市场均衡排除套利机会前提下，通过下列步骤评估金融资产的价值：第一，预测出待估价值资产未来的收益或现金流状况；第二，对照市场上与待估资产具有相同或类似未来收益特征的资产的市场价格确定待估资产的价值。

• 理性预期理论为金融资产的定价提供了理论上的依据，它告诉我们，人们可以正确地预测金融资产未来的收益或现金流。而有效市场假说就是理性预期理论在金融学上的具体应用。

• 作为固定收益证券，我们用与市场上类似债券相比较的方法确定债券应有的收益率，然后以其作为折现率对债券承诺的各现金流进行折现加总，以评估出债券的价值。当收益率因期限而异时，不同支付期的现金流要用不同的折现率求现值，然后再加总求解债券的价值。

• 市场利率的变化将导致所有现存固定收益证券的市场价值反向变动。

• 对普通股票进行价值评估，既要预测股票今后将带来的现金流，又要通过市场比较确定股票的收益率，然后再通过折现加总确定股票的价值。本章中介绍了股票价值评估的简单折现红利模型。

• 在股票价值评估中用得较多、也较简单易用的方法还有市盈率估价法。

本章复习思考题

1. A 公司的股票在美国纽约证券交易所按 35 美元的价格进行交易，同时在伦敦证券交易所以 34 美元进行交易。假设股票买卖的成本可以忽略。

（1）这是否违背一价定律？

（2）随着时间的推移，你预期两交易所股票的价格将如何变化？

（3）假设买卖股票的成本为交易额的 1.5%，这将怎样影响你的答案？

2. 假设市场收益率曲线是平的。我们观察某拥有 10 年到期年限的纯折现债券，按照每 100 元面值所报市场价格为 61.39 元。试计算拥有 9 年、8 年、7 年剩余到期年限的纯折现债券的市场价格各是多少？为了使拥有 6 年到期年限的债券的价格与两年前相同，收益率应怎样变化？

3. 求在下列条件下，票面利率为 7% 的 10 年期国债的市场价格（按照 100 元面值报价）。

（1）到期收益率为 8%；

（2）每半年支付一次息票利息，到期收益率仍是 8%。

（3）假如到期收益率为 7%，可否立即得出答案？如果每半年支付一次息票利息呢？

4. 考察两只 10 年期债券，一只拥有 5% 的票面利率，一只拥有 10% 的票面利率。两者均每半年支付一次利息。假设到期收益率曲线保持水平，按照 5%、10%、15%（每半年复利一次的年利率）等不同收益率对这些债券定价。画图说明价格怎样随到期收益率发生变化。

5. 某公司可望 1 年后支付 2 元的红利，并且从那以后红利可望按照 6% 增长。如果它的价格现在是 20 元，那么市场资本化比率为多少？

6. 在折现红利模型中，如果市场资本化比率为 7.5%，一家每股股票在期末预计支付 3.75 元红利，同时拥有 27.50 元不含红利价格的企业的每股价值是多少？假设关于该公司的一则不利的传闻将预期的期末不含红利价格降低了 10%，当前股票的价格变化将超过 10%，还是低于 10%？

第十五章

资产组合理论与资产定价

本章重要术语

资产组合理论　有效资产组合边界　资本配置线　市场组合　资本资产定价模型　因素模型　单因素套利定价理论　多因素套利定价理论　期权的价格　实值期权　虚值期权　平价期权　二叉树模型　对冲比率　布莱克—斯科尔斯定价模型

根据前面的内容，我们知道，评估一项金融资产的价值的一个重要步骤就是确定资产的收益率，而资产的收益率受到资产的风险、社会平均收益水平等多方面因素的影响。如何确定资产的收益率一直以来是金融学力图妥善解决的一个重要问题。20 世纪 50 年代，美国经济学家马柯维茨（Harry Markowitz）提出现代资产组合理论，将数理工具引入金融学的研究并在定量化的基础上论证了分散化对降低投资风险的作用。随后，威廉·夏普（William Sharpe）、约翰·林特纳（John Lintner）与简·莫辛（Jan Mossin）在此基础上提出资本资产定价模型，从而为确定资产的收益率以及评估资产的价值问题奠定了坚实的基础。随后，资产定价理论得到进一步的发展。1976 年，斯蒂芬·罗斯提出套利定价理论，将资产定价理论发展到新的高度。在衍生工具的定价方面，1973 年，布莱克（Fischer Black）与斯科尔斯（Myron Scholes）提出期权定价模型，基本解决了多年困扰人们的衍生工具定价问题。本章将简单介绍这些理论，以便对资产定价问题有一个基本的了解。

第一节　最优资产组合理论

金融市场上的投资者面对市场上交易的各种各样的金融资产，总是希望在自己现有的投资规模和风险承受能力限度内，通过对资产的选择和配置，最大限度地实现自己的投资目标。也就是希望通过对资产的选择和配置实现在承担尽可能小的风险的基础上获取尽可能大的收益。由于市场上交易的资产是相互关联的，如何选择和配置资产以获得最优的资产组合，就成了投资者必须面对与决策的重要问题。马柯维茨最优资产组合理论提供了一种解决之道。

一、分散化与资产组合风险

第十二章曾讲到，证券投资的风险可分为系统性风险和非系统性风险。系统性风险是对市场上几乎所有的交易证券都有影响的风险，不能通过分散化投资加以降低或消除，而非系统性风险则是影响特定公司或行业的风险，可以通过分散化投资的方式加以降低甚至消除。下面就是对这一问题的分析。

（一）多种风险资产构建的资产组合的收益与风险

前面曾经讲到，对于未来收益不确定的资产，我们用资产的未来收益随机变量的数学期望，即预期收益率衡量资产收益的高低，而用收益率随机变量的方差或标准差衡量资产的风险大小。当我们选择多个资产组成资产组合时，我们所关心的将不仅是其中每个资产的收益和风险，更主要的是资产组合作为一个整体的收益和风险，也就是作为一个整体的资产组合的预期收益率和方差。

1. 资产组合的收益——预期收益

资产组合的预期收益 $E(r_p)$ 是资产组合中所有资产预期收益的简单加权平均，其中的权数 x 为各资产投资占总投资的比率。公式为：

$$E(r_p) = E(x_1r_1 + x_2 r_2 + \cdots + x_nr_n)$$

$$= x_1E(r_1) + x_2E(r_2) + \cdots + x_aE(r_n) = \sum_{i=1}^{n} x_n E(r_i) \quad (15-1)$$

式中，$x_1 + x_2 + \cdots + x_n = 1$

假设资产组合由两项资产组成。甲资产的预期收益率为 10%，投资比例占投资总额的 40%。乙资产的预期收益率为 15%，投资比例占投资总额的 60%。则该资产组合的预期收益率计算如下：

$$E(r_p) = 40\% \times 10\% + 60\% \times 15\% = 13\%$$

2. 卖空与权数

上例的权数都是正值，说明投资者对两项资产都看好，都采取买入策略。但是，在现实中，如果投资者看空某项资产，也可以采取卖空策略。即如果预测某项资产的价格要下跌，可以从证券商那里借来资产以当前的市价卖掉，等以后再以低价购回，还给证券商，从中赚取差价。卖空时，对该项资产的投资权数为负值。

假设投资者有 100 万元的本钱投资于证券 1，证券 1 的收益率为 20%。投资者看空证券 2，卖空证券 2 得到 40 万元，再投资于证券 1。证券 2 的收益率为 15%。这时投资者投资于证券 1 的权数为 140%（140/100），投资于证券 2 的权数为 -40%（-40/100）。可以求出这一投资组合的收益率为

$$E(r_p) = x_1r_1 + x_2r_2 = 140\% \times 20\% + (-40\%) \times 15\% = 22\%$$

买入证券投资的可能损失是有限的，至多所买证券跌得一文不值，将投资的资金全部损失掉。而卖空的损失则是上不封顶的，因为证券价格的上涨是不封顶的。

3. 资产组合的风险——方差或标准差

资产组合收益的方差不是各资产收益方差的简单加权平均，而是整个资产组合的收

益率的方差。而资产组合的收益率则是构成资产组合的各个资产的收益率的加权平均，是一个随机变量，这里用 r_p 表示。我们有：

$$\sigma_p^2 = E[r_p - E(r_p)]^2$$

对于 n 个资产的组合来说，计算方差的一般化公式为：

$$\sigma_p^2 = \sum_{i=1}^{n} \sum_{j=1}^{n} x_i x_j \operatorname{cov}(r_i, r_j) \qquad (15-2)$$

式中，$x_1 + x_2 + \cdots + x_n = 1$，$x_i$ 是我们前面所说的投资各资产的资金比例。

由于当 $i=j$ 时，$\operatorname{cov}(r_i, r_j) = \sigma_i^2$，$n$ 个资产组合方差的一般公式也可表示为

$$\sigma_p^2 = \sum_{i=1}^{n} x_i^2 \sigma_i^2 + \sum_{i=1}^{n} \sum_{\substack{j=1 \\ j \neq 1}}^{n} x_i x_j \operatorname{cov}(r_i, r_j) \qquad (15-3)$$

假设第 i 种资产与第 j 种资产收益率的相关系数为 ρ_{ij}（$-1 \leqslant \rho_{ij} \leqslant 1$），上式也可写成：

$$\sigma_p^2 = \sum_{i=1}^{n} x_i^2 \sigma_i^2 + 2 \sum_{1 \leqslant i < j \leqslant n} x_i x_j \rho_{ij} \sigma_i \sigma_j \qquad (15-4)$$

由此可见，资产组合的方差是资产各自方差以及它们之间的协方差的加权平均。因此，资产组合的风险不仅仅取决于每个资产风险的大小，而且还要看构成资产之间是否有相关性，是正相关还是负相关，以及相关程度大小。

（二）分散化与风险降低

研究表明，分散化在降低投资风险方面的作用是明显的。美国著名经济学家法玛1976 年的实证研究表明，当投资从一种股票开始增加到两种、三种，这样不断递增投资的种类时，投资组合的方差也在不断地下降，最初几种股票的增加而引起的方差的下降尤为明显。股票从 4 种增加到 5 种时，方差的降幅最大；当股票增加到 20 种时，再增加证券，对资产组合方差的降低作用就不大了。如图 15－1 所示。这说明，分散化可以降低投资风险，但是这种作用是有限度的。我们也可以想象，分散化可以降低的只可能是资产因各自原因可相互抵消的风险，也就是非系统性风险。而诸如经济周期、通货膨胀等影响到所有资产的风险是不能用分散化的方法加以降低或消除的。这在数学上表现为，由于受共同的系统性因素的影响，多数资产的收益处于不完全正相关的状态，而使得资产组合的协方差总和为正值。

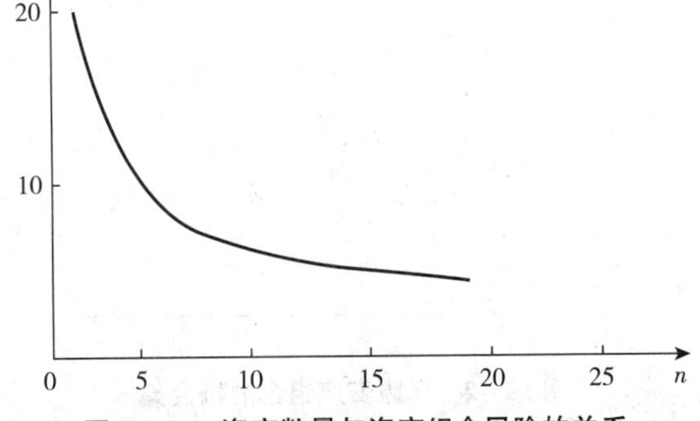

图 15－1　资产数量与资产组合风险的关系

用资产组合方差计算公式可以更深层次地考察分散化，加深对分散化力量的理解。

假设我们简单构建一个 n 个资产组成的等权重的资产组合，每一资产有一平均的权重 $x_i = 1/n$。由公式（15－2）可得：

$$\sigma_p^2 = \sum_{i=1}^{n} x_i^2 \sigma_i^2 + \sum_{i=1}^{n} \sum_{\substack{j=1 \\ j \neq i}}^{n} x_i x_j \mathrm{cov}(r_i, r_j) = \sum_{i=1}^{n} \left(\frac{1}{n}\right)^2 \sigma_i^2 + \sum_{i=1}^{n} \sum_{\substack{j=1 \\ i \neq i}}^{n} \left(\frac{1}{n}\right)^2 \mathrm{cov}(r_i, r_j)$$

$$= \frac{1}{n}\overline{\sigma_i^2} + \frac{n-1}{n}\overline{\mathrm{cov}(r_i, r_j)}$$

上式反映了资产数量与资产组合风险之间的关系。当资产收益之间的平均协方差为零时，也就是假设各资产平均来讲互不相关时，则资产组合的风险等于资产平均方差的 $1/n$，随着资产数量的增多可以降低到零。

但是，现实中系统性因素影响着所有的证券，资产的收益平均来讲是正相关的，因而造成的平均协方差为正值。当资产数量不断增大时，组合方差中的第一项趋向于零，第二项越来越占据主要地位，因为随着 n 的增大，$\frac{n-1}{n} \to 1$。这样，资产之间的平均协方差就成为资产组合风险的决定性因素。这正好代表非系统性风险因分散化而消除，但是系统性风险则不能消除。

二、马柯维茨的资产组合选择模型

（一）风险资产组合的有效边界

根据前面的讨论，在存在多种风险资产的条件下，投资者可以通过调整对各种资产的投资比例，得到具有各种不同收益风险特征的资产组合。根据我们对投资者的假设，在同样的风险水平下，预期收益率最高的资产组合是对投资者最有效的资产组合；与之对应，在预期收益率一定的情况下，风险最低的资产组合是对投资者最有效的资产组合。

假设投资不受任何限制（如卖空、资产细分都不受限制），将 n 种风险资产可能组成的所有资产组合的风险与收益一一求出并画在平面直角坐标系内，我们得到一个双曲线所围成的伞形区域，如图 15－2 所示。双曲线以内是可以实现的资产组合结果，可称为资产组合的机会集。而双曲线以外是不可能实现的结果。

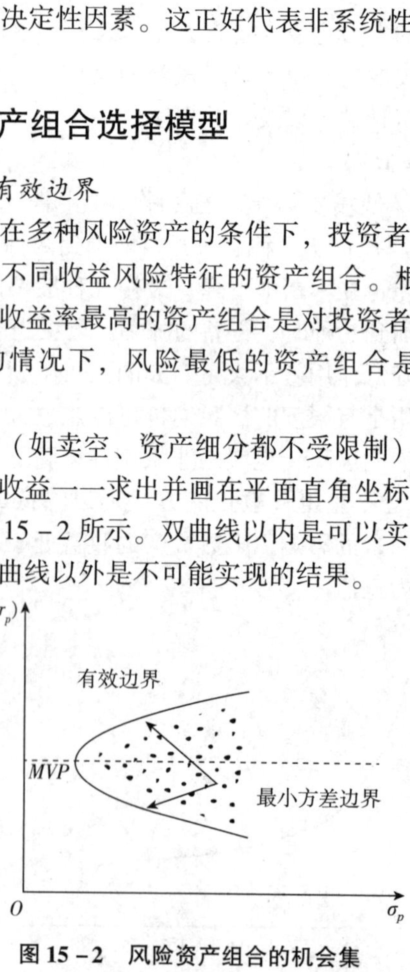

图 15－2　风险资产组合的机会集

双曲线最左边的点是全局最小方差点（MVP），这一点将双曲线分为上下两部分。上部分曲线上的资产或资产组合是在同样方差条件下可以实现的最大收益组合；相应地，也可以说是在同等收益率水平下，方差可以达到最小的资产组合；从而是理性投资者的理想选择。上半部分双曲线因而被称为资产组合的有效率边界（Efficient Frontier）。双曲线下半部分，由于任何一点都可以在它的正上方找到很多个方差相同，收益率更高的资产组合，因而是无效率的资产组合。

投资者投资当然必须选择有效率边界上的组合才是合理的。但是在有效边界上，资产组合的收益和风险是对称的，收益越高，承担的风险越大。因此，如果只有风险资产，投资者应该根据自己的风险厌恶程度在有效组合边界上选择适合自己的资产组合。

（二）存在无风险资产时的有效资产组合边界

1. 一种风险资产与一种无风险资产的资产组合

考虑投资者面临一个无风险资产和一个风险资产进行投资的情况。假设风险资产的收益率为 r_1，预期收益率为 $E(r_1)$，方差为 σ_1^2；无风险资产的收益率为 r_f，方差当然为 0。以 x 表示投资风险资产的比例，那么投资于无风险资产的比例就是 $1-x$。投资组合的预期收益率为：

$$E(r_p) = xE(r_1) + (1-x)r_f = r_f + x(E(r_p) - r_f)$$

投资组合的风险为：

$$\sigma_p^2 = x^2\sigma_1^2 \text{或者} \sigma_p = x\sigma_1$$

由此我们得到：$$E(r_p) = r_f + \frac{\sigma_p}{\sigma_1}(E(r_1) - r_f) = r_f + \left(\frac{E(r_1) - r_f}{\sigma_1}\right)\sigma_p \quad (15-5)$$

可见，所有可能的投资组合，即一种风险资产与一种无风险资产组成的投资机会集，是一条连接两种资产的直线，如图 15－3 所示。这条直线也叫作资本配置线（Capital Allocation Line，CAL）。

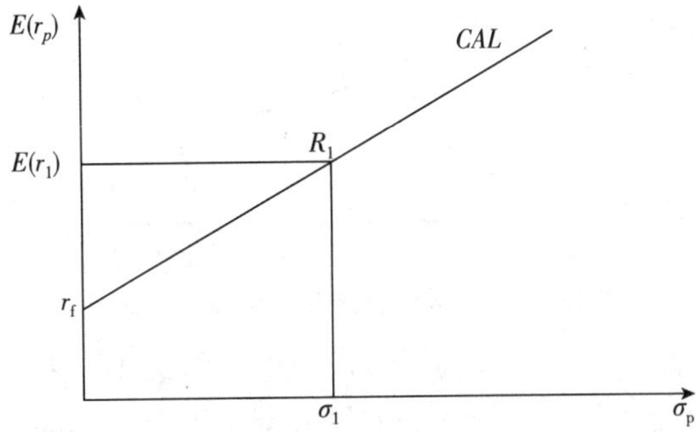

图 15－3 资本配置线

资本配置线有四部分：

（1）与纵轴的交点是投资者只投资于无风险资产（$x_1=0$）的情况，因此标准差为零。

（2）从直线与纵轴的焦点到 R_1 点的线段包括同时持有风险资产与无风险资产的所有

资产组合轨迹（$0\leqslant x_1\leqslant 1$）。

（3）在 R_1 处，投资者只投资于风险资产（$x_1=1$）。

（4）R_1 以后的部分，$x_1>1$，意味着投资者卖空无风险资产，将所得资金再投资于风险资产。

资本配置线的斜率等于选择的资产组合每增加一单位标准差上升的期望收益，换句话说，就是每多承担一个单位的风险增加的收益。基于这一原因，资本配置线的斜率也称为酬报与波动性比率。当然，这一比率越大越好，因为多承担同样的风险得到了更高的报酬。同一条资本配置线的酬报波动性比率是相同的。这意味着，无论投资者的个人主观偏好如何，增加风险带来的收益的增加都是相同的。收益的增减体现在对无风险资产与风险资产投资比例的调整，对应地也增加或减少了与之相应的风险量。

2. n 种风险资产与一种无风险资产的资产组合

现在我们从 n 种风险资产与一种无风险资产共计 $n+1$ 种资产中选择资产构建最佳的资产组合。我们可以按照这样几个步骤进行：第一，构建所有的风险资产组合集，这显然就是落在图 15－2 中双曲线包围的部分。第二，在纵轴上取截距点，代表无风险资产。从这一点向风险资产组合集中的可行点做连线，连线上的点就是包含无风险资产与该风险资产组合的所有可能的资产组合。这一连线就是一条资本配置线。第三，重复第二步的过程可以做出无限多的资本配置线，选取一条最优的资本配置线，就是包含无风险资产在内的资产组合有效边界。

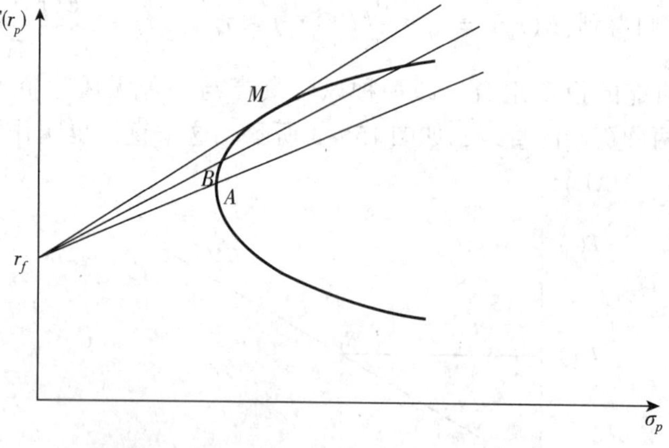

图 15－4　无风险资产与风险资产的组合

如图 15－4 所示，我们假定 A 点为风险资产组合的最小方差点。最下面一条资本配置线过 A 点，是无风险资产与 A 点所代表的风险资产组合以不同比例配置可以得到的所有资产组合。投资者在这条资本配置线上配置自己的资产显然不是最优选择，因为过 B 点的资本配置线在它上面，比它有更高的酬报波动性比率。也就是说，如果投资者在过 B 点的资本配置线上配置资产，承担同样的风险可以得到更高的收益，增加同样的风险，可以增加更多的收益。因此，过 B 点的资本配置线所代表的资产组合集优于过 A 点的资本配置线所代表的资产组合集。让资本配置线继续向上移动，当直线与双曲线相切于 M

点时，达到了最高的酬报波动性比率，这一比率就等于 M 点所代表资产组合的酬报波动性比率。因此，过无风险资产与风险资产有效边界相切的资本配置线恰就是包含无风险资产的有效资产组合边界。

从上面的讨论我们还可以得出另外一个很有用的结论。就是不管投资者的风险态度怎样，最优的投资选择都是投资于 M 点所代表的风险资产组合与无风险资产，只不过风险厌恶程度不同，所选择的无风险资产与 M 点所代表的风险资产的比例不同而已。这样一来，资产组合选择就分成了两部分，一是寻找 M 所代表的风险资产组合，二是根据风险厌恶程度选择无风险资产与 M 资产的配置比例。

M 点所代表的风险资产组合是什么样的资产组合呢？我们将说明这一资产组合包含市场上交易的所有风险资产，而各风险资产在其中所占的比例就是每种资产的总市值占市场所有资产的总市值的比例。因此，M 点所代表的风险资产组合恰是市场出清的资产组合，称为市场组合。

让我们考虑一种不属于 M 的风险资产。既然所有投资者都持有相同的风险资产组合，如果有一种资产没有包含在市场组合内，就会在市场上无人问津。因此，如果这样一种资产在市场上存在，就会有供给而无需求。这样，资产的价格只好下跌，直到它的预期收益率上升到合理的水平而被纳入 M 所代表的资产组合。在市场均衡时，所有的资产都不会有过度的需求或供给。因为所有投资者所选择的风险资产的比例都等同于 M 所代表的资产组合的比例，因此，在市场均衡时，各种风险资产的市场价值在全部风险资产市场总价值里的比重就与 M 所代表的资产组合里的风险资产的比重相同。这说明，投资者投资时只要在市场组合与无风险资产之间选择自己的投资比例就可以了。

由无风险资产与市场资产组合组成的半直线也称为资本市场线（Capital Market Line，CML）。仿照一个风险资产和一个无风险资产的资本配置线的方程式（15－5），我们可以得到资本市场线的方程式为

$$E(r_p) = r_f + \left[\frac{E(r_M) - r_f}{\sigma_M}\right]\sigma_p \qquad (15-6)$$

其中，r_p 和 σ_p 是资本市场线上任何一点所代表的资产组合的收益率和标准差，r_M 和 σ_M 是市场组合的收益率和标准差。$\frac{E(r_M) - r_f}{\sigma_M}$作为资本市场线的斜率反映的是单位风险溢价，即市场风险的价格。因此，资本市场线方程也说明，任何有效资产组合的预期收益都由两部分组成：推迟消费而用于投资的必要报酬 r_f，以及承担风险 σ_p 而得到的补偿，即风险与风险价格的乘积。

第二节　资本资产定价模型

马柯维茨 1952 年建立现代资产组合理论，12 年后，威廉·夏普（William Sharpe）、约翰·林特纳（John Lintner）与简·莫辛（Jan Mossin）将其发展成为资本资产定价模

型。资本资产定价模型（Capital Asset Pricing Model，CAPM）是现代金融学的奠基石。模型建立在风险资产的期望收益均衡的基础上，合理地揭示了资产风险与预期收益率之间的关系，提供了评估资产收益率的方法。这就为我们前面所讲的资产评估中使用合理的折现率问题找到了答案。

一、资本资产定价模型的推导

我们从资本市场线入手讨论单个风险资产的预期收益，推导资本资产定价模型的公式。

资本市场线描述了适用于有效资产组合的风险—收益关系，但不适用于单个资产或非有效投资组合。对于后者，我们必须首先搞清楚与其风险溢价有关的风险是什么。

我们知道，一个风险资产组合的总体方差取决于组合中单个资产的方差与它们之间的协方差，而且当资产数量很多时，资产之间的协方差占主导地位。我们还知道，所有投资者持有的风险资产组合都是市场组合，投资结构是一致的。投资者根据资产组合风险确定他们要求的收益率。既然这样，投资者在投资时，不会在意某项资产本身的风险有多大，而是在意这一资产的加入对他的整个资产组合有什么影响。如果一种资产的加入有助于减少整个组合的风险，这种资产就可以卖出更高的价格，也就是可以提供更低的收益率；如果资产对整个组合的风险贡献为正，增加了市场组合的风险，则需要得到相应的补偿，需要提供高于市场组合的收益。

由式（15-2），我们有：

$$\sigma_M^2 = \sum_{i=1}^{n}\sum_{j=1}^{n} x_i x_j \mathrm{cov}(r_i, r_j)$$
$$= x_1 \sum_{j=1}^{n} x_j \mathrm{cov}(r_1, r_j) + x_2 \sum_{j=1}^{n} x_j \mathrm{cov}(r_2, r_j) + \cdots + x_n \sum_{j=1}^{n} x_j \mathrm{cov}(r_n, r_j)$$

这里，x_i、x_j 是市场组合中资产 i、资产 j 的比例。

资产 i 与市场组合的协方差为

$$\mathrm{cov}(r_i, r_M) = \mathrm{cov}(r_i, x_1 r_1 + x_2 r_2 + \cdots + x_n r_n)$$
$$= x_1 \mathrm{cov}(r_i, r_1) + x_2 (r_i, r_2) + \cdots + x_n \mathrm{cov}(r_i, r_n)$$
$$= \sum_{j=1}^{n} x_j \mathrm{cov}(r_i, r_j)$$

所以，

$$\sigma_M^2 = x_1 \mathrm{cov}(r_1, r_M) + x_2 \mathrm{cov}(r_2, r_M) + \cdots + x_n \mathrm{cov}(r_n, r_M)$$
$$= \sum_{i=1}^{n} x_i \mathrm{cov}(r_i, r_M) \qquad (15-7)$$

可见，整个市场组合的方差是每个资产与市场组合的协方差以其在组合中所占比重加权平均的结果。因此，每个资产对市场组合风险的贡献就是这个资产与资产组合的协方差。因此，这一协方差才是与资产溢价有关的风险。

现在我们用市场组合与资产 i 构建一个新的资产组合 P，P 的预期收益率和标准

差为

$$E(r_p) = x_iE(r_i) + (1 - x_i)E(r_M) \tag{15-8}$$

$$\sigma_p = [x_i^2\sigma_i^2 + (1 - x_i)^2\sigma_M^2 + 2x_i(1 - x_i)\mathrm{cov}(r_i, r_M)]^{1/2} \tag{15-9}$$

显然，在允许卖空的条件下，资产 i 与 M 的有效资产组合的集合在过 i 和 M 的双曲线 iMi' 上，见图 15－5。

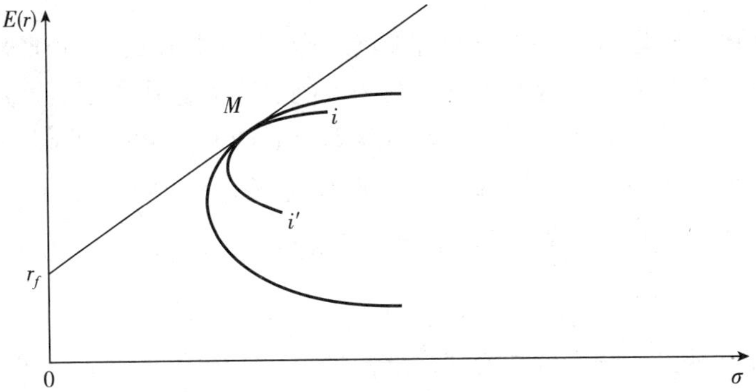

图 15－5 资产 i 与 M 的有效资产组合

毫无疑问，资产 i 与 M 构成的资产组合的集合在全局资产组合的伞形区域内，不可能突破大的双曲线，这样，M 点是两条双曲线唯一的重合点——二者的切点。从而两条双曲线在这一点切线的斜率，就是资本市场线的斜率。因此有：

$$\frac{\partial E(r_p)}{\partial \sigma_p} = \frac{\partial E(r_p)}{\partial x_i} \div \frac{\partial \sigma_p}{\partial x_i} = \frac{E(r_M) - r_f}{\sigma_M}$$

由式（15－8）和式（15－9）可得：

$$\frac{\partial E(r_P)}{\partial x_i} \div \frac{\partial \sigma_p}{\partial x_i} = \frac{E(r_i) - E(r_M)}{x_i\sigma_i^2 - \sigma_M^2 + x_i\sigma_M^2 + (1 - 2x_i)\mathrm{cov}(r_i, r_M)}\sigma_p$$

$$= \frac{E(r_M) - r_f}{\sigma_M}$$

在 M 点，$x_i = 0$，$\sigma_p = \sigma_M$，所以，上式可变为：

$$\frac{E(r_i) - E(r_M)}{\mathrm{cov}(r_i, r_M) - \sigma_M^2}\sigma_M = \frac{E(r_M) - r_f}{\sigma_M}$$

因此，有：

$$E(r_i) = r_f + [E(r_M) - r_f] \times \frac{\mathrm{cov}(r_i, r_M)}{\sigma_M^2}$$

$$= r_f + \frac{E(r_M) - r_f}{\sigma_M} \times \frac{\mathrm{cov}(r_i, r_M)}{\sigma_M} \tag{15-10}$$

由推导过程可知，式（15－10）适用于任何一个资产或资产组合。比较式（15－10）与资本市场线的方程式（15－6），我们看到二者非常接近。在式（15－6）中，$\frac{E(r_M) - r_f}{\sigma_M}$是市场风险的价格，即单位风险的溢价。式（15－6）告诉我们，有效资产组合的收益由两部分组成，一是无风险的收益 r_f，二是市场风险补偿，等于资产组合的风险与风险价格的乘积。在这里，资产组合的风险等于资产组合的标准差。在这里的式（15－10）中，我们看到任何一个资产或资产组合的收益构成是一样的，也是无风险收益与风险溢价之和。风险溢价也等于同样的风险价格与风险的乘积，只不过这里的风险等于$\frac{\text{cov}(r_i, r_M)}{\sigma_M}$，是资产与市场组合的协方差与市场组合标准差的比值。这与我们前面讲到的每个资产的风险溢价取决于资产对市场组合风险的贡献，而资产对市场组合风险的贡献在于这个资产与资产组合的协方差是一致的。协方差代表了资产波动性与整个市场波动性的相关性，就是资产承担的系统风险部分。因此，资产的风险补偿只决定于资产承担的系统风险，而不是全部风险，这一原理再一次得到确认。

令 $\beta_i = \frac{\text{cov}(r_i, r_M)}{\sigma_M}$，代表资产承担的系统风险。式（15－10）可写出：

$$E(r_i) = r_f + [E(r_M) - r_f] \times \beta_i \quad (15-11)$$

式（15－11）就是传统的资本资产定价模型（CAPM）。不同资产承担的系统风险不同，因此有不同的 β。知道了资产的 β，就可以用式（15－11）求出资产的收益率。

二、证券市场线——资本资产定价模型的几何表示

根据资本资产定价模型，风险资产的预期收益与其所承担的系统风险 β 之间呈线性关系，我们把这一关系表示在以预期收益和 β 值为坐标轴的坐标平面上，就是一条以 r_f 为起点的射线，见图 15－6，这条射线被称为证券市场线（Security Market Line，SML）。

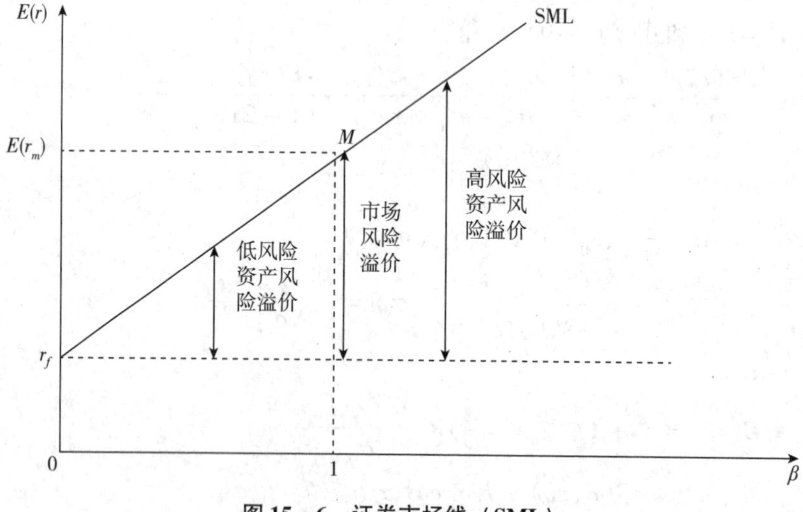

图 15－6　证券市场线（SML）

在证券市场线上，斜率 $[E(r_m) - r_f]$ 反映了经济中风险厌恶的平均程度：投资者平均风险厌恶水平越高，每增加单位风险平均要求的补偿越大，证券市场线斜率越大、越陡峭。从而，同样的风险下，资产要求的风险溢价越大，预期收益率越高。如果投资者是风险中性的，证券市场线将是水平的，因为这时不存在风险溢价。

证券市场线充分体现了金融投资高风险高收益的原则。

市场组合或与市场组合完全正相关的资产或资产组合的β值为1，代表了市场平均的风险；预期收益率为$E(r_m)$，是无风险收益与市场平均风险溢价之和。

$\beta=0$代表的是无风险资产，仅是由于时间价值带来的资产收益，为r_f。

$0<\beta<1$时，资产与市场组合正相关，但波动性要小于整体市场，因而承担的市场风险小于市场组合的风险，此时，风险溢价相应就小一些。

$\beta>1$，说明资产与市场有很强的共变性，波动性比市场组合更大，从而风险溢价就超过市场平均水平。

还需指出的是，资本资产定价模型是在一系列严格的假设之下得出的结论，虽然出于让这一模型更加浅显易懂，更容易突出核心问题的考虑，本教材并没有给出更严格、更缜密的说明。为了使资本资产定价模型更接近于实际，自模型问世以来，有很多学者投身于对这一问题的研究，对资产定价模型进行了修正或改进，不仅扩展了资本资产定价模型的适用性，而且极大地深化了人们对资产定价问题的认识。当然，资产的预期收益取决于资产承担的市场风险的大小，资产承担的系统风险越大，预期收益越高是资本资产定价模型得出的基本结论。这是与时间价值具有同样重要意义的资产的风险价值，成为金融市场的一个基本原则。

第三节　套利定价理论

美国经济学家斯蒂芬·罗斯（Stephen Ross）从金融市场的无套利原则出发推导出套利定价理论，成为需要的假设更少、更一般化的资产定价模型。套利定价模型以因素模型为基础。

一、资产收益风险的因素模型

资本资产定价模型允许我们把风险分解成两个部分：系统风险和特有风险（或市场风险与剩余风险），资产的风险溢价与市场风险线性相关。尽管资本资产定价模型依赖于一系列较强的假设条件，但是它所揭示的不同风险的经济特性以及它们与定价的关系是直观而且具有一定普遍意义的。

因素模型，是从影响资产收益变动的经济因素出发，根据经济因素的变动预测资产收益的变动。影响资产收益变化的因素包括通货膨胀、利率波动、经济增长等几乎对所有资产都有影响的共同因素，也包括公司创新、公司关键管理或技术人员的去留等只对个别资产有影响的特有因素，这与我们前面讲述的风险可以划分为系统风险与特有风险相对应。因素模型就是从风险的结构出发，明确地把资产收益的风险分解成系统风险以及与系统风险无关的剩余风险，认为资产收益的风险溢价一部分由影响整个资产市场的若干个共同因素决定，另一部分由资产本身的特有风险特征决定。

假定资产的收益除了受自身特有因素（现实中，如公司新产品的推出，关键管理、技术人员的去留等）的影响外，还受 k 个共同因素的影响。资产的收益与这些因素的关系可以用如下模型表示出来：

$$r_i = E(r_i) + \beta_{i1}F_1 + \beta_{i2}F_2 + \cdots + \beta_{ik}F_k + \varepsilon_i \tag{15-12}$$

式中，r_i 是资产 i 的收益率；$E(r_i)$ 是资产 i 的期望收益率，包含了到目前为止所有可知的信息；其他两项描述风险。第一个风险项反映了资产所包含的由 k 个风险因素对资产收益的影响；这些风险因素就是诸如通货膨胀、经济增长等对所有的资产都有影响的共同因素，对所有资产都是相同的，正反映了所谓的系统风险。因此，它们也称作因子风险（factor risk）。每一个风险因子前的系数 β_{ik}（$k=1,2,\cdots,k$）是资产 i 相对于 k 因素的敏感度，给出了资产包含的第 k 个因子风险的大小，故而也被称为对于第 k 个因子的载荷（loading）。第二项 ε_i 是与因子风险无关的剩余风险，是指对特定资产收益起作用的特定因素诸如公司创新、人员流动等造成的风险，因而是非系统风险，也称为特殊风险（idiosyncratic risk）。ε_i 有时也可视为误差项。

由于已知的信息都已包含在 $E(r_i)$ 中了，所以，这里的 k 个共同因素测度的是与宏观经济有关的新信息，具有零期望值。同样，特定因素引起的非预期收益 ε_i 也具有零期望值。在将来，如果有新的事情发生，某个或某些因素的数值发生波动，资产的收益率就会不同于期望收益。否则，资产的收益就会与预期的收益相同。

二、充分分散的投资组合

我们从只有一个风险因子的简单情形开始，讨论在因素模型下资产的收益与风险之间的关系问题。在只有一个风险因子的情形下，因素模型可以写成：

$$r_i = E(r_i) + \beta_i F + \varepsilon_i \tag{15-13}$$

首先看充分分散的投资组合的情况。

我们可以看到，如果一个投资组合是充分分散的，各个资产的特有风险可以被分散掉，保留下来的只有因素（系统）风险。现在我们构造一个由 N 种股票组成的资产组合，各只股票的投资比例为 $w_i(i=1,2,\cdots,N)$，$\sum w_i = 1$，则该资产组合的收益率为：

$$r_P = E(r_P) + \beta_P F + \varepsilon_P \tag{15-14}$$

这里，

$$\beta_P = \sum w_i \beta_i$$

是 N 种股票 β 系数的加权平均值。该资产组合的非系统成分（与 F 无关）为：

$$\varepsilon_P = \sum w_i \varepsilon_i$$

也是 N 种股票 ε 的加权平均值。

由于特有风险相互之间以及特有风险与因素风险之间互不相关，这一投资组合的方差为：

$$\sigma_P^2 = \beta_P^2 \sigma_F^2 + \sigma^2(\varepsilon_P)$$

其中，σ_F^2 为因子 F 的方差，而 $\sigma^2(\varepsilon_P)$ 为资产组合的非系统风险。这样，投资组合的风险就一如既往地分为系统的与非系统的两部分。对非系统部分，我们还有：

$$\sigma^2(\varepsilon_P) = \sigma^2(\sum w_i\varepsilon_i) = \sum w_i^2\sigma^2(\varepsilon_i)$$

如果该投资组合是等权重的，即 $w_i = 1/n$，则非系统方差将变为：

$$\sigma^2(\varepsilon_P, w_i = 1/n) = \sum (1/n)^2\sigma^2(\varepsilon_i) = 1/n\sum[\sigma^2(\varepsilon_i)/n] = 1/n\,\overline{\sigma^2}(\varepsilon_i)$$

即组合的非系统方差等于各只股票的非系统方差的平均值除以 n。当资产组合中的资产充分多，资产组合充分分散化时，这一数值无疑趋于零。

读者可以验证，不仅等权重的资产组合在构成资产数量充分大时，非系统方差趋于零，任何能满足随 n 增多每个 w_i 均稳定减小的投资组合都将满足组合的非系统风险随 n 增大而趋于零的条件。因此，在单因素模型下，对于充分分散化的投资组合，其收益率为：

$$r_P = E(r_P) + \beta_P F$$

$$\sigma_P = \beta_P\sigma_F$$

大投资者（主要为金融机构）往往持有成百上千种证券的投资组合，因此，充分分散化的投资组合的概念在目前的金融市场上显然是可操作的。但是，充分分散化的投资组合并不必须是等权重的。

三、β 系数与期望收益

由于非系统风险可被分散掉，只有系统风险在市场均衡中控制着风险溢价。因此，在一个充分分散化的证券投资组合中只有系统风险与其期望收益相关。

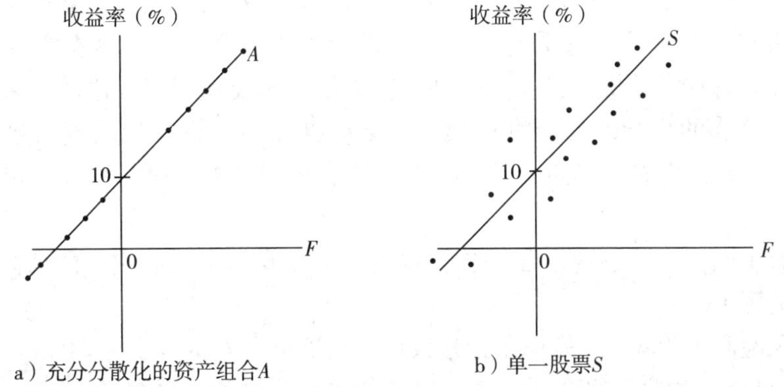

图 15－7　作为系统风险函数的收益

图 15－7 中的实线描绘了在不同的系统风险下，一个 $\beta_A = 1$ 的充分分散化资产组合 A 的收益情况。资产组合 A 的期望收益是 10%，即实线与纵轴相交的点。在该点处系统风险为 0，意味着不存在宏观的意外情况。如果宏观因素是正效应，资产组合的收益将超过期望值；如果宏观因素为负，则收益将低于其期望值。因此，资产组合的收益为：

$$E(r_A) + \beta_A F = 10\% + 1.0 \times F$$

与图 15－7 中的 a）相比，b）是一个 $\beta_S = 1$ 的单只股票（S）。非分散化的股票受非系统风险的影响，并呈现为分布在直线两侧的散点。相比较，充分分散化的资产组合的收益则完全由系统风险决定。

再来看图 15－8，虚线代表另一充分分散化投资组合 B 的收益，其收益的期望值为 8%，且 β_B 也等于 1，即 $\beta_B=1$。那么 A 和 B 是否可以在图中的条件下共存呢？显然不行：不论系统因素最终为多少，A 大于 B 都会导致套利机会的出现。

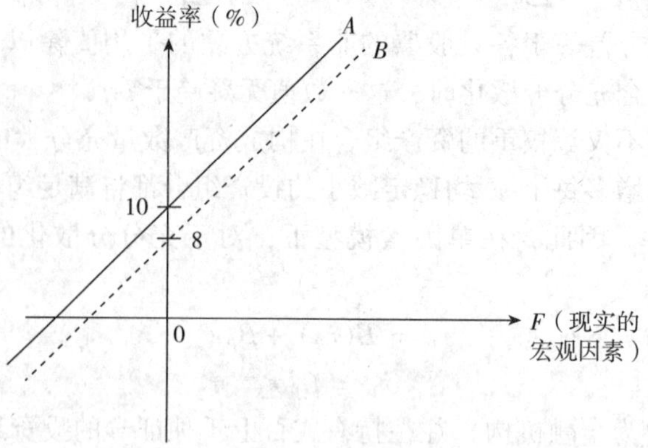

图15－8　作为系统风险函数的收益：出现了套利机会

如果做 1000000 元资产组合 B 的空头，并买入 1000000 元资产组合 A，即实施一项零投资的套利策略，将会无风险地获得 20000 元收益。具体过程如下：

$(0.10+1.0\times F)\ \times100$ 万元	（在资产组合 A 上做多头）
$-\ (0.08+1.0\times F)\ \times100$ 万元	（在资产组合 B 上做空头）
0.02×100 万元 $=20000$ 元	（净收益）

在上述过程中，不管系统风险 F 为多大，都不影响投资者安全地获得 20000 元的收益，因为多头和空头的操作将系统风险完全抵消掉了。这是一个零投资的安全套利策略，现实中如果有这样的机会，投资者自然应该最大限度地利用。这样一来，只要一个投资者发现了这样的机会，就会疯狂操作，结果推动两个组合的收益差迅速消失。因此，在市场均衡且不存在套利机会的情况下，具有相同 β 值的投资组合一定具有相同的期望收益。

那么具有不同 β 值的投资组合又会怎样呢？现在我们来说明它们的风险溢价将与 β 值成正比，见图 15－9。

假设无风险利率为 4%，另一充分分散化的投资组合 C 的（其 $\beta=0.5$）期望收益为 6%。将资产组合 C 的收益线画在位于无风险资产至资产组合 A 的直线下。考虑一个新的资产组合 D，它由资产组合 A 和无风险资产各占一半组成。资产组合 D 的 β 值将为 $1/2\times0+1/2\times1.0=0.5$，其期望收益率为 $1/2\times4\%+1/2\times10\%=7\%$。这时资产组合 D 具有与资产组合 C 相同的 β 值，但比 C 的期望收益大，这就构成了无风险的套利机会。

通过上面的分析，我们得出结论：为了排除套利机会，所有充分分散化的投资组合的期望收益必须位于图 15－9 的通过无风险资产点的直线上。这条直线将给出所有充分分散化的投资组合的期望收益值。由此我们看出，所有充分分散化的投资组合的风险溢价都是与资产组合的 β 值成正比的。风险溢价在 $\beta=0$ 时为零，并直接与 β 值成正比地增长。

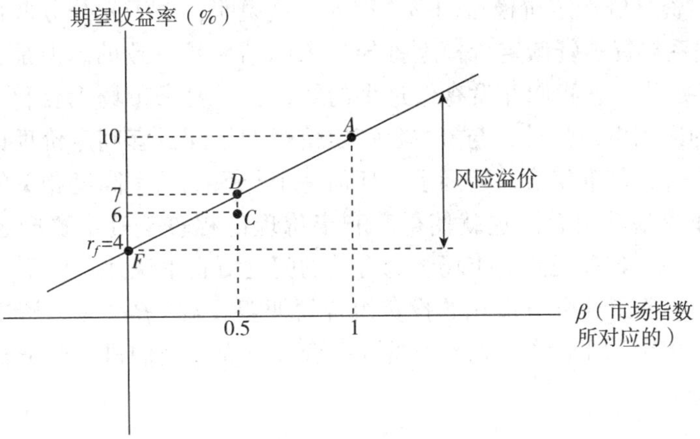

图 15－9　一个套利机会

现在，我们假定由两个充分分散化的投资组合 U 与 V 合成一个资产组合 Z，资产组合 Z 中 U、V 的权重选择见表 15－1。

表 15－1　零贝塔值的资产组合中的资产组合特征与权重

资产组合	期望收益	贝塔值	资产组合权重
U	$E(r_U)$	β_U	$\beta_V/(\beta_V-\beta_U)$
V	$E(r_V)$	β_V	$-\beta_U/(\beta_V-\beta_U)$

显然，资产组合 Z 中两项资产组合的权重之和为 1，Z 的贝塔值为零。也就是说，我们用 U 和 V 构建了一个零贝塔值的资产组合。这样，资产组合 Z 没有分散化风险，因为它是充分分散化的；同时它也没有暴露在系统风险下，因为它的贝塔系数为零。既然如此，资产组合 Z 是无风险资产组合，因此它只能获得无风险利率。所以，我们有：

$$\begin{aligned} E(r_Z) &= w_U E(r_U) + w_V E(r_V) \\ &= \beta_V/(\beta_V-\beta_U)E(r_U) - \beta_U/(\beta_V-\beta_U)E(r_V) \\ &= r_f \end{aligned}$$

整理上式，我们可以得到以下结论：

$$\frac{E(r_U)-r_f}{\beta_U} = \frac{E(r_V)-r_f}{\beta_V} \quad (15-15)$$

这意味着，正如图 15－9 所展示的，风险溢价与资产组合的贝塔值成正比。

四、充分分散化的资产组合的证券市场线

我们知道，市场组合是一个充分分散化的投资组合。我们把系统因素看作是市场组合的意外收益，那么市场组合的贝塔值为 1，即 $\beta=1$。市场组合显然也在图 15－9 所示的直线上，我们可用它来决定该直线的方程。如图 15－10 所示，直线的截距为 r_f，斜率为 $E(r_M)-r_f$，该直线的方程为：

$$E(r_P) = r_f + [E(r_M)-r_f]\beta_P \quad (15-16)$$

这一方程与资本资产定价模型的形式相同。这说明，对于充分分散化的资产组合其期望收益—β关系与资本资产定价模型推导出来的结果是一致的。但是，应该看到，为推导期望收益—β关系，我们并没有做过多的假设，只要求市场无套利机会，这就扩展了这一关系式的适用性。另外，与资本资产定价模型不同，套利定价理论并不要求证券市场线以市场组合为基准组合。实际上，任何一个与系统因素高度相关的充分分散化的资产组合都可作为基准组合。这就使得套利定价理论相较于资本资产定价模型更富弹性，因为那些与一个难以观测的市场组合有关的问题对它来说并不重要。

至此，我们证明了充分分散化的投资组合的期望收益—β关系。资本资产定价模型的期望收益—β关系适用于单个资产和投资组合。下面，我们进一步分析单个资产情况下的套利定价模型。

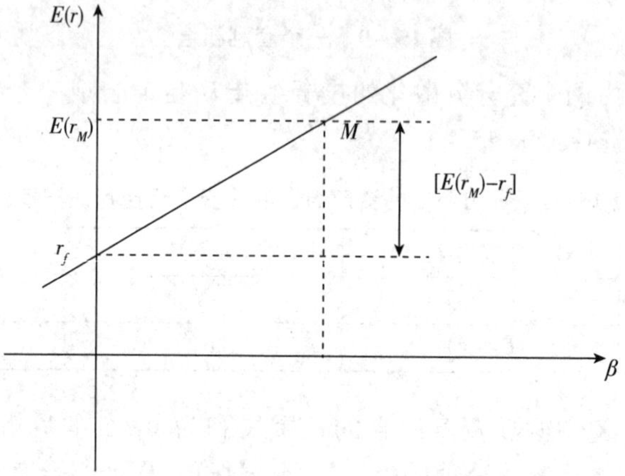

图 15－10　充分分散化投资组合的证券市场线

五、单个资产与套利定价理论

我们知道，在不存在套利机会的条件下，充分分散化的投资组合的期望收益一定与其β值成正比。对任意两个充分分散化的资产组合P和Q，上述关系可表述为下式：

$$[E(r_P)-r_f]/\beta_P=[E(r_Q)-r_f]/\beta_Q \tag{15-17}$$

我们将证明，如果所有充分分散化的资产组合均满足该关系，那么单个证券也将几乎肯定地满足该关系。这意味着，非系统因素对证券的收益并不重要，支配充分分散化的资产组合的期望收益—β关系也适用于单个证券。

首先，我们证明如果单个证券满足方程式(15－17)，那么所有的资产组合也满足。如果对任意两种股票i和j，式(15－17)所表述的关系成立，即：

$$[E(r_i)-r_f]/\beta_i=[E(r_j)-r_f]/\beta_j=K$$

这里，K是适用于所有证券的常数。通过交叉相乘，我们得到对任意证券i的方程：

$$E(r_i)=r_f+\beta_i K$$

因此，对于权重为w_i的任意资产组合P，我们有

$$E(r_P)=\sum w_i E(r_i)=r_f\sum w_i+K\sum w_i\beta_i$$

因为$\sum w_i = 1$，且$\beta_P = \sum w_i\beta_i$，有

$$E(r_P) = r_f + \beta_P K$$

这样，对于所有的资产组合，有

$$[E(r_P) - r_f]/\beta_P = K$$

由于所有资产组合具有相同的K，有

$$[E(r_P) - r_f]/\beta_P = [E(r_Q) - r_f]/\beta_Q$$

换句话说，如果期望收益—β关系对所有的单个资产成立，那么它对所有的资产组合成立，不论资产组合是否分散化。

现在我们来证明对所有证券来说满足该条件是必要的。

假定对所有单个资产期望收益—β关系都不符合上述关系。即对任意两个资产，关系$[E(r_i) - r_f]/\beta_i = [E(r_j) - r_f]/\beta_j$都不成立。我们是否可以用它们构建两个充分分散化的资产组合P和Q，使其满足$[E(r_P) - r_f]/\beta_P = [E(r_Q) - r_f]/\beta_Q$呢？显然，这种机会是很小的。但是并不能排除有这种可能性，有可能当这种关系在单个证券中以相互抵消的方式违反时，可以构建出满足上述关系的两个充分分散化的资产组合。

接着，我们构造第三个充分分散化的资产组合，使其也满足无套利的期望收益—β关系。这时，单个证券违反此期望收益—β关系的可能性就进一步减小了。继续构造第四个、第五个符合条件的充分分散化的资产组合，由此类推。可以想见，如果无套利的期望收益—β关系对无数不同的充分分散化的资产组合都成立，那么这一关系对所有单个资产均成立也几乎是十分肯定的。

回顾一个资产组合必须在全部证券上具有非常小的头寸才能符合“充分分散化”的要求。如果只有一种证券违反了期望收益—β关系，这种违反对充分分散化的资产组合所产生的影响是非常小的，以致对任何实际情况均不具有重要意义，亦不会出现有意义的套利机会。但是，如果有许多证券都违反期望收益—β关系，那么这一关系对充分分散化的资产组合将不再成立，套利机会就会出现。

因此，我们得出结论，将无套利条件加在一个单一因素的证券市场上，这意味着期望收益—β关系对所有充分分散化的资产组合及对于单个证券（除可能的极少的例外）都成立。

套利定价理论起着与资本资产定价模型相同的作用。它提供了一个可应用于资本预算、证券评估或投资业绩评估的收益率的基准点。此外，套利定价理论强调了以风险溢价形式取得收益的不可分散化风险（系统风险）与可分散化风险之间的重大区别。

六、多因素的套利定价理论

将单因素套利定价理论推广到多因素定价理论并不困难。以两因素模型为例，在两因素模型下，

$$r_i = E(r_i) + \beta_{i1}F_1 + \beta_{i2}F_2 + \varepsilon_i \tag{15-18}$$

因素1可以代表，比如说，对预期国内生产总值GDP的偏离；因素2则可能表示的

是意料之外的通货膨胀等。每一个因素均具有零期望值，因为它们都是测度意外的系统变化而非系统变量本身。同样地，特定因素引起的非预期收益 ε_i 也具有零期望值。

与建立单因素套利定价理论相似，建立多因素套利定价理论模型也是从充分分散化的资产组合开始。首先，引入因素资产组合（factor portfolio）的概念，即构造一个充分分散化的资产组合，使其中一个因素的贝塔系数为1，其他因素的贝塔系数为零。这个约束是容易满足的，因为我们有很多的资产和相对较少的因素可供选择。因素资产组合可作为多因素证券市场曲线的基准资产组合。

回到两因素的情况。假定有两个因素资产组合，分别为资产组合1和资产组合2，它们的期望收益分别为 $E(r_1)=10\%$ 和 $E(r_2)=12\%$。进一步假定无风险利率为4%。这样，资产组合1的风险溢价为 $10\%-4\%=6\%$，资产组合2的风险溢价为 $12\%-4\%=8\%$。

现在考虑一个任意充分分散化的资产组合 A。假定其对第一个因素的贝塔值为 $\beta_{A1}=0.5$，对第二个因素的贝塔值为 $\beta_{A2}=0.75$。套利定价理论认为该资产组合的全部风险溢价必须等于作为对投资者的补偿的每一项系统风险的风险溢价的总和。因而风险因素产生的风险溢价应该等于资产组合对因素的贝塔系数与因素要求的风险溢价的乘积。所以，由于因素1和因素2而产生的风险溢价分别为 $\beta_{A1}[E(r_1)-r_f]=0.5\times[10\%-4\%]=3\%$ 与 $\beta_{A2}[E(r_2)-r_f]=0.75\times[12\%-4\%]=6\%$ 资产组合的总风险溢价应为 $3\%+6\%=9\%$，资产组合的总收益率为 $4\%+9\%=13\%$。

如果资产组合的期望收益不是13%，则会产生套利机会。假设资产组合的期望收益是12%。我们用因素资产组合1、因素资产组合2和无风险资产构造如下资产组合：组合中持有因素组合1的比例为50%，因素组合2的比例为75%，无风险资产的比例为 −25%。这使该资产组合与资产组合 A 具有相同的 β 结构：资产组合的第一个因素组合的权重为0.5，所以对第一个因素的 β 值为0.5；第二个因素组合的权重为0.75，所以对第二个因素的 β 值为0.75。我们看这一资产组合的期望收益是多少呢？其期望收益为 $(0.5\times10\%)+(0.75\times12\%)+(-0.25\times4\%)=13\%$。比资产组合 A 的期望收益多出一个百分点，这就产生了套利机会。对资产组合 A 做空头，同时用获得的资金对该资产组合做多头，即可获得安全的套利利润：

$(0.5\times10\%)+(0.75\times12\%)+(-0.25\times4\%)=13\%$（构建资产组合的多头头寸）

−12%　　（资产组合 A 的空头头寸）

1%

一般地，任何充分分散化的投资组合 P 所面临的风险因素由 β_{P1} 和 β_{P2} 给出。由第一个因素组合的权重为 β_{P1}、第二个因素组合的权重为 β_{P2} 与无风险资产的权重为 $1-\beta_{P1}-\beta_{P2}$ 构建的资产组合与资产组合 P 的贝塔结构相同，如果市场是均衡无套利的，那么它们的期望收益也必须相同。因此有，

$$\begin{aligned} E(r_P) &= \beta_{P1}E(r_1)+\beta_{P2}E(r_2)+(1-\beta_{P1}-\beta_{P1}) \\ &= r_f+\beta_{P1}[E(r_1)-r_f]+\beta_{P2}[E(r_2)-r_f] \end{aligned} \tag{15-19}$$

这说明，对于多因素模型，充分分散化的资产组合符合与单因素模型类似的期望收益—β关系。扩展到更多因素的情况是一样的。这就是对充分分散化的资产组合的多因素套利定价理论。对比式（15－6）与式（15－19），我们发现，方程式（15－19）不过是对单因素的证券市场线的一般化而已。

最后，把方程（15－19）表示的多因素证券市场线扩展到单个资产的过程与单因素时的情形完全相同。这样，就建立起多因素套利定价理论。其实，与套利定价理论一样，资本资产定价模型也有多因素的一般形式。

第四节　期权定价简介

一、期权的价格特征

期权这种衍生产品的价值体现为期权费（option premium），即期权的买主，按特定价格，从期权的卖主买进期权所支付的款项。期权费的多少就是期权的价格。期权的价格等于期权的内在价值加时间价值。

根据期权的执行价格与标的资产的市场价格的关系，期权可分为实值期权、平价期权和虚值期权。所谓实值期权，是指如果立即执行，期权可以给其持有者带来盈利的期权；平价期权是如果立即执行，期权持有者盈亏为0的期权；而虚值期权则是假如立即执行会使期权持有者遭受亏损的期权。假设期权标的资产的价格用S表示，期权的执行价格用X表示。对看涨期权而言，$S>X$，期权处于实值状态，$S=X$，期权处于平价状态，$S<X$，期权处于虚值状态；对看跌期权，$S>X$，期权处于虚值状态，$S=X$，期权处于平价状态，$S>X$，期权处于虚值状态。

期权的内在价值是在某一时刻执行期权给多头方所带来的收益的现值。现假设当前时刻为0，期权的到期时间为T。对于实值期权而言，执行看涨期权所获收益为$S_\tau-X$，执行看跌期权所获收益为$X-S_\tau$，τ是期权执行的时刻。由于标的资产的现值为S_0，执行价格X的现值为从τ时刻以无风险利率折现到当前的价值PV（X），因此上面两种实值期权的内在价值分别为S_0-PV（X）与PV（X）$-S_0$。很显然，虚值期权的内在价值也不可能是负值，因为期权的执行是权利，而不是义务，资产价格的波动有可能给期权持有者带来盈利，而最糟也不过是最后不执行而已。因此，虚值期权与平价期权的内在价值为0。

期权的价格即便在内在价值为0的虚值或平价状态下也一定是正的，因为在期权到期前，标的资产价格的变化有可能使期权处于对持有者有利的状态，看涨期权标的资产的价格可能上涨到执行价格以上，看跌期权标的资产的价格可能下跌到执行价格以下，从而为其持有者带来收益。因此期权的价格总是大于期权的内在价值，期权价格超出其内在价值的部分就是期权的时间价值。期权的时间价值其实是一种“波动性价值”。显然，期权的到期时间越长，标的资产的波动性越大，期权的多头方获利的机会越多。

二、期权定价的二叉树模型

我们可以通过构造对冲型资产组合的方式，通过无套利均衡分析的方法，确定期权的价格。举例如下：

假设当前某股票的价格为每股50元，一年后可能会上升到75元，也可能会下跌到25元。假设市场上现有这种股票一年期的看涨期权，执行价格为50元。市场无风险利率为25%。试确定该看涨期权的价格几何？

为解决这一问题，我们可以构建如下的投资组合，一年后变现：假定期权的价格为C，出售2个看涨期权，获得现期收入$2C$元；以无风险利率借入20元；买进股票一股，花费资金50元。这一资产组合在当前以及一年后的现金流如表15－2所示。

表15－2　投资组合的现金流

投资组合	$t=0$ 时的现金流	$t=1$ 时的现金流	
		$S_1=25$	$S_2=75$
出售两个看涨期权	$+2C$	0	-50
借入20元	$+20$	-25	-25
购买1股股票	-50	25	$+75$
合计	$2C-30$	0	0

从表15－2中的现金流情况可以看出，无论股票价格上升到75元，还是下跌到25元，资产组合一年以后的现金流都是0，这意味着该组合的成本应该为零，即：

$$2C-50+20=0$$

即期权的价格应该为：

$$C=15\text{ 元}$$

如果期权价格$C=10$元，那么期权定价就偏低了。此时买进期权，抛空股票，就可以获得套利利润，如表15－3所示情形。

表15－3　期权定价偏低时的套利组合

投资组合	$t=0$ 时的现金流	$t=1$ 时的现金流	
		$S_1=25$	$S_2=75$
购买两个看涨期权	-20	0	$+50$
贷出20元	-20	$+25$	$+25$
卖空1股股票	$+50$	-25	-75
合计	$+10$	0	0

表15－3的资产组合一年后无论股票价格上升到75元还是下跌到25元，都没有现金流的流入或流出，唯一的现金流是在当前获得10元的收入。这是一个无风险、无成本的套利机会，随着投资者的套利活动，期权价格将不断上升，直到升至15元，使套利机会消失。

如果期权的价格大于 15 元，同样会有套利机会。我们可以做类似的分析。因此，在无套利条件下，期权的价格只能是 15 元。

这一分析方法可以扩展到一般的情形。我们可以设计期权与标的资产组成的投资组合，使投资组合的未来结果不随标的资产价格的变化而变化，这一投资组合就是无风险的投资组合，理应获得无风险的收益。对照无风险利率的高低，我们就能得到期权价格的大小。具体做法如下：

首先给出下列定义：

S_0——$t=0$ 时标的资产的价格；

X——期权的执行价格；

u——期权合约到期时标的资产价格上升的幅度；

d——期权合约到期时标的资产价格下跌的幅度；

r——无风险利率；

C——看涨期权的价格；

C_u——期权合约到期时标的资产价格上升的情况下期权的价值；

C_d——期权合约到期时标的资产价格下跌的情况下期权的价值；

a——资产组合中一份期权所对应的资产买卖的数量，称为对冲比率。

考察表 15－4 的投资组合：

表 15－4　由看涨期权与标的资产构建的无风险投资组合

投资组合	$t=0$ 时的现金流	$t=1$ 时的现金流	
		$S_1=uS_0$	$S_2=dS_0$
出售 1 个看涨期权	$+C$	$-C_u$	$-C_d$
购买 a 股股票	$-aS_0$	$+auS_0$	$+adS_0$
合计	$C-aS_0$	auS_0-C_u	adS_0-C_d

由于要求的是无风险的投资组合，无论资产价格上升还是下降，资产组合期末的价值应该相同。即：

$$auS_0-C_u=adS_0-C_d$$

由此可得：

$$a=\frac{C_u-C_d}{S_0(u-d)} \tag{15－20}$$

对于前面的例子，

$$u=1+\frac{75-50}{50}=1.5$$

$$d=1+\frac{25-50}{50}=0.5$$

$$S_0=50$$

$$C_u=Max(0,uS_0-X)=Max(0,75-50)=25$$

$$C_d=Max(0,dS_0-X)=Max(0,25-50)=0$$

由此得 $a=\frac{25-0}{50\times(1.5-0.5)}=\frac{1}{2}$。即这一期权的对冲比率为 0.5。1 个期权头寸与半个资产的相反头寸可以组成无风险的投资组合。

知道了对冲比率，就可以进一步求出看涨期权的价格 C。

由于这一无风险资产组合的投资成本是 aS_0-C，按照无风险利率 r 计算，到期时的未来价值应该是 $(aS_0-C)(1+r)$，并且等于到期时资产的价值 uaS_0-C_u 或 daS_0-C_d。因为 $uaS_0-C_u=daS_0-C_d$，可任取其一。如取价格上涨时的资产价值表达式，则有：

$$(aS_0-C)(1+r)=uaS_0-C_u$$

将式（15－20）代入上式得：

$$C=\left(\frac{1+r-d}{u-d}\right)\frac{C_u}{(1+r)}+\left(\frac{u-1-r}{u-d}\right)\frac{C_d}{(1+r)} \qquad (15-21)$$

这就是看涨期权的定价公式，如果我们令：

$$P=\frac{1+r-d}{u-d}=\frac{R-d}{u-d}$$

其中，$R=1+r$ 为无风险总收益率（gross rate of return），则式（15－21）可以简化为：

$$C=\frac{C_uP+C_d(1-P)}{R} \qquad (15-22)$$

式（15－22）好像告诉我们，期权的价格等于其到期两种状态下价值的加权平均值。但是应该清楚，P 并不是标的资产实际上升的概率，我们在整个推导中并未涉及资产价格波动的概率，P 是一个与资产价格变化幅度以及无风险利率有关的参数。另外，上面推导出的公式只考虑了资产的价格从 $t=0$ 开始时的 S_0 到 $t=1$ 时变化为两种状态的情况，只考虑了一个周期。现实中，资产价格的变化可能会经历多个周期，最后资产价格的状态可能远多于两种状态。这时，我们需考虑多周期，最后资产的价格多状态的情况。假设资产价格的变化在期权到期前经历两个周期的变化，我们可以用图 15－11 的形式来表示变化过程。

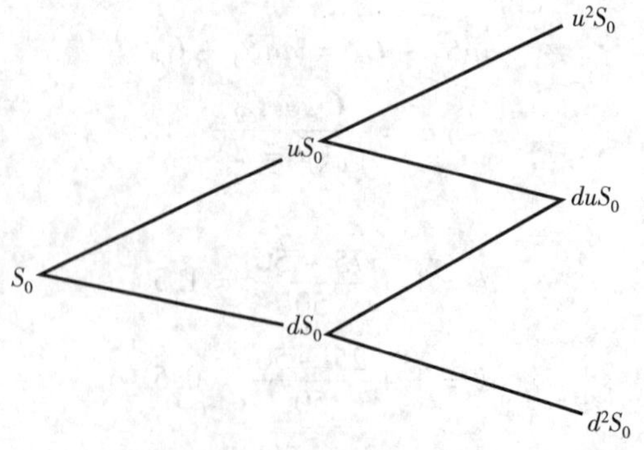

图 15－11　两周期二叉树图

如果我们再令 C_{u2} 为连续发生两次资产价格上升时看涨期权在到期日的价值［即

(u^2S_0-X) 与 0 之间的大者]；令 C_{ud} 为发生一次资产价格上升，一次资产价格下降时看涨期权在到期日的价值[即 (udS_0-X) 与 0 之间的大者]；再令 C_{d^2} 为连续发生两次资产价格下跌时看涨期权在到期日的价值[即 (d^2S_0-X) 与 0 之间的大者]，那么根据单周期期权定价公式，我们有：

在 $t=1$ 时期权的价值为：

$C_u=\frac{PC_{u^2}+(1-P)C_{ud}}{R}$，如果 $t=1$ 时资产的价格为 uS_0；或

$C_d=\frac{PC_{ud}+(1-P)C_{d^2}}{R}$，如果 $t=1$ 时资产的价格为 dS_0。

继续使用单周期期权定价公式，$t=0$ 时该看涨期权的价格为：

$$C=\frac{PC_u+(1-P)C_d}{R}$$

$$=\frac{P\cdot\frac{PC_{u^2}+(1-P)C_{ud}}{R}+(1-P)\cdot\frac{PC_{ud}+(1-P)C_{d^2}}{R}}{R}$$

整理可得：

$$C=\frac{P^2C_{u^2}+2P(1-P)C_{ud}+(1-P)^2C_{d^2}}{R^2} \qquad (15-23)$$

这是两周期期权定价二叉树公式。我们可以依次推导出三周期、四周期甚至 n 周期的期权定价公式。这就是二叉树期权定价的方法，是有关期权价格的一种数值计算的方法。

三、布莱克—斯科尔斯期权定价模型

期权定价是一个比较困难的课题，当年吸引了很多经济学家的浓厚兴趣，很多人为此付出了巨大的努力。1973 年三位青年学者布莱克、斯科尔斯与默顿推导出欧式期权的解析解，为期权定价问题的解决以及其他金融定价问题奠定了坚实的基础，后来又有一系列研究成果出现，使金融资产定价发展到新的阶段。斯科尔斯与默顿也因此获得了 1997 年的诺贝尔经济学奖。布莱克则于 1995 年英年早逝，未能获得这一奖项。

布莱克—斯科尔斯定价模型假定期权是欧式看涨期权。以股票期权为例，假定标的股票的价格可以在期间内连续变动；股票没有现金和利息等分红收入；无风险利率在期间内恒定。该定价模型表示为：

$$C=S_0N(d_1)-Xe^{-rT}N(d_2) \qquad (15-24)$$

其中，

$$d_1=\frac{\ln(S_0/X)+(r+\sigma^2/2)T}{\sigma\sqrt{T}}$$

$$d_2=d_1-\sigma\sqrt{T}$$

式中，C——当前的看涨期权价格；

S_0——到期的股票价格；

$N(d)$——标准正态分布小于 d 的概率，图 15－12 的阴影部分；

X——执行价格；

r——无风险利率（连续复利年利率）；

T——期权到期时间；

σ——股票连续复利的年收益率的标准差。

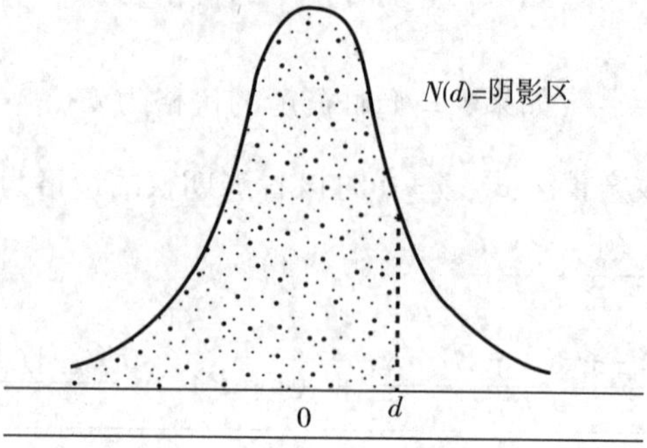

图 15－12　标准正态曲线

布莱克—斯科尔斯公式看上去很复杂，但是我们可以从直觉上进行理解。我们可以把 $N(d)$ 看作看涨期权在到期时处于实值状态的风险调整概率。从式（15－24）来看，假设两个 $N(d)$ 都为 1，那么看涨期权几乎肯定会被执行。看涨期权价值为 $S_0 - Xe^{-rT}$，就是我们前面提到的期权的内在价值 $S_0 - PV(X)$。这一点是很有意义的，如果期权确实执行了，我们就获得了以 S_0 为现价的股票的所有权，而承担了现值为 $PV(X)$，或以连续复利计算的 Xe^{-rT} 的债务。

如果 $N(d)$ 趋于零，意味着期权不会被执行，公式（15－24）说明看涨期权价值为零。当 $N(d)$ 在 0 到 1 之间时，公式告诉我们，可以把看涨期权价值看作经过到期时处于实值的概率调整后潜在未来收益的现值。

布莱克—斯科尔斯公式很容易应用，假设想对一个看涨期权进行定价，已知条件如下：

股票价格 $S_0 = 30$　　　　无风险利率 $r = 0.10$（每年 10%）

执行价格 $X = 28$　　　　期权期限 $T = 0.25$（3 个月）

$\sigma = 0.50$（每年 50%）

首先计算：

$$d_1 = \frac{\ln(30/28) + (0.10 + 0.5^2/2) \times 0.25}{0.5\sqrt{0.25}} = 0.501$$

$$d_2 = 0.501 - 0.5\sqrt{0.25} = 0.251$$

接下去通过在统计书中查标准正态分布表，查 $N(d_1)$ 与 $N(d_2)$ 的大小，查得：

$$N(0.501) = 0.6922 \qquad N(0.251) = 0.5991$$

于是，看涨期权价值为

$$C = 30 \times 0.6922 - 28e^{-0.10 \times 0.25} \times 0.5991 = 20.766 - 16.361 = 4.41 \text{ 元}$$

这里介绍的是布莱克—斯科尔斯公式的最简单形式。对于看跌期权、美式期权，存续期间标的资产有现金、利息收入等的期权，布莱克等也进行了研究，都有相应的计算方法，这里就不一一介绍了。

本章小结

• 资产组合的预期收益是资产组合中所有资产预期收益的以各项资产在组合中所占的比例为权重的简单加权平均值。

• 资产组合收益的方差是整个资产组合的收益率的方差，是资产各自方差以及它们之间的协方差的加权平均。因此，资产组合的风险不仅仅取决于每个资产风险的大小，而且还要看构成资产之间是否有相关性，是正相关还是负相关，以及相关程度大小。

• 即便协方差为正，只要资产价格的变化不是完全正相关，资产组合的方差仍会小于各项资产方差的加权平均值。因此，现实中，分散化是降低风险的绝佳方法。通过分散化可以将非系统风险大大降低，甚至消除。

• 给定预期收益值而方差最小的资产组合，或者给定方差值而预期收益最高的资产组合称为有效资产组合。在只有风险资产的情况下，有效资产组合的图形是一条双曲线的上半部分；在有无风险资产的情况下，是以无风险资产的收益率为截距，相切于风险资产有效组合双曲线的直线。

• 资本资产定价模型中的市场组合是市值加权资产组合，是包含市场交易的所有资产，各资产在其中所占的比重恰是该资产市场价值占市场总市值的比例。

• 资本资产定价模型是建立在一系列严格假设基础上有关资产或资产组合风险与预期收益率之间的关系的模型。这一模型认为，资产或资产组合的收益率可以用下式求出：$E(r_i) = r_f + [E(r_M) - r_f] \times \beta_i$，其中，$\beta_i = \dfrac{\mathrm{cov}(r_i, r_M)}{\sigma_M}$，代表资产承担的系统风险。

• 套利定价理论建立在无套利分析的基础上，以因素模型为基础，得出了在条件更为宽松的条件下资产或资产组合的预期收益与风险的线性关系式，起着与资本资产定价模型相同的作用。而且，其限制条件少，适用范围更为宽泛。

• 期权的价值体现为期权费，期权的价格等于期权的内在价值加时间价值。

• 期权的价格可以用无套利分析的方法，用二叉树模型通过数值计算求出，也可以用布莱克—斯科尔斯公式计算得出。

本章复习思考题

1. 理论上讲，一个资产组合的标准差可以降到什么程度？具体说明在实践中，一个资产组合的标准差可以降到这个程度吗？请解释之。

2. 比较资本市场线与证券市场线。

3. 讨论对于分散化的资产组合，套利定价理论与资本资产定价模型相比有哪些优越之处。

4. 无风险利率为6%，同时市场资产组合的预期收益率为15%。

（1）按照资本资产定价模型，投资者获得10%的预期收益率的有效方法是什么？

（2）如果市场组合收益率的标准差为0.20，那么预期收益率为10%的资产组合的标准差是多少？

（3）画出资本市场线，并在图中标出上述资产组合。

（4）画出证券市场线，并在图中标出上述资产组合。

5. 已知某种不支付红利股票当前的价格是30元，3个月后其价格要么上升到40元，要么下跌到25元。三个月期无风险的连续复利年利率为8%。试用二叉树方法，计算执行价格为32元，期限为三个月的该股票欧式看涨期权的价格。

6. 假设某种不支付红利股票的现价为30元，无风险年利率为5%，该股票的年波动率为25%，到期日为4个月。求以该股票为标的证券，协议价格为29元的欧式看涨期权的价格。

第十六章

融资决策与资本结构

本章重要术语

内源融资　外源融资　权益性融资　债务性融资　资本结构　MM 理论
MM 理论第一命题　MM 理论第二命题　资本成本　加权平均资本成本
融资啄序偏好　比较资本成本法　每股利润分析法　加权平均资本成本法

融资决策与资本结构是公司金融最基础的问题。我们知道，对于一个公司而言，其最终的目标是实现股东权益的最大化，或者说，是实现公司价值的最大化。为此，公司一来要尽力提高自己的盈利能力，二来要通过各种途径减少自己的经营成本。其中，综合运用各种融资方法，通过资本结构的调整减少公司的资金使用成本是减少公司成本的主要途径之一。公司可以通过多种方式融资，如发行各种股票、向银行贷款、发行各种长期或短期债券等。一个公司的资本结构就是它的融资结构，或者说是各种形式的融资组合。我们要考虑的是，什么样的资本结构可以使得企业的市场价值最大化？公司的融资组合从大类来讲可分为权益融资和债务融资，那么这个问题又可说成，什么样的负债率可以使企业的价值最大化？本章我们将简单介绍公司的各种主要融资方式以及主要的一些融资决策和资本结构理论。

第一节　融资方式的选择

出于不同的目的和标准，我们可以对企业的融资方式进行不同的分类。最常用的两种分类方式一是将企业的融资分为内源融资与外源融资，二是将企业的融资分为权益性融资和债务性融资。

一、内源融资与外源融资

在分析融资决策时，常常将企业的融资分为内源融资与外源融资。内源融资来自企业运作所产生的资金，来自企业内部，主要是留存收益。外源融资是企业通过对外发行股票、债券，向银行借款等进行的融资。如果一家企业赚取利润后，暂时不向或很少向股东分红，而是把利润所获资金再投资于新建厂房或项目，这就是内源融资。如果一家企业通过向银行贷款取得周转资金，或者通过发行股票、债券为新的项目，为新建厂房、新购设备融资，这就构成外源融资。

内源融资和外源融资在管理上有很大的不同。对于一个成熟的企业，一般具有常规的财务决策机制，包括红利政策、维持银行信贷额度等财务管理都会按惯例自动有序进行，不需要专门拿出时间和精力来应对。因此，一般来说，常规的内源融资所需成本较低。

在企业面临重要投资机遇、进行大幅度扩张、有较大资金缺口时一般会考虑使用外源融资。但是，即使在这种时候，也存在内源融资和外源融资的权衡以及孰先孰后，用其一还是二者兼用，如果二者兼用，融资比例的确定等问题。因此，大凡外源融资，一般决策和运作过程更为复杂。而且由于外部投资者对企业信息的知情要求，企业信息披露的要求也较高，更需遵从市场规则。这就决定了外源融资一般融资成本要高于内源融资。

二、权益性融资与债务性融资

公司融资的另外一种分类方式是把公司的融资分为权益性融资与债务性融资。凡通过增加企业的权益资本筹集企业所需资金的融资方式称为权益性融资；通过负债筹集企业所需资金的融资方式称为债务性融资。权益性融资，包括发行新股票，增加利润留存供企业使用，减少现金分红，使用股票股利政策等。债务性融资包括向银行借款、发行各种期限的企业债券等。

将公司的融资分为权益性融资与债务性融资之所以重要，是因为公司的资本总的来说就是由权益和负债两部分组成的。权益性融资与债务性融资成本不同，而且公司资本的总成本随公司的资本结构，也就是权益性资本与债务性资本比例的变化而变化。公司金融的目标之一就是要找到一个对公司最佳的债务权益比例，以实现公司价值最大化的目的。

在实际的融资实践中，公司的融资不仅有诸如发行普通股，留存收益转股等纯粹的权益性融资，以及向银行借款、发行各种普通企业债券等纯粹的债务性融资，还有优先股、可转换债券、有认股权证的债券等兼具负债和权益特征的混合型融资。这类融资就更复杂一些。但是，一方面，一般情况下，我们可以将这种混合型的融资工具，分解为纯粹的权益性工具和债务性工具；另一方面，本章的内容仅仅是对公司金融基础知识的一种简单介绍。因此，在这里不讨论复杂的情况，读者可在专门的公司金融课中作进一步的了解和学习。

三、融资成本——影响公司融资方式选择的最主要原因

公司应该优先选择权益性融资还是债务性融资、内源融资还是外源融资，一个主要的考虑是哪种融资方式的融资成本更低。融资成本从狭义上讲，是指特定融资预期将支付的平均收益。比如，对于股票来讲，就是投资者购买股票所要求的年平均投资收益是多少。当然，年平均投资收益越高，股票出售价格越低，企业未来将支付的代价越高；

对于银行贷款，则是贷款利率的高低；对于企业债券，则是债券利率有多高。银行贷款利率越高、企业发行的债券的利率越高，企业融资的成本就越高。

另外，一项融资成本的高低不仅仅体现在这项融资本身未来需支付的报酬的高低上，还体现在加入这项融资之后，企业的资本结构，也就是债务与权益资本的比例发生了变化，而这种变化可能会导致企业整体加权平均成本的变化。对于企业来讲，更有意义的恰恰是使自己的加权平均成本最低，尽可能降低企业运行的总费用，以利于实现企业价值的最大化。因此，将融资成本的意义加以扩展，一项融资的成本不仅包含特定融资本身未来要支付的代价，还应包括这项融资所带来的企业的加权平均资本成本的变化。

当然，从更广义的意义来讲，随着公司各种融资导致的资本结构的变化，公司的经营环境、风险暴露、税收成本等也都可能随之变化，这当然也可以叫作融资带来的成本。但是，这种提法过于宽泛，不利于对问题的清晰把握，因此，我们对融资成本不做这种意义上的理解。

通常，债务资本的成本要低于权益资本的成本，这主要是基于以下两个方面的原因：一是来自债券或贷款的回报是可以预计的（如果借款人有较高的信用），风险较小；二是借款支付的利息通常可作为经营费用从税前利润中扣除，所谓债务具有税盾作用就是指此而言。与此相反，为股票支付的股利是不允许税前扣除的，必须从税后净利润中支付。

总之，不论从债务融资与权益性融资的角度，还是从内源融资与外源融资的角度考虑，最主要的就是要看哪种方式能够综合降低企业的加权平均资本成本，这是与企业的经营目标相一致的。

当然，影响融资决策的因素还有很多。比如，由于公司管理者与公司股东、公司债权人这三者在利益上存在着冲突，而融资决策主要由公司管理者做出，从而使融资决策出现不利于股东利益或债权人利益的情况。同时，融资决策还受到管理者偏好、公司治理机制的完善程度、资本市场的发达程度等多方面的影响或制约。对此，我们后面的内容也会有所涉及。

第二节　MM理论——无摩擦环境中的资本结构无关性

选择怎样的资本结构能够使企业平均资金使用成本最低，最大化企业的价值，一直是公司金融的一个核心问题。1958 年美国经济学家莫迪利安尼（Franco Modigliani）和米勒（Merton H. Miller）提出了 MM 理论的无摩擦市场环境下的资本结构理论。在此之前，传统的公司财务理论认为，由于债务融资成本低于权益性融资，当公司提高其负债比率时，公司的加权平均资本成本有随之降低的趋势。在这个过程中，负债比率的增加会导致公司财务风险的增加，这会导致投资者提高自己股本投资或债权投资的必要收益率，这又有使公司的资金成本增加的趋势。在公司负债比例很低时，前者占支配地位。

随着负债比率的增加，此消彼长，后者的作用逐渐加大。这样，应该能够找到一个债务权益的最佳比例，使企业的加权平均资本成本最小，公司实现价值最大化。但是，莫迪利安尼和米勒的开创性工作却得出了完全不同的结论，证明在完全无摩擦的理想的市场环境下公司价值与其资本结构无关。这一理论在当时引起极大的震动，其理论框架和论证方法对随后资本结构理论的发展产生了巨大的影响，可以说为现代公司资本结构理论奠定了重要的基础。提出这一理论的两位经济学家也先后获得了诺贝尔经济学奖。

正如我们一再提到的，MM 理论是建立在完美市场假设之上的。完美市场的假设与物理学中无摩擦力假设非常相像，经济摩擦力就是市场的不完美性。经济摩擦力包括税收的存在、信息传递的阻碍与信息不对称、交易费用的存在、委托代理成本、市场垄断等。没有摩擦力的市场就是不存在这些问题的市场。

1. 没有税收；
2. 不存在发行权益性证券与债务性证券的交易成本；
3. 信息传递无成本且迅速有效，不存在信息不对称；
4. 投资者可以按照与企业相同的条件借贷资金；
5. 所有证券无限可分，投资者完全理性；
6. 企业的不同关联方可以无成本地解决他们之间的利益冲突，无代理成本。

在这种无摩擦的环境下，MM 理论的结论是，企业价值与企业的资本结构无关。

一、MM 理论第一命题（Proposition Ⅰ）

MM 理论第一命题是说，在完美市场的条件下，企业价值与资本结构无关。也就是说，在完美市场结构下企图通过改变资本结构来提高企业的价值是徒劳的。下面我们通过对两个除资本结构不同外，其他方面都相同的企业价值的比较来证明这一命题。

假设甲、乙两个企业，其资产性质，经营政策、产品等方面完全相同，只是资本结构不同。两企业每年均获得 1000 万元的总收益，我们将其视为息税前利润（EBIT）。在资本结构上，甲企业共有发行在外的股票 100 万股，没有负债；乙企业发行在外的股票为 50 万股，同时有发行在外的债券 2000 万元，债券按每年 8% 的年利率对债券持有者支付利息。我们看两个公司的市场价值有何不同。

根据公司未来现金流的风险，假设投资者对甲公司股票要求的预期收益率（也称市场资本化比率）为 $r_1=10\%$，这就是甲公司的资本成本。于是，甲公司的价值就可以以资本成本对收益现金流 1000 万元折现算出：

$$PV_1=\frac{EBIT}{r_1}=\frac{1000}{10\%}=10000\text{（万元）}$$

同时，我们可以算出甲公司每股股票的价格应该为 10000 万/100 万 = 100 元。

假设乙公司的债券无违约风险，并假定市场无风险利率为 8%。那么，由于乙公司债券的利率恰也是 8%，公司债券的市场价值就是 2000 万元。债券今后每年不论企业收益如何都以事先承诺的 8% 的利率对外支付利息，每年支付的利息为 2000 万 × 8% = 160 万元。再假设乙公司的债券是永续型的。债券利息偿付之后，乙公司的股东才可得到发放的红利。每年股东可以得到的红利为：

乙公司股东净收益 = EBIT - 160 万元

那么，乙公司股票的价值是多少呢？我们只要计算出乙公司股票的价值，再加上乙公司债券的价值2000 万元就可以得出乙公司的总价值。

为求出乙公司股票的价值，我们不妨随便给乙公司每股股票一个价格，如果这一价格使市场有套利的机会，就说明我们给出的价格不是市场均衡的价格，市场会推动价格升高或降低，直到市场没有套利机会为止。没有套利机会时股票的价格是股票应有的价格。我们求出乙公司每股股票的价格，也就求出了乙企业权益性资本的价值，从而求出乙公司的市场价值了。

假设乙企业每股股票的价格也是 100 元。我们进行如下市场操作：买进 1% 乙公司的股票及发行在外的债券，同时卖出 1% 甲公司的股票。交易产生的现金流状况如表 16 - 1所示。

表 16 - 1　在乙公司股价为 100 元时实施套利

头寸情况	瞬时现金流	未来每年的现金流
1% 甲公司股票空头	100 × 1% × 100 = 100 万元	- EBIT × 1%
1% 乙公司股票多头	- 50 × 1% × 100 = - 50 万元	（EBIT - 160 万元） × 1%
1% 乙公司债券多头	- 2000 × 1% = - 20 万元	160 万元 × 1%
净现金流	30 万元	0

这样，投资者可以在既不花费成本，又不承担风险的情况下，套取 30 万元的净利润，市场存在无风险的套利机会。这说明乙公司的股价在市场上被低估了，市场未达到均衡状态。套利行为将推动乙公司的股价上升，直到套利机会消失。那么，均衡状态下，上述操作中，乙公司的瞬时现金流应该等于 80 万元。因此，乙公司股票合理的市场价格应该是 160 元。这样我们就求出了乙公司股票的市场价格。

进而，我们可以求出乙公司权益资本的价值应为 160 元/股 × 50 万 = 8000 万元。乙公司的企业总价值就应该是 2000 万元（负债市值） + 8000 万元（权益市值） = 10000 万元，与甲企业公司的总价值相同。这样，我们就证明了在无摩擦环境下资本结构与公司价值的无关性。

资本结构与公司价值的无关性说明，一家公司的总的市场价值与公司的资金来源没有关系，资本结构的选择只表明企业价值如何在股东与债权人之间划分，而不影响企业总价值的大小，或者说，与怎样分割为该企业提供融资而发行的证券组合没有关系。这一理论的创立者之一的米勒后来用比萨饼的比喻来形象地解释他们关于资本结构的观点：“将一家企业看成是一张被分成 4 份的巨型比萨饼，现在如果你将每 1/4 份切成两半，成为 1/8 份，莫迪利安尼与米勒的观点表明，你将拥有更多的份额，却不是更多的比萨饼数量。” 如图 16 - 1 所示。

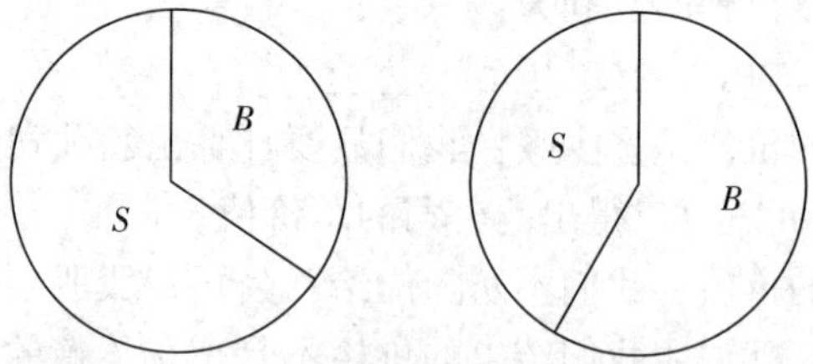

图 16－1　不同资本结构企业的价值比较

虽然仅资本结构不同的企业的总价值相同，但是资本结构不同会导致企业风险的不同，对股东来讲，其要求的预期收益率也会不同。我们对上面的例子稍作补充，来看这一问题。假设上面例子中的甲、乙两公司每年所获 1000 万元的总收益是收益的期望值，因年景不同，每年实现的真实收益也不同。假设未来息税前利润的概率分布如表 16－2 所示。

表 16－2　甲、乙公司息税前利润及每股收益概率分布

经济状况	息税前利润	甲公司	乙公司	
		每股收益（100 万股）	净收益	每股收益（50 万股）
差年景	500 万元	5	340 万元	6.8
正常年景	1000 万元	10	840 万元	16.8
好年景	1500 万元	15	1340 万元	26.8
均值	1000 万元	10	840 万元	16.8
标准差		4.08		8.16

说明：每一种经济状况是同等可能的。

由表 16－2 可知，甲公司股票每股收益的均值为 10 元，因而公司股票的预期收益率为 10 元/100 元＝10%；乙公司股票的每股收益均值为 16.8 元，因而公司股票的预期收益率为 16.8 元/160 元＝10.5%。两只股票的收益的标准差分别为 4.08 元和 8.16 元。在公司财务理论中，也把负债/权益称为财务杠杆。财务杠杆越大，说明负债的比例越大。

对于甲公司，不确定的息税前利润的全部风险分布于 100 万股股票之中。而在乙公司的情形中，相同的全部风险仅分布于 50 万股股票之中，因为负债持有者拥有无风险的索取权。因此，财务杠杆效应的存在，提升了每股收益的均值和波动性，致使乙公司的预期收益和风险都高于甲公司。

二、MM 理论第二命题

企业的加权平均资本成本 r_{WACC}（weighted average cost of capital）可以按下式计算：

$$r_{WACC} = \frac{B}{B+S} \times r_B + \frac{S}{B+S} \times r_s \qquad (16-1)$$

其中，B 和 S 分别是企业负债和权益的市场价值，r_B 是企业的债务成本，r_S 是企业的权益成本。因为企业的市场价值应该用企业的加权平均资本成本作为折现率对企业的未来收益现金流折现求得，由 MM 理论我们可以自然推出，在完美市场环境下，企业的加权平均资本成本与企业的资本结构无关。

在上例中，甲、乙两公司的加权平均资本成本相同，都等于甲公司权益资本的成本 10%。由式（16－1）可以倒推出乙公司的权益资本成本

$$r_s = r_{WACC} + (r_{WACC} - r_B)B/S$$

正好算出乙公司股票的预期收益率为 10.5%。

如果定义无杠杆企业的资本成本为 r_o，杠杆企业的权益资本成本为 r_s，我们可以把上式写为：

$$r_s = r_o + \frac{B}{S}(r_o - r_B) \tag{16-2}$$

公式（16－2）表示的就是 MM 理论第二命题：杠杆企业的权益资本成本包括两部分，第一部分为没有负债时股东要求的收益率，这时没有财务风险，只有经营风险。第二部分与财务杠杆相关，表明负债增加以后带来财务风险，投资者要求得到相应的补偿，补偿的多少与财务杠杆成正比。股本收益率与财务杠杆的线性关系我们可以表示成图 16－2 的形式。

综合 MM 理论，可以得出结论：资本的成本取决于资本的使用而不取决于资本的来源。

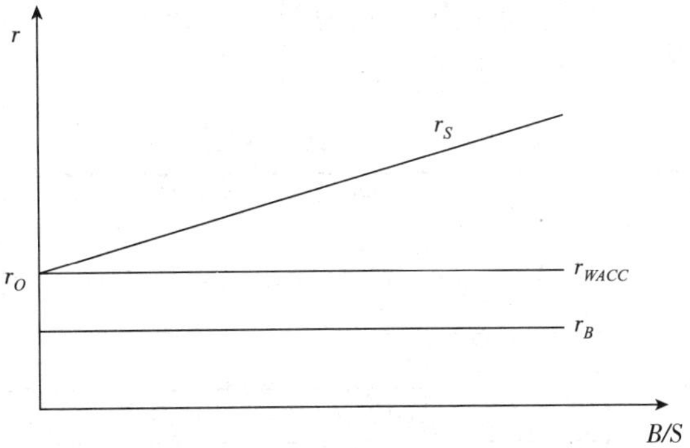

图 16－2　股本收益率与财务杠杆的关系

第三节　有市场摩擦时资本结构的选择

我们已经证实，在无摩擦的经济环境中资本结构无法影响企业的价值。在真实的世界中，存在众多类型的摩擦。在物理学中，无摩擦情况下的理想模型为现实的运动学、动力学树立了参照的标杆，有了这个标杆，我们才能够把握在有摩擦力的情况下，以及在不同类型摩擦力影响下，物质的运动变化将遵循怎样的规律。而后者才是实际对人类认识世界、改造世界真正有用的科学规律。这里的情况也是一样，无摩擦经济环境中的资本结构理论给出了我们认识资本结构与企业价值关系的参照标准，我们通过放松有关

无摩擦经济环境的那些严格假设，引进经济摩擦力，得出在不同类型经济摩擦力存在时，怎样的资本结构有利于企业价值的增加，从而通过财务规划，改变资本结构为企业增加价值。

现在我们考虑存在经济摩擦的情况下，通过资本结构的调整增加企业价值的途径。这些途径分为三类：

1. 通过资本结构的选择，有可能降低企业的成本，或者合理规避影响企业盈利的某些管制。典型的例子是通过资本结构的调整帮助企业合理避税或降低破产成本。

2. 通过资本结构的调整，有可能有利于解决不同利益关联方存在的利益冲突，从而降低利益冲突成本。

3. 通过资本结构的选择，企业或许能够向利益关联方提供本来不能得到的金融资产，从而增加股东或其他利益相关者的利益。

一、存在税收或补贴时资本结构的选择

（一）不考虑财务困境时的情形

现实世界中，企业要就其收入缴纳所得税。这时债务融资就显示出了它的优势，因为企业负债的利息可以在税前扣除，而股利及未分配利润则不能减免公司税收。这样，杠杆企业将因债务的运用而增加企业的价值。

仍以前述无杠杆企业和杠杆企业甲、乙为例，假设两企业面临的税率都是30%，则债权人收益和股东收益如表16－3所示。

表16－3　甲、乙企业收益状况

	甲	乙
息税前收益	1000万元	1000万元
债务利息	0	160万元
应税收益	1000万元	840万元
税收	300万元	252万元
股东收益	700万元	588万元
债权人与股东收益总计	700万元	748万元

由于乙企业支付的债务利息160万元不用交税，因此乙企业为其投资者（债权人和股东）多带来160万×30%＝48万元的收益。这就是所谓的“税盾”，实际是政府对杠杆企业少收税所致。如果杠杆企业的借债是永久性的，则其获得的税收减免的现值为：

$$税后减免现值=\frac{t_c rB}{r}=t_c B$$

式中，B是企业债务的市场价值，r是企业债务利率，t_c是公司税率。

税收减免现值是杠杆企业相对于无杠杆企业增加的价值。这一价值来源于企业投资者每年都获得的税收减免，而税收减免的风险源于企业债务支付的风险，也就是说与企业债务风险相同，因此我们以债务利率作为折现率求现值。在考虑公司税收后，杠杆企

业的价值为：

杠杆企业价值 = 非杠杆企业价值 + 税收减免现值

我们从上面的论述可以看到，其他条件不变时，企业债务融资比例越大，获得的税收减免越大，价值增值就越多。但是，后面我们会看到，一旦企业债务过多，就有可能陷入财务困境。因而，企业并非负债越多越好。

存在补贴时的情况与此类似，企业采用倾向获得补贴的资本结构可以为企业带来价值的增加。比如，如果国家对投资于我国西部地区的企业的负债提供优惠利率支持。那么，这类企业增加负债可以获得更多的补贴，从而为企业投资者带来更多的财富。这时，企业会倾向于更多地使用债务融资的手段。

（二）考虑财务困境时的情形

随着企业资本结构中负债比例的增加，企业拖欠负债的可能性也随之增加。面临拖欠负债合约危险的企业被称为处于财务困境之中。陷入财务困境将使企业面临财务困境成本。财务困境成本包括破产成本以及未发生破产时的各种财务困境成本。

当企业无法按照债务契约的规定偿还债务时，债权人可以申请企业破产进而接管企业，使用破产机制的所有成本都称为破产成本。其中，支付给代理破产诉讼的律师费、支付给法院的费用以及咨询费称为直接破产成本。

除直接破产成本外，即使企业并未进入破产程序，如果负债比例过高，企业只是濒临破产或只是担心企业会破产也会导致企业承担很大的成本，诸如由于担心企业破产，客户为避免不能获得长期的产品或附加服务而减少购买，供应商拒绝赊销而要求必须现金支付，雇员也可能不安心工作等。

还有一类财务困境成本是由债权融资的代理成本，即由风险转移、或称资产置换，债务悬置、或称拒绝投资好项目等行为引发的。由于这些成本是由债权人和股东的利益冲突引起，所以也称为代理成本。

我们看到，在现实中，增加负债既有好处，也有坏处。好处是可以减少纳税，坏处是会带来财务困境成本。引入财务困境成本后，杠杆公司的价值就等于无杠杆企业的价值加上税盾的现值再减去财务困境成本，即：

杠杆企业价值 = 无杠杆企业价值 + PV（税盾现值）－PV（财务困境成本）

这就是资本结构的税盾与财务困境成本权衡理论。根据这一理论，我们可以找到一个公司的最优负债率（见图 16－3）。

图 16－3 中，水平虚线表示无杠杆企业的价值，当企业增加负债比重时，上方的线所代表的税盾价值以及中间的线所代表的财务困境成本都在增加。企业将在税盾所带来的好处及财务困境所带来的成本之间权衡，达到一个使企业价值最大的负债比率。

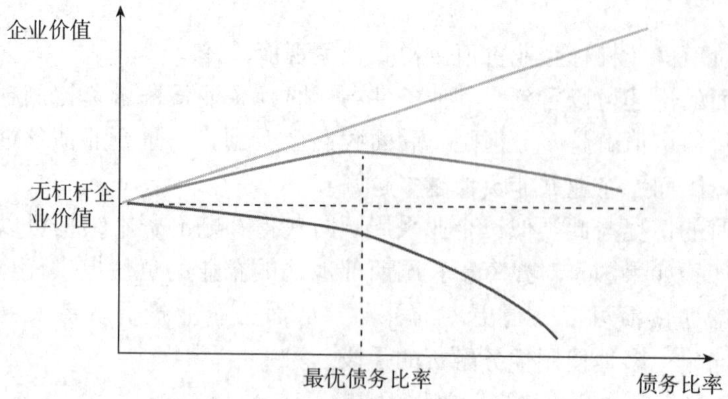

图 16-3　最优负债率示意图

二、解决利益冲突

可以通过资本结构决策为股东创造价值的第二条途径，是资本结构的调整有时有助于减少公司的管理者与股东以及股东与债权人之间的冲突，降低代理成本、道德风险等。

我们知道，公司管理层受雇于公司的股东，为股东利益最大化服务。但是，公司管理者的目标与股东的目标并不一致。管理者可能为了自己的利益做损害股东利益的事情。比如，当管理者拥有大量关于怎样配置企业现金流的自由裁量权时，也许会奢侈消费，投资于不增加股东财富的项目，甚至进行净现值为负值的项目的投资。这种投资有时能够提升管理者的权力、声望等。所有哪些行为在本质上都属于同一个问题，也就是通常被经济学家所称为“道德风险”的问题，这时增加负债常常可被用作一种约束机制，减少这种行为。负债的增加迫使管理者以利息和本金的预设支付形式将现金分配给企业债务的持有者，他们不仅会更谨慎地使用当前的现金流，还必须关注在将来债务偿还之外的现金流，或者努力提高公司的预期前景以便有助于发行证券融资。这就对管理层形成约束，有利于股东价值的增加。

股东与债权人之间的矛盾冲突也会引发道德风险问题，资本结构的调整有时也有助于减少这种冲突，增加企业的价值，这里就不再举例了，读者可以自己设想可能的情况。

三、为利益关联方创造新机会

通过资本结构决策创造价值的第三条途径是为企业的某些利益关联方创造机会。否则，得到这些机会可能会花费更多的成本，或者根本无法得到。其做法是，通过改变提供给利益关联方的索取权，企业可以在不改变运营资产的规模或组成的条件下增加价值。比如，有的企业开发的红利再投资计划，该计划允许投资者自动地将现金红利再投资于公司以交换新的股票。随着时间的推移，公司的投资者可以以较小的成本增持企业股份。当然，这种做法往往与金融创新相联系，实施起来难度更大。

第四节　不对称信息下的融资顺序理论

一、成熟市场的企业融资顺序

实证研究表明，公司融资存在所谓融资啄序偏好（pecking order preference of financing）现象，即：一般公司在筹集资金时，有以下的优先顺序：首先，考虑留存收益（即采用内源融资）；其次，当内源融资不能获得足够的资金而必须进行外源融资时，考虑发行债券；然后是混合型证券（如可转换债券），最后，才是发行新股。这个现象在较成熟的上市公司中较为普遍。事实上，在美国，大多数公司上市后就很少选择增发股票来融资。

经济学家迈尔斯和梅吉拉夫（Myers and Majluf）根据信息不对称理论，研究了企业融资的顺序问题，解释了融资啄序偏好现象。信息经济学认为，信息不对称时，会产生道德风险和逆向选择问题。在资本市场上，当证券的发行者与投资者信息不对称时，投资者由于对企业的前景、现有资产价值、发行者的诚信问题等拥有较少的信息，会担心发行者推销的证券是否被高估了。这样就会导致“柠檬问题”的出现。

很显然，当公司的股票被市场高估时，公司以发行股票的方式融资对公司有利。而当公司的股票被低估时，股票融资对公司就显得不合算了，这时，公司将更愿意通过负债融资。投资者并不具备企业管理者所拥有的信息，并不掌握公司股票到底被高估了还是被低估了。但是，作为理性经济人，他们可以简单推理，如果公司以发行股票的形式融资，至少说明该企业认为当前公司的股票未被低估；而如果公司以发行债券的方式融资则说明至少企业认为当前的企业股票未被高估。因此，投资者对发行债券企业的股票的估价一般会上升，而对发行股票融资的企业的股票的估价将会下降。这样反复作用的结果将使企业管理者感到，融资方式的信息不对称程度越高，反而对企业越不利。因此，他们将按照信息对称性的高低选择融资顺序。首先选择信息对称性高的融资方式，当信息对称性高的融资方式不能满足企业融资的要求时，再依次选择信息对称性低的融资方式。

二、我国上市公司的股权融资偏好①

同美国等成熟市场经济国家的上市公司相比较，我国上市公司的融资行为存在明显的股权融资偏好，融资的顺序正好相反，表现为：股权融资、短期债务融资、长期债务融资和内源融资，即我国上市公司的融资顺序与现代资本结构理论关于融资优序原则存在明显的冲突。很多上市公司的资产负债率并不高，甚至很低，但是几乎没有一个上市公司对再次发行股票进行股权融资的机会放弃过。造成我国股权融资偏好的原因主要有

① 此部分主要参考黄少安、张岗，“中国上市公司股权融资偏好分析”，《经济研究》2001 年第 11 期。

以下几个方面：

第一，与西方国家不同，我国股权融资的成本综合来说要低于其他融资方式。我国相当多的上市公司常年不分红，或者只是象征性的分红，极少有企业将当年盈利全部实施分配。而且更为重要的是，上市公司往往采取种种做法，如不分配红利、低比例分配或以送转股本形式分配股利，因此，股票分红的股利支出是极低的。股利支出对上市公司并不构成太大的成本。另外。虽然股权融资发行费用较高，但是，多年来我国股票的市盈率都远高于西方国家，高市盈率带来的好处远远超过股权融资发行费较高的坏处，进一步降低了股权融资的综合成本。

第二，相对于债券融资到期必须还本付息以及由于加强风险控制而导致的银行惜贷、对贷款的种种附加条款限制等硬性约束，股权融资更近似于一种软约束。另外，股权融资和债权融资相比，它可以稀释股东对公司的监督作用，有利于经理层对公司的控制。因此，管理层是偏好股权融资的。

第三，对上市公司考核制度的不合理，使公司不注重优化融资结构。上市公司的管理目标应该是实现股东利益最大化。但我国上市公司的管理及投资者衡量企业经营业绩，依然习惯以企业的税后利润指标作为主要依据，由于企业的税后利润指标只考核了企业间接融资中的债务成本，未能考核股本融资成本，即使考核，也总是很低，甚至为零。所以，公司总是厌恶债权融资而偏好股权融资，以利润为中心的效益会计核算体系已不能完全反映上市公司的管理和经营业绩。

第四，我国资本市场体制的不完善也助长了股权融资的偏好。与我国股票市场的迅速扩张相比，我国企业债券市场的发展却相对缓慢。企业发行债券受到很多的限制，而且企业债券的流通也不像股票那样容易。这些都增加了债券融资的成本，增强了股权融资的偏好。而债务融资中的长期负债成本比流动负债成本又高得多。高流动负债现象就是低融资成本驱动的流动负债对长期负债的替代。

总之，现有的制度状况，使上市公司可以大量、低成本地套取股东的钱（无须支付红利），却不必高效地使用这些钱，不受股东（无论是国有股东还是公众股东）的约束，不受资本市场的约束，这必然导致股权融资的强烈偏好，从而形成了我国公司融资的独有顺序。

第五节　融资方案的选择

当企业面临不同的融资决策时，需要通过分析找到并选择可以形成较优的资本结构，最能使企业增加价值的融资方案。常用的方法有比较资本成本法、每股利润分析法以及加权平均资本成本法等。

一、比较资本成本法

比较资本成本法是通过计算不同融资方案的加权平均资本成本，并以此比较，最后以加权平均成本最低方案视为最优的一种融资抉择方法。

例 16－1　某企业现有两个追加融资方案可供选择，有关资料经测算整理见表 16－4：

表 16－4　追加融资方案　　单位：万元

融资方案	追加融资方案 Ⅰ		追加融资方案 Ⅱ	
	追加融资额	资本成本（%）	追加融资额	资本成本（%）
长期借款	100	7.0	120	7.5
优先股	40	13.0	40	13.0
普通股	60	16.0	40	16.0
合计	200		200	

根据表 16－4 所列资料，我们可以计算两种方案的加权平均成本如下：

方案Ⅰ：$\frac{100}{200}\times7\%+\frac{40}{200}\times13.0\%+\frac{60}{200}\times16.0=10.9\%$

方案Ⅱ：$\frac{120}{200}\times7.5\%+\frac{40}{200}\times13.0\%+\frac{40}{200}\times16.0\%=10.3\%$

两个追加融资方案相比，方案Ⅱ的加权平均资本成本低于方案Ⅰ，因此追加投资方案Ⅱ优于方案Ⅰ，应选择方案Ⅱ。

二、每股利润分析法

每股利润分析法是比较可供选择的融资方案，融资后能给公司带来更多的每股收益的方案就是最佳的。我们举例说明这种方法。

例 16－2　某公司目前拥有 200 万元债券，利率 10%；100 万股普通股，每股市价 20 元。该公司拟追加筹资 1000 万元，有两种筹资方式：1. 增发普通股 50 万股，每股 20 元；2. 发行债券 1000 万元，债券利率 12%。预计新增资本投入后公司的经营利润将是 600 万元或者 400 万元。

根据上面的计算方法，我们在表 16－5 中列出在不同增资方式影响下的每股盈余。

表 16－5　每股盈余一览

项目	普通股筹资	债券筹资	普通股筹资	债券筹资
经营利润（万元）	600	600	400	400
利息（万元）	20	140	20	140
税前利润（万元）	580	460	380	260
所得税（0.3）（万元）	174	128	114	78
税后净利（万元）	406	332	266	182
普通股数（万股）	150	100	150	100
每股盈利（元）	2.71	3.32	1.77	1.82

结果显示，不管公司盈利是600万元还是400万元，采用负债筹资后的每股盈利都高于股权融资的结果，因此，在只有这两种筹资方式的情况下，应采用负债筹资方式。

上面两种方法直接是以加权平均资本成本的高低或每股利润的大小作为抉择的依据。但是，虽然它们也集中考虑了资本成本和财务杠杆利益问题，但却没有反映财务风险的影响，也没有直接体现公司价值最大化的财务管理目标，因此这两种方法都有较大的局限性。

三、加权资本成本法

加权资本成本法是通过比较使用各种不同融资方法后，企业加权资本成本的不同，比较融资方式的优劣。使融资完成后企业的加权资本成本最小的融资方法是最佳的方法。

考虑税盾效应后，权益资本成本不能再用式（16－2）计算，而应用下面的公式计算：

$$r_S = r_O + (1 - t_c)(r_O - r_B)\frac{B}{S}$$

其中，r_O 是无杠杆条件下的资本成本，t_c 是税率，r_B 是无违约风险的债券利率，B 为债券市场价值，S 为股权市场价值。

令 $d = \frac{B}{S}$，上式写成；

$$r_S = r_O + (1 - t_c)(r_O - r_B)d \qquad (16-3)$$

我们还可以得到考虑税收效应时加权平均资本成本为：

$$r_{WACC} = r_S\frac{1}{1+d} + (1 - t_c)r_B\frac{d}{1+d} \qquad (16-4)$$

例16－3　假设某公司拥有20亿元当前市值，其中一半是股权，一半是无风险负债，负债利率为8%。我们再假定股权的必要收益率为10%，公司所得税税率为40%。假设公司面临初始投资为1.5亿元的投资机会，该投资今后每年可为企业带来2400万元的税前净收入。试计算该公司应该完全以权益融资，还是保持当前的资本结构，一半权益融资，一半债务融资？

我们尝试用比较加权平均资本成本的方法来解决这个问题。

我们知道，不管怎样融资，投资后项目带来的收益的增加是相同的2400万元，在这种情况下，哪种融资方式的加权平均资本成本小，哪种方式下企业的价值就大，我们就应该选择哪种融资方式。

如果完全采用权益融资方式，融资后企业的资本结构发生了变化，我们首先要求出这一资本结构。显然，融资后企业的负债并未变化，权益增加量等于这一投资的现值。

未来现金流的税后现值＝（1－0.4）×2400/0.1＝14400＝1.44（亿元）

企业权益资本总价值＝10＋1.44＝11.44（亿元）

因此，$d = \frac{10}{11.14}$

$$r_S = r_O + (1-T)(r_O - r_B)\ d = 10\% + (1-40\%)(10\% - 8\%)\ \frac{10}{11.44} = 11.05\%$$

$$\begin{aligned} r_{WACC} &= r_S \frac{1}{1+d} + (1-T)\ r_B \frac{d}{1+d} \\ &= 11.05 \times \frac{1}{1+10/11.44} + (1-40\%) \times 8\% \times \frac{10/11.44}{1+10/11.44} \\ &= 8.135\% \end{aligned}$$

即在完全权益融资下，企业的加权平均资本成本为 8.135%。

当保持资本结构不变时，$d=1$

$$r_S = r_O + (1-T)(r_O - r_B)\ d = 10\% + (1-40\%)(10\% - 8\%) \times 1 = 11.2\%$$

$$\begin{aligned} r_{WACC} &= r_S \frac{1}{1+d} + (1-T)\ r_B \frac{d}{1+d} \\ &= 11.2 \times \frac{1}{1+1} + (1-40\%) \times 8\% \times \frac{1}{1+1} \\ &= 8\% \end{aligned}$$

这说明，完全权益融资方式下，企业的加权平均资本成本高于保持资本结构不变的融资方式。因此，还是保持资本结构不变的方式好。

本章小结

- 融资决策与资本结构是公司金融最基础的问题。公司金融的目标之一就是要找到一个最佳的资本结构，以实现公司价值最大化的目的。
- 在融资方式的选择上，不论从债务融资与权益性融资的角度，还是从内源融资与外源融资的角度考虑，最主要的就是要看哪种方式能够综合降低企业的加权平均资本成本。
- MM 理论证明，在完全无摩擦的理想的市场环境下公司价值与其资本结构无关。资本的成本取决于资本的使用而不取决于资本的来源。
- 现实中，市场存在很多经济摩擦，如税收、破产威胁、管制、利益相关方之间的冲突等。这给了企业的管理层通过资本结构的调整增加企业价值的机会。方式有三：(1) 通过资本结构的选择，降低企业的成本，或者合理规避影响企业盈利的某些管制；(2) 通过资本结构的调整，解决不同利益关联方存在的利益冲突，从而降低利益冲突成本；(3) 通过资本结构的选择，向利益关联方提供本来不能得到的金融资产，从而增加股东或其他利益相关者的利益。
- 面对具体的投融资方案时，可以用一些简单的方法评价融资结构的合理性：它们是比较资本成本法、每股利润分析法以及加权平均资本成本法。

本章复习思考题

1. 资本结构与企业价值无关的结论是如何得出的？这一结论有哪些严格的假设前提？

2. 为什么权益的期望收益率随企业财务杠杆的增加而增加？

3. 在只考虑税收影响的情况下，企业的最佳资本结构是怎样的？在考虑税收影响，又考虑企业有陷入财务困境的可能性的情况下，企业的最佳资本结构又将怎样？

4. 解释我国融资顺序与成熟市场经济国家融资顺序存在的差异，以及这种差异的原因。

5. 某公司目前是一家完全权益结构的企业，企业的权益价值200万元，权益的成本为18%，不存在税收。企业计划发行40万元的债务并用于回购股票。债务成本是10%。

（1）企业回购股票后，企业总的资本成本将是多少？

（2）回购后，权益成本将是多少？

（3）解释（2）的结果。

6. 一家完全权益企业的公司税率是30%，股东要求的收益率为20%。企业的初始市场价值是350万元，流通在外的股票有17.5万股。企业发行利率为10%的债券100万元，并用此收入回购普通股。假设企业的财务危机成本不变。根据MM理论，该企业权益的新市场价值将是多少？

7. 某公司的β是0.9，其负债—权益比是1/2，预期的市场收益率是16%，国库券利率是8%，公司发行票面利率为7%的一年期债券按972.72元（每千元面值的报价）出售，公司所得税税率是33%。

（1）公司的权益资本成本是多少？

（2）公司的负债资本成本是多少？

（3）公司的加权平均资本成本是多少？

8. 假设某公司拥有300万元当前市值，其中60%是股权，40%是无风险负债，负债利率为8%，股权的必要收益率为15%，公司所得税税率为33%。假设公司决定追加投资30万元，该投资今后每年可为企业带来4.8万元的税前净收入。为了筹得追加投资的资金，公司正在两种融资方案间进行权衡。这两种方案是（1）发行普通股股票；（2）发行企业债券。试分析这两种融资方案哪种对公司更有利？

主要参考文献

1. 兹维·博迪等．金融学（第二版）［M］．北京：中国人民大学出版社，2010.

2. 兹维·博迪等．投资学（第4版）［M］．北京：机械工业出版社，2000.

3. 黄达．金融学（精编版）［M］．北京：中国人民大学出版社，2004.

4. 弗雷德里克·S. 米什金．货币金融学（第七版）［M］．北京：中国人民大学出版社，2006.

5. 张春．公司金融学［M］．北京：中国人民大学出版社，2008.

6. 让·梯若尔．公司金融理论［M］．北京：中国人民大学出版社，2007.

7. 吴晓求．证券投资学［M］．北京：中国人民大学出版社，2004.

8. 孙曙伟，蔡庆丰．金融中介理论综述及评析［J］．武汉金融，2004（6）.

9. 刘宗华，魏海港．金融中介理论的演变和新进展［J］．世界经济文汇，2003（3）.

10. 钟伟，李心丹．现代西方金融体系内在风险性及其防范理论［J］．金融研究，1998（8）.

11. 陈学彬等．当代金融危机的形成、扩散与防范机制研究》［M］．上海：上海财经大学出版社，2001.